中央对手清算译丛

Central Counterparties
Mandatory Clearing and Bilateral Margin Requirements for OTC Derivatives

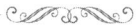

中央对手方
场外衍生品强制集中清算和
双边保证金要求

[英]乔恩·格雷戈里（Jon Gregory）◎著
银行间市场清算所股份有限公司◎译

中国金融出版社　WILEY

责任编辑：黄海清
责任校对：刘　明
责任印制：陈晓川

Title: Central Counterparties: Mandatory Clearing and Bilateral Margin Requirements for OTC Derivatives by Jon Gregory, ISBN 9781118891513
Copyright © 2014 Jon Gregory
All Rights Reserved. This translation published under license. Authorized translation from the English language edition, Published by John Wiley & Sons. No part of this book may be reproduced in any form without the written permission of the original copyrights holder.
Copies of this book sold without a Wiley sticker on the cover are unauthorized and illegal.

本书中文简体中文字版专有翻译出版权由 John Wiley & Sons, Inc. 公司授予中国金融出版社。未经许可，不得以任何手段和形式复制或抄袭本书内容。
本书封底贴有 Wiley 防伪标签，无标签者不得销售。
北京版权合同登记图字 01－2016－2611
《中央对手方：场外衍生品强制集中清算和双边保证金要求》一书中文简体字版专有出版权属中国金融出版社所有，不得翻印。

图书在版编目（CIP）数据

中央对手方：场外衍生品强制集中清算和双边保证金要求（Zhongyang Duishoufang: Changwai Yanshengpin Qiangzhi Jizhong Qingsuan he Shuangbian Baozhengjin Yaoqiu）/［英］乔恩·格雷戈里（Jon Gregory）著；银行间市场清算所股份有限公司译 .—北京：中国金融出版社，2017.11
（上海清算所·中央对手清算译丛）
书名原文：Central Counterparties: Mandatory Clearing and Bilateral Margin Requirements for OTC Derivatives
ISBN 978－7－5049－9025－9

Ⅰ.①中…　Ⅱ.①乔…②银…　Ⅲ.①金融衍生产品—金融交易—研究　Ⅳ.①F830.95

中国版本图书馆 CIP 数据核字（2017）第 111873 号

出版　中国金融出版社
发行
社址　北京市丰台区益泽路2号
市场开发部　（010）63266347，63805472，63439533（传真）
网上书店　http://www.chinafph.com
　　　　　（010）63286832，63365686（传真）
读者服务部　（010）66070833，62568380
邮编　100071
经销　新华书店
印刷　北京市松源印刷有限公司
尺寸　169毫米×239毫米
印张　22.5
字数　374千
版次　2017年11月第1版
印次　2017年11月第1次印刷
定价　65.00元
ISBN 978－7－5049－9025－9
如出现印装错误本社负责调换　联系电话（010）63263947

上海清算所·中央对手清算译丛
编委会

主　任：许　臻
委　员：周荣芳　沈　伟　李瑞勇　和洪甲　陈　光
　　　　张　策　张　蕾　何述东　邹　晔

本书翻译组

审　校：张亚双
统　稿：姚路驰
翻　译（按姓氏笔画排序）：

王　晶　王慧卿　邓浩然　卢康康　许成吉
孙　凌　孙文君　李轶鸣　李晓彤　李新宇
吴　汉　张　颂　张安安　张利平　林　野
郁颖文　胡丹洲　施睿哲　姚路驰　黄思敏
崔　倩　解蕴儿　潘寅杰

译丛序

防止金融市场发生系统性风险，是金融工作的永恒主题。中国金融市场牢牢守住不发生系统性金融风险底线，要以开放的视野、开放的思维和开放的格局，借鉴总结国际经验教训，立足实际，精准把握我国金融市场发展的特点和规律。上海清算所推出中央对手清算译丛，从学习、理解、参与国际金融市场的角度，对建设我国金融市场基础设施提供了有益的探索。

过去40年，世界上发生过多次金融危机，造成了巨大的损失，并往往迫使全球经济作出痛苦的调整。究其原因，除了市场经济固有的缺陷之外，政策失当或监管不力也有直接的影响。历次危机的经验教训告诉我们，要建立稳健的宏观经济政策框架，要深入推动金融改革，要加强宏观审慎管理和建立应对系统性金融风险的预警及处置机制。国际金融监管对2008年国际金融危机的反思和总结之一就是要建立场外市场中央对手清算机制。

中央对手清算萌生于日本，发展于欧洲，革新于美国，随现代金融高速发展和不断蜕变，可以说是一种普适的交易后处理制度。中央对手方介于市场参与者之间，成为所有"卖方的买方"及"买方的卖方"，发挥汇集、对冲、管理风险的作用；参与者的信用风险通过中央对手方统一管理，就由两两关系的复杂矩阵转换为对中央对手方的单一向量，极大地简化了风险敞口的描述维度与计算量；同时，中央对手方作为风险数据中心，增强了市场透明度，提供了展现市场全貌的视图。

场外金融市场实施中央对手清算的努力始于21世纪初，2008年国际金融危机使各国政府深刻认识到在场外金融市场实施中央对手清算的必要性和紧迫性，大大加速了场外金融市场中央对手清算机制的建设进程。2009年G20匹兹堡峰会将标准化场外衍生产品的中央对手清算列入联合宣言，表明各主要金融市场监管当局建设场外金融市场中央对手清算机制的决心。

中国也不例外。2009年上海清算所的成立标志着场外市场中央对手清算在中国的落地生根。这既是中国对G20峰会承诺的履行，也是发展我国场外金融市场的重要举措。回顾我国金融衍生产品发展历史，从20世纪90年代期货市场的"星火燎原"，21世纪头十年对金融衍生产品的审慎管理，到如今场外衍生产品中央对手清算的快速稳健发展，可以得出结论：我国金融市场起步晚，参与者素质差异大，"劣币驱逐良币"风险高，更需要完善的制度设计扎紧篱笆，方能引得活水来。在场外金融市场，中央对手清算就是这样的一种制度保证。

上海清算所成立以来，着力建设符合我国国情的场外中央对手清算机制，学习借鉴国际成熟市场、学界前沿理论和成果，如今厚积薄发，形成了"上海清算所·中央对手清算译丛"系列图书，对发展中国场外金融市场是一件好事。该丛书有利于提升市场对场外金融市场风险和中央对手清算的理解，有助于增强中国机构在金融市场开放和国际化过程中发展壮大的能力，有益于培育国际型人才，提高中国参与全球经济治理的深度和广度。"上海清算所·中央对手清算译丛"是一个开放的系列，选择的书籍主要分为三类：一是中央对手清算的理论与实践，二是风险管理领域的前沿研究，三是场外衍生品发展方向研究。希望该丛书能为读者提供系统、扎实、与市场发展相适应的专业书籍，为巩固和发展中国场外金融市场发挥作用。

知之不若行之，实践是检验真理的唯一标准。希望越来越多的有识之士，特别是青年才俊将智慧和青春投入到建设场外中央对手清算机制、发展我国金融市场的火热事业中来！

上海清算所董事长
2017年10月

译　序

《中央对手方：场外衍生品强制集中清算和双边保证金要求》是一部介绍场外衍生品中央对手清算机制的著作。本书以客观的视角，系统性地阐述了场外衍生品中央对手清算的发展历程、基本理论、运营实务和市场影响。本书以场外中央对手方为主轴，不仅翔实地梳理了中央对手方的组织框架和实践要点，从市场全局层面深入剖析了中央对手清算机制各要素对场外衍生品市场的影响，也对市场、金融产品与中央对手清算相结合的成本效用展开了细致的讨论。本书通俗易懂的语言和图表，贴近现实的案例和讨论，使读者能够对中央对手清算机制的方方面面都有一个全面的了解。

场外金融市场的中央对手清算在国内外都是一个不断创新、高速发展的领域，并且正在深刻地改变着场外金融市场的全生命周期。正是因为场外金融市场的中央对手清算业务新颖、变革迅速、专业性强，许多金融市场参与者对中央对手方和中央对手清算可能并不熟悉。如同书中论述的，中央对手方通过合约替代介入市场参与者之间，保证合约交收，将交易对手信用风险汇集于自身，以实现对冲和管理交易对手信用风险的功能。中央对手方作为市场基础设施，通过为场外金融市场参与者提供控制交易对手信用风险的服务，帮助参与者降低信用风险定价的不确定性，节约资本占用，提高市场透明度，从而达到防控市场系统性风险的目的。

当前，我国场外金融市场中央对手清算机制建设面临良好的发展机遇，全球中央对手方协会（CCP12）落户中国上海进一步提高了我国在全球经济治理中的制度性话语权，中国场外金融市场的蓬勃发展为中央对手清算机制建设奠定了坚实的基础。目前，场外中央对手清算机制覆盖债券、利率、汇率、大宗商品。尽管在完善程度、功能发挥的深度和广度等方面与国际先进水平还存在一定差距，但我国中央对手清算机制已全面对接国际标准、对标全球最佳实践，已然走出了一条机制建设与市场发展并进的光明道路。

上海清算所以此书为场外金融市场参与者及有志投身场外金融市场的读者提供全面了解中央对手方及中央对手清算的一扇窗口，期待与所有场外金融市场参与者携手，共同继续开拓、培育、建设、维护场外市场，确保场外市场高效、安全、稳定运行。

上海清算所董事长
2017 年 10 月

目 录

致谢 ·· 1

第一部分 背景

第1章 简介 ·· 5
1.1 危机 ·· 5
1.2 走向集中清算 ··· 7
1.3 什么是中央对手方? ·· 8
1.4 初始保证金 ·· 10
1.5 可能存在的缺陷 ··· 11
1.6 宏观背景下的清算 ·· 13

第2章 交易所、场外衍生产品、衍生产品公司及特殊目的载体 ··········· 14
2.1 交易所 ·· 14
  2.1.1 什么是交易所? ·· 14
  2.1.2 对于清算的需求 ··· 15
  2.1.3 直接清算 ·· 15
  2.1.4 环形清算 ·· 16
  2.1.5 完全清算 ·· 17
2.2 场外衍生品 ·· 19
  2.2.1 场外/交易所交易 ·· 19
  2.2.2 市场发展 ·· 22
  2.2.3 场外衍生品和清算 ··· 23
2.3 场外市场中的对手方风险缓释 ·· 24
  2.3.1 系统性风险 ··· 24

1

- 2.3.2 特殊目的工具 ·············· 25
- 2.3.3 衍生品产品公司 ·············· 26
- 2.3.4 单一险种保险公司和信用衍生类产品公司 ·············· 28
- 2.3.5 对中央清算的经验教训 ·············· 30
- 2.3.6 场外衍生品市场的清算 ·············· 31
- 2.4 总结 ·············· 32

第 3 章 集中清算的基本原理 ·············· 33
- 3.1 什么是清算？ ·············· 33
- 3.2 中央对手方的功能 ·············· 34
  - 3.2.1 金融市场的拓扑结构 ·············· 34
  - 3.2.2 合约替代 ·············· 35
  - 3.2.3 多边抵消 ·············· 35
  - 3.2.4 保证金制度 ·············· 36
  - 3.2.5 拍卖 ·············· 37
  - 3.2.6 损失共担 ·············· 37
- 3.3 基本问题 ·············· 38
  - 3.3.1 什么产品可以被清算？ ·············· 38
  - 3.3.2 谁能参与清算？ ·············· 40
  - 3.3.3 将会有多少场外市场中央对手方？ ·············· 41
  - 3.3.4 公用事业还是营利性组织？ ·············· 42
  - 3.3.5 中央对手方是否会倒闭？ ·············· 43
- 3.4 集中清算的影响 ·············· 43
  - 3.4.1 概要 ·············· 43
  - 3.4.2 场外市场和集中清算市场的比较 ·············· 44
  - 3.4.3 中央对手方的优点 ·············· 44
  - 3.4.4 中央对手方的缺点 ·············· 45
  - 3.4.5 集中清算的影响 ·············· 46

第 4 章 全球金融危机与场外衍生品清算 ·············· 47
- 4.1 全球金融危机 ·············· 47
  - 4.1.1 形成 ·············· 47
  - 4.1.2 全球金融危机的影响 ·············· 48

- 4.1.3 全球金融危机中的中央对手方 …… 48
- 4.1.4 伦敦清算所和 SwapClear …… 49
- 4.1.5 雷曼和其他中央对手方 …… 50
- 4.1.6 回应 …… 50
- 4.1.7 反对意见 …… 52
- 4.2 监管变化 …… 54
  - 4.2.1 巴塞尔协议Ⅲ …… 55
  - 4.2.2 《多德—弗兰克法案》 …… 56
  - 4.2.3 欧洲市场基础设施监管规则（EMIR） …… 57
  - 4.2.4 美国和欧洲监管规则的区别 …… 57
  - 4.2.5 双边保证金要求 …… 59
  - 4.2.6 豁免 …… 60
- 4.3 中央对手方的监管 …… 62
  - 4.3.1 强制清算的问题 …… 62
  - 4.3.2 监督 …… 62
  - 4.3.3 中央对手方和流动性支持 …… 64

第二部分　交易对手信用风险、轧差清算与保证金

第5章　轧差清算 …… 69
- 5.1 双边轧差 …… 69
  - 5.1.1 轧差的起源 …… 69
  - 5.1.2 轧差交割及持续联结清算系统（CLS） …… 70
  - 5.1.3 轧差平仓 …… 71
  - 5.1.4 ISDA 主协议 …… 72
  - 5.1.5 轧差的影响 …… 72
  - 5.1.6 轧差在场外市场衍生品市场外的影响 …… 74
- 5.2 多边轧差 …… 75
  - 5.2.1 经典双边问题 …… 75
  - 5.2.2 多边轧差的目的 …… 76
  - 5.2.3 交易压缩 …… 76
  - 5.2.4 交易压缩和标准化 …… 79
  - 5.2.5 集中清算 …… 81
  - 5.2.6 多边轧差增加敞口 …… 82

第6章 保证金制度 85
6.1 保证金的基础知识 85
6.1.1 基本原理 85
6.1.2 所有权转移与担保物权 86
6.1.3 简单的例子 86
6.1.4 保证金风险期间 87
6.1.5 估值折减 89
6.2 保证金与资金 90
6.2.1 资金成本 90
6.2.2 再利用及再抵押 91
6.2.3 资产隔离 93
6.2.4 保证金转换 96
6.3 双边场外衍生品市场的保证金 96
6.3.1 信用支持附加协议（CSA） 96
6.3.2 信用支持附加协议的类型 97
6.3.3 阈值和初始保证金 98
6.3.4 争议解决 99
6.3.5 标准信用支持附加协议 101
6.3.6 双边场外市场的保证金实务 102
6.4 保证金风险 105
6.4.1 保证金在场外衍生品市场之外的影响 105
6.4.2 操作风险 106
6.4.3 流动性风险 107
6.4.4 资金流动性风险 107
6.4.5 隔离风险 107
6.5 监管保证金要求 108
6.5.1 背景 108
6.5.2 总体要求 109
6.5.3 阈值 111
6.5.4 隔离和再抵押 112
6.5.5 初始保证金计算方法 113
6.5.6 禁止跨资产类别的轧差 115

| 6.5.7   估值折减 ·· 116
| 6.5.8   批评 ·· 116

第7章　场外衍生品的交易对手信用风险 ································ 118
7.1　导言 ··· 118
7.1.1　背景 ··· 118
7.1.2　起源 ··· 119
7.1.3　结算及结算前风险 ··· 120
7.2　风险敞口 ··· 121
7.2.1　定义 ··· 121
7.2.2　市场价格及替代成本 ··· 124
7.2.3　无保证金覆盖的风险敞口 ·· 124
7.2.4　有保证金覆盖的风险敞口 ·· 125
7.3　估值调整 ··· 127
7.3.1　信用价值调整 ··· 127
7.3.2　保证金对信用价值调整的影响 ····································· 128
7.3.3　债务价值调整和资金价值调整 ····································· 129
7.3.4　错向风险 ·· 131
7.3.5　交易对手信用风险与筹资的平衡 ·································· 132

第三部分　清算的结构与机制

第8章　中央对手方运营的基本要素 ································ 137
8.1　中央对手方的设立 ··· 137
8.1.1　中央对手方的归属关系 ··· 137
8.1.2　费用 ··· 139
8.1.3　哪些产品需要由中央对手方清算 ·································· 140
8.1.4　重要场外衍生品中央对手清算机构 ······························· 140
8.2　中央对手方的运营 ··· 143
8.2.1　中央对手方清算会员和非清算会员 ································ 143
8.2.2　清算的过程 ··· 145
8.2.3　合约压缩 ·· 146
8.2.4　集中清算对产品的要求 ··· 147
8.3　中央对手方风险管理 ·· 150

- 8.3.1 概述 ··· 150
- 8.3.2 会员准入要求 ······································· 151
- 8.3.3 保证金制度 ··· 153
- 8.3.4 保证金利率 ··· 155
- 8.4 违约处置 ··· 156
  - 8.4.1 宣告违约 ··· 156
  - 8.4.2 平仓程序 ··· 157
  - 8.4.3 拍卖 ··· 158
  - 8.4.4 客户头寸 ··· 159
  - 8.4.5 损失分摊 ··· 159
  - 8.4.6 错向风险 ··· 161
- 8.5 中央对手方间的联动 ····································· 161
  - 8.5.1 互通安排 ··· 161
  - 8.5.2 参与者模式与对等模式 ······························· 163
  - 8.5.3 相互抵消 ··· 164
  - 8.5.4 跨市场保证金 ······································· 165

第9章 保证金和违约基金算法 ······························· 168

- 9.1 变动保证金 ·· 168
  - 9.1.1 估值 ··· 168
  - 9.1.2 保证金追加频率 ····································· 169
  - 9.1.3 凸性和价格校正利息 ································· 170
  - 9.1.4 变动保证金和流动性风险 ····························· 171
- 9.2 初始保证金 ·· 171
  - 9.2.1 平仓期限 ··· 172
  - 9.2.2 风险覆盖 ··· 174
  - 9.2.3 与信用水平的关联 ··································· 175
  - 9.2.4 价值折减和非现金保证金 ····························· 177
  - 9.2.5 标准组合风险分析（SPAN）方法 ······················· 177
- 9.3 风险价值和历史模拟法 ··································· 179
  - 9.3.1 风险价值和预期损失 ································· 179
  - 9.3.2 历史模拟法 ··· 182
  - 9.3.3 回溯期间 ··· 182

9.3.4	相对场景和绝对场景	183
9.3.5	顺周期性	184

9.4 场外衍生品的初始保证金 ··················· 186
  9.4.1 初始保证金模型要求 ··················· 186
  9.4.2 场外中央对手方初始保证金模型 ··················· 186
  9.4.3 竞争 ··················· 189
  9.4.4 计算思路 ··················· 190
  9.4.5 标准化初始保证金模型（SIMM） ··················· 191

9.5 跨市场保证金 ··················· 193
  9.5.1 基本原理 ··················· 193
  9.5.2 中央对手方内部的跨市场保证金 ··················· 194
  9.5.3 交易所交易产品以及场外市场产品 ··················· 195
  9.5.4 中央对手方之间的跨市场保证金 ··················· 196
  9.5.5 跨市场保证金计算方法 ··················· 198

9.6 违约基金 ··················· 199
  9.6.1 初始保证金覆盖 ··················· 199
  9.6.2 违约基金的作用 ··················· 200
  9.6.3 违约基金与初始保证金 ··················· 201
  9.6.4 违约基金的规模 ··················· 202
  9.6.5 违约基金的拆分 ··················· 204

第10章 损失瀑布结构与损失分摊方法 ··················· 205

10.1 可能发生的中央对手方损失事件 ··················· 205
  10.1.1 损失瀑布结构概览 ··················· 205
  10.1.2 清算会员违约损失 ··················· 207
  10.1.3 非违约相关损失 ··················· 208

10.2 中央对手方清算损失结构分析 ··················· 209
  10.2.1 第二损失敞口 ··················· 209
  10.2.2 囚徒困境 ··················· 210
  10.2.3 无限的违约基金追加 ··················· 211
  10.2.4 违约基金层级 ··················· 211

10.3 其他损失分摊方法 ··················· 213
  10.3.1 变动保证金收益折减 ··················· 213

- 10.3.2 部分交易强制提前终止与强制分摊 ······ 215
- 10.3.3 全部交易强制提前终止 ······ 218
- 10.3.4 其他方法 ······ 218
- 10.3.5 损失分摊对客户的影响 ······ 219
- 10.3.6 现实中采用的方法 ······ 220
- 10.4 中央对手方风险敞口的资本计提 ······ 220
  - 10.4.1 合格中央对手方 ······ 221
  - 10.4.2 交易和违约基金相关的风险敞口 ······ 223
  - 10.4.3 交易风险敞口资本要求 ······ 223
  - 10.4.4 违约基金风险敞口资本要求 ······ 224
  - 10.4.5 方法1（暂行规定） ······ 226
  - 10.4.6 方法2（暂行规定） ······ 227
  - 10.4.7 最终规定 ······ 228
  - 10.4.8 举例和讨论 ······ 228
  - 10.4.9 客户交易清算和双边方面的问题 ······ 230
- 附录10A 关于暂行规定和最终规定的技术细节 ······ 231

第11章 客户清算、隔离和可转移性 ······ 235
- 11.1 操作层面 ······ 235
  - 11.1.1 常规设置 ······ 235
  - 11.1.2 直接交易模式 ······ 236
  - 11.1.3 代理模式 ······ 237
  - 11.1.4 客户和中央对手方之间的保证金要求 ······ 238
  - 11.1.5 从客户的角度 ······ 238
  - 11.1.6 从清算会员的角度 ······ 241
  - 11.1.7 可转移性 ······ 242
- 11.2 隔离、再抵押和保证金抵消 ······ 244
  - 11.2.1 隔离的需求 ······ 244
  - 11.2.2 变动保证金与初始保证金的区别 ······ 246
  - 11.2.3 净额保证金制度与全额保证金制度 ······ 247
  - 11.2.4 净额保证金制度与可转移性 ······ 248
- 11.3 隔离的方法 ······ 250
  - 11.3.1 综合隔离 ······ 251

11.3.2 独立隔离账户 ·········· 252
11.3.3 法律隔离混合操作模式 ·········· 253
11.3.4 案例 ·········· 257
11.3.5 隔离的流动性影响 ·········· 258
11.4 监管要求 ·········· 258
11.4.1 金融市场基础设施原则（CPSS-IOSCO）·········· 259
11.4.2 《多德—弗兰克法案》/美国期货交易委员会 ·········· 259
11.4.3 欧洲市场基础设施监管规则（EMIR）·········· 260
11.4.4 巴塞尔协议Ⅲ与资本要求 ·········· 260

第四部分 集中清算的影响与风险分析

第12章 清算和保证金的影响分析 ·········· 263
12.1 清算业务概览 ·········· 263
12.1.1 双边清算与集中清算的对比 ·········· 263
12.1.2 当前集中清算的规模有多大？·········· 266
12.1.3 何种产品应当纳入清算？·········· 267
12.1.4 中央对手方的数量 ·········· 269
12.1.5 选择一家中央对手方 ·········· 270
12.2 场外集中清算的利与弊 ·········· 271
12.2.1 优点 ·········· 271
12.2.2 缺点 ·········· 273
12.2.3 同质化 ·········· 274
12.2.4 道德风险和信息不对称 ·········· 274
12.3 附带效应 ·········· 275
12.3.1 产品期货化 ·········· 275
12.3.2 监管套利 ·········· 277
12.3.3 轧差优化 ·········· 278
12.3.4 再杠杆化 ·········· 279
12.3.5 定价行为 ·········· 279
12.4 是否有更好的方案？·········· 280

第13章 清算和保证金的成本及影响 ·········· 283
13.1 概述 ·········· 283

- 13.1.1 保证金的优点与缺点 ... 283
- 13.1.2 变动保证金 ... 284
- 13.1.3 初始保证金 ... 285
- 13.2 案例 ... 286
  - 13.2.1 美国国际集团（AIG） ... 286
  - 13.2.2 "英国石油"深水地平线钻井平台漏油事故 ... 287
  - 13.2.3 Ashanti ... 288
- 13.3 保证金的成本 ... 289
  - 13.3.1 保证金及融资 ... 289
  - 13.3.2 代价多大？ ... 290
  - 13.3.3 变动保证金 ... 293
  - 13.3.4 初始保证金 ... 295
  - 13.3.5 将交易对手信用风险转化为流动性风险 ... 296
  - 13.3.6 资金流动性风险的表现形式 ... 298
- 13.4 影响 ... 298

第14章 中央对手方导致的风险 ... 300

- 14.1 综述 ... 300
  - 14.1.1 中央对手方清算引发的总体风险 ... 300
  - 14.1.2 清算会员面临的风险 ... 301
  - 14.1.3 非清算会员面临的风险 ... 302
- 14.2 历史上的中央对手方违约及虚惊事件 ... 303
  - 14.2.1 纽约黄金交易银行（1869年） ... 303
  - 14.2.2 法国现金清算所（1974年） ... 303
  - 14.2.3 纽约商品交易所（1980年） ... 304
  - 14.2.4 吉隆坡商品清算所（1983年） ... 304
  - 14.2.5 香港期货交易所及1987年股灾 ... 305
  - 14.2.6 巴西证券期货交易所（1999年） ... 307
  - 14.2.7 历次中央对手方危机的教训 ... 307
- 14.3 重要考量 ... 308
  - 14.3.1 后视偏差 ... 308
  - 14.3.2 底线竞争？ ... 309
  - 14.3.3 分配效应和整体影响 ... 309

14.3.4　损失共担以及作为担保债务凭证（CDO）的中央对手方 …… 310
　　14.3.5　保证金需求 …………………………………………………… 311
　　14.3.6　强制清算的影响 ……………………………………………… 312
　　14.3.7　透明度 ………………………………………………………… 313
　　14.3.8　相互关联性 …………………………………………………… 313
　14.4　中央对手方面临的风险 …………………………………………… 314
　　14.4.1　违约风险 ……………………………………………………… 314
　　14.4.2　非违约损失事件 ……………………………………………… 315
　　14.4.3　模型风险 ……………………………………………………… 316
　　14.4.4　流动性风险 …………………………………………………… 316
　　14.4.5　操作及法律风险 ……………………………………………… 317
　　14.4.6　其他风险 ……………………………………………………… 318
　14.5　保证中央对手方的安全 …………………………………………… 318
　　14.5.1　中央对手方会被允许破产吗? ………………………………… 318
　　14.5.2　治理 …………………………………………………………… 320
　　14.5.3　披露 …………………………………………………………… 321
　　14.5.4　保险计划 ……………………………………………………… 321

第15章　对金融市场未来的影响 …………………………………………… 322
　15.1　监管改革 …………………………………………………………… 322
　15.2　监管改革的影响 …………………………………………………… 323
　15.3　监管改革的利弊 …………………………………………………… 324

术语表 ……………………………………………………………………… 326

参考文献 …………………………………………………………………… 334

致 谢

近一年以前，我决定将我关于交易对手信用风险的既有文稿结集成一本涵盖场外衍生品中央对手清算和双边保证金规则的书。我相信本书是有其价值的。考虑到强制清算的保证金规则的迅速实施，我衷心希望本书能够对所有对金融市场，特别是对场外衍生品感兴趣的读者起到愈加重要的作用。

在本书开篇我必须提示：本书的核心内容主要是中央对手方未来在场外衍生品市场的角色，而非其在场内市场的（与在场外市场极为不同的）既有功能。我通常会使用场外中央对手方（OTC CCP）来对二者作明确区分。读者应当了解，尽管书中许多原理、讨论和分析涉及了中央对手清算的各个方面，场外视角是本书的主线，因此也是本书的主要着眼点。

因为该领域变化十分迅速，新的监管法规和市场创新不断涌现，所以本书的议题写作也是极具挑战性的，正如我的另外几本讨论交易对手信用风险和信用价值调整的书一样。因此读者可访问我的个人网站 www.cvacentral.com 以获取本书的修订和更新。特别是，我计划在该网站上持续更新本书的勘误表和网页链接（因为链接经常发生变动）。网站上也会发布一些对读者可能有用的数据表。读者朋友还可通过该网站联系—我非常乐意听取读者对本书的意见，并会在本书的下一版修订中考虑这些意见。

尽管本书是第一本关于场外衍生品强制清算和双边保证金要求的书籍，在此我还是要向读者朋友介绍另外两本关于该领域有价值和互补性的书籍：Norman（2011）非常深入地介绍了中央对手方发展的历史背景，Murphy（2013）比较了传统双边衍生品市场和实施强制集中清算及全球金融危机带来的其他监管新规的期货市场之间的差异。

我极为感激 Craig Pirrong 就本书议题与我进行了许多有趣的讨论，以及他在该领域卓越的研究（我极力推荐读者参阅）。感谢 Craig，以及 Alistair Milne 对本书初稿非常有用的反馈建议。此外，感谢伦敦索罗姆金融合伙（Solum Financial Partners）的同事们关于交易对手信用风险、保证金制度和中央对手清算的许多议题所作的有趣讨论。

感谢威利出版社（Wiley）的 WernerCoetzee、Sam Hartley 和 Jennie Kitchin 对本书出版的协助，感谢斯帕克斯出版社（Sparks Publishing）的 Tom Fryer 及其团队高效的文字编辑工作对本书及时出版的贡献。感谢 Get Ahead 公司的 Rebecca Newenham 和 Jane Knight 的行政管理和校对工作。任何遗留错误均由我负责。

最后，特别感谢我的妻子 Ginie 和孩子 Georgea、Christy 一直以来的支持、鼓励和幽默。

Jon Gregory
2014 年 4 月

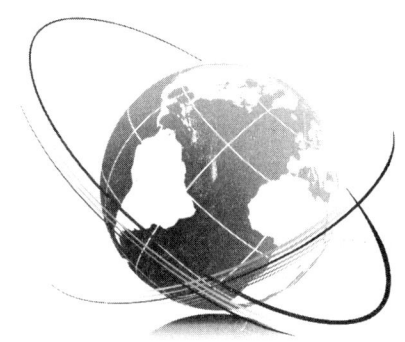

第一部分

背 景

第1章 简介

我们对全球金融危机唯一的了解就是我们了解得不多。

——保罗·萨缪尔森（1915~2009）

1.1 危机

2007年，美国房产危机引发的信贷危机，导致一系列大型金融机构倒闭，并带来严重的经济衰退。如今危机的余波仍在影响着整体经济，并显著地改变了金融市场的运作以及对金融机构的监管方式。全球金融危机明确地显示了控制场外衍生品风险对于维护全球金融稳定的重要性。场外衍生品虽然并不是引发全球金融危机的导火索，但很可能会激化诸多金融问题，并为系统性风险的扩散提供渠道。

衍生品交易是一种合同关系，有效期从数日到数十年不等。在合同有效期内，双方均有权要求对方支付诸如随标的资产和市场状况变化的可变现金流之类的交易对价。因此衍生品交易会引发交易对手的信用风险。由于衍生品交易量由相对较少的大型衍生品交易商（经纪商）主导，而这些经纪商又是金融系统的关键节点，所以衍生品交易导致的交易对手信用风险会转而引发系统性风险。交易对手信用风险是指当合同到期时，交易一方可能不履行合同约定的风险。随着交易方式的演化，交易者开始利用清算制度控制交易对手信用风险：交易者可以通过双边模式进行清算，分别对每个交易对手的风险采取控制措施；此外也可以通过中央对手方（Central Counterparty，CCP）进行集中清算。历史上，与中央对手方清算相比，双边清算是场外衍生品市场的绝对主流。

全球金融危机期间，监管当局需要对是否救助濒临破产的大型金融机构，如贝尔斯登（Bear Stearns）、雷曼兄弟（Lehman Brothers）、苏格兰皇家银行（Royal Bank of Scotland）和美国国际集团（AIG）等，作出至关重要的抉择。这些关键决策都是在对这些金融机构的状况及决策可能导致的连锁反应缺乏清晰认识的情况下作出的。导致缺乏清晰认识的原因之一就是这些大型金融机构的资产负债表中的大量双边场外衍生品交易。双边场外衍生品合同本质上是一种私人合约，这种合约可能缺乏流动性，并且具有非标准或奇异的特征。系统性风险一直是全球场外衍生品市场关注的重点。这里的系统性风险是指由金融机构的危机导致的金融系统的稳定性下降。在全球金融危机环境下，大型金融机构的破产以及由此产生的多米诺骨牌效应会导致系统性风险。

双边场外衍生品自2007年就处于金融风暴的中心，金融机构的信誉以及它们之间的对手方风险显然助长了危机的持续。随着机构信用恶化，银行和其他金融机构之间庞大的场外衍生品交易网络突然成了一个重大问题。例如，美国国际集团（AIG）依靠其极高的信用评级通过信用违约互换（CDS）的方式提供了大量信用保险。当美国国际集团无法为其在信用违约互换业务中不断增加的偿付义务提供额外抵押品（以下简称保证金）和支付现金时，美国政府对其实施了救助。政治家和监管者担心美国国际集团的违约会波及整个交易链条并导致系统性危机。这引发了一种观点，即交易对手信用风险和大型金融机构间的关联性是放大和传导金融冲击的渠道。

如何平仓是一个场外衍生品独有的交易对手信用风险问题。当合同一方违约时，他们的交易对手通常需要终止和替代相关交易。在一个重大违约事件发生后，市场流动性丧失和争相进行交易替代引发的剧烈价格波动都可能在场外衍生品交易替代过程中发生。这些问题在雷曼兄弟破产过程中表现得淋漓尽致。并且这些问题也是一些金融机构"大而不能倒"背后的一个关键原因。

与场外衍生品相比，通过中央对手方或场外交易清算所清算的衍生品市场在全球金融危机中表现得更为稳定。伦敦清算所等中央对手方对雷曼兄弟破产处置得当，而当时场外衍生品市场的几乎所有其他部分都危如累卵。这种情况出现的一个原因是，与大多数市场参与者不同，中央对手方实际上对类似情形有充分的设想和准备。因此，虽然经历了重重困难（例如区分雷曼兄弟与其客户的头寸），中央对手方还是在其会员的帮助下对大量的雷曼衍生品头寸实施了转移或平仓，并且没有发生重大问题。事实上，在雷曼兄弟破产的一周内，其大部分的场外市场存续头寸就已被对冲；又过了一周，大部分客户账户就已被转移。场外衍生品集中清算看上去似乎比双边清算更为安全。

1.2 走向集中清算

全球金融危机后,政策制定者不出所料地开始着手进行监管改革,旨在消除跨国银行和双边场外衍生品市场的风险。这些改革是由认为场外衍生品市场的规模、不透明度和关联性过于显著的监管观点推动的。其中一个政策变化是对于场外衍生品提出更高的银行资本要求。考虑到遭受惨重损失的银行之前极高的杠杆率和极低的资本基础,这样的政策变化是不足为奇的。另一个政策变化是对一些特定产品实施强制集中清算,似乎中央对手方成了保持金融市场稳定的万灵药。例如:

> 我们如何在不破坏创新,不破坏市场的基础上构建良好的监管框架?我们一致认为需要改进规章制度,并确保市场、公司和金融产品受到合适的监管和监督。例如,信用违约互换这种对不确定损失提供保险的金融产品应通过集中的清算机构进行处理。
>
> 乔治·布什,2008 年 11 月 15 日

作为金融改革的一部分,场外衍生品市场迎来了多项重要的法律修订。2009 年 9 月,20 国集团(G20)领导人决议:未来所有标准化场外衍生品均须通过中央对手方进行清算。作出这个决议是因为监管者相信中央对手方可以降低系统性风险、操作风险、操纵市场和欺诈行为,保持市场整体的稳定。2008 年的 G20 峰会确定了一个监管目标:

> 加强信用衍生品市场的应变能力和透明度,减少系统性风险,包括改进场外市场的基础设施。
>
> G20 声明,华盛顿,2008 年 11 月

不到一年之后,强制清算要求已经明确,并从信用衍生品扩展至几乎所有场外衍生品:

> 最迟至 2012 年年底,所有标准化场外衍生品合约都应在恰当的交易所或电子交易平台进行交易,并通过中央对手方进行清算。场外衍生品合约信息应报送至交易数据库。非集中清算的合约应实施更高的资本要求。我们要求金融稳

定委员会（Financial Stability Board，FSB）及相关委员定期评估规定实施情况以及其是否足以改善衍生品市场的透明度，降低系统性风险，防止市场滥用行为。

G20 声明，匹兹堡，2009 年 9 月

2010 年 7 月颁布的《多德—弗兰克法案》和消费者保护法案，以及在 2010 年 9 月提出的欧洲市场基础设施监管规则（EMIR）都是对更新场外衍生品市场监管规则的呼声的回应。《多德—弗兰克法案》和欧洲市场基础设施监管规则的核心内容就是对所有标准化场外衍生品实施中央对手方清算的正式立法建议。

在 20 国集团决议实施强制清算以后，这项任务的规模和复杂性逐渐显现。与现有实施集中清算的产品比较，对更加复杂且流动性较差的大多数场外衍生品实施集中清算的条件是完全不同的。并且，场外衍生品客户的数量和多样性是对中央对手方的一个巨大挑战。中央对手方必须提高清算新的场外衍生品的能力并提供代理清算服务。代理清算带来了许多重要的问题，比如在中央对手方—清算会员—客户的业务链条中风险置于何处。另一个问题是大型"场外中央对手方"的系统性风险和操作风险。中央对手方还可能需要互相联系以实现"互操作性"，但这可能会带来由类似关联性导致的风险上升。

1.3　什么是中央对手方？

清算是交易执行后的一个环节。在这个环节中中央对手方会介入交易对手之间以保证交易的顺利执行。因此中央对手方的主要功能是以作为所有卖方的买方和所有买方的卖方的形式直接或间接介入交易对手之间去承担相应的权利和义务。这意味着原来的交易对手不再具有直接的风险，因为中央对手方实际上变成了新的交易对手。中央对手方本质上是通过各种方法包括轧差结算、保证金制度和损失分担来重新分配违约损失。显然，整个环节的目的是减少交易对手风险和系统性风险。

中央对手方并不是一个新想法。交易所相关的中央对手方作为衍生品市场的一部分已经存在了一个多世纪。交易所是一个买家和卖家相互交易的有组织市场。交易所建立集中清算制度来控制交易所交易产品的交易对手信用风险，以及交易所会员失去偿付能力的风险。交易所衍生品市场中央对手方是有效管理金融风险的一个很好的例子。双边清算和集中清算这两种方式有许多共同的规则，如轧差结算和保证金制度，但也有本质的区别。这两种清算方式都没有

统治所有市场，说明他们在不同的市场都或多或少存在相应的优点和缺点。

中央对手方有诸多好处，其中之一是能够对通过中央对手方清算的所有交易实施统一轧差。在双边市场中，若某机构同时为机构 A 的多头交易对手以及机构 B 的空头交易对手，则该机构面临交易对手信用风险。然而，如果这两个合约实施集中清算，其净头寸为零则不存在风险。中央对手方还可以通过控制保证金要求以减少标的资产组合的价格变动来降低风险。中央对手方也能够实现损失分担：一个交易方的损失会被整个市场分担，而不是直接由少数几个交易对手承担而导致不良后果。此外，中央对手方可以通过轧差清算方式对违约方的合约进行有序的拍卖以减少需要被替代的总头寸，这样可以减少合约替代对价格的影响。一个管理良好的集中拍卖机制具有良好的流动性，相较于双边市场无序的合约替代，其在不确定性显著的时期对价格的扰动更小。中央对手方还可以帮助客户将其头寸从陷入财务困境的中介机构中有序地转移出来。中央对手方持有的保证金和其他财务资源为拍卖过程中可能产生的损失提供了保障。

中央对手方的主要角色和机制是：

- 中央对手方为其清算会员设置固定标准。
- 中央对手方负责对违约清算会员的所有头寸进行平仓。
- 为支持上述两点，中央对手方持有下列财务资源来覆盖会员委员造成的损失：
  - 变动保证金，密切跟踪市场变化。
  - 初始保证金，覆盖最坏情况下在变动保证金保证范围以外的清偿或平仓成本。
  - 违约基金，在发生重大违约时进行损失分担。
- 中央对手方在其所有的财务资源（初始保证金[①]和违约基金）用尽的极端情况下也有应对计划。例如：
  - 要求追加违约基金。
  - 变动保证金收益折减。
  - 选择性地去除头寸。

值得一提的是，许多场外衍生品的终端客户（如养老基金）将通过清算会

[①] 请注意，只能使用违约者的初始保证金。

员的代理进行中央对手方清算,但其本身不会成为会员。这是因为成为会员有会员资质、操作性和流动性等方面的要求。一些终端客户也将豁免清算义务,因此可以自行决定是否通过中央对手方进行清算。

1.4 初始保证金

降低交易对手信用风险的一个重要方法是根据合同约定交纳保证金。及时、合法的保证金交收是防范交易对手信用风险的有效保障。双边交易中的保证金安排相对定制化,一般可能并不要求全额缴纳保证金,而只要求对流动性相对较差的资产缴纳保证金。双边保证金也倾向于允许保证金的再抵押或再利用。尽管这种灵活处理对保障流动性十分有益,但在交易对手违约和保证金不足时,保证金价值下降或法律效力不完备会使这种灵活处理变得十分危险。

与双边清算市场相比,集中清算市场往往有更严格的保证金要求,例如只允许使用现金或具备良好流动性的债券作为保证金资产。不过,最重要的区别在于初始保证金。大多数的双边安排只提供(覆盖标的合约价格波动的)变动保证金的交换。而集中清算市场还要求缴纳(覆盖原交易对手违约后标的合约的重置成本的)初始保证金。例如,一个中央对手方会员的头寸为10单位,即要向中央对手方提供15单位保证金,其中包含10单位变动保证金和额外的5单位初始保证金。当中央对手方的某一会员发生违约事件时,初始保证金将为交易对手的可能损失提供第一道保障。由于违约方实质上已经通过向中央对手方缴纳初始保证金偿付了其违约造成的损失,所以初始保证金能够减少交易对手信用风险。虽然减少了交易对手信用风险,但初始保证金是昂贵的。因为初始保证金的存在表示交易者缴纳了额外保证金。此外,由于初始保证金通常不能被再抵押或再利用,其使用成本也增加了。

由于集中清算只适用于"标准化"的场外衍生品,有一个潜在的问题是,市场参与者只要简单地宣称一个既定的合约是"非标准"合约,就可以规避强制清算以及初始保证金要求。为了避免这个问题,政策制定者们决定对所有非清算场外衍生品均提出初始保证金要求。这意味着无论是否纳入集中清算,场外衍生品交易都必须缴纳额外的保障性保证金。

监管者对更高保证金要求的推动并不奇怪。全球金融危机的一个核心问题是,许多场外衍生品交易者(例如,主权国家、中央银行和高信用的金融机构)

通常不缴纳任何保证金。金融机构，如场外衍生品大型经纪商，虽然通常互相缴纳保证金，但从历史经验来看，这样的协议缴纳的保证金总是相对偏少而不是偏多。另一个问题是，充抵场外市场保证金的资产可能包含了严重的市场风险、信用风险和流动性风险。这会产生这样一种风险，即在交易者丧失偿付能力需要动用保证金时，相关保证金资产价格已经下降或除非减价出售否则很难迅速变现。

保证金制度的一个明显的缺陷是其相关应用成本。随着金融体系内缴纳的保证金越来越多，市场流动性相应降低的情况可能出现。这对缺乏足够的流动资产支撑保证金要求的交易者来说尤为严重。这可能转而导致市场参与者利用金融工程技术创造高质量保证金，甚至利用监管套利来规避各种规则。显然，这些效应是不合期望的。

1.5 可能存在的缺陷

尽管具有明显的优势，场外衍生品的强制集中清算并非没有争议。中央对手方过去曾有过失败的例子，因此实际上具有潜在的危险。例如，中央对手方在 1987 年的股市崩盘时身陷困境对整个金融体系都构成了严重威胁。在过去的一个世纪甚至更长的时间中，清算仅限于在交易所交易的衍生品。而在过去二十年中，双边场外交易市场非常成功，其增长一直高于交易所交易的产品。尽管从 1999 年开始伦敦清算所已经对一些场外衍生品（特别是利率互换）提供清算服务，但大部分场外衍生产品并未自发地转入集中清算。截至 2010 年底，虽大部分存续的场外利率产品（主要是互换）已纳入集中清算，但只有不到 10%的信用违约互换（CDS）通过中央对手方进行清算，而且几乎没有场外外汇和股票衍生品通过中央对手方进行清算。

清算场外衍生品的困难在于，与交易所产品相比场外衍生品更为缺乏流动性，并且具有长期性和复杂性的特点。因此清算场外衍生品是对传统的中央对手方风险管理方法的一个挑战，尤其是面对日益重要的跨国交易。一定程度上说，中央对手方使金融市场更安全更多的是一种主观愿望，而非客观预期。毫无疑问的是，集中清算将会对金融市场风险的分配和管理产生重大的结构性影响和行为影响，导致市场结构和交易活动的深刻变革。金融体系是极其复杂的，可能的交易行为变化将是影响深远的、不断变化的、无法准确预测的。

强制清算最为明显和矛盾的首要问题是道德风险问题。如果一家具有系统重要性的场外市场中央对手方在风险管理失败时一定会得到政府财政支持，这就产生了道德风险。毕竟救助一家中央对手方绝对不会比救助一家其他类型的金融机构更合理。中央对手方并不会魔法般地消除交易对手的信用风险。实际情况是，强制衍生品实施中央对手方清算只会将交易对手信用风险集中于金融系统的一个系统性节点（中央对手方），从而产生巨大的金融风险。当中央对手方清算更复杂、流动性更低、期限更长的产品时，中央对手方存在的潜在风险恐怕还会再次上升。

第二个问题是由中央对手方（和双边保证金要求）要求会员和客户缴纳大量流动性保证金带来的成本和不稳定性升高。许多研究者估计由中央对手方和双边保证金要求带来的场外衍生品市场保证金增加额将高达数万亿美元。保证金会对经济造成影响，从最初侵蚀金融机构利润，到最终对整体经济增长产生影响。另一个更精微的技术问题在于，保证金要求变化会导致不稳定交易需求，从而可能传播系统性紊乱。例如，当公司必须通过以出售资产和减少头寸的方式来满足大量追加保证金的要求时，会加剧价格变动，从而导致更多的追加保证金要求，此时系统性紊乱就可能发生。此外，在动荡的市场环境中通常初始保证金要求会增加，这样的变化会使整个金融系统产生破坏性的流动性枯竭，从而加剧而非解决金融困境。

第三个潜在的问题是中央对手方的损失共担。任何超过某一会员自身财务资源（主要是初始保证金）的损失通常都会由其余存续的会员共同分担。这种机制的效果是使潜在的信用风险均匀分配，这种情况下所有的中央对手方会员大致是平等的。信用评级较高的市场参与者在中央对手方清算中可能不会因为更优的信用质量而具有优势。与任何形式的保险类似，逆向选择是一个会提高风险共担成本的严重问题。当投保人比承保人更加了解风险时，逆向选择就会出现。对清算业务而言，当场外衍生品的交易者比中央对手方更了解特定清算产品的风险时，这些公司将倾向于多交易被中央对手方低估风险的产品，而少交易被中央对手方高估风险的产品。与双边交易相比，中央对手方可能会助长过度冒险的行为，因为机构明白他们可能发生的损失将会由其他会员共担。许多衍生品交易机构（如大型银行和对冲基金等）专门从事风险研究和定价工作，因此很可能在复杂衍生品方面对中央对手方具有信息优势。

1.6 宏观背景下的清算

必须强调本书重点在于中央对手方在场外衍生品市场发挥的作用，而非其在基础证券市场中更为传统的作用。集中清算在基础证券交易中的作用与在场外衍生品交易中的作用有很大的不同。在基础证券交易中，集中清算的主要作用是标准化和简化操作流程。而在场外衍生品交易中，集中清算则更侧重于降低交易对手信用风险。

在这里还有必要提及一些高层次的观点。首先，中央对手方可能会对一个给定市场特性同时产生正反两方面的影响。例如，中央对手方可以降低系统性风险（如通过降低清算会员倒闭影响的方式），但同时又会提高系统性风险（如通过在市场承压时提高保证金要求的方式）。中央对手方能够转移风险但不能绝对地降低总体风险。中央对手方也可能对于某些产品和市场是有益的，但这完全取决于该产品或市场的特点。

中央对手方具有许多功能，如轧差清算、保证金交收、增加交易透明度，损失共担和违约处置等。但必须指出的是，这些功能也可以通过其他机制来实现。例如，更大的轧差收益交易压缩可以提供，保证金制度同样也可以应用于双边市场，而更大的透明度可以由交易数据库提供。

中央对手方防范未来金融危机的能力尚不明确。但通过分析中央对手方的影响能够明确的是，中央对手方导致了许多尚无答案的问题，以及需要在中央对手方的优点和缺点之间作出权衡。一方面，政策制定者们似乎相信，场外衍生品的强制集中清算使得金融市场更加安全；另一方面，部分批评者却表示这是完全错误的。

写作本书的目的绝不是给中央对手方的好坏与否下定论。毫无疑问，中央对手方作为风险缓释机制的选项之一确实可能是有效果的。然而，强制清算意味着场外中央对手方将在未来几年内快速地发展和成长。这一点，再加上双边交易保证金要求，可能会产生巨大的潜在成本。因此，有必要对场外衍生工具的集中清算提供一个详细的理论和实践分析，以及对场外衍生品的强制清算和保证金制度的优点和缺点进行权衡分析。

第 2 章　交易所、场外衍生产品、衍生产品公司及特殊目的载体

> 一个大而不能倒的公司是指一个由于其体量、复杂性、关联性及功能重要性等原因，一旦意外破产，金融系统和经济将面临严重不良影响的公司。
>
> ——本·伯南克（1953～　）

2.1　交易所

2.1.1　什么是交易所？

在衍生品市场中，很多合约都是在交易所进行交易的。交易所是指一个参与者可按约定价格交易如期货和期权等标准化合约的集中金融中心。交易所通过单一平台集中交易的方式促进市场效率并提升流动性。金融合约成为交易所交易产品的过程，可被视为一场必须以发展一定的交易量、标准化和流动性为起点的旅途。

交易所被用以交易金融产品已有多年历史。中央对手方的起源可追溯至 19 世纪（甚至更久远）的期货交易所。期货是交易双方约定在未来某一时间，以今日约定的价格买卖一定数量的某种资产的协议。商人和公司用期货锁定某类资产价格，从而对冲该类资产价格变动风险。交易所本质上是一个交易类似期货的标准化产品的市场。最初，交易所仅为一个简单的交易场所，并没有结算功能或对手方风险管理功能。最初交易仍是在双边基础上达成的，交易所仅是为通过交易所交易的成员提供交易凭证。未履行其协议要求的会员被视为违约，将受到罚款或驱逐。

第 2 章 交易所、场外衍生产品、衍生产品公司及特殊目的载体

交易所有很多功能：
- 产品标准化：交易所设计可交易的合约，其大部分条款（例如：到期日、最小价格报价增量、可交割的标的物等级、交割地点和机制）均被标准化。
- 交易场所：交易所为其上市的标的产品提供实体的或电子的交易设施，为产品交易及套期保值提供集中的场所。交易所仅为遵守交易所规则并获得交易所批准同意的机构和个人开放。这样的集中交易场所为价格发现提供了可能①。
- 报告服务：交易所为市场参与者、信息供应商和订阅者提供关于交易价格的多样化的报告服务，进一步提高了价格透明度。

2.1.2 对于清算的需求

除上述功能之外，交易所也提供改进"清算"的方法，从而降低对手方风险。清算这一术语指的是调解及了结对手方之间的合约，清算发生在交易执行和交易结算之间（当所有法律义务均已落实时）。买方或卖方在某一合约上遭受重大损失时，可能没有能力或不愿意对标的持仓进行结算。为减少此类风险，两种方法得以发展，即保证金制度和轧差。

保证金制度指交易所会员根据其持仓盈亏而收付的现金或其他资产（变动保证金），以及为以防其可能违约造成的损失而提供的额外覆盖部分（初始保证金）。交易所完善了相关规则以明确及加强保证金交易制度。

轧差涉及合约对冲，这有助于减少对手方及其所处的深层网络的风险暴露。因此，轧差降低了维持敞开头寸的成本，如对于那些需要质押保证金的开仓。历史上已有的三种清算模式中都可见到轧差的身影，这三种清算模式即为直接清算、环形清算和全额清算，将在下文中进行描述。

2.1.3 直接清算

直接清算是指在最初的两个对手方之间对所达成承诺义务的双边和解（如果没有其他指定，这显然是标准清算机制）。这里，交易中的指定条款可被直接执行，如在交易所中一个对手方可提供合同约定数量的相关资产给另一方，以换

---
① 这是在市场中通过头卖双方的相互作用确定某一资产价格的过程。

取预先确定的现金付款。另外，如果对手方之间有抵消交易，那么他们可以减少义务，如图2.1所示。这里，对手方A和B在同一个合约上有互相抵消的持仓：A同意在未来某日以105美元的价格从B处购买100份合约，而B拥有和A完全相反的持仓，但是价格更低，为102美元。显然，标准化的条款使合约可替换，便利了这种抵消。相较于A和B实物交换100份合约所值的标的物，并相互支付相应的10500美元和10200美元，他们可以使用"差额支付"。差额支付，而非直接交付，在期货市场中变得越来越普遍，降低了与信誉相关的问题。在图2.1中，这涉及对手方A支付给对手方B合约的价值差300美元。这可能发生在合约的结算日或之前的任何时候。在场外衍生品市场，这种直接清算的形式现在一般称为轧差。

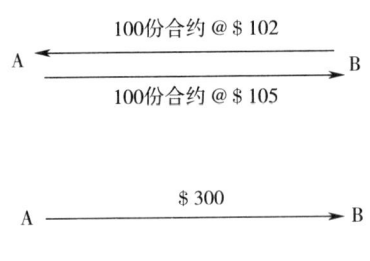

图 2.1　直接清算

显然，尽管通过差额支付的方式风险敞口有所减少，但直接清算中最初的对手方对彼此间的风险敞口依旧存在。[虽然交易所通过定义标准合约条款等方式推动这一做法]但他们在这样一个结构中所能起的额外作用仍然有限，可能只是作为随后争端中的中间调解人。

2.1.4　环形清算

由标准化导致的可替代性意味着直接清算可被扩展到两个以上的对手方。历史上，"环形清算"的发展是一种利用标准化来缓解如平仓和增强流动性等的方法。例如，在采用"完全清算"之前，在芝加哥期货交易所（CBOT），三个或更多的市场参与者组合将"环形了结"对冲持仓。环形清算是相对非正式的手段，通过三个或更多成员组成的环形来减少风险敞口。为了实现"环形"的好处，参与者必须愿意接受替代他们最初的对手方。环是自愿结成的，但一旦加入一个环结算之前，参与者会受到交换所规则的约束。一些会员会选择不加入环而另一些可能参与多个环。在一个清算环中，成组的交易所会员同意接受

第2章 交易所、场外衍生产品、衍生产品公司及特殊目的载体

相互的合约并允许相互交换对手方。这可用于减少双边风险敞口,如图2.2所示。不考虑其他持仓的性质,C和D之间、D和B之间的持仓可以允许一个"环形平仓",其中D从环中移除,两个义务由从C到B的单个义务替换。

清算环可明显减少对手方风险。它们也简化成员敞口头寸的依赖关系,让他们更容易平仓合约,增加流动性。显然,环的所有成员必须接受一个结算合约的价格,这可由交易所促成。历史上,交易所(和法院)普遍支持环形的合约特征。例如,如果(通过环)一个对手方的原始对手方被另一个随后违约的对手方取代,那么他们不可以对导致这个问题的清理环的重新分配提出质疑。

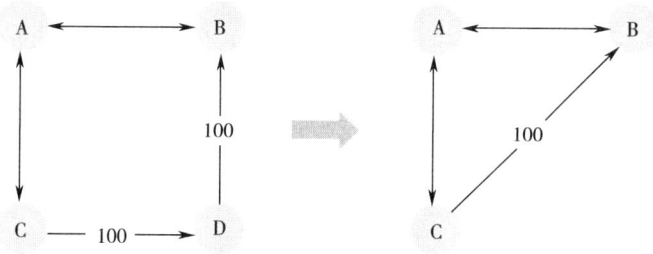

注:C和D以及D和B之间相等的义务被替换为一个C和B之间的义务。

图2.2 清算环的说明

需注意,并非所有在图2.2所示例子中的对手方都受益于清算环(尽管当然可能还有其他未显示的清算简化性可能使他们受益)。由于能够容易地抵消与C和B的交易,D显然受益;由于A的头寸没有改变,他并不在乎环的形成。此外,B和C的头寸只改变了他们的对手方。显然,如果这个对手方被认为具有较强(弱)的信用质量,那么他们视此环为有益(有害)。一个环对一个集体有益,却不太可能被视为对所有参与者有益。在环末尾的成员只拥有多头或空头头寸,因此站在没有好处的位置,环的结成对其没有好处。历史上,诸如此类情形伴随着成员拒绝参加环而失去作用,例如,他们偏好对某些对手方扩大敞口,对其他对手方缩小敞口。

在当前的场外衍生品市场,压缩(见第5.2.3节)提供了一个与历史上清算环的角色相类似的机制。

2.1.5 完全清算

清算环减少但并不能完全消除合约的具体对于方性质及对于方违约事件带

来的风险。成员仍然暴露在对手方失败导致的风险中。此外,像多米诺骨牌一样,合约违约可以造成一个级联效应,导致一系列看似不相关的对手方违约。历史上关于此的一个很好的例证就是1902年的乔治·菲利普斯破产,它影响了数以百计的芝加哥期货交易所(CBOT)的清算成员,代表了总会员数的近一半。为了解决这样的问题,清算发展的最后阶段就是完全清算,即由一个中央对手方或"清算所"成为所有交易的对手方。

当进行衍生品交易时,对手方同意对对方履行特定义务。通过介入两个对手方之间①,即两个清算会员之间,中央对手方(见图2.3)承担所有这些合约的权利和义务。这不但如清算环一样便捷了交易对冲,同时也减少了对手方风险,因为会员不必担心对手方的信用质量。事实上,居于对手方的所有的意图和目的即是中央对手方。

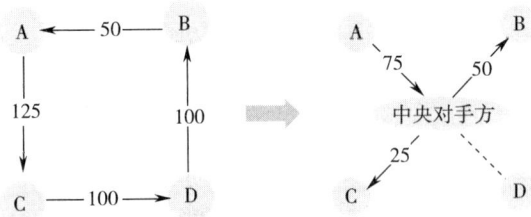

注:中央对手方作为所有合约的对手方承担所有合约的义务。

图2.3 完全清算的说明

完全清算起源于欧洲,美国在19世纪末采用(尽管直到20世纪早期才发生完全的合约替代)。集中清算发展后,随着新期货交易所的建立,中央对手方清算往往是从一开始就被选择的结构。

面对交易对手风险,中央对手方采用规则限制风险敞口。除了这种清算结构促进的对冲,中央对手方利用已经开发的保证金规则来保护自己免受会员破产的风险。保证金一般进化为动态,使用每日盯市估值定义变动保证金,与每日损益支付相关。还有初始保证金覆盖中央对手方当会员违约时将面临的潜在的头寸平仓成本。除了保证金要求,中央对手方开发了一种损失共享模式。所有的清算会员必须购买股份才有权使用交易所。发生清算会员违约时,清算会员面

---

① 有时中央对手方自身不介入,而是保证交易的执行。这与欧洲市场相比历来是美国市场的情况。然而,最终的结果是相似的。

临失去股权投资的风险（但不是很多）。这个股权是当前中央对手方定义为违约基金的基础。

采用中央清算并非完全没有阻力：直到 1925 年才采用中央清算芝加哥期货交易所（CBOT），大约 30 年没有中央对手方功能（后来部分由于政府压力）。最后一个采用中央对手方的期货交易所是伦敦金属交易所，在 1986 年才采用（监管压力再一次作为一个关键因素）。对于这些阻力，一个明显的和经常被引用的原因是清算同质的对手方风险，因此会导致交易所中信用质量强的会员受损更多。至少在某些市场中，不愿自愿采取清算的确导致了清算成本可能超过效益。

然而，所有交易所交易合约目前都从属于中央清算。中央对手方的功能或由交易所运营，或由独立的公司作为一项服务提供给交易所。所有的衍生品交易所都采用了某种形式的中央对手方，中央对手方清算因此成为衍生品市场清算的标准，直到 1975 年后才出现了场外衍生品市场。

2.2 场外衍生品

2.2.1 场外/交易所交易

交易所交易的衍生品是标准化合约（如期货和期权），并且在二级市场上交易活跃。买入一张合约和卖出相等合约并平仓头寸是很容易的，这可以通过一个或多个衍生品交易所完成。价格对于广泛的市场参与者来说是透明的和易得的。

场外市场的运作与交易所交易相比非常不同，如表 2.1 所示。场外衍生品通常私下协商并在双方之间直接交易，没有交易所或其他中介机构参与。价格不是对交易的确定承诺，价格谈判纯粹是一个双边的过程。场外衍生品的谈判历来是在经销商和最终用户之间或两个经销商之间进行。场外市场历史上不包括交易报告，因为交易可以私下发生，没有在任何交易所可见的活动。条款也是在两方之间双边谈判的，虽然某些标准已有开发。在双边的场外交易市场中，每一方都承担交易对手风险，并且必须独立管理。

影响场外产品受欢迎的最重要的因素是能够更精确地调整合约满足客户需求，例如通过提供一个特定的到期日。交易所交易的产品从本质上不提供定制。

场外市场的主要参与者是银行和其他高度成熟的对手方，如对冲基金。交易商间的经纪公司也在场外衍生品交易中发挥媒介的作用。2007年之前，场外市场是最大的衍生品市场，同时基本上不受监管。

重要的一点是不要将定制的场外衍生品与奇异场外衍生品相混淆。例如，客户希望对其产品进行套期保值或者在特定日期使用标的资产，这可以通过一个定制的场外衍生品来做。这样的一个套期保值可能在交易所无法实现，那里的标的合约将只允许使用特定的标准的合约条款（如到期日期）。定制的场外衍生品在风险管理方面可能被认为比交易所交易的衍生品更有效，交易所交易的衍生品将产生额外的基差风险（在这个例子中，到期日期不匹配）。据报道，大多数世界上最大的公司都使用衍生品来管理它们的财务风险。[①] 由于这些公司的特殊的套期保值需求，通常用场外衍生品来代替它们的交易所交易等价物。

当然，定制的场外衍生品也并非没有缺点。客户想要解除交易必须与最初的交易对手来做，最初的交易对手出于其特权地位可能报出不利的条款。即使指派或替代交易给另一个对手方，如果没有最初的对手方的许可通常也不能做。场外交易缺乏可替代性也可能带来问题。除此之外，针对客户的准确需求定制衍生品并无问题，只要这是唯一的目的。然而，这并不是场外衍生品的唯一用途：有些用以监管套利，有些甚至用以误导客户。这样的产品显然对社会无益，并且通常落入（相对较小）奇异场外衍生品类别，进而产生许多对场外衍生品的批评。

表2.1　　　　　　　　　　场内和场外衍生品对比

	场内	场外
合约条款	● 标准化的（到期时间、规模、执行价等）	● 灵活和可协商的
到期时间	● 标准化的到期时间、通常最多几个月	● 可协商且非标准化 ● 通常许多年
流动性	● 非常好	● 有限且有时对于非标准的或复杂的产品非常差
信用风险	由中央对手方担保	双边

[①] 94%以上的世界上最大的公司使用衍生品来帮助管理它们的风险，据ISDA（国际掉期与衍生品协会）调查，ISDA（国际掉期与衍生品协会）通讯，2009年4月23日，http：//www.isda.org/press/press042309der.pdf.

第2章 交易所、场外衍生产品、衍生产品公司及特殊目的载体

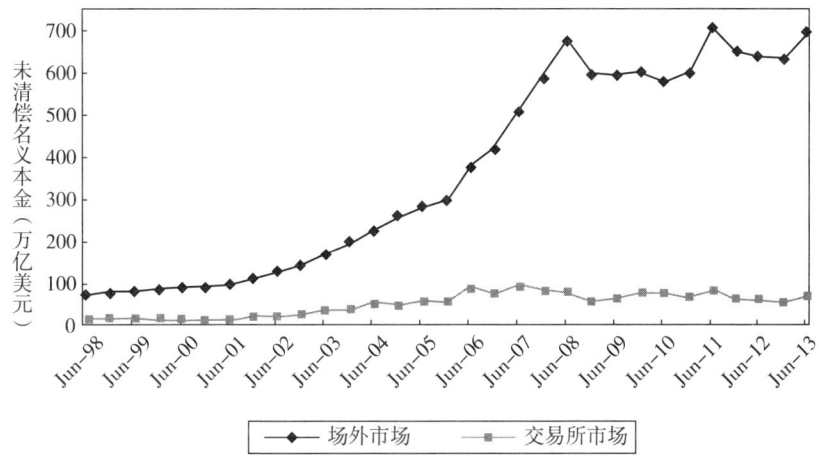

注：数据覆盖利率、外汇、股票、大宗商品和信贷衍生品合约。注意，未清偿名义本金总量与交易所交易衍生品不具有直接可比性，对于交易所交易衍生品其指的是持仓（未平仓）或净头寸，而对于场外市场未清偿总量指的是总头寸，即没有轧差对冲。集中清算交易由于重复计算的影响也增加了未清偿名义本金，因为清算涉及簿记两笔分开的交易。

资料来源：国际清算银行。

图 2.4 场外和场内衍生品交易未清偿名义本金

场外衍生品市场规模直到 20 世纪 80 年代仍相对较小，部分原因在于监管，也在于交易所交易衍生品在流动性和交易对手风险控制方面的优势。然而，从那时开始，金融工程和技术的进步与有利的监管导致场外衍生品的快速增长，如图 2.4 所示。场外衍生品相对交易所交易衍生品的强劲扩张也在一定程度上是由于奇异合约和新市场，如信用衍生产品（信用违约互换市场在 2003 年底至 2008 年底之间增加了 10 倍）。场外衍生品近年来对其交易所交易的同类产品在名义价值[①]方面占大概接近一个数量级的优势。

场外衍生品的另一个重要方面是他们集中于相对少数的商业银行，通常被称为"经销商"。例如，在美国，四大商业银行占据了场外衍生产品名义总额的 90%。[②]

[①] 不是按交易数量，因为场外衍生品交易往往是更大的。
[②] 美国货币监理署官员，美国货币监理署 2013 年第一季度银行交易和衍生品活动季报，表 3，http：//www.occ.gov/topics/capital-markets/financial-markets-trading/deriYatives/dqll3.pdf.

2.2.2 市场发展

2013年中期所有衍生品未清偿名义本金总额为761万亿美元。图2.4中显示的未清偿名义本金的增长历史的末期缩减,显然可归因于全球金融危机(GFC),其间市场机构缩减了资产负债表并重新分配资本,市场客户对衍生品特别是结构化产品不那么感兴趣了。然而,近年来的减少也部分由于交易压缩的实践,即通过移除对冲的和多余的头寸来减少交易对手方风险(在下一章中详细讨论)。

场外衍生品包括以下五大类衍生证券:利率衍生品,外汇衍生品、股票衍生品、大宗商品衍生品和信用衍生品。场外衍生品按产品类型分类如图2.5所示。利率产品贡献了未清偿名义本金的大多数,相比之下外汇和信用违约互换似乎不那么重要了。然而,这给其他资产类别交易对手风险重要性提供了一个误导性的观点,特别是对外汇和信用违约互换。虽然大部分外汇产品有短期化的特点,但货币掉期长期限的性质及名义本金的交换意味着它们携带大量的对手方风险。信用违约互换不仅有很大的波动率成分,同时也构成显著的"错向风险"。因此,虽然利率产品在市场的对手方风险中占很大一部分,人们也不应低估其他产品的风险(有时是更微妙的)。

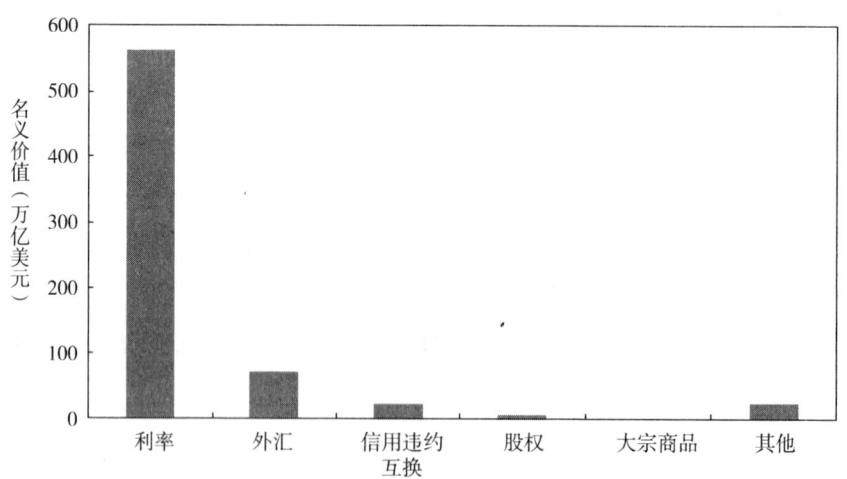

注:集中清算产品按双倍计算,因为中央对手方将单个交易替换为两笔交易。这特别适用于利率产品,因为大量未清偿的名义本金已集中清算。

资料来源:国际清算银行。

图2.5　2013年6月场外衍生品未清偿名义总额按产品类型分类

衍生产品的一个关键因素是它们的敞口规模远小于同等情况下的贷款或债券。以一个利率互换作为例子：该合约涉及交换浮动和固定利息，没有本金风险，因为只有现金流的交换。此外，即便利息也不是完全处于风险中，因为在付息日，只有固定和浮动利息之差或支出净额被交换。如果一方不履约，那么另一方将没有义务继续支付票息。对应地，该互换将根据其目前市值的独立报价被解除。如果该互换对一个机构为负值，那么若他们的交易对手违约，他们可能一无所失①。因为这个原因，当我们比较实际的衍生品总市场与它们的名义金额总额时，我们看到一个如表2.2所示的巨大的差异。例如，利率合约的总市值只有名义总额的2.7%。

衍生品合约，在许多情况下，通过多年来的行业创新已变得更加标准化了。这种标准化源自产品自然的生命周期，即产品逐渐从非标准化和复杂化，变为更加标准化的，以及具有更少的潜在的独特性。然而，场外衍生品市场依然保持着分散化和异质性，并与它们在交易所交易的等价物相比具有不透明性。这导致潜在的具有挑战性的交易对手风险问题。长久以来，场外衍生品市场通过使用轧差协议、保证金要求、定期现金安置，以及其他形式的双边信贷缓解来管理这种交易对手风险。

表2.2 截至2013年6月不同资产类别场外衍生品的市值（以万亿美元计）和名义总额的比较

	未清偿名义本金总额	总市值*	比值
利率	561.3	15.2	2.7%
外汇	73.1	2.4	3.3%
信用违约互换	24.3	0.7	3.0%
股票	6.8	0.7	10.2%
大宗商品	2.4	0.4	15.7%

注：*这是按照总的正市值和总的负市值的绝对值之和计算的，纠正了双边重复计算。
资料来源：国际清算银行。

2.2.3 场外衍生品和清算

场外衍生品合约要求其交易对手方在合约的存续期间（或提前终止合约之

---

① 假设互换可在没有任何额外费用的情况下被替换。

前）做特定的支付。"清算"是两个或两个以上的企业之间付款义务的计算过程（通常是轧差了的），"结算"是这些义务生效的过程。场外衍生品交易清算和结算的方式，影响着对手方交易信用风险的有效管理。许多场外衍生品的一个关键特性是，它们很长一段时间不被结算，因为它们通常有很长的期限。这与交易所交易产品形成对比，交易所交易产品通常按天结算，或者最多按月。因此场外衍生品的清算更加重要，也更加困难。

场外衍生品和交易所交易衍生品通常有两套完全不同的清算与结算机制：场外交易衍生品是双边的，而交易所交易结构是集中的。风险管理实践，如保证金制度中，对每个场外合约是由交易对手双边处理的，而对交易所交易衍生品，风险管理功能通常是由相关的中央对手方处理的。然而，场外衍生品不必变成交易所交易的产品从而获得集中清算中的好处。中央对手方多年来作为独立的实体运营，通过在会员之中互利共生的方式来控制对手方风险。在任何强制清算之前，几乎一半的场外利率互换市场被伦敦清算所（LCH）互换清算服务（Swap Clear Service）集中清算（尽管几乎所有其他场外衍生品仍然是双边交易）。

对于中央对手方来说，一个重要的方面是场外市场的异质性，因为清算需要其会员之间有一定程度的同质性。从历史上看，大型的场外衍生品参与者比其他参与者有更强的信用质量。然而，少部分参与者，例如主权国家和保险公司有很高的（3A）信用质量，并以此来获取优惠条件，如单向保证金协议。

历史上，银行以多种方式处理对手方风险。例如，一家银行可能不需要一个对手方在交易的起初质押任何保证金，前提是其所欠额度仍低于预先设定的信用限制。对手方风险现在常通过信用价值调整（CVA）进行交易定价，这在第7章将更详细地讨论。在下一章详细讨论集中清算前，首先应回顾一些在2007年之前场外市场使用的使其他交易对手风险减少的方法。

2.3 场外市场中的对手方风险缓释

2.3.1 系统性风险

场外衍生品主要关注的是系统性风险。重大系统性风险事件可能由一个初始的火花引发连锁反应，并可能导致金融市场某种意义上的爆炸。因此，为了控制系统性风险,应最小化产生最初的火花的机会,试图确保连锁反应不会发生,或仅预设爆炸是可控的且由此产生的损失是有限的。

从历史上看,大多数场外风险缓释聚焦于减少上述初始火花的可能性。减少大的、重要的市场参与者的违约风险是一个明显的方向。资本要求、监管和审慎监管有助于此,但在减少违约风险和鼓励金融企业成长繁荣之间应有一个平衡。

场外衍生品市场有轧差、保证金和其他方法来最小化对手方风险和系统性风险。然而,这些方面创造更多的复杂性并可能催化一般无法达到的增长水平。因此可以说,主动抑制连锁反应可能恰恰会实现相反的效果并创造可能将引发爆炸的催化剂(如许多通过复杂的保证金网支持的大敞口)。

场外衍生品市场也出现了其他机制来控制可能固有的对手方风险和他们创造的系统性风险。这些机制的例子有下面将讨论的特殊目的载体(SPV)、衍生产品公司(DPC),保险商和信用衍生类产品公司(CDOC)。虽然这些方法很大程度上在今天的市场上被视为无关紧要的,但他们与中央对手方分享一些共同的特征,其发展的历史概述是有用的。

然而,如果没有正确的经营和监管,即便看似强大的金融机构也可能崩溃。因此系统性风险的最终解决方案可能只是用适当的方法,以可控的方式来管理周期性违约,这是中央对手方的一个角色。如果有一个市场主要参与者违约,那么中央对手方将保证这个对手方拥有的所有的合约通过他们作为清算会员被执行。这将缓解机构所面临的问题,防止使危机进一步恶化的极端行为。任何意想不到的由一个或多个对手方造成的损失,将在中央对手方(就像保险损失基本上是由所有投保人共享)所有会员中共享,而不是集中在一些更少数的机构中,那可能严重暴露在违约对方中。这种"损失共担"极其重要,因为其降低了系统性风险并防止多米诺效应。

2.3.2 特殊目的工具

特殊目的载体(SPV)或特殊目的实体(SPE)是一个隔离于金融风险的法律实体(例如,一个公司或有限合伙人)。特殊目的载体在场外金融衍生品市场中被用以保护其免受对手方风险。特殊目的载体公司将资产转移到管理或使用特殊目的载体的大型融资项目上,且没有将整个公司暴露在交易对手风险中。司法管辖可能要求特殊目的载体不能为其实体代表所设置。

特殊目的载体的目标本质上是改变破产规则，当一个衍生品交易对手破产时，客户仍然可以在任何其他索赔支付之前收回其全额投资。特殊目的载体是最常用的结构性票据，他们使用这种机制来限制交易对手风险，使票据评级达到非常高的水平（通常为 AAA 级），高于发行人评级。特殊目的载体的评级由特定评级机构进行评估，在给予评级前评级机构将详细分析特殊目的载体的结构及法律细节。

特殊目的载体的目标是转移优先性，以至于在一个破产程序中，特定主体可获得较为有利的处理结果。当然，这种较为有利的处理结果只能通过将较为不利的条件施加给其他主体才能实现。更一般的意义上，这样的机制可以降低在某一领域，但增加在另一领域的风险。中央对手方同样创造了一个类似的优先性转移，这也许是转移，而非减少了系统性风险。

特殊目的载体将对手方风险转化为法律风险。一个明显的法律风险是整合，这是指法院将特殊目的载体资产与其发起人整合考虑的权利。整合的法律基础是指特殊目的载体与其发起人一致，意味着特殊目的载体无法被隔离。整合可能取决于司法管辖区等诸多因素。美国法院在整合管理上有多年历史，而英国法院不太热衷于此，除非在如欺诈等极端情况下。

另一个教训是法律规则往往基于经验，而特殊目的载体法律结构的可执行性多年未被证实。当在雷曼兄弟（Lehman Brothers）案例中得以证实时，许多问题油然而生。雷曼兄弟本质上使用特殊目的载体来保护投资者在如债券抵押债券（CDOs）等复杂交易中免受对手方风险。文档中的关键条款被称为"翻转"条款，这意味着，如果雷曼兄弟破产，那么投资者将成为首要的债权人。然而，美国破产法院裁定翻转条款不能履行，而这在英国法院中是可执行的。对于翻转条款以及特殊目的载体是否为一合理法律结构的司法问题，许多案例在法院外解决①。过度依赖健全法律基础的风险缓释可能会失败，特别是如果这些法律基础的任何部分被证明为存在不稳定性。这也是中央对手方的另一个教训，因此中央对手方必须对其法律权限非常了解，特别是在某会员违约的情况下。

2.3.3 衍生品产品公司

早在全球金融危机发生之前，虽然基本没有大型衍生品经纪商出现过较大

---

① 例如，见"雷曼选择解决但丁（Dante）翻转条款交易" http://www.risk.net/risk-magazine/news/1899105/lehman-opts-settle-dante-flip-clause-transactions.

第2章 交易所、场外衍生产品、衍生产品公司及特殊目的载体

问题，但双边清算模式下，由经纪商主导的衍生品市场被视为天生比交易所市场更易受到风险影响。衍生品产品公司已进化为一种为场外衍生品市场中缓解风险的工具（例如，见 Kroszner，1999）。衍生品产品公司一般是评级为 AAA 级的，由一个或多个银行创建作为大型经纪商解决破产风险隔离的附属子公司。与特殊目的载体不同，其为一个单独资本化的评级为 AAA 级的机构[①]。衍生品产品公司提供外部对手方，具有一定防护对手方风险的能力，用以防止衍生品产品母公司违约风险。衍生品产品公司因此提供了些类似交易所系统的效益同时保留了场外衍生品市场的灵活性和分散性。第一批衍生品产品公司例如美林衍生产品公司（Merrill Lynch Derivative Products）、所罗门互换公司（Salomon Swapco）、摩根士丹利衍生产品公司（Morgan Stanley Derivative Products）及雷曼金融产品公司（Lehman Brothers Financial Products）等。

发起人通过衍生产品公司创建其自有的"迷你衍生品交易所"的能力可部分归功于风控模型的提高及信用评级机构的发展。衍生产品公司通过资本金、保证金和行为规范等综合考量维持 AAA 评级。每一个衍生产品公司拥有其自有的量化风险评估模型来量化其现有信用风险。大多数衍生产品公司使用一种动态资本配置来维持其 AAA 评级信用风险要求。衍生产品公司 AAA 评级一般基于以下几点要求：

- 最小化市场风险：就市场风险而言，衍生产品公司可通过交易抵消合约来靠拢市场中性。理想的情况下，衍生产品公司应在每一笔交易的两端，因为这些"镜像交易"导致大致匹配的账面。一般而言，镜像交易伴随着衍生产品母公司而存在。
- 来自母公司的支持：衍生产品公司作为破产遥控器（类似一个特殊目的载体）由母公司支持以获取更高评级。若母公司面临破产，那么衍生产品公司将或交由另一资本雄厚的机构，或将伴随着交易由中间市场结算而直接被终止。
- 信用风险管理及操作指南（限额、保证金制度等）：交易对手信用质量及活动（头寸限额、保证金等）一般也有所限制。对手方风险管理由逐日盯市及保证金公布等方式达成。

[①] 大多数衍生品产品公司获得评级质量一般为通过资本结构，但一些公司主要基于其发起人的评级情况。

在已拥有较好信用质量的情况下，衍生产品公司通过定义有序的工作流程来提供更佳的安全性。衍生产品公司定义什么事件可能引发其自身风险（例如，母公司评级下降），以及后续工作流程如何开展。"预备破产"因此可推断为比一般性的场外衍生品交易对手方破产程序更加简便。更宽泛地讲，两种破产结构均存在，即一种延续和一种终止结构。两种情况下，经理负责管理及对冲现有头寸（延续结构）或终止交易（终止结构）。

衍生产品公司的概念并无错误，该概念自20世纪90年代初期创立以来效果不错。衍生产品公司在场外衍生品市场早期被创立以来，服务于评级低于AAA级的交易对手方的长期限衍生品交易。但是，类似某AA级或更低评级的银行下的AAA级机构是否真的是一个比银行本身更好的对手方呢？早期，衍生产品公司在容量上经历了稳定的提升，其业务在20世纪90年代中期至末期达到顶峰。但是，伴随着市场上保证金的使用逐步提升，以及可替换AAA级机构的存在导致了对衍生产品公司需求的下降。

国际金融危机实质上扼杀了已处于下滑期的衍生产品公司。在其母公司日渐衰退及接受援助的情况下，贝尔斯登（Bear Stearns）衍生产品公司由摩根大通（J. P. Morgan）部分收购，其客户根据新的契约交易进行补偿。雷曼兄弟的两个衍生产品公司根据联邦破产法第11章自愿申请破产，这战略性的保护衍生产品公司资产的策略，可被视为衍生产品公司的命运无法逃避地与其母公司相连。不出意外地，这明显的衍生产品公司的自主性缺乏，导致评级机构撤回评级①。

衍生产品公司对任何灾难性事件未负有责任，它们在很大程度上已变得不相关。以特殊目的载体为例，衍生产品公司很明显是一个有缺点的概念。衍生产品公司的AAA评级并无任何可信度，因为面对对手方风险的实质上是其母公司，而母公司一般评级较差。因此，衍生产品公司表明了对手方风险转变为其他金融风险（在特殊目的载体中不仅仅是法律风险，还可能是市场及操作性风险）可能并非有效。

2.3.4 单一险种保险公司和信用衍生类产品公司

如上所述，衍生产品公司的创立主要基于在交易场外衍生品时对高质量交

---

① 例如，见"惠誉撤销花旗Swapco公司的评级"。http：//www.businesswire.com/news/home/20110610005841/en/Fitch–Withdraws–Citi–Swapcos–Ratings.

易对手方的需求。但是，这类需求在信用衍生品自 1998 年以来呈指数化增长的背景下被带到另一高度。第一种信用衍生产品为信用违约互换（CDS）。信用违约互换代表了一种不寻常的挑战，其盯市价值源自于信用差价的变化，但其回报仅仅与一个或几个信用事件（例如，违约）相关。信用违约互换中所谓的错位风险（例如，当某银行从另一银行购买保护时）意味着对手方信用质量变得比其在其他场外衍生品交易中更为重要。在信用违约互换外，结构化债务抵押债券（CDOs）优先层拥有更高的错位风险，并为"违约遥控实体"提出更高的需求。

单一险种保险公司提供金融担保，运用其优先信用评级提供金融担保下的"信用保护"。单一险种保险最初在其他领域提供信用保护，但后来介入信用违约掉期及结构化金融市场以获得分散化及更高的回报。信用衍生产品公司（CD-PCs）为上一章提及的衍生产品公司概念的一种延伸，其与单一险种保险公司有类似的商业模式。

为了获得更高的评级（例如，AAA），保险公司/信用衍生产品公司基于其提供保护的结构可能导致的损失持有相应资金本要求。资本金要求也与其保护的资产组合动态相关，这与衍生产品公司结构做法相类似。若根据合约的盯市价值有所降低，保险公司及信用衍生产品公司一般不用提供保证金（基于其优质的信用评级）。

自 2007 年 11 月开始，许多保险公司［例如，XL 金融保险公司（XL Financial Assurance Ltd.），安巴克保险集团（AMBAC Insurance）和美国城市债券保险公司（MBIA Insurance Corporation）］本质上都破产了。2008 年，美国国际集团由美国政府以 1820 亿美元的代价得以救助（美国国际集团得以救助而诸多保险公司未得以救助的原因是由于美国国际集团的风险敞口[①]。以及其出问题的时间与雷曼兄弟破产较为接近）。这些破产事件可归咎于评级降级、保证金要求以及盯市价值的损失导致恶性循环的微妙结合。许多银行发现他们在保险公司有大量敞口，这是由于他们从保险公司购买的保护价格提升迅猛。例如，2008 年 6 月，瑞士联合银行对保险公司有估计 64 亿美元处于风险中的敞口，花旗集团

---

① 保险公司全部信用衍生产品敞口之和与美国国际集团一家不相上下，且保险公司的破产影响至少被部分隔离。

及美林证券分别有 48 亿美元和 30 亿美元的敞口①。

信用衍生产品公司,如保险公司,经营杠杆较高且一般不提供保证金。他们受全球金融危机影响相对较浅,但仅仅是因为时机问题。许多信用衍生产品公司在 2007 年 7 月初的全球金融危机后才开始全面运转。因此,这些信用衍生产品公司错过了至少第一波信用保护销售的损失(特别是超高级)②。但是,信用衍生产品商业模式与保险公司相似的事实并未被忽视。例如,在 2008 年 10 月,惠誉评级公司撤除了对五家信用衍生产品公司的评级③。

2.3.5 对中央清算的经验教训

上述提及的特殊目的载体的概念,衍生产品公司、单一险种保险公司及信用衍生产品公司都被证明导致了一些问题。确实,上述主体的风险缓解方法均有致命缺陷这一点有一定争议,这也解释了为什么它们在今天的场外衍生品市场上缺乏证据。需要质疑的是类似的缺陷是否也存在于场外衍生品市场中央对手方中,因为它们确也同样拥有类似结构特征。

特殊目的载体和衍生产品公司有两个明显的问题。第一个问题是:一个主体的优先级转移到另一个主体上是否对整体系统有所帮助。中央对手方将有效地将优先性给予场外衍生品对手方,这样做也许降低了该市场的风险。但是,这使得其他主体(例如,债券持有人)处于不利地位并因此提高了其他市场的风险(详细信息见第 5.1.6 节及第 6.4.1 节)。第二个问题是:对于准确、健全的法律框架的高依赖性使其暴露在此框架下的任何缺陷的风险中。这些问题尤为重要,因为在一场大型的破产中,一些市场主体极有可能通过挑战赔付优先性以获取显著的收益(例如在之前的特殊目的载体中翻转条款的案例)。另外,中央对手方跨境活动也使他们面临破产制度和不同制度下的监管框架。

中央对手方也和单一险种保险公司及信用衍生产品公司有一些类似之处,即为承受及管理对手方风险的高信用质量机构。但是,两处极为重要的区别需要指出。首先,中央对手方有一个"匹配的账簿"且不接受任何残留的市场风险(除非成员违约)。……这是一个极为显著的区别,因为单一险种保险公司和

---

① 见"银行面临 100 亿美元保险公司缴费",金融时报,2008 年 6 月 10 日,http://www.ft.com/cms/s/0/8051c0c4-3715-11dd-bc1c-0000779fd2ac.html#axzz2qH4m4ZLD.
② 超高级价差的拓宽基于 2007 年后一般情况下远大于信用价差的相对基差。
③ 例如,"惠誉撤出信用衍生产品公司评级",美国商业新闻社,2008。

信用衍生产品公司在信用市场上大多都很大程度、单向地进行信用暴露。其次另一个区别之处是中央对手方会在任何情况下要求提交变动保证金和初始保证金，但是保险公司及信用衍生产品公司可以仅提交变动保证金并且一般仅在极端情况下才缴纳（例如，在它们评级降低事件发生时）。许多保险公司及信用衍生产品公司在交易开始时完全不提交保证金。虽然如此，中央对手方与此类机构在防止系统性风险方面较为相似。但是，"系统性风险保险"这一术语名不副实，因为系统性风险无法被分散。

虽然中央对手方在结构上不承担导致保险公司承保人破产或类似美国国际集团接受救助的风险，但对于对手方风险集中在一个较大、甚至大而不能倒的机构这一点上，依然有一些经验教训值得学习。一个具体的例子是由于保证金要求地提升导致的不稳定的关系。保险公司和美国国际集团破产可归咎于金融危机期间保证金要求显著地提升。中央对手方可就变动保证金及初始保证金创建类似的动态机制，这将稍后进行具体描述。

此外，一些评论家认为中央对手方可能帮助避免全球金融危机，例如涉及美国国际集团。不可否认，中央清算可能防止美国国际集团创建庞大风险敞口。但是，美国国际集团的交易可能由于其太过于非标准化及特殊化而无法被合适地清算。另外，所有金融机构、信用评级机构、监管当局及政治家们都原本相信美国国际集团拥有优质的信用质量因而不太可能倒闭，而中央对手方持相反的观点，这一优秀的洞察力或智慧令人信心倍增。

2.3.6 场外衍生品市场的清算

从20世纪90年代末开始，几个主要中央对手方开始为场外衍生品以及其他非交易所交易产品提供清算和结算服务。目的是帮助市场参与者减少交易对手风险以及从中央清算带来的可替代性中受益。这些场外交易仍可私下协商，但仍需由中央对手方在交易后的基础上进行合约替代。

1999年，伦敦清算所设立了两个场外衍生品中央对手方对回购合约（RepoClear）以及基本型利率互换进行清算和结算。自2001年安然公司倒闭后，能源衍生品市场场外清算衍生品商业价值大幅增长。对此，洲际交易所自2002年初开始提供场外能源衍生品清算解决方案。洲际交易所目前也同时提供信用违约互换场外清算。

尽管中央对手方对场外衍生品市场清算和结算在全球金融危机前几年已有

所发展，但仅局限于特定产品和市场，说明中央对手方优势和缺点同时存在，以及，在一些市场环境下，缺点大于其优势。正如在上一章节提到，证券清算与场外清算的区别非常中央，后者远不及前者直接简便。基于此，该书的重点是场外衍生品中央对手方。

2.4 总结

大多数中央对手方最初是由期货交易所的成员为更有效地管理违约风险而创立的，并不是专门为场外衍生品设计的。了解集中清算的历史发展并将其与其他衍生品市场对手方风险缓解形式如特殊目的载体、衍生产品公司和保险公司相比较是有益处的。这可以为理解集中清算未来可能会产生的一些后果以及可能会产生的相关风险提供一个良好基础。

下一章将详细说明中央对手方是如何操作的。

第3章 集中清算的基本原理

> 中央对手方是随着反复实践和实验而逐渐产生的。
>
> ——兰德尔·克罗兹纳（1962~ ）

3.1 什么是清算？

广义上讲，清算环节是介于交易的执行与结算之间的环节，如图 3.1 所示。交易执行是指各参与方均同意就买卖某些特定的标的证券或就标的市场变量交换现金流而产生的法律义务。而结算是指上述法律义务的终结。结算常发生于已成功完成所有支付或是合约被平仓（例如与另一头寸抵消）。而清算是执行与结算之间的环节。对于传统清算产品来说，清算环节通常会持续几天（例如现货股票交易）或者最多几个月（例如期权或期货合约）。而对于场外市场衍生品来说，清算过程的时间区间通常会持续几年甚至几十年。这就是随着更多场外金融产品纳入集中清算，场外市场清算具有重大的系统重要性的原因之一。

广义上说，清算可以是双边的，也可以是集中的。双边清算中，交易双方对清算环节负责（可能是在第三方的帮助下）。在集中清算中，他们的责任由第三方来承担，例如第三方即为中央对手方（CCP）。

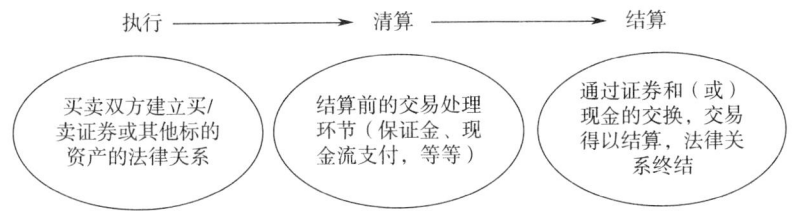

图 3.1 金融交易中清算所扮演角色的描述

3.2 中央对手方的功能

需要强调的是,在场内交易(例如证券交易)的集中清算中,中央对手方的主要角色是标准化和简化操作流程。与之不同的是,由于场外衍生品合约存续期较长和流动性相对缺乏等因素,场外中央对手方其实在消除交易对手信用风险方面的作用更为重要。

3.2.1 金融市场的拓扑结构

中央对手方代表着一套分配、管理和降低双边市场中交易对手信用风险的规则和业务安排。中央对手方通过在买方与卖方之间居间处理来改变金融市场的拓扑结构,如图3.2所示。在图中,记号D标记的六个圆圈代表大型跨国银行,通常称为"交易商"。从这两张简单的示意图上能够看出中央对手方具有两个明显的优点。首先,中央对手方能够降低金融市场的关联性,从而减轻市场参与者破产的冲击。其次,从会员的角度来说,中央对手方成为贸易的中心能够提高市场透明度。但是一个明显的问题是作为"中心辐射状"系统的中心,中央对手方的破产将是灾难性的。

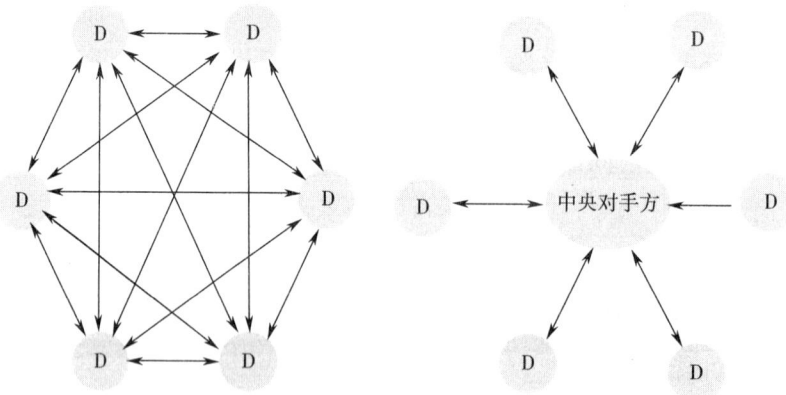

图3.2 双边市场(左图)与集中清算市场(右图)

场外市场中央对手方将极大改变全球金融市场的拓扑结构。虽然上述简单明了的分析在大的要点方面都是正确的,但是现实中中央对手方的全貌比上述描述要复杂得多。

3.2.2 合约替代

集中清算的关键概念是合约替代,这是一个将中央对手方置于买方和卖方之间的法律程序。合约替代是指用一个或多个其他合约替代某个合约。它表示中央对手方实质性地介入交易双方之间,为双方的交易对手信用风险提供担保。合约替代的可行性取决于新合同的法律效力以及合约替代生效后交易双方的法律关系终止的确定性。假定具有可行性,合约替代意味着原有双方的合约不再存在,因而他们不再相互承担交易对手信用风险。

因为中央对手方居于市场买卖双方之间,所以它有一本"轧平账"且不承担净市场风险(其仍存在于原交易方的交易中)。另外,中央对手方确实承担着集中在中央对手方结构上的交易对手信用风险。换句话说,中央对手方则存在"有条件的市场风险"。因为如果有清算会员违约,中央对手方的账面将无法轧平。为了重新轧平账面,中央对手方会采取多种措施,例如对违约清算会员的头寸进行拍卖。中央对手方也会通过要求清算会员交付金融资产的方式减轻交易对手信用风险。交付的信用资产将用以覆盖一个或多个清算会员可能造成的损失。

3.2.3 多边抵消

双边清算的一个主要问题是产生重叠和冗余的合约,这将增加交易对手信用风险和金融系统的内部关联性。产生冗余合同的大致原因是交易者会进行对冲交易而非终止原有交易。对于交易商而言,冗余产生的问题可能更为严重,因为它们会与类似但不同的对手进行对冲交易。

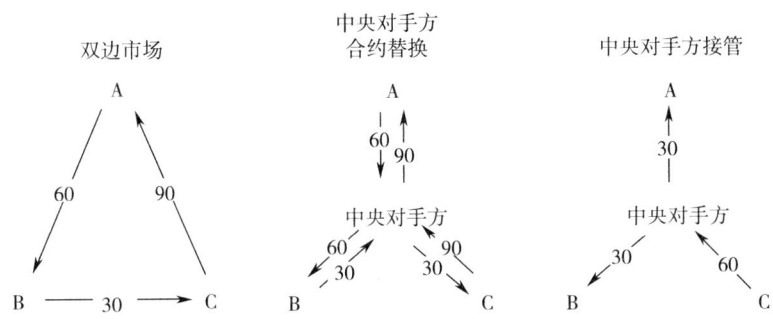

图 3.3　集中清算提供的多边抵消

集中清算的首要优势就是多边抵消。这种抵消涉及很多方面,比如现金流或保证金要求，这些将会在第5章和第6章分别进行更详细的讨论。简单地说，多边抵消的形式如图3.3所示。在双边市场图上，箭头指示了三个交易参与者的债务关系。需支付的债务总和是180。在双边市场上，C对A的负债为90，如果C破产，那么A同样存在着破产的风险，从而产生多米诺骨牌效应。在集中清算模式下，所有资产负债由中央对手方接管并能够相互抵消。这意味着总风险降低了：不仅是抵消后C的负债降到了60，同时因为中央对手方介入了两者之间，C的破产不再对A产生连锁效应。

虽然上述说法大致是正确的，但是其中忽略了一些关键因素。这就是多个中央对手方的影响（见第12.1.4节）、非清算交易的影响（见第5.2.6节）以及对非衍生品交易的影响（见第5.1.6节）。这些因素将在本书后面部分讨论。

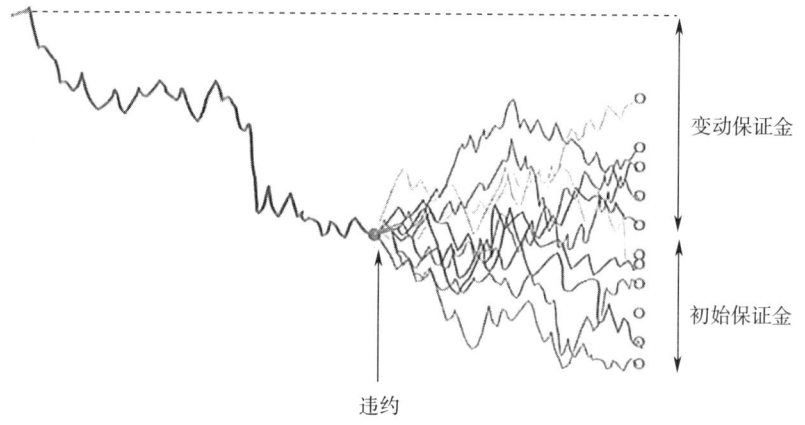

注：变动保证金盯住违约前的价格变化，而初始保证金提供一个应对违约后损失（例如平仓成本）的安全垫。

图3.4　初始保证金和变动保证金含义

3.2.4　保证金制度

考虑到中央对手方在金融市场中的核心地位，具有有效的风险控制体系和足够的金融资源至关重要。其中最明显和最重要的手段就是收取保证金来覆盖所清算交易的市场风险。如图3.4所示，保证金有两个种类。变动保证金用于覆盖会员持有头寸市价的净变化。初始保证金是一个额外的数额，在会员进行首次交易时收取，用于覆盖在最坏情况下的会员违约平仓成本（因为需要寻找交易置换）。

中央对手方的保证金要求通常比双边衍生品市场更为严格。特别是变动保证金必须每日或甚至日内交付，且通常必须是现金。初始保证金要求也会随着市场条件的变化而不断增减，且只接受现金或高流动性资产（如国债）。初始保证金要求和更高的保证金流动性要求，都不曾是双边市场的一部分。这意味着清算可能因为保证金要求而显著增加了交易成本。

关于保证金要求另一个值得注意的要点是：中央对手方设置的保证金水平通常只考虑会员持有的资产组合的风险情况。初始保证金金额与会员信用水平并没有显著的关系：资信水平最好的那些机构可能需要与那些更有可能违约的会员交付同等数额的初始保证金。两个会员如果清算相同的投资组合则交付等额的保证金，即使他们的资产负债风险完全不同。

3.2.5 拍卖

对中央对手方来说，交易对手的倒闭，即使是和雷曼兄弟一样的关联性极强的大型公司的倒闭，一般不会产生重大影响。这是因为中央对手方作为"中央减震器"阻止了多米诺骨牌效应的发生。如果一个中央对手方会员违约，中央对手方会迅速切断与该违约方的所有财务联系而不会遭受任何损失。从未违约会员的角度看，中央对手方保证了他们交易的正常进行。这一般是通过将所有合约中的违约会员替换为其他清算会员达成的，而不是直接按市场价格将违约会员的头寸平仓。这通常通过中央对手方在其他会员中间拍卖违约会员的头寸来进行。

如果会员希望和中央对手方继续保持业务往来，他们会积极参加拍卖以合力较好地处置违约。如果不这样的话，会员只会遭遇更坏的结果，例如由于动用违约基金或其他机制遭受损失（见第10章）。这意味着相较于试图在双边清算市场上进行解退/合约替换的交易者，中央对手方可能会获得更好的对价。但是，如果中央对手方拍卖失败，那么后果可能更严重，因为中央对手方会采用其他更极端的损失分配方法。

3.2.6 损失共担

中央对手方会员交付金融资产数额的理想分配方法是"违约者买单"原则。这是指清算会员都应当自行支付足以覆盖其未来违约的全部资金。然而这并不实际，因为这需要每个会员交付巨量的金融资产，成本太高。因此，会员交付金融资产的目的是以高置信度覆盖违约造成的损失。这使得未违约清算会员将有一定的概率承担部分违约损失，从而背离"违约者买单"原则。

另一个集中清算的基本原则是损失共担，超过违约者交付金融资产数额的损失由其他中央对手方会员共同分担。最常见的情况是中央对手方会员都缴纳的中央对手方违约基金，而通常违约基金在违约会员交付的资产不足以覆盖损失之后动用。因为所有会员都缴纳了违约基金，他们都将对巨额违约损失的吸收作出贡献。

注意在中央对手方中，会员遭受的违约损失与其和违约会员进行的交易可能并不直接相关。事实上，甚至没有和违约会员进行过交易，以及在中央对手方没有净头寸或与违约者有相同方向的净头寸的会员也会遭受违约损失（尽管存在其他可能的对这类情况下的会员有利的损失分配方法，这在第 10 章中讨论）。

损失共担是一种保险。众所周知，这种风险汇聚有积极作用，例如允许更多参与者进入市场。同样的，此机制也有很多负面诱导和信息不对称问题，最突出的就是道德风险和逆向选择问题。

3.3 基本问题

3.3.1 什么产品可以被清算？

场外衍生品市场的很大一部分将会在随后几年转入集中清算（实际上很多已经转入集中清算了）。集中清算可行是因为极大比例的场外衍生品名义总金额都是可清算的金融产品（如利率互换）贡献的。尽管清算正扩展到更多新产品中，但这是一个缓慢的过程，因为一个金融产品需要具备很多特征才能纳入集中清算。

对于要进行集中清算的交易，以下条件通常很重要：
- 标准化：法律和经济条款必须是标准的，因为清算涉及现金流的契约责任。
- 复杂性：只有普通（或者非奇异的）交易能够被清算，因为需要定期对它们进行相对简单可靠的估价来进行变动保证金计算。
- 流动性：产品的流动性很重要，这样通过风险评估确定需要收取多少初始保证金和违约基金。此外，在清算会员违约的情况下，流动性不足的

第 3 章 集中清算的基本原理

产品很难通过拍卖实现合约替代。最后，如果产品没有大量交易，那么对中央对手方来说开发相应的清算业务并不值得，因为没有足够的交易可以清算是无利可图的。

一个活跃的交易工具会有大量的能够被可靠估值或市值计价的交易和头寸存在。而且，大量的历史数据可以用来校准风险模型，市场的流动性能够支持对违约交易者的头寸进行直接平仓。对于这种工具，集中清算是很简单的。对于更为复杂和/或在流动性较差市场中的交易工具，情况大不一样：有关当前市场价格的信息是很难得到的。实际上，对这些交易定价可能需要使用非常复杂的模型。这样的定价相对主观，导致在流动性极度缺乏的相关市场中，风险估算和违约平仓的不确定性增加。

当前，存在已实现集中清算的场外衍生品（如利率互换），新近实现集中清算的场外衍生品（如指数信用违约互换）以及将要实现集中清算的场外衍生品（如利率互换期权、通胀互换和单一标的资产信用违约互换等）。最后当然还有很多离实现集中清算很远，实际上可能永远不能实现集中清算的产品（如亚式期权、百慕大互换期权和涉及低流动性货币的利率互换等）。

由于很大一部分场外衍生品似乎难以纳入集中清算，我们有必要采用新的示意图来显示非集中清算交易中可能存在的双边联系（见图3.5）。

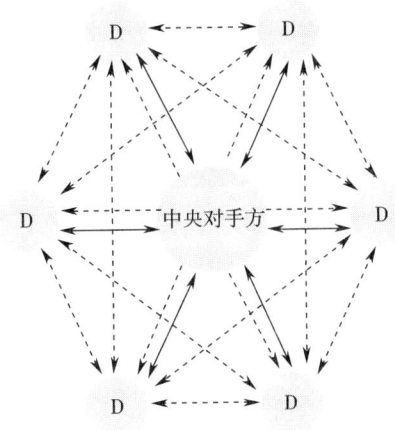

注：其中实线表示代表中央对手方清算的交易，虚线表示双边交易。

图 3.5　清算会员（D）间仍有双边交易存在情况下的集中清算市场

3.3.2　谁能参与清算？

只有清算会员能够直接和中央对手方交易。成为清算会员需要满足一系列的要求且不可能所有交易者都能满足这一系列要求。一般来说，这些要求分为如下几类：

- 准入条款：中央对手方具有许多准入要求，如信用评级（如最低 BBB 级）和极高的资本金要求（如最低 5000 万美元）。
- 财务承诺：会员必须缴纳中央对手方的违约基金。尽管缴纳金额可能与交易规模有部分关系，但可能存在一个最小金额，且似乎只有有意进行一定规模交易的机构才会认为缴纳违约基金是值得的。
- 操作性：成为中央对手方的会员有很多相关的操作性要求。一个是定期缴纳变动保证金，还有就是需要参与模拟会员违约和拍卖的违约处置应急演练。

上述要求的影响是：大型跨国银行和其他大型金融机构有可能会成为清算会员，而小银行、买方和其他金融公司和其他非金融终端客户不太可能成为直接清算会员。大型跨国银行将以全球多个中央对手方的会员身份扮演大型经纪商的角色从而为客户提供全方位的清算服务。大型区域性银行将仅成为当地中央对手方的会员从而为客户提供国内清算服务。

不是中央对手方会员的机构，又称非清算会员（客户），能够通过清算会员进行清算。这可以按照两种模式运作：即直接交易模式或代理模式（分别见第 11.1.2 节和第 11.1.3 节）。基本规则是：客户与其清算会员而非中央对手方存在直接双边关系。客户通常仍然必须缴纳保证金，但不需要缴纳中央对手方的违约基金。清算会员将向他们的客户（显性和隐性的）收取清算服务费用，包括对缴纳违约基金的补偿费。清算会员对客户的头寸仍然是双边的所以一般不会变更。但是，清算会员很有可能在他们与客户的双边关系中部分"复制"中央对手方要求，例如缴纳保证金的相关要求。

图 3.6 为将非清算会员包含在内的中央对手方市场全景。需要特别指出，非清算会员可能与不止一个清算会员存在业务往来。

考虑到客户面临的风险，这种清算结构存在着许多的问题。其中最关键的是客户缴纳保证金以何种方式交付到清算会员和/或中央对手方手中，以及如何实现资产隔离。有鉴于此，客户可能免于中央对手方、其清算会员以及其代理

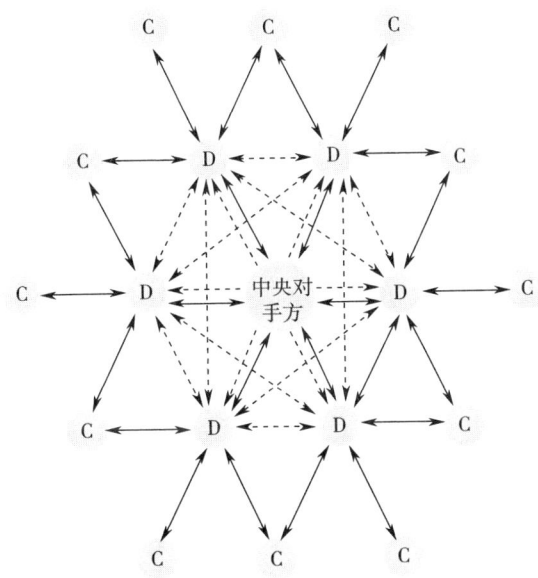

注：包括通过清算会员（D）参与清算的非清算会员（C）。

图 3.6 集中清算市场

清算会员的其他客户带来的风险。另一个与此相关的问题是可转移性，指客户能够将他们的头寸转移给另一名清算会员的可行性（例如，在他们原清算会员违约的情况下）。这些问题将在第 11 章进行更深入的讨论。

通常认为中央对手方会降低机构间特别是那些具有系统重要性的机构间的关联性。但是如图 3.6 所示，中央对手方只是改变了关联的程度，当然可能确实改善了状况。

3.3.3 将会有多少场外市场中央对手方？

众多的中央对手方将会加剧竞争从而可能因为成本问题引发底线竞争，导致中央对手方总体状况风险高企。而仅有较少的几家中央对手方对增加交易抵消的收益和实现规模经济有利。虽然从许多方面来看一个单一全球中央对手方显然是最优状况，但是中央对手方的总数很可能将会相对较多。这是因为下述两个维度的割裂：

- 区域。主要地区均认为拥有本地中央对手方非常重要。无论是对清算本国货币计价的交易或为该地区的金融机构交易服务来说都是如此。实际上，一些地区的监管者要求其监管的金融机构使用本地中央对手方进行清算。
- 产品。清算场外衍生品的中央对手方趋向于形成垂直结构和专门清算特定类型的金融产品（如利率互换或信用违约互换）。并且迄今为止不存在一个单一中央对手方覆盖所有可清算产品的完整解决方案。

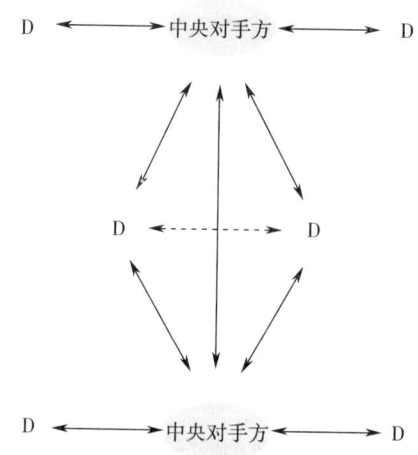

注：其中虚线表示双边交易。中央对手方之间和协同合作显示在图中。

图3.7　存在两个中央对手方的集中清算市场的示意图

多重中央对手方的影响如图3.7所示。多重中央对手方的一个关键要点是一个中央对手方的清算会员同样可以成为另一个中央对手方的会员。此外，中央对手方之间需要互通安排。互通安排对于防止监管要求冲突（例如，两家监管机构都要求交易通过当地中央对手方清算）非常重要。其同样可以通过认可中央对手方之间的头寸抵消来改善清算效率，从而产生例如降低保证金要求等好处。但是，互通安排将会增加金融市场的关联性，从而可能增加系统风险。

3.3.4　公用事业还是营利性组织？

清算交易显然会产生相应的成本。中央对手方通过对交易收取费用以及从保证金中获得利息来覆盖这些成本。作为金融市场基础设施和金融系统重要节点，中央对手方需要具备强大的生存能力，尤其是在大规模金融动荡的情况下。这意味着从长期稳定性角度而非短期利益角度来考虑，中央对手方定位为公用事业可能更为可取。然而，也有一些争论认为，中央对手方需要配备最好的人员和系统以具备先进的风险管理和运营能力。此外，中央对手方之间的竞争将会使客户受益，并为其提供更多选择。专业性和竞争性表明，中央对手方机构应该是营利性机构。很明显，竞争可能在具体操作过程中（例如保证金计算）引入底线竞争的风险，从而增加中央对手方面临的风险。

3.3.5 中央对手方是否会倒闭？

一个大而复杂的中央对手方的倒闭，例如一个清算大量场外衍生品的中央对手方的倒闭，可能是比例如雷曼兄弟这样的金融机构倒闭更为严重的事件。此外，对中央对手方救助很可能是一项比救助贝尔斯登和美国国际集团这样的大型银行或其他金融机构要更为复杂和浩大的任务。因此中央对手方必须持有一定规模的金融资产，例如初始保证金和违约基金，以应对极端情况下可能会遭受的损失。在这些极端情况下，中央对手方需要有相应的损失分摊办法（见第10章）。该办法旨在通过以一种不会产生或加剧系统性市场震荡的方式来覆盖超出中央对手方本身财力的相关损失。当然，也存在这样一种可能，中央对手方的资金出现缺口，并且也无法通过损失分摊方式恢复偿付能力。在这种情况下，就需要考虑来自中央银行的流动性支持。监管机构似乎已经认可，具有系统重要性的中央对手方需要中央银行的流动性支持，即使只是作为最后手段。

3.4 集中清算的影响

3.4.1 概要

虽然接下来的章节会对集中清算的优势和劣势进行深入的分析，但是此阶段适当讨论场外市场中央对手方的优点和缺点也很益处，要点如下：

- 中央对手方并非是解决场外衍生品市场所有已知问题的万灵药。
- 中央对手方不能完全消除交易对手信用风险，而是将风险集中，并将其转化为不同形式的金融风险，例如操作风险和流动性风险。
- 和大多数事情一样，中央对手方所具有的每一个优点，也存在相应的缺点。例如，中央对手方能够降低系统性风险（例如通过拍卖），但同时也会增加系统性风险（例如在动荡的市场环境下，改变保证金要求）。
- 中央对手方具有许多功能，而这些功能中大部分已经在双边市场中通过其他机制实现了。中央对手方是否能够有效地执行其余的功能尚未可知。

此外，中央对手方特有的一些功能带来好处的同时也会带来坏处。
- 中央对手方的业务拓展可能会导致一些意想不到的后果，而这些后果是很难提前预测的。
- 和其他金融机构一样，中央对手方机构也存在倒闭的可能性。历史上也确实存在这样的案例，之后会有更详细的介绍（见第14章）。

3.4.2 场外市场和集中清算市场的比较

表3.1对比了场外市场、中央对手方市场和交易所市场。在中央对手方市场中，尽管交易仍然是双边的，但集中清算也存在很多特殊要求，例如对标准化、保证金机制的要求以及动用共同违约基金弥补损失的规定等。交易所市场和中央对手方市场类似，除了交易通常发生在交易所，而非双边进行。

表3.1 比较场外市场、中央对手方市场和交易所市场

	场外市场	中央对手方市场	交易所市场
交易	双边	双边	集中
交易对手	初始	中央对手方	
产品	所有	必须为标准的、常规化的、可流通的等	
参与者	所有	清算会员通常是大型经纪人，其他机构可通过清算会员参与	
保证金	双边，双方根据信用情况事先约定，存在讨论空间	全额保证金，包括中央对手方要求的初始保证金	
损失缓冲	监管资本和保证金（如有）	初始保证金、违约基金和中央对手方自有资本	

3.4.3 中央对手方的优点

中央对手方具有很多优点，并且可能有助于建立一个更为透明和安全的市场。在此市场中，合同更具可替代性，流动性也会增强。以下对中央对手方的优点进行了总结：

- 透明度：中央对手方处于能够监控所有市场参与者持有头寸的特殊位置上。这将有助于缓解在双边市场中由于机构缺乏对其面临风险敞口的了解而带来的恐慌。假使某一会员存在极大的风险敞口，中央对手方可限制其交易（例如通过收取更多的保证金）。
- 抵消：如上所述，中央对手方可以抵消不同交易方之间的交易。这有助

于提高建立新合约和了结旧合约的灵活性并降低成本。
- 损失共担：如果违约损失会超出违约者的保证金，这些损失将由所有其他清算会员分担。这一机制能够降低违约对任一特定清算会员的影响。因此交易者的部分损失可以分摊到市场上，从而降低违约影响的深远程度，降低系统性问题产生的可能。
- 法律和操作效率：中央对手方采用的保证金、轧差清算和结算等机制有助于提高运营效率、降低成本。此外，中央对手方也可通过提供集中化的规则和机制来有效降低法律风险。
- 流动性：中央对手方通过提高交易便捷程度和多边轧差清算机制，提高了市场流动性。此外，通过匿名交易机制和降低交易对手信用风险，中央对手方降低了市场准入门槛。每日保证金制度也使得产品估值更为透明。
- 违约处置：管理得当的集中拍卖会比清算会员违约时无组织的合约替代所造成价格的波动要小。

3.4.4 中央对手方的缺点

就其本质而言，中央对手方是一个会员组织。会员的资源在某种意义上实现了集中。这也表明，任何由某一会员违约导致的损失可能会某种程度上分摊到其他的会员头上，这是一些问题可能出现的核心原因。中央对手方的缺点主要包括如下几点。

- 道德风险：众所周知，这一问题闻名于保险行业。道德风险将会导致会员忽视对交易对手信用风险的控制（因为所有风险均过渡到中央对手方身上）。由于第三方承担大部分风险，因此机构缺乏动力去监控彼此的信用质量并妥善应对。
- 逆向选择：中央对手方也容易遭遇逆向选择的问题，如果会员对所交易场外衍生品风险的认知比中央对手方要多的话。在这种情况下，公司可能会有选择地将风险更高的产品转移给低估风险的中央对手方。显然，大型银行等公司对于场外市场衍生品定价和风险具备更多的信息和认识。
- 市场割裂：清算标准产品的要求可能会造成集中清算交易和非清算交易之间的市场割裂。这可能会导致客户现金流的高度不稳定以及一些实际对冲头寸的（保证金要求）错配。

- 顺周期性：顺周期性指对经济状态的正向依赖性。中央对手方通过因为在动荡市场环境下或经济危机时增加保证金（或垫头）等手段，制造顺周期性效应。中央对手方的保证金追加要求越频繁、流动性越高（相较于双边市场中更为多样化和具备弹性的保证金操作），则越会加剧顺周期性。

3.4.5 集中清算的影响

集中清算的一些影响很难衡量，因为其影响对不同的市场和产品各不相同。此外，中央对手方在降低了多种金融风险的同时也增加了其他一些金融风险。例如，通常认为中央对手方降低了系统性风险。这是通过提高交易透明度、实现头寸抵消，以及更有效地处理违约事件实现的。但是，中央对手方也可能会增加系统性风险。例如，通过在市场动荡的情况下要求增加保证金。整体而言，根据风险守恒定律，与其说中央对手方降低了交易对手信用风险，不如说它分散了风险，并将风险转化成流动性风险、操作风险和法律风险等多种形式。中央对手方同时将这些风险集于自身，因而增大了其倒闭引发的系统性风险。

场外衍生品清算从根本上而言是不同于其他金融交易（例如现货市场证券或是远期合约）的清算。其他金融交易通常在几天内完成，而场外衍生品合约（例如互换）的存续期通常可能长达几年甚至几十年。目前无法确定中央对手方对于期限较长、较为复杂且缺乏流动性的产品的风险缓释是否有效。此外，集中清算可能并不适用于非标准化衍生品和/或奇异的衍生品。多年的实践证明，场外市场是金融创新的源泉，并且能够提供成经济且设计精良的风险对冲产品。场外市场未来在提供创新动力的方面也将保持重要性。而强制集中清算也可能妨碍场外市场衍生品的这种积极作用。

最后要注意的一点是，即使中央对手方使得场外衍生品更为安全，这并不意味着它能够创造一个整体上更为稳定的金融市场。中央对手方所使用的一些机制，例如轧差清算和保证金机制，是通过牺牲其他债权人的利益，来保护场外衍生品的交易者。此外，中央对手方在其制定规则、破产法规等方面的特殊待遇，对于其他市场参与者可能是有损害的。集中清算这些扩散性的影响通常容易被忽视。此外必须注意，金融市场具有快速调整和适应的能力，特别是对一些重要的监管指令。有意见认为中央对手方会使得场外市场金融衍生品更为安全。然而，即使这是真的，这也不能推断中央对手方将从整体上增强金融市场稳定性。

第4章 全球金融危机与场外衍生品清算

> 我视衍生品为定时炸弹，对于交易者和经济体系都是。
>
> ——沃伦·巴菲特（1930~）（2002年引用）

4.1 全球金融危机

4.1.1 形成

全球金融危机（GFC）的成因很复杂，与宏观经济事件、政府政策、金融机构借贷标准的放宽以及监管失败等一系列问题有关。但是，很多人认为导致危机的最重要的原因是场外衍生品的存在。

2008年，全球衍生品市场的名义价值超过700万亿美元（见图2.4），其中约9成是场外衍生品，远远超过交易所产品。事后来看，这制造了具有复杂性、杠杆性和关联性的危险组合，表现为在全球金融危机前的一段时期衍生产品的快速增长。

另一个问题是占据场外衍生品大部分交易量的银行在一段时期的并购后变得规模巨大，例如花旗集团（由花旗公司、旅行者集团、美邦经纪公司和所罗门兄弟公司合并而成），摩根大通集团（由大通曼哈顿银行和第一银行合并而成）和苏格兰皇家银行（荷兰银行）。此外，其他大型金融公司，如著名的美国国际集团，事实上也在场外衍生品业务上存在巨大的风险敞口。这个市场非常庞大、复杂、不透明且只受到了极为宽松的监管。

4.1.2 全球金融危机的影响

在全球金融危机期间，处置那些如果破产就会通过场外衍生品引发其他公司崩溃的金融机构成了当局的棘手问题。中央银行，如美联储和英格兰银行，不得不随机应变和反复试错地应对这些机构的系统性风险。为了避免可能引发整个金融体系的崩溃的连锁违约事件的发生，政府促成了一些大型金融机构的出售（如贝尔斯登、哈利法克斯银行），并为许多其他机构（如美国银行、苏格兰皇家银行、美国国际集团）注入资本。虽然这些举措并不符合公众期望，但是雷曼兄弟破产的后果充分显示了不救助陷入困境的大型金融公司可能会产生的严重负面影响。

政府所面临的问题不仅仅是金融机构"大到不能倒"，还有"过于关联到不能倒"。这种关联性的存在很大程度上归咎于场外衍生品市场。因此监管者认为全球金融危机的发生表明迫切需要建立起清晰的监管框架来有效地管理场外衍生产品市场和参与者引发的系统性风险。

4.1.3 全球金融危机中的中央对手方

需要指出，部分场外衍生产品在全球金融危机之前，就已经实现了集中清算（主要是利率互换）。尽管在全球金融危机中场外衍生品处于金融动荡的中心，该市场的一个领域似乎始终运行良好。即使雷曼兄弟的破产也并未对中央对手方，如伦敦清算所（雷曼的资产组合9万亿美元）和美国存管信托和结算公司（雷曼的资产组合5亿美元），造成严重的问题。中央对手方迅速（几个小时内）暂停了雷曼部分失去偿付能力的交易主体的交易因而防止了更多风险的累积。同时，雷曼仍有偿付能力的交易主体被识别出来并被允许继续交易。中央对手方也迅速地完成了雷曼的客户账户向其他清算会员的转移。总体而言，中央对手方的措施在清算市场为雷曼的交易对手和客户们提供了稳定和安全。在中央对手方的交易领域，这防止了由场外衍生品主要参与者的破产而引发的系统性连锁反应。

在雷曼破产余波中，中央对手方清算的更多的仍然是集中清算的传统品种。但是，也有相当一部分场外衍生产品实现了中央对手方清算，从而能够以较为简单的方式处理。

4.1.4 伦敦清算所和 SwapClear

最好的也是最被广为引用的中央对手方清算场外衍生产品的例子是伦敦清算所在伦敦提供的 SwapClear 业务，为包括雷曼在内的 20 家大银行提供利率互换的集中清算服务。SwapClear 的整个产品组合涵盖 14 个币种①，名义总金额超过 100 万亿美元，几乎占到当时全球利率互换市场总规模的一半。伦敦清算所之前也曾经历过违约，如德崇证券（Drexel Burnham Lambert）(1990) 和巴林银行（Barings）(1995) 违约，但雷曼的违约是中央对手方清算历史上最大的违约事件。

雷曼兄弟特殊金融公司（Lehman Brothers Special Financing Inc.，LBSF）是 SwapClear 业务的重要参与者，拥有一个由有上万笔交易合计 9 万亿美元的场外产品组合，比雷曼拥有的交易所市场中的资产组合要大得多。2008 年 9 月 15 日，雷曼兄弟特殊金融公司没有支付保证金，因此在几个小时内就被宣布违约。伦敦清算所当时的目标是尽快将巨大的场外交易组合（66 390 笔交易）平仓，同时避免造成巨大的损失或连锁反应。伦敦清算所向雷曼收取的专用于应对此类情况的巨额初始保证金（约 20 亿美元）为完成上述目标作出了重大贡献。

伦敦清算所的 SwapClear 清算服务在雷曼违约后发生如下事件：

- 根据中央对手方规则，清算会员有义务（轮流）指派代表协助伦敦清算所处置违约会员。伦敦清算所邀请来自 6 家银行的资深交易员成立了一个违约处置小组来协助进行平仓。
- 在开始的几日里，中央对手方对雷曼的组合进行了对冲，以将组合在宏观层面的市场风险中性化。处置小组每日对风险头寸进行评估，并根据组合和市场的变化进行进一步对冲。
- 大部分雷曼客户的头寸在首周内即被转移至其他具备偿付能力的清算会员处。
- 伦敦清算所将雷曼的资产组合（连同其宏观对冲）拍卖出售给其余的 SwapClear 会员。根据中央对手方规则，会员须参加拍卖。拍卖以五种相关的币种进行，被安排在 9 月 24 日（星期三）至 10 月 3 日（星期五）。所有的拍卖均顺利完成。

---

① LCH. Clearnet 2007 年年报。

这些事件被赞誉为伦敦清算所[①]的成功,且只动用了三分之一的初始保证金,剩余的保证金被退还给雷曼的破产管理人。

值得注意的是,雷曼的平仓过程并不是毫无问题的。在某些案例中,客户的保证金被退还给雷曼的破产管理人并被冻结了几个月(这与雷曼糟糕的记录保管有部分关系,也与英国的法律有部分关系,因为英国法律不像美国一样要求进行客户资产隔离)。事实上,甚至是进入雷曼的办公室也并不是立刻就实现的(Norman 2011)。

4.1.5 雷曼和其他中央对手方

尽管伦敦清算所的SwapClear服务在雷曼破产事件上取得了成功,但其他中央对手方却受到雷曼破产事件的一些负面影响。芝加哥商品交易所负责清算雷曼的一系列利率互换、股票、农产品、能源和外汇头寸构成的组合,但不得不动用从上述三个资产类别中获得的盈利来抵消另外两个资产类别的损失(Pirrong 2013)。而且,据称芝加哥商品交易所拍卖的三家中标者因收购雷曼的资产组合合计获利12亿美元(见第10.2.1节的后续讨论)。

对于雷曼的破产,2008年12月,香港交易所披露因雷曼兄弟证券亚洲相关的头寸被香港中央结算有限公司平仓而造成了1.57亿港元的损失。因此,香港中央结算有限公司需要动用其3.94亿港元的违约基金,并且要求活跃清算会员补缴额外的违约基金。和SwapClear的案例对比,这次处置可以看作部分失败的,因为清算会员因缴纳了违约基金而遭受了损失。

关于中央对手方对雷曼破产的处置有多少后视偏差十分值得思考。在清算大量的场外衍生品(如在银行倒闭中起到重要作用的信用衍生品)的情况下,中央对手方能否处理雷曼式的违约?这是一个问题。但有一件事情是毋庸置疑的:在全球金融危机中,集中清算的场外衍生品市场的运行情况比双边清算的衍生品市场要好得多。但是,鉴于清算的场外衍生品的种类和规模,这种表现可能并不完全出人意料。

4.1.6 回应

在全球金融危机发生之前,监管机构并没有明显地推动中央对手方清算的

[①] LCH. Clearnet 媒体公告,9万亿美元的雷曼场外利率互换违约成功解决。http://www.lchclearnet.com/images/2008-10-08%20swapclear20default_tcm6-46506.pdf.

第 4 章 全球金融危机与场外衍生品清算

动作。但是,在挽救了贝尔斯登之后,全球的监管机构都对集中清算呼声高涨。在美国,市场参与者和监管机构达成进一步改善场外衍生品市场基础设施的日程表。其中一点就是"建立一个具备完善风险管理体系、有助于减少系统风险的清算信用违约互换的中央对手方"[1]。欧盟委员会[2]发布的一份声明将建立清算信用违约互换的中央对手方称为"迫切需要"。2008 年 9 月的雷曼事件进一步证实了这些观点。要求强制清算的逻辑似乎在于对交易对手信用风险的顾虑放大了全球金融危机的系统性风险,而中央对手方可以减轻这种顾虑。

中央对手方被视为场外衍生品市场在一个或者多个市场参与者违约时的"减震器",因为中央对手方可以将此类事件引起的破坏控制在最低限度。在这种情况下的一个关键问题是需要短时间内在流动性较差的市场情况下完成大量违约交易头寸的替换。这样的要求会明显影响交易价格,同时增加市场波动性和关联性。相反,在短时间内快速替换违约头寸引发的价格冲击会给其他市场参与者造成极大损失并进一步威胁其偿付能力。普遍认为中央对手方可以通过保证金制度来提高透明度和降低风险,以解决这些问题。中央对手方可以建立和执行场外衍生品市场的"规则"。

2009 年,G20 的首脑在匹兹堡(G20 2009)一致同意要求:
- 所有标准化的场外衍生品应当通过交易所或者电子平台交易;
- 标准化的场外衍生品应实施集中清算;
- 场外衍生品报告应当提交至交易信息库;
- 非集中清算的场外衍生品应有更高的资本要求。

虽然大部分早期有关场外衍生品风险的讨论和研究都关注于信用衍生品(通过信用违约互换),但是强制清算现在要扩展以覆盖整个场外衍生品市场。这或许并不奇怪[3],因为信用衍生品仅占整体场外衍生品市场名义本金的不到十分之一。

可能会有这样的疑问:如果清算对于场外衍生品来说是"万灵药",为什么清算在全球金融危机前并没有发展起来(除了利率互换市场和 SwapClear 的案例

---

[1] 纽约联邦储蓄银行(2008 年 6 月 9 日),"6 月 9 日关于场外衍生品的声明",http://www.newyorkfed.org/newsevent/news/markets/2008/ma080609.html。
[2] 欧盟委员会(2008 年 10 月 17 日),"委员 McGreevy 在年终关于回顾衍生品市场的报告"。
[3] 尽管其他理论已表述,例如可以参考 http://latimesblogs.latimes.com/money_co/2010/03/chris-dodds-wife-and-her-strange-entanglement-with-derivatives-trading-.html。

之外)。一个显而易见的原因是在个体参与清算动机薄弱的情况下,清算需要公共政策介入来推动。当然另一个原因是中央对手方并不能绝对保证场外衍生品市场更安全。

4.1.7 反对意见

不出意料的是,尽管监管将大力推动场外中央对手方的发展,但对于标准场外衍生品集中清算的监管要求仍存在批判的声音。批评大致分为两类:一类是关于实施集中清算可能产生的难以承受的成本;另一类则是质疑从长远角度看中央对手方是否能真正地使金融市场变得更安全。下面我们分别讨论这些议题。

有很多报告评估了集中清算的成本影响。一个早期的估计(Singh 和 Aitken 2009b 和 Singh 2010)是将风险转移至中央对手方会额外产生高达 2 万亿美元(虽然该数据会随着假设的变化而变化)的保证金要求。2010 年一个假设了更多直接的影响的调研①显示四分之三的被调查者相信保证金要求将对他们的对冲交易产生极大的影响。该调研还估计"3% 的场外衍生品保证金要求预计会使得整体经济减少约 10 万至 12 万个工作职位"。

但是某些研究对清算似乎会提高成本的观点是有争议的。例如,Heller 和 Vause(2012)报道"清算所有 G14 国家交易商的利率互换和信用违约互换头寸的中央对手方初始保证金要求仅占交易商可支配资产的很小一部分"。但是,即使交易商并不认为清算的成本很高,其他市场参与者如养老基金却未必苟同。

场外衍生品市场的交易对手信用风险通常表现为没有足够的保证金覆盖,因为某些交易对手对其头寸不缴纳或仅缴纳了部分保证金,且普遍使用流动性较差的资产作为保证金。这些交易对手通常被称为场外衍生品的"终端客户",如大型企业、资产管理公司、养老金、对冲基金、多边开发银行和政府。一个主要观点是上述客户通常将场外衍生品用于对冲(相比于投机),因此不会做出危害整体金融市场安全的行为。同时,如果衍生品合约变得更为标准化,那么它们可能会降低对冲的作用(例如,不符合套期保值会计准则)。这些争论意味着终端客户应该豁免于针对场外衍生品市场运行更为关键的机构设定的某些

---

① Keybridge 研究,"关于场外衍生品的圆桌调研",2010 年 4 月 14 日,http://businessroundtable.org/uploads/studies-reports/donwloads/An_Analysis_of_the_Business_Roundtables_Survey_on_Over-the-Counter_Derivatives.pdf。

规则。

来自场外衍生品市场终端客户的具体评论包括：3M 公司的外汇风险管理经理表示"……稳健的保证金要求会极大增加商业客户流动性，加重管理的负担，导致更高的财务和运营成本。现在用于发展机会的资金可能需要存放在清算所。这将导致就业增加放缓、资本扩张降低、研发和发展支出减少和/或消费者花费增加"[1]。其他企业终端客户（例如美国的卡特彼勒和波音公司、欧洲的汉莎航空和宇航防务集团）警告，强制清算会使他们的商业对冲计划因难以承受的成本增加变得难以实现，而这些成本增加是不合理的，因为对冲并不会造成系统性风险。

2010 年 1 月，欧洲企业财务主管协会[2]向欧盟的委员提交了公开信，表示："我们对考虑在场外衍生品市场实行的一些改革建议深表关注，这些改革将给很多依赖场外衍生品来对冲基础商业风险的终端客户造成不便。"

终端客户的抱怨，如上引述，导致了特定的豁免政策的出台。以下将详细讨论这些政策。

考虑到中央对手方是否确实令金融市场更安全的问题，需要注意到期货和其他交易所交易衍生品通常都是短期的（几周至几个月），且它们的通常流动性较强。相比而言，场外衍生品通常存续期更长（长达几十年）且流动性相对较弱。这意味着一个场外市场的中央对手方将对其会员承担期限长且流动性差的信用风险。总体而言，这个巨大的差别是清算场外衍生品的中央对手方（和传统的中央对手方相比）存在一个的明显问题，其中以下的几点尤为重要：

- 绝大部分场外中央对手方的重要会员都是具有系统重要性的大型银行，因此任何的违约都会产生重大影响。
- 在市场承压的情况下，一个大的场外衍生品组合的平仓可能需要很长时间，并受累于低迷的市场行情和流动性。
- 由于场外衍生品的复杂性和流动性缺乏，计算其初始保证金和清算基金非常困难。

Duffie 和 Zhu（2011）一篇被引用颇多的关于场外集中清算的文章显示对单

---

[1] Murphy, Timothy, 2009。众议院金融服务委员会资本市场、保险和金融服务机构下属委员会的宣言，关于有效监管场外衍生品市场的听证会，声明的记录。

[2] 欧洲企业财务主管协会，"确保有效、安全和稳健的衍生品市场"，2010 年 1 月 6 日，http://www.dael.nl/upload/filc/EACTlettertoEUregOTC.pdf。

一资产类别设多个中央对手方（例如美国和欧洲信用违约互换的中央对手方清算业务分界）会降低轧差效率，因此可能增加了违约事件发生时的风险敞口（见第5.2.6节）。清算交易和非清算交易之间分开轧差也可能导致这种敞口增加，特别是考虑到许多更为复杂的场外衍生品通常可以通过较为简单和可清算的产品进行对冲。因为中央对手方的多边轧差常被认为可降低系统性风险，所以大概此类中央对手方间的分开轧差也可能会增加系统性风险。轧差收益的减少也可能会导致更高的初始保证金要求。

上述重点提到的批判并没有改变场外清算的大方向，虽然他们推动了豁免政策的出台，也有可能延缓了强制清算的实施进度。此处提到的以及其他场外衍生品集中清算可能存在的不足在第14章中有更加详细的讨论。

4.2 监管变化

近年来，场外衍生品给机构投资者、企业、主权机构及跨国组织提供了一个对冲各种风险的灵活工具，因此场外衍生品市场规模也急剧扩大。批评者曾指责场外衍生品市场引发和放大了全球金融危机。因此监管者提出了一系列旨在使市场更安全的动议。这类动议中最重要的是美国的《多德—弗兰克法案》（Dodd–Frank Act）和欧盟的欧洲市场基础设施监管规则（EMIR）。这二者对待场外衍生品市场的方式相似（尤其在降低系统性风险和改善透明度的方面）。欧盟和美国当局计划对广泛的场外衍生产品实施清算和报告制度（对某些资产类别略有不同），并授予监管机构决定何时实施强制清算的最终决定权。

表4.1　　　　　美国和欧洲的清算和相关要求对比

	美国	欧洲
清算要求	Dodd–Frank	EMIR
保证金要求	BCBS/IOSCO	巴塞尔协议Ⅲ/IOSCO
资本要求（双边和CCP交易）	巴塞尔协议Ⅲ	

法规的关键是清算要求、保证金要求和资本要求。表4.1对美国和欧洲在这些方面的相关监管规定进行了比较。请注意类似的改革也将在其他G20国家进行，而美国和欧洲毫无意外地走在其他场外衍生品市场没那么发达的地区的前面。

4.2.1 巴塞尔协议Ⅲ

G20 匹兹堡承诺的一个要求是"对非集中清算的合约应实施更高的资本要求"。①

全球金融危机发生时生效中的巴塞尔Ⅱ资本规定被认为对银行的资本要求严重不足,并且在全球金融危机前诱发了监管套利等危险行为。确定资本要求的增加幅度是巴塞尔银行监管委员会(BCBS)的工作,并作为巴塞尔Ⅲ协议的一部分。② 巴塞尔Ⅲ建议实施通过对现有方法重新参数化和增加新要求的方式大幅增加资本要求的规则。交易对手信用风险是巴塞尔Ⅲ的一个关注重点。因为没有充分估计场外衍生品风险敞口是放大全球金融危机的一个重要因素。特别是,巴塞尔银行监管委员会注意到,在危机发生以前,仅约三分之一的交易对手信用风险被资本化。剩余的三分之二将由新的信用价值调整(CVA)资本来衡量以覆盖银行的交易对手的市值计价风险。这将覆盖息差增大但并没有实质违约情况下可能发生的损失。值得一提的是,中央对手方清算的场外衍生品交易是唯一豁免于(至少在巴塞尔Ⅲ下)③ 信用价值调整资本要求的场外衍生品交易。

巴塞尔Ⅲ协议里其他小的规则变化也将增加交易对手信用风险的资本要求。例如一些先进银行用来计算保证金交易资本要求的"保证金风险期间"(margin period of risk)会在某些情况下上升,从根本上降低了双边保证金协议的好处。巴塞尔协议Ⅲ的整体效果是大幅增加了对交易对手信用风险的资本要求,显著地推动了集中清算的实施。这种推动作用可能与信用价值调整资本占用的特性更为相关,其通过改变保证金计算的规则惩罚高评级的交易对手④。高质量的、缴纳保证金的交易对手通常都是金融机构,这些金融机构都是强制清算的主要目标(例如与最终用户相比)。

关于中央对手方自身的风险,在之前巴塞尔协议Ⅱ框架(2004)下,中央

---

① 例如,南非清算规则草案的漏洞,Risk,2014 年 3 月 14 日,http://www.risk.net/risk-magazine/news/2334173/holes-expected-in-south-africa-s-draft-clearing-rules。
② 巴塞尔银行监管委员会,"巴塞尔Ⅲ:更为稳定的银行和银行体系的全球监管框架,2011 年 6 月修订版",http://www.bis.org/publ/bcbs189.htm。
③ 在欧盟,与主权基金和非金融交易对手的交易获得了 CRD Ⅳ 的批准豁免执行巴塞尔Ⅲ。但是,似乎一些本地监管机构可能通过要求持有更多的资本而部分反对此项决定。
④ 由于信用价值调整资本占用基于信用利差波动率而非违约率,更高评级的相对效用并不有利。

对手方的衍生品合约被认为没有风险。而巴塞尔协议Ⅲ建议将风险权重设为2%以反映中央对手方并不是完全无风险的事实。但是，缴纳给中央对手方的违约基金被认为更具有风险性，所以对其存在风险敏感的资本要求。第10.4节将更详细地讨论中央对手方的资本要求。资本要求也与中央对手方是否合格有关。合格的中央对手方是当地监管机构认定符合国际准则的中央对手方，因此可以执行比非合格中央对手方更低的资本要求。

4.2.2　《多德—弗兰克法案》

2010年7月21日，奥巴马总统签署了对美国金融监管体制进行重大修订的《多德—弗兰克法案》[①]。该法案对银行和场外衍生品的管理极其严苛，反映了在前三年救助背后的美国普通民众在糟糕经济环境下对华尔街的不满。

关于场外衍生品的内容占据了长达848页的《多德—弗兰克法案》的很大一部分。《多德—弗兰克法案》的第七章要求所有互换合约（虽然这是也可用于其他场外衍生品的普通条款）必须实施清算。实施清算的中央对手方必须由美国商品期货委员会或美国证券交易委员会监管。此外，交易必须经过交易所或者互换执行设施（SEF）的电子化平台执行，并上报给交易数据库。标准化的场外衍生产品并未定义：这留给联合监管者——美国商品期货委员会和美国证券交易委员会来决定。当然，一个产品在被一个合格的中央对手方覆盖前并不要求实施集中清算。在《多德—弗兰克法案》下，商业的非金融机构终端客户参与特定的对冲交易可获得豁免。这适用于交易的一方是非金融机构，并通过互换交易来对冲或降低风险的情况，前提是该机构通知美国商品期货委员会或美国证券交易委员会并解释其如何解决因非集中清算产生的债务。

《多德—弗兰克法案》要求美国国内客户必须通过在美国商品期货委员会注册的期货经纪商进行清算。受监管的期货经纪商可以清算自营交易、美国国内客户交易和国外客户交易。

美国商品期货委员会在2012年11月公布了其首个强制清算决定，要求对特定的利率互换（固定到浮动、基差互换、远期利率协议和隔夜指数互换）和信用违约互换（US CDX北美企业指数和欧洲iTraxx企业指数）实施强制清算。美国商品期货委员会强制清算决定根据交易对手的类型（如主要市场参与者为阶

---

① http://www.sec.gov/about/laws/wallstreetreform-cpa.pdf.

段一,部分养老基金为阶段三)分为三个阶段实施。

4.2.3 欧洲市场基础设施监管规则(EMIR)

在欧洲,和《多德—弗兰克法案》类似的规定是欧洲市场基础设施监管规则(EMIR 2012)。欧洲市场基础设施监管规则要求须遵循该规定的交易对手间适当的场外衍生品交易需要通过在欧洲注册的中央对手方进行清算。适当性可通过"自下而上"的方式确定,即中央对手方可提供特定产品的清算服务;也可以"自上而下"的方式确定,即监管机构基于系统性风险、流动性和其他重要的方面的考虑决定哪类合约应该纳入清算。不成为清算会员并不能避免集中清算,该类机构需要作为清算会员的客户进行清算。

目前的指引要求在2014年中期到2015年中期之间实施强制清算。和《多德—弗兰克法案》一样,欧洲市场基础设施监管规则规定,非金融机构客户与其商业活动直接相关的风险对冲交易豁免于清算。特别值得注意的是,此项监管规定仅适用于金融机构、特定非欧盟机构和头寸(扣除特定的对冲交易后)[①]超过一定清算阈值的非金融机构之间的交易。另外,养老基金享有特别豁免权直至2015年(2012年8月被授予3年的豁免期),并且养老基金正在极力推动豁免期的延长。

4.2.4 美国和欧洲监管规则的区别

《多德—弗兰克法案》和欧洲市场基础设施监管规则在要求对大多数大型交易者之间的所有标准化场外衍生品实施强制清算方面是极其相似的。当然区别更为重要,不仅仅因为他们释放了"跨大西洋套利"的幽灵。在欧洲市场基础设施监管规则下,对于终端客户来说强制清算的适用范围相对较小,非金融机构交易者只有在头寸超过特定的清算阈值(部分特定的对冲交易不计入该阈值)时才需要实施清算。但在美国,清算要求仅对非金融机构的特定对冲交易给予小范围的豁免。但是也带来了如何简单地识别对冲交易的问题(见第13.2.3节)。

在欧洲,另一个存在争议的问题在于对使用衍生品来对冲利率、通货膨胀和长寿风险的养老基金的监管。在欧洲市场基础设施监管规则下,大部分养老

---

① "用于覆盖可主观计量的商业行为产生的风险"的合约,在评估"清算阈值"是否被突破时,不计入在内。

基金被允许有 3 年集中清算豁免期①。豁免的目的是防止监管政策的突然变化使养老基金被迫进行资产配置的重大调整，并给予中央对手方更多的时间来构建适合主流养老金产品框架的模型，如利率互换和特定通货膨胀类衍生产品。注意养老基金并未被豁免第 4.2.5 节的保证金要求。

表 4.2 比较了美国的《多德—弗兰克法案》和欧洲 EMIR 的要求。

表 4.2　　美国和欧洲清算要求的比较

	美国	欧洲
交易商/银行	是	是
其他金融机构	是	是（养老基金有 3 年豁免期）
非金融机构	对冲商业风险的交易可获豁免	仅超过一定阈值的（特定的对冲交易不纳入计算）

美国和欧洲监管规则的另一个不同点在客户清算方面。在欧洲，客户清算遵循"买卖双方直接交易"的模式，中央对手方与各清算会员存在双边的关系。相应地，清算会员和其客户也是双边关系。相比而言，美国模式是美国期货市场传统运营方式的延伸，期货经纪商作为中介机构将客户介绍给中央对手方，并保证客户履行对中央对手方的保证金和其他法律义务。第 11 章对此会有更加详细的讨论。

在清算方面，美国监管规定要求实施强制清算的场外衍生品交易须在互换执行设施执行，并要求实时的交易后透明度。在欧盟，这些事项被独立出来作为金融工具市场法案（MiFID）立法提议的一部分。

《多德—弗兰克法案》和欧盟的监管规则都寻求通过对非本地中央对手方进行认证或豁免认证的方式实现跨境清算。在该两个监管规定下，事后纳入清算（监管生效前达成的交易）是可选的。然而，在存续期内被确认为可清算产品的预先纳入清算可能是个问题（见第 4.2.6 节）。最后，欧盟和美国监管规定均设想对不实施集中清算的非标准化场外衍生产品推行强制保证金制度。下一节将讨论这些规则。

---

① 养老金是指"企业为职业退休条款"下，对于那些用于"直接与养老金计划财务偿付能力相关的，主观可计量的降低投资风险"场外衍生品交易，在新监管政策正式实施的当日之后至少在 3 年内被豁免强制集中清算要求。

4.2.5 双边保证金要求

紧接着2009年协议（见第4.1.6节）之后，2011年11月，G20的领导人在戛纳同意增加对非集中清算衍生品的强制保证金要求，声明如下：

> 我们要求巴塞尔银行监管委员会、国际证监会组织以及其他相关机构在2012年6月以前共同制定针对非集中清算场外衍生品的保证金要求的建议性标准，并要求金融稳定委员会持续报告我们对场外衍生产品相关承诺的完成情况。

因此巴塞尔银行监管委员会和国际证监会组织撰写了一份关于双边保证金要求的咨询文件（BCBS – IOSCO 2012）。

保证金要求工作（WGMR）2011年10月成立，旨在建立保证金制度的框架。保证金要求工作组由国际证监会组织、巴塞尔银行监管委员会、支付结算体系委员会和全球金融体系委员会联合管理。

保证金要求将对变动保证金和初始保证金均适用。由于变动保证金的使用在场外衍生品市场已非常普遍（除了终端客户得到豁免外），这些要求可以看作更为严格的实践。场外衍生品市场尚未非常普遍采用的初始保证金制度将产生更大的影响。对保证金规则一个最显见的解读就是使双边交易更加类似于中央对手方交易。这将显著降低设计非标准化产品以规避强制清算的动机。

初始保证金制度旨在降低系统性风险，就像更高的资本要求和集中清算一样。因为相当比例的场外衍生品无法集中清算，所以在双边交易中实施该制度。可能有这样的疑问：为何已经被巴塞尔协议Ⅲ要求大幅提高资本要求的非集中清算的场外衍生品还要求交纳初始保证金。BCBS – IOSCO 在提高资本要求之外还要交纳初始保证金的原因是：

- 初始保证金遵循"违约者买单"的方式而不是"幸存者买单"的方式，因此不消耗存续机构的财务资源。
- 初始保证金是"盯住"特定组合的，因此可以随时调整以反映组合在不同市场情况下的变化。

非集中清算产品的初始保证金制度，在金额和流动性上，将基本与中央对手方的要求一致，因此可视为推动集中清算和缩小集中清算和非集中清算场外衍生产品之间的差距的制度。

在本书第11章中，将更加详细地讨论初始保证金要求（BCBS – IOSCO

2013b）的敲定过程，其中主要的要求包括以下几点：

- 变动保证金应当覆盖当前敞口，且不设置阈值（如第6.3.3节所述，阈值代表在该金额以下不收取保证金）。
- 初始保证金应覆盖未来可能的敞口增加量，其金额应按照（至少）99%的置信度来计算。
- 如适用，平仓期应假设为10日。
- 保证金在需要时必须是立即可得的，即保证金必须实施资产隔离（这可能只适用于初始保证金，虽然在本书写就时尚未明确）。
- 保证金必须具有流动性：在一般市场状况以及在市场波动时都应如此。保证金的流动性应能保证：在金融市场承压的情况下其可快速可控变现。

在新的监管规定生效后，所有的金融机构和系统重要性非金融机构都必须就新达成的协议交易互换保证金（存量交易不需要）。监管规定将自2015年12月1日生效（尽管该时间表可能取决于当地监管机构的进度）。

资产隔离是初始保证金要求的一个关键议题。如果没有特定的资产隔离措施（如托管或隔离协议），在保证金收取方发生违约时，初始保证金的缴纳方可能只会被视为无担保债权人。因为未隔离的初始保证金会导致交易对手风险（在保证金收取方违约时），所以初始保证金的资产隔离非常重要（请见第6.2.3节）。

如对强制清算的要求一样，对初始保证金的要求也存在很多反对意见（第13章详细讨论）。这些反对意见基于两点：（1）缴纳资产隔离的初始保证金的成本非常高；（2）因为在危机期间保证金要求可能急剧上升（顺周期性），所以保证金规则可能并不能降低系统性风险。交易商最近提出了一个保证金共享的建议，可以减轻双向初始保证金要求的负担。这项安排下，两个对手方会向托管方交付能够覆盖任何一方违约的金额。例如，如果两个对手方被要求分别向对方缴纳60和50的初始保证金，他们将向托管方账户缴纳60的保证金以节约将近一半的总保证金要求。如果一方违约，那存续方将能够动用托管方账户的全部资产。这个想法并不被保证金要求工作组的标准支持，因此仍需观察监管机构是否会同意该提议。

4.2.6 豁免

决定某笔交易是否应该实施清算或保证金制度需解决以下几个问题：

- 交易双方是否都需要实施强制清算或保证金制度？
- 该笔交易本身是否需要实施强制清算或双边保证金制度？

如果上述两个问题的答案都是肯定的，那么该笔交易就需要实施强制清算或者双边保证金制度。上述问题涉及很多与交易者或者交易本身相关的豁免项，这些豁免项在清算和保证金规定中基本是一致的。和交易者相关的豁免通常适用于进行对冲行为的终端客户。但是，不同监管规定对此的精确定义稍有区别：

- 在美国监管规定（《多德—弗兰克法案》）下的清算豁免：非金融机构为对冲商业风险而达成的交易可以被豁免（该类机构必须告知美国商品期货委员会他们通常如何清偿与非清算场外衍生品相关的债务）。
- 在欧盟监管规则（欧洲市场基础设施监管规则）下的清算豁免：非金融机构仅在其头寸超过特定清算阈值（特定的对冲头寸不计入阈值计算）的情况下才需集中清算。
- 双边保证金豁免（巴塞尔委员会和国际证券组织的全球指引）。豁免涵盖的机构包括金融机构和系统重要性非金融机构。在一定阈值以内，均无须缴纳初始保证金（见第 6.5.3 节）。

一个重要的交易类豁免是特定的外汇产品豁免。市场参与者极力解释外汇的特殊性，因为外汇合约通常期限较短，且现有的市场惯例如持续联结结算（CLS）已极大地降低了风险（见第 5.1.2 节有关持续联结结算运作机制的描述）。美国财务部同意外汇掉期和远期合约豁免于《多德—弗兰克法案》下的强制清算要求。实物交割的外汇远期和掉期合约也获得 BCBS–IOSCO 初始保证金（但不包括变动保证金）要求的豁免。这包括货币互换合约的外汇掉期部分（即一笔货币互换交易仅需缴纳和利率互换部分相关的初始保证金）。

尽管有清算豁免，部分无本金交割的远期合约（现金交割的外汇远期合约）仍可基于自愿原则进行集中清算。但是，实物交割的外汇产品却存在一些问题。因为存在固有的结算风险，监管机构要求实物交割的外汇产品实行全额结算，从而极大地提高了流动性成本。

有关外汇产品豁免的争议从未停歇。例如，Duffie（2011）提出：虽然大部分合约期限较短，但是部分外汇交易的本金交换过程因为相对较高的汇率波动性、肥尾效应和主权风险而存在着极大的交易对手信用风险。

值得一提的是清算和初始保证金规则仅适用于监管规定变化后达成的交易。因此市场机构可自主决定是否向中央对手方"事后纳入清算"早前的交易或为早前的交易缴纳初始保证金。但是，可能存在一个与中央对手方交易预先纳入清算相关的问题。一旦某中央对手方被授权在既定的区域开展业务，那么监管机构将决定在中央对手方提供某种产品服务后，是否对这些产品实施强制清算。但是，在中央对手方获得许可和此决定作出期间达成的剩余期限超过一定阈值的交易也需要被清算。这意味着双边交易可能在一段时间后被纳入强制集中清算，双边和清算交易的成本不同会造成混乱。这让市场参与者在交易定价和执行时难以决策，因为他们不确定是否会在未来触及强制清算规定。交易商希望预先纳入清算的期限阈值足够长来将预先纳入清算①的影响最小化。

4.3 中央对手方的监管

4.3.1 强制清算的问题

监管金融产品的问题在于市场的创新总比监管快一步，监管总是在解决上一次而不是下一次危机的问题。这不是对监管的批评，而只是一个评论：考虑所有可能的金融产品创新和新监管规定的意外后果是不可能的。

在强制清算要求下，对中央对手方自身的监管显然成了一个重要问题。中央对手方显然需要财务安全，尤其是因为其在复杂的场外衍生品市场承担了相对更多的风险。国际监管规则的协调性也是必需的，这可以防止在监管要求过低的地区进行交易来进行监管套利。

4.3.2 监督

值得强调的是中央对手方在全球金融危机期间普遍运行良好。但是，未来对场外市场的中央对手方依赖性的增加要求更密切的监督和国际合作。中央对手方显然需要有非常可靠的基础设施和风险管理实务，特别是当他们在未来变成更为关键的故障点。关于中央对手方的、其会员和他们的客户安全性，需要考虑的方面如下：

- 中央对手方的所有权、治理、记录保存、信息披露和监管报告等。

---

① EMIR 前载：本周杂谈，Risk，2014 年 3 月 31 日，http：//www.risk.net/risk－magazine/news/2337146/crunch－talks－on－emir－frontloading－due－this－week。

第4章 全球金融危机与场外衍生品清算

- 中央对手方的会员标准（用于保证会员的信用度但又不会抑制竞争）。
- 金融资源的计算标准（初始保证金、违约基金）包括压力场景的识别。
- 可接受保证金的定义和非现金保证金的垫头。
- 违约处置的流程。
- 中央对手方的国际认证。
- 监管机构对当地中央对手方的认证和监管，以及可能的国际认证。
- 客户清算的规则（可转移性和资产隔离）。
- 中央对手方之间的合作（联系）规则。
- 获取央行流动性的渠道。

考虑到场外衍生品市场的全球性和中央对手方国际化运行的情况，紧密的跨境协作监管以防止监管套利和缓释系统性风险是非常必要的。必须审慎执行操作程序，尤其是需要密切监控保证金规则的变化。

中央对手方由支付结算体系委员会和国际证监会组织的技术委员会进行监督。2004年，在征询期结束之后，支付结算体系委员会和国际证监会组织联合发布了一系列关于中央对手方实务的建议（CPSS – IOSCO 2004），覆盖了会员要求、保证金要求、违约处置流程、操作风险和法律风险等方面的内容。这些建议，像巴塞尔委员会的建议一样，旨在建立国际标准但不具有法律效力。

中央对手方的监管将由相应的地区当地监管机构负责。例如，在美国，一个中央对手方可能根据其法律状态由美国商品期货交易委员会或者美国证券交易委员会监管。

在国际金融危机和实施标准化场外衍生品强制集中清算之后，显然更有必要关注中央对手方本身的实务操作了。因此前面提到的 CPSS – IOSCO 建议也作为一系列"更多新的急需的""金融基础设施（FMIs）"指引进行了更新。金融基础设施是一个术语，指称对象是具有系统重要性的支付系统、中央证券登记系统、证券结算系统、交易数据库以及中央对手方。这些原则旨在确保全球金融市场更为稳健，从而能增强对金融动荡的承受力。

以下是 CPSS – IOSCO 原则主要关键点的总结：

- **保证金类型：**
  - 持有的保证金必须有较低的信用、流动性和市场风险。
  - 应定期测算垫头并考虑极端市场情况。
  - 禁止使用集中的资产充抵保证金。

- 变动保证金计算：
  - 中央对手方应当具备逐日盯市和每日追加变动保证金的能力，也应当具备日内追加变动保证金的能力。
  - 保证金的计算应当对各产品、组合和市场都具有敏感性。
  - 保证金计算应基于及时的数据，并具有完善的估值模型以应对价格数据缺失的情况。
- 初始保证金计算：
  - 初始保证金应在至少 99% 的置信度下，覆盖上一次保证金收缴和组合平仓期间可能的风险敞口。
  - 中央对手方在估计产品间的关联性时，应维持保守和审慎。（关联性用以决定不同产品间抵消率和估计平仓周期）
  - 初始保证金模型的表现应通过回测进行评估。
- 违约基金：
  - 涉及复杂业务或具有系统重要性的中央对手方应当持有额外的金融资源，以应对各种可能的压力场景，包括最大的 2 个会员违约。
  - 中央对手方应当确定其应持有的金融资源的规模，并定期通过严格的压力测试来检测在极端但可能发生的市场环境下，一个或者多个会员违约时，可用的金融资源的充足性。
  - 中央对手方应当考虑各种可能的压力场景，如清算期间违约者头寸和头寸价格可能出现的变动。
- 资产隔离和可转移性：
  - 中央对手方必须有透明的资产各隔离和可转移性安排，来保护客户的头寸和他们的保证金。
  - 中央对手方应该能识别清算会员的客户，并将他们的保证金存放在相应的独立账户内。
  - 中央对手方应该披露资产隔离的政策和程序，以及账户是共用的（混用的）还是独立的。

4.3.3　中央对手方和流动性支持

在几个重要的中央对手方操作问题以外，一个敏感、重要又悬而未决的问题是中央对手方应该有哪类的流动性支持，以便他们在极端的流动性困境中使用。首先，应当区分两种流动性支持的类型：
- 日内资金支持：一个中央对手方可能需要日内资金支持来确保特定的（如变动保证金）支付得以完成，该需求可能是清算会员延误支付导致的。
- 流动性支持：金融危机的情况下的流动性支持。

上述第一点没有太多争议。中央对手方每天要完成大量的现金流和保证金支付，因此可能会面临很多问题（见第14.2.5节），即便自动支付系统可以在一定程度上减少这些问题发生的可能性。日内资金可支持可以由商业银行而非中央银行提供，虽然中央银行能提供更高的确定性。实际上，一些欧洲的中央对手方（例如，伦敦清算所和欧洲期货与期权交易所清算股份公司）持有银行牌照，并因此可获得中央银行的流动性。欧洲其他的一些中央银行也为金融机构包括中央对手方提供日内流动性。中央对手方也可能愿意将保证金存放在中央银行。

更有争议的议题是中央对手方在危机时得到的流动性支持，极有可能是由相关的央行提供的。一方面，越来越多的中央对手方因为场外衍生品市场敞口增大而变得更具有系统重要性，因此必须获得央行的支持。另一方面，央行流动性支持和紧急救助之间的模糊界限可能引发道德风险。最显见的指责就是紧急救助中央对手方并不比救助银行更好。

中央对手方的倒闭可能是由一个或多个清算会员失去偿付能力引起的，这些会员极有可能是大型跨国银行，而这种情况最可能与场外衍生品相关。实际上，银行的违约可能有很强的关联性，转而造成相应市场情况的极端波动。因此，中央对手方的倒闭可能意味着金融灾难，并可能造成着比雷曼兄弟破产更为糟糕的市场状况。

在中央对手方可能倒闭的市场状况下，商业银行流动性支持可能无法使用，有关央行角色的问题就出现了。似乎中央对手方需要央行在紧急情况下的支持是普遍共识。全球监管者的不同意见似乎更集中于此类救助需要明确到何种程度，以及是否应当刻意掩饰公共部门救助的方式和范围。国际货币基金组织（IMF 2010）的关于使中央对手方更安全的文章给出了更明确的监管观点："至少，中央对手方应当具备最好不是其清算会员的银行或其他金融机构承诺的备用流动性支持，以应对对其他非违约会员支付的暂时性短缺，并作为完成合约兑付的额外支持资源。"而且"……那些被认为具有系统重要性的中央对手方应该具备央行流动性应急支持"。

在美国,《多德—弗兰克法案》明确排除了中央对手方获得美联储的流动性支持的可能性。虽然该法规在理论上是可以逾越的（美国联邦储备法第16条所谓的"紧急情况"），但存在极大的政治障碍。但是，如果某个金融市场设施的倒闭可能造成或增加严重流动性或信用问题在金融机构间或市场中的蔓延的风险进而威胁金融系统的稳定性，《多德—弗兰克法案》允许其被认定为具有"系统重要性"。《多德—弗兰克法案》列出了以下系统重要性金融市场设施[①]：

- 清算所支付公司（作为清算所同业支付系统运营商）。
- 国际持续联结清算银行。
- 芝加哥商品交易所。
- 美国存托公司。
- 美国固定收益清算公司。
- ICE（信用清算）公司。
- 美国国家证券清算公司。
- 美国期权清算公司。

指定中央对手方为"系统重要性"金融市场设施可能会放大道德风险。市场参与者认为由于政府对中央对手方明确的支持，他们复杂的中央对手方业务非常安全，或者中央对手方认为他们会得到2008~2009年美国银行业救助同样等级的支持都可能导致道德风险。中央对手方在一个或多个参与者违约的情景下保持流动性是非常关键的，但是中央对手方是否应当、何时及在何等危急程度下获得中央银行的信用支持需要审慎地确定。

---

① http://www.treasury.gov/initiatives/fsoc/designations/pages/default.aspx.

第二部分
交易对手信用风险、轧差清算与保证金

第5章 轧差清算

相比于投资回报，我更关心本金能否收回。

——威尔·罗杰斯（1879~1935）

5.1 双边轧差

5.1.1 轧差的起源

衍生品市场是一个瞬息万变，参与者经常改变头寸，存在大量可以相互抵消（对冲）的交易的市场。如果衍生品交易的某一个对手方违约，那么可能某一机构与违约对手方有成百上千笔独立的衍生品交易受到影响。对于没有纳入交易所交易和集中清算的场外交易而言，这可能是个重要问题。

轧差的必要性如图5.1所示。假设交易者A与B发生了两笔双边交易，各自有独立的现金流。如果没有轧差，这种情况因为以下两个原因而变得过于复杂：

- 现金流：交易者A与交易者B定期发生了有关交易1和交易2的资金或资产的交换。但是，当现金流发生在同一天时，需要进行全额交割，增加了结算风险。将应交收的金额合并并只进行净额交割显然更好（有关结算风险的讨论见第7.1.3节）。
- 平仓：当交易者A或交易者B中的一方违约时，另一方将遭受损失，他们在不利的交易中存在交割义务，但同时在有利的交易中却得不到违约方的交割。并且，即使其中一笔交易完全或部分地抵消了另一笔，交易者也不得不终止两笔交易。

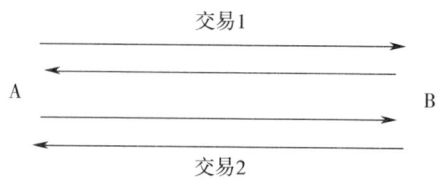

图 5.1 轧差在双边市场中的必要性

双边衍生品市场已经在过去的发展中建立了轧差清算制度。通过轧差，一方可以对其所欠款项进行抵消。以下两种轧差机制给上文所提的现金流和平仓问题提供了解决方案：

- 轧差交割：机构能够对同一天发生的现金流（即使是不同币种）进行轧差处理。这通常能降低结算风险。
- 轧差平仓：允许无偿付能力的对手方终止与有偿付能力的对手方之间的所有合约，并对连同所有交易的价值进行轧差（包括对有偿付能力的对手方有利或不利的交易）。这通常能降低交易对手信用风险。

5.1.2 轧差交割及持续联结清算系统（CLS）

轧差交割的原理如图 5.2 所示，在同一天发生的两笔 100 单位和 60 单位（已转换为同一货币）的现金流被轧差为一笔 40 单位的轧差交割。

轧差交割覆盖了以下情况：如果机构必须在同一天内支付或接收多笔资金，则采用轧差交割可以让同一天内的多笔资金交易合成一笔。由此降低了结算风险，增强了运营效率。

结算风险也是外汇市场交易者考虑的主要风险之一。一份外汇合约的结算涉及一种货币的支付和另一种货币的接收。在这种情况下，使用一种基础净额对多种币种进行结算通常是不方便的。因此出现了另一种重要的创新结算机制——持续联结清算系统（Continuous Linked Settlement，CLS）[①]，现在大部分外汇交易通过持续联结清算系统结算。持续联结清算系统可被视作一种能提供安全结算的第三方系统，例如，银行 A 和银行 B 分别向持续联结清算系统付款 1 亿欧元和 1.25 亿美元，两家银行的付款都到账后，持续联结清算系统才会向银行 A 和银行 B 付款。这被称为同步交收（Payment Versus Payment，PVP）。交易

[①] 最大的多货币资金结算系统，网址：http://www.cls-group.com。

者依旧需要交割预计的现金流，但持续联结清算系统确保了只有当一方交割时，另一方才交割（如果一方违约，交割就会存在风险）。持续联结清算系统银行同时也在特定的信用违约互换（CDS）交易中充当券款对付（DVP）机构，以提供现金流的多边轧差服务。

图 5.2　轧差支付的影响

5.1.3　轧差平仓

个人作为对手方参与场外市场衍生品交易并不少见。这类交易可能简单也可能复杂，可能包含了不同资产类别中不同的产品范围。一笔交易可能与另一笔交易是相反的，如果其目的是解退前一笔交易。而且，交易可能构成对冲（或部分对冲），由此他们的价值变动自然是反向的。或者，从市场价格的角度完全不同交易（例如利率互换与外汇交易）存在互相抵消的可能。

轧差平仓[①]在对手方发生违约时生效。它的目的在于允许及时终止所有与违约对手方有关的交易，并以净值结算所有与该对手方达成的合约。基本上，这包括以下两个部分：

- 平仓：终止与违约对手方有关的交易，并停止所有合约支付的权利。
- 轧差：将由所有合同终止时的金额相互抵消[②]，以净差额（即所有盈/亏交易的加总）作为最后终止金额的权利。

如图 5.3 所示，轧差平仓允许在单方违约的事件中，按合约的市场价格对所有合约进行抵消。注意轧差平仓是普遍适用的，因为它仅依据违约时的市场价格就可执行，而无须对现金流进行匹配。

轧差平仓允许一个机构立即终止与违约对手方之间的所有交易，并将其应付与应收的金额相互抵消。抵消结果如果是该机构存在应付款项，那么它支付

---

① 注意相关概念"抵消"与轧差平仓概念相似，涉及两个主体的债务冲抵并生成代表两者差异的新债务。一般来说，抵消与实际义务有关而轧差平仓仅指计算的金额。抵消在不同的司法管辖区有不同的处理方式，但有时也可以和术语"轧差平仓"交换使用。

② 未违约的主体计算的金额可能会被提起争议诉讼。但是，价值争议的可能和不确定的残值并不会影响未违约的主体立即终止合约或将合约对手方替代为其他参与者的权利。

这笔资金，如果是该机构存在应收款项，那么构成该机构的破产债权。轧差平仓允许非违约的机构立即实现交易的收益与损失，且除净敞口以外的债权债务关系都有效地避免了破产清算。

轧差不仅对减少敞口非常重要，同时也减少了对手方违约事件中平仓过程的复杂性。在场外衍生品市场中，未违约的主体往往希望替换掉违约的交易。如果没有轧差，未违约的主体想要替换的交易笔数和本金将会更大，从而更容易引起市场波动。

```
        无轧差                    双边轧差
    盯市价值=200               盯市价值=60
   A ←————— B            A ←————— B
     ————→
    盯市价值=140
```

注：当主体 A 违约时，在没有轧差的情况下，主体 B 必须支付 200 单位给主体 A 并且可能不能收到主体 A 所欠的 140 单位全部金额。在有轧差的情况下，主体 B 仅需简单地支付给主体 A 60 单位且不会遭受损失。

图 5.3　轧差平仓影响演示

5.1.4　ISDA 主协议

在双边场外衍生品市场中，大部分轧差受 ISDA 协议支持。国际互换与衍生品协会（ISDA）是一个针对场外衍生品市场参与者的交易组织。ISDA 主协议是一个双边框架，包含了用以管理参与主体交易的条款和条件。设计它的主要目的是消除法律上的不确定性以及为缓解交易对手信用风险提供了一种机制。它列出了交易双方协议的一般条款，如轧差、保证金、违约定义以及其他终止事项等。主协议适用于多种交易，事实上主协议构成了一个条款不特定的单一法律协议，可适用于大部分或所有的交易。主协议通过交易确认附加协议处理各类交易，此后，交易发生不再需要更新或改变相关 ISDA 协议。

5.1.5　轧差的影响

轧差对场外衍生品市场的发展起到了至关重要的作用。没有轧差，场外衍生品市场不会具有如今的规模和流动性。轧差意味着市场中整体的信用敞口的增速会慢于市场本身的增速。在过去的十年中衍生品市场的扩张和集中使轧差的程度进一步加深，因此现在轧差减少了近 90% 的敞口（见图 5.4）。

轧差对衍生品市场的机制有着微妙的影响。首先，尽管风险敞口更小，但

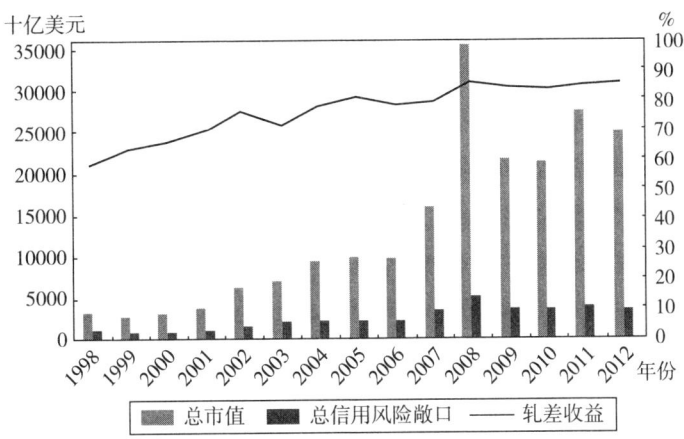

注：轧差率（右-Y轴）定义为100% - 总信用风险敞口/总市值。
资料来源：国际清算银行。

图5.4 轧差对场外衍生品市场敞口的影响

净头寸的波动性显然也比总头寸波动性更剧烈，这会引发系统性风险。另一个与轧差有关的问题会在机构卖出头寸时出现：场外衍生品市场相对较弱的流动性会引发问题。如果机构想与其他市场参与者建立一个抵消头寸来消除市场风险，他们会对原对手方和新对手方都存在交易对手信用风险。为了抵消交易对手信用风险，机构必须与原对手方交易，而由于原交易对手方知道机构非常想卖掉头寸，可能会提出非常不利的条件以实现利润最大化。机构必须选择接受不利的价格或者与其他对手方交易并接受由此导致的交易对手信用风险。

上述问题在建立风险敞口不同的多边头寸时同样存在。假设某一机构想要进行利率和汇率的对冲。因为这些交易不完全相关，通过与同一对手方进行交易，可以减少整体交易对手信用风险，并且机构可以获得更有利的条件。但同时，这样形成了一种与相同对手方重复交易的诱导，导致潜在的风险集中。

轧差的另一个影响是，轧差可能会改变市场参与者对特定交易对手信用风险增加预期的反应。如果信用风险与总头寸相关，那么所有与有违约风险的对手方的交易会强烈地驱使机构去终止现有合约并停止开展任何新交易。而这样的反应会加重有违约风险的对手方的财务困境。在有轧差制度的情况下，如果没有现期暴露（合约市场价格为负），机构就不会如此担心，这将减少系统风险。

5.1.6 轧差在场外市场衍生品市场外的影响

需要注意的是,虽然轧差平仓能够减少敞口、可能使平仓更容易,看似对场外衍生品市场非常有利。但是,从金融市场总体角度来看,轧差仅仅将价值从其他债权人重新分配到场外衍生品市场债权人。考虑之前主体 A 和主体 B 的例子(见图 5.3),现在假设主体 B 对其他债权人有 100 单位的负债(见图 5.5)。假设 B 有非衍生品的其他资产 40 单位。

发生违约时,B 的总资产是 180 单位(140 单位衍生品+40 单位其他资产),B 的总负债是 300 单位(200 单位衍生品+100 单位其他资产)。在没有轧差制度的情况下,假设衍生品债权人和其他债权人有相同的优先权①,两方都适用 60%(180/300)的回收率,支付情况如图 5.6 左图所示。但是,如果衍生品合约如图 5.6 右图所示的那样进行了轧差,B 的债务就变为 60 单位对衍生品债权人和 100 单位其他债权人,同时资产为 40 单位。由此导致其他债权人仅收到 25 单位,回收率降至 25%(40/160)。衍生品债权人收到 155 单位的总额,其中 140 单位来自于衍生品市场 B 的负债与资产的轧差,15 单位来自轧差后债务的回收。由此导致了衍生品债权人回收率升至 77.5%(155/200)。

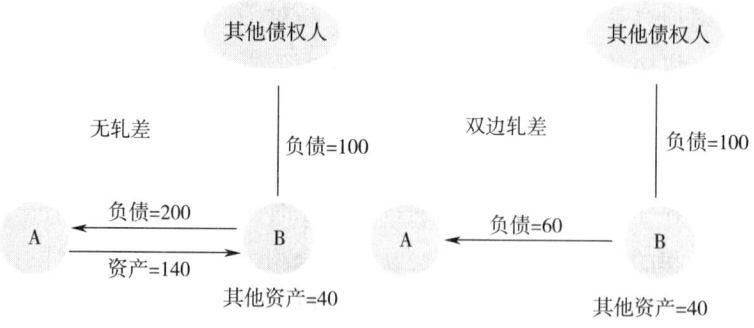

图 5.5 包含其他债权人(场内)的双边衍生品轧差

值得注意的是,从上述的例子中可以看出,场外衍生品市场中的双边轧差仅仅是通过降低其他债权人的回收率(从 60% 降低到 25%)来提高场外衍生品对手方的回收率(从 60% 提高到 77.5%)。这说明了从更广义的角度来看,轧差、保证金、集中清算的收益对场外衍生品市场来说是正面的,但对金融市场

---

① 例如,场外市场衍生品市场中优先级债务通常享有同等权利。

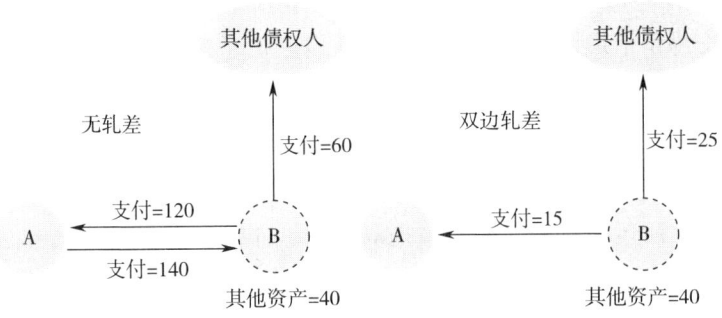

注：假设主体 A 和其他债权人的回收率相同，此种情况下违约方 B 的支付情况。

图 5.6　包含其他债权人（场内）的双边衍生品轧差

总体而言可能并非如此。

以上说明了一个重要的观点，即衍生品的轧差并不能从整体上减少风险，而仅仅在资本市场结构内重新分配了风险（Pirrong，2013）。轧差可以减少场外衍生品市场对手方的风险敞口，但同时也增加了其他债权人（例如债券持有人）的风险敞口，他们会因此索要一个较高的收益率作为补偿。银行通过轧差能够减少衍生品交易对手信用风险（和资本），但这可能会引起银行资产负债表其他部分的改变。由此提出了一个问题，以增加别处的系统性风险为代价来减少衍生品市场的系统性风险是否是值得的。

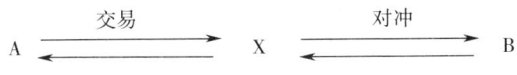

图 5.7　交易对手信用风险增加的典型情况

5.2　多边轧差

5.2.1　经典双边问题

图 5.7 所示为经典的对手方信用风险问题，机构 X 与对手 A 进行了一笔交易，并与对手 B 对冲了这笔交易（例如该机构可能是一家向客户 A 提供衍生品交易的银行并与另一家银行 B 进行了对冲）。在这种情况下，如果合约交易方向相反，合约整体的市场价值就不存在波动性，因此机构就没有市场风险。但是，

机构同时也对 A 和 B 存在交易对手信用风险，因为 A 和 B 中一方的违约都会给另一边的交易留下风险敞口。双边轧差在以上例子中不起作用，因为交易和对冲是与不同的对手方进行的。

5.2.2 多边轧差的目的

本章上文所述的标准轧差安排是双边的，即仅发生在两个机构之间。尽管双边轧差在减少总体信用敞口方面起到了重要作用，但它的作用局限于两个市场机构之间。假设机构 A 有一个对机构 B 的敞口，机构 B 对第三方机构 C 也有相同的敞口，机构 C 对机构 A 有另一个相同的敞口。即使运用双边轧差，三家机构都会有敞口（A 对 B、B 对 C 和 C 对 A）。在这三家机构（或更多）的某种类型的三边（甚至更多）轧差可以实现敞口如图 5.8 所示的那样的抵消。

注：图中黑色和灰色的敞口说明了在性质相同（因此可替代）而仅在本金上不同的交易中的头寸。灰色数字显示的敞口被完全消除，黑色数字显示的敞口减少了 10 单位。

图 5.8 多边轧差使得可能的敞口降低

但是，实施多边轧差并不简单。除了要考虑操作成本，多边轧差还会带来一些问题，诸如机构 C 违约，损失如何在机构 A 与机构 B 之间分摊。显然，需要一个第三方机构来实现多边轧差。

5.2.3 交易压缩

双边市场使用交易压缩来实现多边轧差。场外衍生品的资产组合增长迅速，然而由于交易的性质（例如解退之前合约），其中存在大量冗余。这表示可以简化交易的数量和名义本金总额，同时保持近乎相同的风险状况。这将在降低操作成本同时最小化交易对手风险。这也可以通过减少在对手方违约的情景下被替代的合约数量的方式降低系统性风险。为了理解交易压缩，考虑以下例子：表 5.1 中列出 5 家对手方的头寸，表示不同对手方在某个特定可替代的（可互换的）的产品的头寸规模①。注意对手方间的名义本金总额为1250单位。图5.9是这个市场的示意图。

交易压缩的目的是减少图5.9中的名义本金总额，同时不改变任何对手方的净头寸（见表5.1最后一列）。但是，许多原因会使这个过程变得主观。首先，最小化的对象并不明确，一个最显见的选择是名义本金总额，尽管这样无法对规模或数额巨大的头寸处以罚金。另一个选择是使用名义本金平方或头寸总量，这样可以分别减少大的敞口和关联性。（O'Kane 2013详细讨论了这个观点）。其次，可能需要对优化诸如与单一对手方的头寸规模等操作作出一些限制。在上述例子中，对手方1与3之间不存在交易，他们中的一方或两方可能会希望会任何"压缩系统"都有这样一个限制条件。有许多不同的算法可以被用于优化以上市场。商业应用中倾向于采用相对透明的方法（参见Brower 2012）。以下例子尽管显示的是一个非常小的市场，但对交易压缩在实践中的应用过程进行了说明。

表5.1　　　　　例子显示了5个对手方之间同等合约的头寸

	对手1	对手2	对手3	对手4	对手5	合计
对手1	—	95	—	-105	20	10
对手2	-95	—	85	-60	95	25
对手3	—	-85	—	70	-20	-35
对手4	105	60	-70	—	-75	20
对手5	-20	-95	20	75	—	-20

注：注意对手方对其自身是没有头寸的，并且对手方互相颠倒时，头寸为同等金额的负数。

一个显见的减少名义本金总额的方法是在清算环的对手方间寻找轧差机会。如图5.10所示三边轧差的可能性出现在对手2、3和4之间，合约的名义本金分别为60单位、70单位和85单位，因此名义本金总额减去三者中最小的金额60单位（假设头寸不可颠倒）。这样就使得压缩系统中的名义本金总额从1250单位被减少到890单位，如图5.10右边所示。注意这里与第2.1.4节所讨论的清算环（clearing rings）概念相似。

继续上述的过程可能会产生许多种可能的结果，其中两种显示在图5.11

---

① 通常表示本金，但也可以是代表敞口或其他测度的相应重要参数。

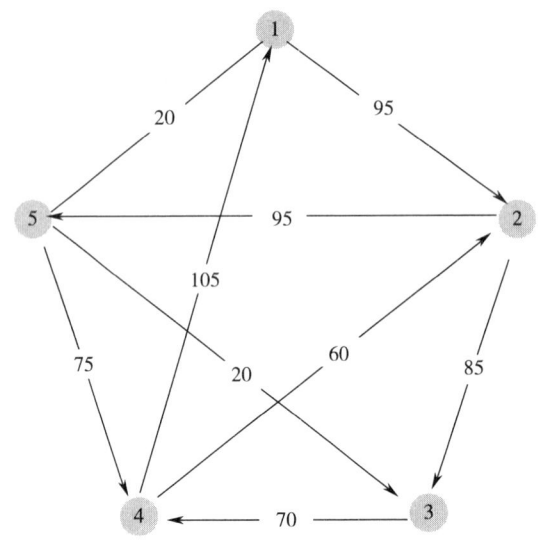

图 5.9　表 5.1 中头寸所构成的市场

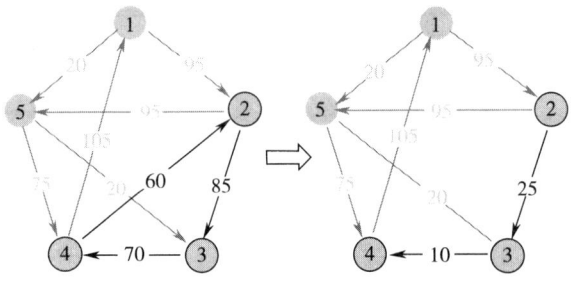

图 5.10　在对手 2、3 和 4 之间运用三边轧差以使得
图 5.9 所示的系统中的名义本金总额减少

中。注意左边的结果中对手 4 和对手 5 之间的敞口已颠倒,而右边的结果中对手 1 和对手 3 之间出现了之前不存在的交易,后者的结果有更低的名义本金总额 110 单位(相比前者结果的 130 单位名义本金总额)。但是,这也显示了对手之间的交易限制(例如对手 1 和对手 3 不想相互产生敞口)会降低压缩的效果。第 2 章中的图 2.4 显示了过去几年中愈加重视场外衍生品交易压缩所产生的影响。

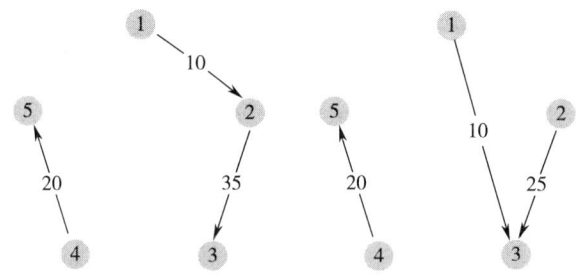

图 5.11 图 5.9 中原始的市场进行压缩后可能得出的两种结果，分别导致名义本金总额改变为 130 单位（左图）和 110 单位（右图）

5.2.4 交易压缩和标准化

根本上讲，交易压缩需要多边参与者的合作以及标准合约，即合约是可替代的。那些不适合标准产品模板的场外衍生品是不能被压缩的。一个将这种类型产品标准化的很好的例子是信用违约互换（CDS）市场。全球金融危机后，大银行及国际互换与衍生品协会（ISDA）一道，使信用违约互换合约标准化很快取得了进展，在利息和期限方面对信用违约互换合约进行标准化以实现压缩（并实质上推动了集中清算的发展）。信用违约互换合约现以固定保费费率、即期保费以及到期时间（3 月、6 月、9 月和 12 月的 20 日）进行交易。这意味着头寸可以根据标的参照物（单一标的或指数）以及期限分类，而不会有其他任何不同（例如在以前的标准中，利息和期限可能存在差异）。

一个典型的压缩循环始于参与者提交相关交易，这些交易会根据对手方与其他交易匹配并且会被交易信息库交叉引用。如上一部分的例子中所示，最优的压缩结果可能涉及某些参与对手之间头寸的增加或头寸符号的改变。因为这个以及其他原因，参与者能够指定限制条件（诸如对特定对手方的总头寸可能与对某一参与者的内部信用限制有关）。参与者还需要指定容忍度，因为尽管压缩的目的是化解市场风险与实现现金流中性化，市场价格和风险状况的轻微变化可以扩展可能的压缩范围是允许的。考虑交易参与者和容忍度后，合约变化由多边交易中的冗余决定。当产生的结果和替代交易被所有交易者接受后，压缩过程结束并且所有的交易结果和交易替代开始具有法律约束力。这些合约变化是通过解退头寸、执行新交易和与其他对手方更新交易等方式实现的。

表 5.2　单一标的信用违约互换合约的交易压缩的简单展示

标的	名义金额	头寸方向	到期日	票息	对手
ABC Index	40	多	2019－12－20	200	对手 A
ABC Index	25	空	2019－12－20	150	对手 B
ABC Index	10	空	2019－12－20	300	对手 C
ABC Index	5	多	2019－12－20	250	对手 A

注：一家机构有三份标的和期限相同的合约，但交易对手各不相同。将三份合约"压缩"为一份代表所有买卖头寸的名义本金总额的净合约是有益的。对初始交易的压缩结果显然是与对手方 A 的交易。

表 5.2 给出了一个简单例子，用以说明市场参与者参与信用违约互换压缩的可能结果。在这里，来自与三个对手的头寸被缩减至与其中一个对手的多头头寸。注意在此例子中，三份合约的利息不同，压缩使用了加权平均票息①。这种情况在上文提到②的信用违约互换市场中不典型，但是对于其他产品比如在利率互换交易中不缴纳即期费用，交易压缩就可能存在困难。

诸如 TriOptima③ 这样的公司提供了涵盖大部分场外衍生品的压缩服务，包括利率互换（包含全球多种货币）、信用违约互换（单一标的、指数或分层）以及能源互换。这对于减少场外衍生品市场敞口是有帮助的，尤其是在如信用衍生品④等快速发展的领域，尽管压缩受制于实现多边轧差最大化后逐渐减少的边际收益，而新循环中获得的收益仅与上一循环中交易的变化有关。

同时需要注意，由于名义本金总额和清算合约的总数减少可以提高操作效率并降低清算会员违约时平仓过程的复杂度，压缩服务是对于集中清算⑤的良好的补充。但是，因为交易执行后通常很快就会进入清算环节，交易压缩的过程必须在中央对手方的层面上完成。事实上，伦敦清算所的 SwapClear 服务就提供多边交易压缩服务（通过与 TriOptima 的合资企业⑥）并通过撕毁抵消头寸方式

---

① （40×200）－（25×150）－（10×300）＝（5×250）。

② 尽管信用违约互换以至少两个不同利息（100bps 和 500bps）交易，分别为投资级和投机级的标准。一个信用事件或一篮子债务可能潜在地拥有以这两种利息交易的存续期合约（例如，在一段时间内发生重大的信用质量改变）。

③ www.trioptima.com。

④ 例如，"TriOptima 交易撕毁服务减少了 9 万亿美元的 CDS 名义本金" http：//www.risk.net/risk-magazine/news/1505985/trioptima-tear-upsent-cds-notional-usd9-trillion. "CDS 交易商在 2008 年压缩了 30 万亿美元"，路透社，2009 年 1 月 12 日。

⑤ "TriOptima 和伦敦清算所终止了 SwapClear 名义本金总额达 7.1 万亿美元的利率互换" http：//www.lchclearnet.com/media_centre/press_relaeases/2011-08-04.asp。

⑥ 例如，参见 http：//www.trioptima.co.uk/news/SwapClear-and-TriOptima-eliminate-cleared-interest-rate-swaps-.html。

来减少清算会员间的头寸（后续将在第8.2.3节讨论）。

建立更加先进的涵盖双边和集中清算产品的压缩服务对减少清算相关成本非常重要，这点将会在之后的第12.3.3节讨论。

5.2.5 集中清算

从以上的例子和第2.1.5节中的例子中明显可以看出，中央对手方具有提供多边轧差的好处。举例而言，考虑图5.12中的情况，箭头表示现金流或保证金支付（在下文中会详细讨论）。该图显示了尽管双边轧差可以很大程度地减少敞口，但是集中清算通过多边轧差，可以更大程度地减少敞口。

如表5.3所示，双边轧差使得图5.12所示的系统的总敞口减少到原来的三分之一（从360单位减少到120单位）。而通过集中清算，可以将总敞口进一步减少至60单位，即使把中央对手方的敞口计算在内（实际上保证金制度会降低该敞口）。

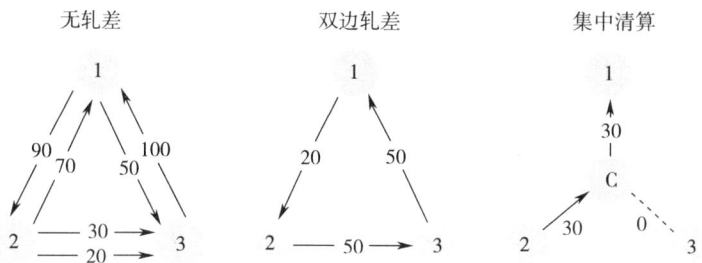

注：中央对手方由C表示。

图5.12　无轧差、双边轧差和集中清算的比较

表5.3　图5.12所示的双边轧差和集中清算的敞口减少

	无轧差	双边轧差	集中清算
对手1	170	50	30
对手2	90	20	0
对手3	100	50	0
中央对手方（C）	-	-	30
合计	360	120	60

尽管上述的例子看似与压缩相似，但也有重大的区别。对于压缩，其可替代性要求交易标准化，因此可以撕毁合约来表示压缩循环的结果。在集中清算中，合约也需要标准化，但原因是不同的。集中清算中标准化的原因与操作成本、保证金计算和清算会员违约的情况下的平仓有关。这些区别意味着多边轧差的收益只能通过集中清算而无法通过交易压缩来实现。

上述问题的另一种解释是,集中清算中多边轧差的收益可以通过资金轧差和(变动和初始)保证金减少实现。例如,在集中清算模式下,与两家不同对手方进行的两笔负相关的交易会有很好的轧差收益,但是由于合约的不可互换性,交易压缩不适用于这样的交易。

5.2.6 多边轧差增加敞口

当推动集中清算实施时,通常政策制定者和监管者一个核心的观点是,中央对手方促进多边轧差,相比双边市场,多边轧差可以更好地通过减少敞口来缓和系统性风险。尽管多边轧差在所有交易都被涵盖时的收益更大,但在现实中,市场分割将导致问题。两个显而易见的市场分割原因是不可清算的交易(维持双边)和多个中央对手方。图5.13描述了这样的情景,假设部分头寸在所示的中央对手方外清算。

表5.4列出了不完全多边轧差的定量影响,以及在无轧差、双边轧差和部分集中清算下的总敞口。即使忽略来自中央对手方和中央对手方自身面临的敞口(即假设中央对手方是无风险的),双边轧差下敞口减少的总额(总敞口120单位)仍多于集中清算下的(总敞口210单位)。举例而言,在没有轧差的情况下,对手1有170单位的总敞口(70单位对对手2,100单位对对手3),在双边轧差的情况下,这个数字被减小到50单位(仅对对手3)。但是,在不完全集中清算情况下,对手1在与对手2、对手3的头寸部分获得了多边轧差的收益,却损失了双边轧差的收益。

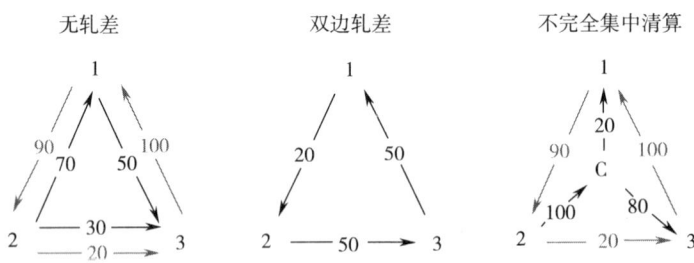

图5.13 在仅有一部分交易(黑色线条与灰色线条交易方向相反)可以被集中清算的情况下,无轧差、双边轧差和部分集中清算的比较

表 5.4　如图 5.13 所示的仅对部分交易进行集中清算的多边轧差导致总敞口的增加

	无轧差	双边轧差	不完全集中清算（不包括中央对手方敞口）
对手 1	170	50	100
对手 2	90	20	90
对手 3	100	50	20
合计	360	120	210

注意以上例子可能包括一种情况，即部分交易不能被集中清算，或者交易被不同的中央对手方清算（尽管这种情况可以通过中央对手方间的互通安排改善，具体讨论见第 8.5.1 节，以及第 9.5 节跨市场保证金部分）。

以上的例子表明集中清算中双边轧差收益的损失可能超过多边轧差收益的增加并最终导致集中清算中市场总敞口的增加。Duffie 和 Zhu（2011）分析了轧差组合割裂的一些简单的例子。他们的结论建立在比较集中清算和双边清算下交易单一种类的合约的轧差收益的基础上，他们研究了在使用简单模型①的情况下，通过中央对手方清算单一种类的交易以通过轧差实现交易总额减少所需要的会员数量。图 5.14 将 Duffie 和 Zhu 的结果表示为以相关性和资产种类数量为变量的函数。例如，对于四种不相关的资产种类而言，必须有至少 15 名会员参与才能使得通过中央对手方清算单一种类的资产有效（即敞口减少）②。

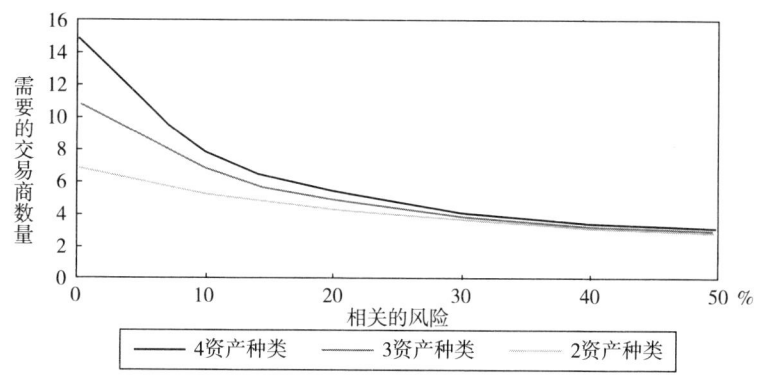

图 5.14　使用 Duffie 和 Zhu（2011）的公式计算的使单一资产种类中央对手方提高轧差效率所需的会员数量

---

① 在此案例中简化了假设条件，假设敞口拥有对称和相等的方差。
② 有趣的是，资产种类间的相关性让中央对手方变得更有效，因为双边轧差在此情形下较无效。

中央对手方：场外衍生品强制集中清算和双边保证金要求

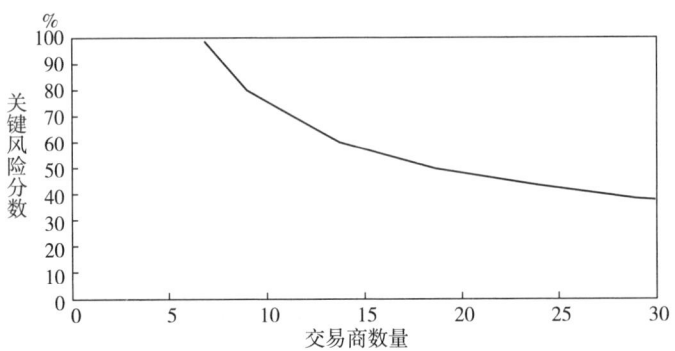

注：结果是关于会员数量的函数，根据 Duffie 和 Zhu（2011）的公式计算得出。

图 5.15　为使特定资产类别的中央对手方有效，
该资产类别所需的敞口比例（"关键敞口比例"）

以上的例子假设不同资产种类有相同的敞口分布。Duffie 和 Zhu 也考虑了非同质的情况，并得出了交易者必须要集中在某一特定资产种类上，以使这一资产种类的中央对手方清算有效的敞口比例的表达式①，这一比例显示在图 5.15 中。例如，在有 10 名交易者的情况下，只有在交易者四分之三的双边轧差敞口属于某种类产品的情况下，此类衍生品通过中央对手方清算才会有效。

总而言之，Duffie 和 Zhu 认为，集中清算能够实现（超过双边清算）的总体轧差收益不是定论。只有当相对较少②数量的中央对手方进行相对大量交易的集中清算时，轧差收益才能增加。

需要注意的是，场外衍生品集中清算的成功与否应当主要根据其对金融市场系统性风险的降低程度来衡量。如在第 14 章将要讨论的一样，这与场外衍生品市场敞口的降低并非直接相关。换句话说，中央对手方可能增加了场外衍生品市场的敞口，但仍然是成功的，反之亦然。

---

① 假设不同资产类别相互独立。
② 参见之后关于互操作性的讨论。

第6章 保证金制度[①]

一个最顶级的组织者从不会匆忙，也不会拖沓。他们总是未雨绸缪。

——Aronld Bennett（1867~1931）

6.1 保证金的基础知识

6.1.1 基本原理

保证金提供了一种降低信用敞口和交易对手信用风险的手段，它能达到的效果超出轧差清算等其他方法。[保证金是指以合法方式冲抵风险敞口的那部分资产] 保证金的基本理念很简单：它可以被看作用以覆盖信用敞口，在对手方间转移或者抵押的现金或有价证券。当发生违约时，幸存的一方可以使用他持有的保证金部分弥补他可能面临的损失。

保证金制度的基本理念很简单，如图6.1所示。A方与B方之间存在一笔或多笔交易，因此双方同意一方或双方交换保证金从而消除可能存在的风险敞口。当然，保证金交纳的时间、金额和形式的规则应该在相应交易开始之前达成。

因为衍生品的风险敞口通常是双边的，所以典型的保证金也应是双方缴纳。通常，保证金应当反映出标的交易的市价盈亏，两交易对手的盈亏正负相抵。这个理念构成了变动保证金的基础（有时可称作"盯市保证金"）。用市场价格

[①] 在本章，以及本书后续部分，我们将唯一使用"保证金"一词。术语"抵押品"经常用来替代保证金（尤其是用于场外衍生品市场），但是术语"保证金"被普遍地用于与交易所和中央对手方有关的场合。

计算变动保证金,是因为这是衡量由交易参与方违约引起的实际损失的最显见和最简单的方法。然而,在实际违约场景中,由于某些方面的原因如收取保证金的延误和平仓成本(即买卖价差)的存在,变动保证金可能并不充足。考虑到这些及其他理由,额外的保证金有时以初始保证金的形式被收取。第3章的图3.4在概念上阐释了变动保证金与初始保证金各自的作用。

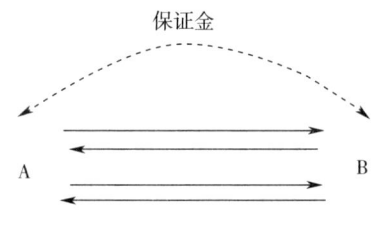

图6.1　保证金的基本作用

6.1.2　所有权转移与担保物权

实际操作中,有两种保证金转让方式:

- 所有权转移:这种方式下,保证金的法律归属转移了,但对于保证金的使用权可能存在限制。
- 担保物权:这种方式下,保证金的法律归属并未转移,但是保证金接收方对保证金拥有物权。

因为掌握了实际资产且法律风险更小,前一种方式对于保证金接收方更加有利。保证金支付者则更倾向于后一种方式,尤其是当考虑到如资产隔离等其他方面的因素(见第6.2.3节)。

6.1.3　简单的例子

房屋抵押贷款也许是保证金在日常生活中最常见和最易理解的例子,这个例子也有助于理解保证金可能引发的某些风险。抵押贷款的出借方面临由于借款人无法支付本息而引起的信用风险。以房屋作为保证金并被用作其贷款价值的抵押将减轻这种信用风险。请注意这种安排残留了许多其他风险。即:

- 案例中的财产所有权价值降至贷款的未偿价值以下导致的风险。这种情况通常称为"负资产",常与市场风险相关联。注意到这个问题与财产价值(保证金)以及贷款价值(风险敞口)二者相关。

- 当借款人违约时，抵押贷款出借方由于不具备能力或法律障碍而无法获取财产所有权的风险，或是需要花费成本驱逐财产所有者并变卖财产的风险。这类风险被称作操作风险或是法律风险。
- 财产难以在公开市场快速出售，且市场价格随着财产价值的下降不断降低的风险。当缺乏买家时，出借方为达成交易，会不得不将财产低于公允价值出售。这种情况被称作流动性风险。
- 财产的价值与抵押贷款的违约有着极强的关联性的风险。例如，在经济衰退期，高失业率以及下降的财产价值增加了这种风险发生的可能性。这是错向风险的一种表现形式。

注意到在以上的例子中，并没有涉及任何类变动保证金的安排（例如：抵押贷款人须在他们的房屋价格下降或利率上升时提交补充保证金）。然而，由于抵押的贷款与估值比率普遍地小于100%[①]，以上的例子实际上存在类似初始保证金的概念。

在多数情况下，针对于衍生金融产品收取的保证金应当由交易对手所控制，且应在违约事件发生时具有较高的流动性。这是由衍生品合约的相关法律规定以及保证金的本质特性（现金或流动性证券）决定的。理论上，只要收取足够抵抗风险的保证金，就可以完全消除敞口。但在实际操作中这可能面临法律或再抵押等其他问题的阻碍。雷曼兄弟（Lehman Brothers）以及明富环球（MF Global）就用鲜活的事例说明了以上提及的再抵押风险。

6.1.4 保证金风险期间

一个有关保证金的很重要的方面是约定的保证金追加频率问题。提高保证金追加频率，会最大程度地实现风险削减的效用，但可能引起操作与流动性问题。对变动保证金而言，在双边场外衍生品市场每日交收保证金已是普适性的标准，当然以更长的期限要求缴纳保证金的情况也确实存在。在集中清算市场，每日交收保证金是标准做法，甚至在某些场景下，还会要求日内追加保证金。而对初始保证金而言，调整的频率则通常较低。

保证金风险期间（Margin Period of Risk，MPR）是一个用来描述从一个对手方停止缴纳保证金开始到所有相关交易成功平仓或实现合约替代（或以其他方

---

① 除了那些高风险按揭，例如那些部分导致全球金融危机的按揭。

式对冲）为止的有效时间的术语，图6.2对此进行了阐释。

总的来说，保证金风险期间是以下两种期间的结合：

- 违约前，指在对手方将要违约前的一段时间，包含以下元素：
  ○ 约定的保证金追加期间（通常为每日）。
  ○ 在要求保证金与交收保证金之间的操作延迟。
  ○ 关于保证金数额的争议。
  ○ 非现金保证金的结算。
  ○ 必须给予的从无法缴纳保证金至认定违约之间的宽限期。
- 违约后；
  ○ 交易平仓。
  ○ 再对冲与/或合约替代。
  ○ 交易拍卖（仅存在于中央对手方清算）。

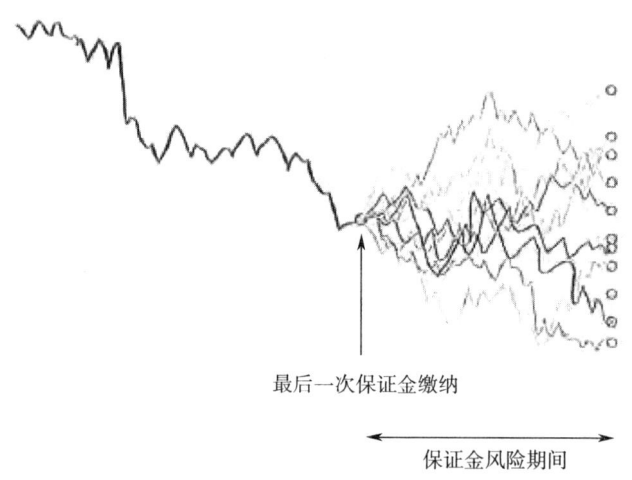

图6.2 保证金风险期间（MPR）的作用

中央对手方通过仅允许以现金形式（无结算延迟）缴纳每日及可能的日内变动保证金的方式来降低违约前期间。中央对手方全权负责所有数据计算（不接受任何争议），从而确保会员可以遵守缴纳保证金的操作性要求以及在需要的情况下以客户名义缴纳保证金。最后，中央对手方无须在宣告清算会员违约前给予宽限期。在场外市场，由于双边关系的本质，违约前期间的处理更加困难。

得益于类似拍卖（指出售违约会员的交易以弥补其他未违约会员的损失）的处置方法，中央对手方对违约后期间的控制更精确。尽管如此，对于巨大且流动性相对较弱的资产组合的处置也并不是一个简单的任务。中央对手方通常会假设五个工作日左右的保证金风险期间。这个时间大致与雷曼兄弟破产案例中涉及场外衍生品资产组合处置的经验一致，当时中央对手方用了不到一个星期的时间处理了事件引起的大部分风险（尽管不是全部风险）（见第4.1.4节）。相比之下，在巴塞尔协议中关于场外衍生品的资本监管要求下，保证金风险期间必须设定为至少十个工作日[①]。

保证金风险期间阐释了初始保证金的重要性。设想只有变动保证金存在的情况下，最优情境下交易对手信用风险的削减可以被近似表达为标的资产组合的到期期限与保证金风险期间的比值的平方根的二分之一（更多细节讨论详见第7.2.4节）。以保证金风险期间为10天的5年期场外衍生品资产组合为例，根据以上方法，它的近似风险削减应为 $0.5 \times \sqrt{5 \times 250/10} \approx 5.6$ 倍。事实上，由于阈值设定或最低转移量设定等方面的原因，实际效用应比计算得到的结果差，此外，进一步降低交易对手信用风险需要提出初始保证金要求。正如图6.21清楚阐释的那样，对于初始保证金的选择与假设的保证金风险期间条件息息相关，这些内容将在第9.2节中详细讨论。

6.1.5 估值折减

估值折减是指考虑到保证金的价值可能随着时间推移而降低，因此对于收取的保证金价值在其原始价值上进行折减。如图6.3所示，×%的折减表明对于作为保证金缴纳的任何单位的有价证券，只可以授予其（100 − ×）%的信用。保证金缴纳者必须考虑到折减因素，因为其必须缴纳比实际价值更多的保证金。一般来说，主流币种的现金保证金不需要进行折减，但是其他的证券需要根据不同券种的特征提前确定其折减。

在对折减赋值时应考虑以下几点：

- 处置保证金所需的时间。
- 确定保证金价值的相关市场变量的波动率。
- 证券的期限。
- 证券的违约风险。
- 证券的流动性。

---

① 假设保证金可以每日追加。Basel Ⅲ要求保证金风险期限在特定情况下提高到20个工作日以上。

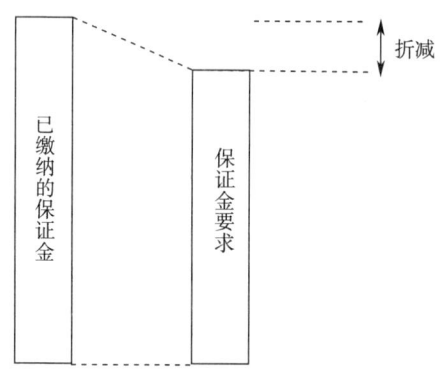

图 6.3　保证金估值折减示意图

- 违约与保证金价值之间的任何关系。

估值折减的使用主要为了考虑由于提交的保证金种类的价格波动率导致的市场风险。在双边市场中，即使是波动性高的资产如股权或黄金也可以被允许充当保证金（中央对手方可能并不允许），但相应地，这些保证金的估值折减相当高。当然，那些存在明显违约或流动性风险的证券（其价值也可能因此明显贬值）通常不被允许作为保证金缴纳（尤其在集中清算实务中）。

6.2　保证金与资金

6.2.1　资金成本

双边场外衍生品保证金扮演的传统角色是降低交易对手信用风险。然而，保证金还有另一个作用，那就是供给资金。若没有保证金，机构产生盈利的资产不会很快得到偿付。由于机构通常急切于对冲其交易，以上情况可能会造成资金周转问题（例如，一家没有收到交易保证金的银行可能不得不在相关对冲交易中缴纳保证金）。

因为保证金对供给资金以及降低交易对手信用风险均有作用，那么有一点需要牢记：不同类型的保证金可能提供不同的交易对手信用风险削减效果和不同的资金效益。一个很重要的区别是，只有在对手方违约真实发生时，保证金对交易对手信用风险的缓释作用才能真正体现；而另一方面在任何情况下，保证金均能发挥供给资金的作用。例如，若一家实体企业将其自身债券作为保证金，确实给其自身带来了资金上的好处，但其自身债券对交易对手信用风险缓释而言并不是一个好的选择。这种对资金效益和交易对手信用风险缓释的权衡将在第7.3.5节中详细讨论。

6.2.2 再利用及再抵押

一个非常重要的关于保证金制度的普遍概念是再抵押或称再利用，因为保证金的持有者有时并不是法律意义上的权利人。利息通常按照隔夜指数互换（OIS）利率支付［如在欧洲使用欧元隔夜指数平均（EONIA），在美国使用联邦基金利率FED］，有时还会附加一个利差调整。保证金的接收者必须将债券的费用、红利以及任何其他现金流转付给保证金缴纳者①。这引出了一个问题：非现金保证金是否可以以另一笔保证金或其他形式（例如回购市场）再利用。附带所有权转移的保证金交收（见第6.1.2节）的再利用属性是天然的，但附带证券利息收入的抵押保证金则需要通过授权获得再抵押的权利（在场外衍生品市场这个权利除非明确解除，否则通常以文件形式赋予）。

在衍生品市场，对于保证金的再利用或再抵押的需求是明确且显然的。交易参与者通常与一个对手方交易，并与另一个对手方进行对冲。如图6.4所示，如果他们与各对手方均达成保证金协议，那么他们将清楚地体会到再抵押或再利用的重要性。图中，从对手方A处获得的保证金将直接被缴纳给对手方B。如果对手方B只允许接收现金保证金，那么从对手方A处接收的证券就要通过回购协议来变现。然而，如果不允许对附带证券利息收入的抵押保证金进行再抵押，X方则可能会遇到资金筹集问题，它必须寻找新的资金来源以缴纳保证金给对手方B。

再抵押的效用是显著的，它使得保证金流在整个金融体系中毫无阻碍地流动。但这将会引发一个问题：以上述形式进行证券再抵押是否会由保证金失控而造成额外风险。这个问题并不局限于变动保证金，因为如图6.5所示，盯市损失将由追加的变动保证金弥补。那么此时存在一个风险，那就是当产生盯市盈利时变动保证金是需要归还的，但由于频繁追加保证金时，这不会是一个大问题。初始保证金才是主要的问题，它是不对应负债的一笔额外资金，当它被

---

① 有一个可能的例外情况：若现金流的支付可能会引发瞬时的保证金追加，在此情形下部分或全部现金流可以被保留在保证金需求场所。

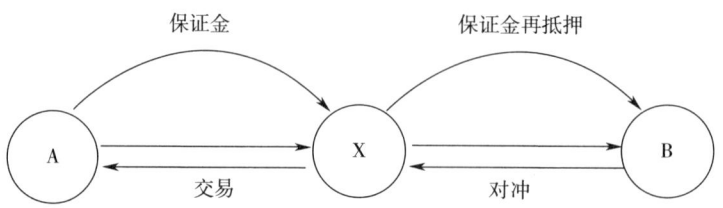

注：X方从对手方A处收取保证金，并将此保证金再利用（再抵押）并缴纳给对手方B。注意到附带所有权转移的现金或有价证券保证金具有固有的再利用属性。

图6.4　非现金形式保证金再抵押的重要性示意图

对手方再抵押时，意味着它可能会在违约场景下损失。

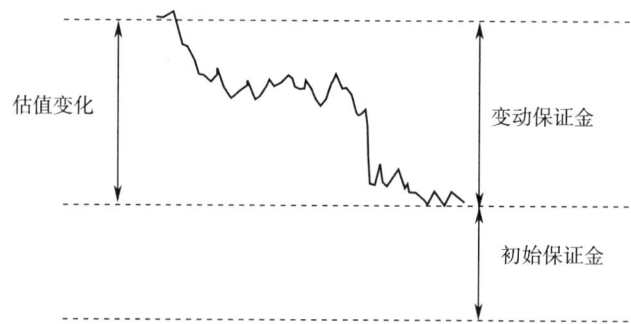

注：因为普遍来说变动保证金是负债，所以它不需要被隔离，并自然是可以再抵押的。而初始保证金需要隔离保护，并不能被再抵押，以避免引发额外的信用风险。

图6.5　初始保证金与变动保证金关于隔离与再抵押的区别

如图6.6所示，从纯粹的减轻交易对手信用风险的角度来看，再抵押制度并不是最理想的选择。在这个例子里，初始保证金从A处通过一系列交易被再抵押至B。B或交易中任何其他交易方的违约都会造成风险。这种风险可以通过破产时利用法律要求保证金归还而得到缓解，但全球金融危机的教训表明这种程度的缓解是远远不够的。

在全球金融危机事件以前，保证金的抵押、再利用、再抵押被强烈推崇，因为其在不造成过度拖延的情形下允许"抵押周转率"的存在。这在整体金融系统中起到了非常关键的作用（Segoviano和Singh，2008）。然而，再抵押的应用可能太广泛了，尤其是在银行同业市场（可能因为对于银行会真正违约的顾虑太少）。雷曼兄弟的破产揭露了再抵押蕴含的潜在问题。一个例子是，（由于

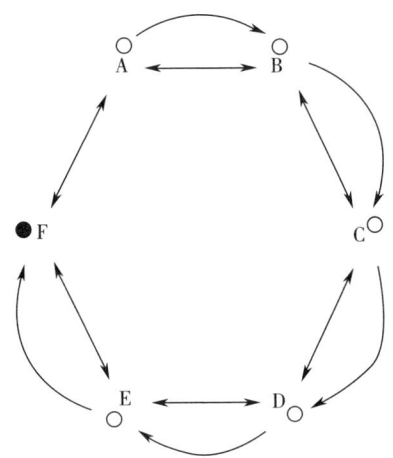

注：空心圆圈代表已经被再抵押出去的保证金，实心圆圈代表真实的保证金。

图 6.6　保证金再抵押的潜在风险

美国与英国的客户保护差异)[①] 雷曼兄弟有限公司（美国）的客户比雷曼兄弟国际（欧洲）的客户在再抵押资产收回方面得到了更有利的待遇。正如预期的，在全球金融危机事件后，再抵押的发生率产生了明显的下降（Singh 和 Aitken，2009b）。

6.2.3　资产隔离

采取保证金资产隔离的措施是为了降低交易对手信用风险，因此其与保证金再抵押的实际作用是相反的。资产隔离是指，在收取保证金的对手方破产的情况下，缴纳的保证金区别于破产者其他财产从而受到法律保护。在实际操作中，这可以通过两种方式实现：一是通过法律规定保证保证金返还（该法规应具有大于任何破产法的效力）；二是由第三方托管人持有保证金。

通常不需要隔离变动保证金（并且可以如 6.2.2 节所述的那样进行再抵押），且未来的监管规定也不会要求隔离。这是因为它不是过量的保证金，且它应与保证金缴纳方欠接收方的债务有密切关系（见图 6.5）。在违约事件中，变动保证金可以通过抵消标的头寸的形式收回。

[①] 雷曼兄弟的清算人（普华永道）在破产事件发生后不久于 2008 年 10 月介入，提供给雷曼兄弟国际（欧洲）的某些资产已被转抵押，且可能无法被归还。

除了清算要求，隔离的最显著需求还来源于实务中初始保证金的交收，这是许多不可清算场外衍生产品要求的。在无隔离情况下，当交易方 A 与 B 互相缴纳初始保证金后，保证金金额可以因为双方可将缴纳（现金）或再抵押（非现金）返还至对手处而有效相互抵消。如图 6.7 所示，这个案例下，隔离的概念就显得特别重要。

不出意料地，关于保证金的监管规定（后续在 6.5 节中讨论）通常要求初始（而非变动）保证金实施隔离。

初始保证金可以以下列三种可能的方式持有：
- 直接由保证金接收方持有。
- 由代表一方的第三方持有。
- 由第三方托管人持有，该托管人与交易两方签署三方合约。

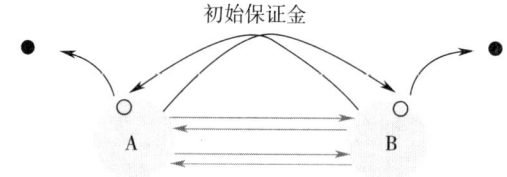

注：交易方 A 与 B 互相缴纳保证金，该保证金被隔离，且可通过（例如）第三方取得。

图 6.7 初始保证金隔离之必要性

因为现金是可被替代的，所以很难将现金保证金从保证金接收方的资产负债表上隔离。因此，很有必要签订一份三方协议来确保保证金登记在指定账户，并在任何情况下不得被再抵押或再投资。另外，这限制了投资选择，使得保证金缴纳方难以从现金保证金中获取任何收益。

如第 6.1.2 节中提到的，缴纳保证金有两种方式，即所有权转移和担保物权方式。后一方式易于实现初始保证金隔离和再抵押禁止，而前一方式难以实现。由于标的资产在所有权转移发生时属于保证金接收方（且所有权在再抵押后被继续传递），故所有权转移将保证金缴纳方在违约事件中变为保证金接收方的无担保债权人。大约一半的场外衍生品的市场保证金交收是以所有权转移形式进行的，因为所有权转移构成了英国法律下信贷支持附件（CSAs）的基础。因此理论上讲需要隔离的初始保证金应该以担保物权方式或其他额外法律要求的形式隔离。

显然，如果保证金由第三方或三方机构存管的话，因为同时存在对手方与第三方破产的风险,所以非常有必要去考虑可能的违约风险以及对手方与第三方的关系。所以存在第三方机构的集中化风险。

还有一个很微妙的情况需要区别对待,再抵押与隔离可以同时进行。考虑一个如图6.8所示的情况,参与者X实质上扮演了交易方A与B的交易中间媒介的角色。这可以表现为参与者X与A进行了一笔双边交易,同时又与B进行了一场"背对背"的反向对冲交易;又或者X作为中央对手方正在为客户A与对手方B进行的一笔交易的清算。在如此情形下,X实际上可以进行如图6.8所示的初始保证金再抵押。在后续的介绍中,初始保证金制度及集中清算规则可能会允许在上述情况下进行保证金的再抵押。然而,上情形下会引发的另一个问题是参与方A缴纳的保证金暂存于对手方B的背景下的法律保护及隔离问题。这是个需要特殊情况特殊处理的复杂问题,第13章对此进行了详细阐释。

请注意,尽管隔离显然是削减交易对手信用风险的最佳方案,但是原本可以通过再抵押简单实现的保证金缴纳需要重新筹集资金,从而产生了潜在的资金问题。如后续将在第13章所述,这是强制集中清算和双边清算要求的成本收益分析的核心内容。

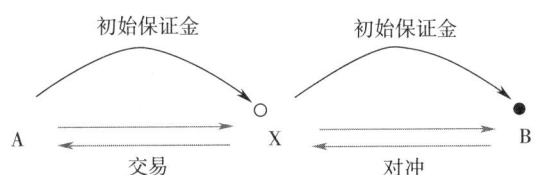

注:交易方A与B互相缴纳保证金,该保证金被隔离,且可通过(例如)第三方获取。

图6.8 初始保证金再抵押需求

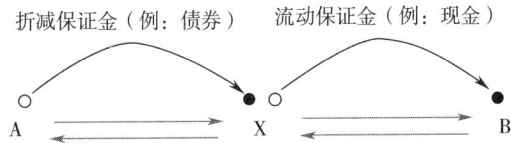

注:交易方A缴纳保证金至X,X缴纳流动性更好的保证金给交易方B(或者返还至交易方A)。A−X−B交易链可以视为客户将低流动性保证金交给清算会员,会员通过保证金转换服务将合格保证金交给中央对手方的过程。

图6.9 初始保证金转移

6.2.4 保证金转换

保证金转换是指将一种形式的保证金转换为另一种形式的保证金。这样的方法是存在的，例如将债权在一段时间内转换为现金的回购业务。因为中央对手方对于保证金流动性有着极高的要求（事实上监管机构也倾向于提出这种要求），所以保证金转换服务很可能成为场外衍生品清算中重要的工具。由于许多金融机构没有相应高流动性资产作为保证金，于是它们可能建立如图6.9所示的相关保证金转换机制。例如，中央对手方的一家清算会员可以为它的客户提供一种服务，即利用相对流动性较差的保证金代替流动性更高的保证金，再缴纳给中央对手方。清算会员可能会对低流动性的保证金进行估值折减，且/或对此项服务收取费用，这相当于提供了有担保的正回购交易。

6.3 双边场外衍生品市场的保证金

6.3.1 信用支持附加协议（CSA）

场外衍生品合约的交易双方没有缴纳保证金的义务。在双边市场，可以在一份ISDA主协议（第5.1.4节）上附加信用支持附加协议（CSA），通过约定保证金缴纳的各种事项来降低交易对手信用风险。绝大多数的双边保证金协议都是建立在ISDA文件之上的。[①] 而对于轧差清算而言，信用支持附加协议的条款在大部分国家的法律规定下都是有效力的。信用支持附加协议是所有保证金协议中的核心，因为信用支持附加协议决定了以下的保证金机制：

- 标的估值的方法与时间安排。
- 缴纳保证金额度的计算。
- 保证金转移机制与时间安排。
- 合格保证金品种。
- 保证金替代品。
- 争议解决。
- 保证金利息支付。

---

① ISDA（2013c）最新的数据显示为87%。

- 以有价证券作为保证金的估值折减。
- 保证金再抵押（再利用）的可能方式。
- 可能改变保证金条件的事件（例如，信用评级下降可能导致保证金要求提高）。

两个交易对手达成保证金缴纳协议的过程概括如下：

- 双方协商并签署包含执行的条款和条件的信用支持附加协议。
- 需缴纳保证金的交易通常是按市价计算的，并且允许轧差计算总价值（除非金额存在争议）。
- 市值为负的一方缴纳保证金（受下文讨论的最小转移额度与阈值限制）。
- 保证金头寸应实时更新以反映现金或有价证券的转移。
- （应实行定期核算以减少争议）。

信用支持附加协议必须明确地定义保证金需求中的所有参数和所有的可能场景。参数的选择通常可归结为交收保证金的操作负荷以及相应风险控制效果之间的权衡。接下来我们将更详细地分析构成保证金过程的要件。

6.3.2 信用支持附加协议的类型

由于各类场外衍生品交易对手方的性质差异很大，因此存在着不同种类的双边保证金安排。广泛来说，它们可被分为以下类别：

- 无信用支持附加协议：在某些场外衍生品交易中，可能会因为一方或双方不接受保证金制度而无法采用信用支持附加协议。一个典型的例子是一家银行和一家企业之间的交易，后者可能很难（由于流动性原因）缴纳保证金所以无法采用信用支持附加协议。企业通常会倾向于在交易前通过信用价值调整（CVA）（见第 7.3.1 节），补偿带给银行的交易对手信用风险，而非缴纳保证金。
- 双向信用支持附加协议：对于两个相似的对手方来说，双向信用支持附加协议更为普遍。银行同业市场中，通常采用双方都能受益（至少从交易对手信用风险的角度出发）的低阈值双向信用支持附加协议。
- 单向信用支持附加协议：在某些情景下会采用单向信用支持附加协议，但它只对保证金接收方有好处。一个典型的例子是一个高信用等级实体（如 AAA 评级的主权国家）与一家银行的交易。

另一个要点是，历史上场外衍生品市场有时会将保证金需求与某些类似信用评级的参数联系在一起。例如，在金融危机以前，AAA级实体如单一险种保险公司采用单向信用支持附加协议进行交易，但协议中存在一些特别的触发条款，即如若它的评级下降，则必须缴纳保证金。这样的协议会带来棘手的（资金需求）不连续性问题，因为对一家对手方信用评级的下调可能发生在信用实质性降低的很长时间以后，进而会因保证金要求导致信用问题。在全球金融危机事件（见第2.3.4节）中，在美国国际集团（AIG）和单一险种保险公司之间确实出现了这样的情况，这也成为了一个反对将保证金与评级和信用质量联系在一起的论据。

6.3.3 阈值和初始保证金

阈值和初始保证金是决定一份信用支持附加协议性质的两个关键参数，而两者通常是互相排斥的。

阈值是指需缴纳保证金的最小盯市敞口，也就是无法缓解的风险敞口。例如，若阈值是100单位，风险敞口是250单位，那么需要缴纳的保证金是150单位；若风险敞口小于100单位，则无须缴纳保证金。阈值的好处是减轻了交收保证金的操作负荷。单向信用支持附加协议中，对不缴纳保证金的对手方来说阈值是正无穷。

另外两个信用支持附加协议中运用的术语是最小交收量和舍入。为避免小额交收的操作费用，不允许交收的保证金小于最小交收量。就只有在风险敞口大于最小转移量与阈值之和才需要追加保证金这件事来说，最小转移量和阈值是相互叠加的。为避免非标准数量，交收保证金的数量还被限定必须舍入为某个特定数量的倍数。注意到在集中清算中，阈值和最小转换量通常都是零。

场外衍生品保证金协议的基础是变动保证金制度（虽然它在信用支持附加协议中并未被如此定义）。初始保证金（独立金额）[①] 是指一项额外的与相应交易价值无关的保证金。初始保证金意在弥补违约平仓时可能高于变动保证金的损失。该制度的目的是通过持有充足初始保证金保障资产组合的安全，就像当房屋的价值显著超出贷款价值时，抵押贷款就可以很好地受到保护一样。注意到在数学上，初始保证金与负阈值一样，反之亦然。这解释了为什么阈值与

[①] 这是信用支持附加协议在场外衍生品市场通常使用的术语，但我们通篇使用术语"初始保证金"以避免混淆。

初始保证金通常不会被同时使用。历史上，初始保证金在以下情况下保护着场外衍生品交易：

- 提交变动保证金的固有延时。
- 平仓违约头寸所需的时间以及相关市场波动。
- 平仓的买卖成本。
- 类似最小交收量引发的保证金不足等问题。

［在双边市场，初始保证金表现为固定数额名义本金百分比，或其他定量（如风险价值）计算结果。］初始保证金的存在与否和规模通常受以下因素驱动，如：

- 对手方的信用质量。
- 对手方的关系（如终端客户）。
- 交易的背后杠杆。
- 相关风险的性质（波动率、规模）。

相互交收的初始保证金的双方往往存在风险，因为在接收方违约时，缴纳方可能因为资产混同或再抵押无法收回他们的保证金。在雷曼破产事件中，现金或证券形式的初始保证金普遍被视为是对雷曼破产财产的无担保债权。这导致市场参与者非常希望初始保证金可以以某种不受其接收者破产影响的形式存管，从而在发生违约事件时可以迅速收回（隔离）。

在场外衍生品市场的历史中，初始保证金非常罕见，除了在某些银行与对冲基金交易的情况下存在。例如，BCBS-IOSCO（2012）报道，非集中清算衍生品交易中初始保证金数额为1000亿欧元，或者大约为净名义本金敞口的0.03%。然而，初始保证金在未来集中清算交易中会变得更为普遍，且也会对非集中清算交易进行强制要求。此外资产隔离也将成为重要的事项。

6.3.4 争议解决

在双边场外衍生品市场，保证金需求通常是由市场参与者之间显著的盯市价格差异引起的。在交易双方发生争议时，通常由场外衍生品合约中约定的"评估机构"来确定合约价格以计算保证金金额和结算价值。考虑到场外市场的不透明和分散性，双方在保证金金额上通常可能会因为对盯市价格的不同意见而产生明显的分歧。

在场外衍生品市场，关于追加保证金的争议很常见，这是由以下一个或多个因素造成的：
- 交易群体
- 交易估值方法
- 轧差规则运用
- 市场数据及市场关闭时间
- 已缴保证金估值

若关于估值和金额的分歧在保证金协议约定的许可范围内，则交易双方可能会折中处理。否则，就有必要寻找产生分歧的原因。显然，这种情形是不理想的，因为除非争议的起源得到确认、协商一致、得到修正，否则就会有一方存在无保证金覆盖的风险敞口。通常产生争议时遵循以下步骤处理：

- 异议方应在保证金追加要求提出的第二天闭市前，告知交易对手（或第三方评估机构）其对敞口或保证金提出异议。
- 异议方应缴纳保证金无争议的部分。双方应尝试在一段时间范围（解决期）内解决争议，查清争议原因（哪一笔交易的估值存在实质性差异）。
- 若双方未能在解决期内解决争议，他们将从若干（通常为4家）做市商处获得盯市价格，作为确定争议金额的参考（或者当前的保证金的价值，如保证金价值也是争议的一部分）。

核算旨在通过统一估值的方式实现争议出现概率的最小化，即使计算出的净敞口可能不会导致任何保证金交收。核算甚至可以通过在两交易者发证真实交易前虚拟交易来进行。定期进行核算是有效果的（例如，每周或每月），这样可以使交易对手之间的估值差异最小化。这种核算可以提前消除更敏感时期争议产生的可能。核算可以非常细致，因而可以找出在许可范围内或碰巧彼此抵消的差异。因此那些只短暂动态发生的问题也可以被细致的核算所发现。近一半的场外衍生品资产组合目前每日进行核算。[①]

为提高争议管理能力，尤其是受对于非集中清算衍生品交易的强制保证金要求的启发，ISDA 发布了"ISDA 2013 EMIR 资产组合调和、争议解决及披露议定书"，[②] 这份议定书是建立于欧洲监管要求的基础之上。

全球金融危机揭露了银行保证金管理实务中的诸多问题。监管者们为此推

---

① 来源：ISDA margin study (2013c)。
② http://www2.isda.org/functional-areas/protocol-management/protocol/15.

出了关于双边交易的巴塞尔协议Ⅲ（见第4.2.1节）以应对这些问题，降低了可以通过保证金制度获得的资本节约效果（在某些情况下）。保险金管理水平有了实质性的提高。未来的一项目标是实现保证金的直接通过处理（Straight-through processing，STP），即在没有用户介入的情况下进行多个保证金要求的发送和结算。

6.3.5 标准信用支持附加协议

由于不同的货币、资产级别、期间设置的存在，可交割（或替代）的保证金有很多种类型，所以在大多数双边信用支持附加协议中存在大量的选择性条款。寻找未来最便宜的保证金受很多因素影响，例如未来风险敞口、不同货币的隔夜指数互换（OIS）利率、交叉货币基差互换的价差、折减率以及替代标准等。由于这些原因，信用支持附加协议通常是简化的，并由此发展出标准信用支持附加协议的概念。

ISDA的标准信用支持附加协议（SCSA）旨在实现标准化，并删除了信用支持附加协议中大量的选择性条款，同时改进了标准定价（例如，现在被大家熟知的隔夜指数互换折现）。同时，标准信用支持附加协议的机制也更注重使双边保证金实务向集中清算看齐。此外，标准信用支持附加协议还计划创建统一的估值框架，减少估值争议，使交易与创新更加直接化。标准信用支持附加协议仍在发展中，读者可以浏览ISDA网站（www.isda.org）跟踪其最新动向。

在典型的信用支持附加协议中，对于每一个时期的资产组合均要计算一个单独的数值，这样可以涵盖各种不同货币。因此现金保证金可能会以不同货币或其他证券形式缴纳。另外，阈值和最小转换量也通常不会为零。标准信用支持附加协议通过以下要求大幅简化了这个过程：

- 保证金仅限现金缴纳（对于变动保证金，任何数量的其他证券都是被允许的）。
- 只有具有充分流动性隔夜指数互换曲线的币种（美元、欧元、英镑、瑞士法郎以及日元）符合保证金缴纳条件。
- 阈值和最小转换量为0。
- 对每一个币种都存在单独的保证金需求（交叉货币产品被归为美元一类）。

标准信用支持附加协议的本意是要求交易对手方们每日对不同币种的保证

金要求单独计算、单独交收。然而，这引发了结算风险（见第7.1.3节）。为缓解风险，有人提议通过利息调整叠加（用以修正不同币种间利率，即熟知的"隐含互换调整机制"或"ISA方法"），将每类币种转换为七类"运输货币"中的某一币种。但是，这导致了处理Basel Ⅲ协议规定的资本充足率的困难，因为协议规定只有相同币种的保证金才属于现金保证金。不同币种之间的轧差也与即将实施的保证金监管规定存在矛盾（见第6.5.6节）。因此现有的标准信用支持附加协议退回了初始概念，并要求现金在17类币种间兑换。

6.3.6 双边场外市场的保证金实务

本节基于ISDA（2013c）和BIS（2013a）的数据概述场外衍生品市场的运行情况。

不同机构跨市场的保证金缴纳比例各不相同（见表6.1）。交易者较少缴纳保证金的主要原因是高质量证券筹集困难以及保证金交收操作负荷过大。

尽管如此，如图6.10中对保证金总量和总信用敞口的估计显示的那样，在过去十年间保证金的使用率有了极大的提升。总信用敞口调整为单边数据并直接显示在图中[1]。这些数据间的比率给出了一个对有保证金覆盖的信用敞口的比例的估计，并且这个比例在逐年增长。需要注意的是，总体交易量是一个具有误导性的数值，因为它将无保证金交易（没有信用支持附加协议，0%的保证金），接近100%的具有变动保证金（双向信用支持附加协议）的交易和极少情况下的具有初始保证金（大于100%）的交易混为一谈。

表6.1　　　　　　　　　　不同机构类型缴纳保证金的比例

机构类型	保证金缴纳
经纪商，交易商，对冲基金	非常高
主权基金	非常低
国家，地方主权，私募基金，公司	低
主权基金	非常低

资料来源：ISDA（2013c）。

---

[1] 正如在BIS（2013a）中所讨论过的，报告的担保金额的双重计算有两种形式。第一种就是保证金被发送方和接收方计算了两次，在此情况下，保证金将通过将数量减半而进行修正。第二种情况是保证金的再抵押，在此情况下，没有必要对保证金进行修正。

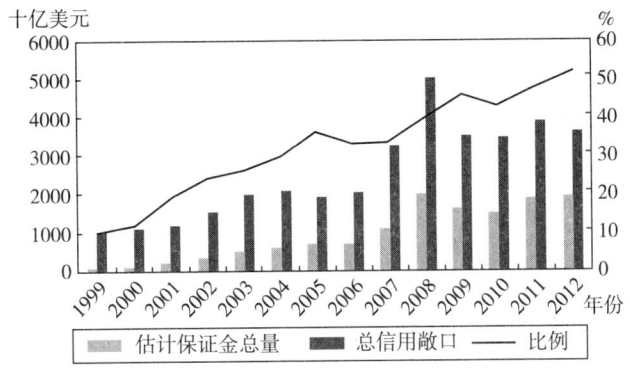

资料来源：BIS（2013a）。

图 6.10 保证金总量和总信用敞口的对比（计算轧差之后），以及根据场外衍生品市场总的保证金缴纳程度计算的比率

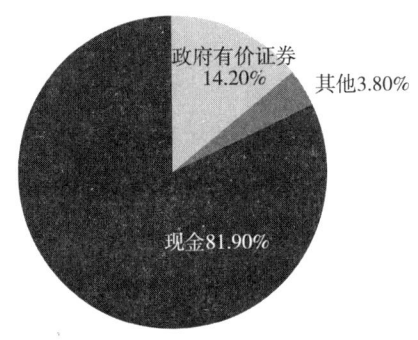

注：大约90%的现金是以美元和欧元计价的。其他的类别包含政府机关证券、国家债券、美国市政债券、资产担保债券、公司债券、信用证和股票。

资料来源：ISDA（2013c）。

图 6.11 场外市场保证金类别[①]

现金是场外衍生品市场保证金的主要形式（见图 6.11）。出于流动性的原因，允许以其他形式缴纳保证金的政策通常很受欢迎。然而，全球金融危机表明，表面上具有高信用和高流动性的保证金可能很快就会充满风险并丧失流动性［比如，房利美（Fannie Mae）和房地美（Freddie Mac）的债权和 3A 级抵押贷款支持证券］。现金保证金在近年来变得愈加普遍，这似乎是一个不可逆的趋势，特别是由于集中清算交易中对缴纳现金变动保证金的要求。

初始保证金（即前述提到的 ISDA 文件中的独立金额），在收取后通常并不

---

① 各项占比之和等于99.9%（原著如此，因四舍五入所致），译者注。

实施资产隔离，大约有三分之二是和变动保证金混同的。实施资产隔离的数量在上年轻微上涨。当初始保证金被资产隔离时，它或体现在保证金接收方的资产负债表上并托管在第三方，或体现在一个三方协议中。

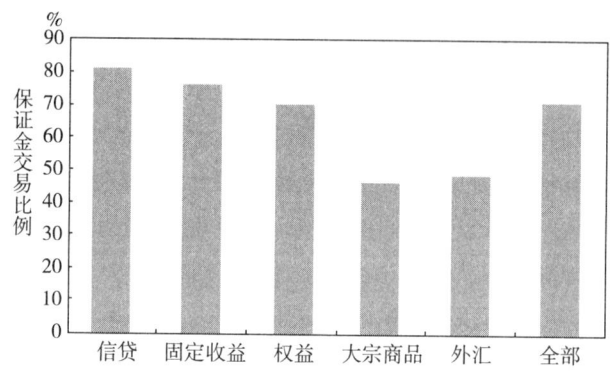

资料来源：ISDA（2013c）。

图6.12 不同产品类型的场外衍生品的保证金交易比例

如图6.12所示，大部分场外衍生品交易都是通过保证金协议进行的。其中保证金交易比例最高的是信用类衍生品，从此类产品的信用利差①的高波动性和与金融对手方（与终端使用者相反）的交易集中性来看，这个比例合情合理。另外，外汇交易的短期性解释了为何这一资产类别保证金交易比例是相对较低的。

最后需要注意的一个关键点是保证金的再使用或再抵押。从图6.13可以看

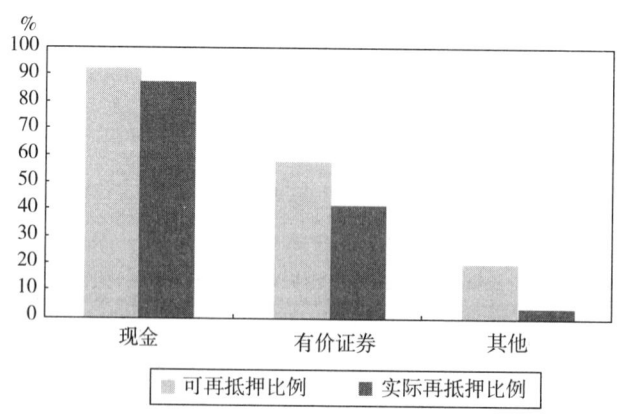

资料来源：ISDA（2013c）。

图6.13 保证金的再抵押（仅基于从大的交易商处所获数据而得）

---

① 除此之外，信用类衍生品中包含的错向风险也有贡献。

出，再抵押在允许的情况下是经常得到使用的。这并不奇怪，因为这种做法可以降低资金成本以及对于高质量保证金的需求。但在相当大一部分的保证金都不适用于再抵押的情况下，其也没有什么作用。

6.4 保证金风险

尽管保证金是一项可以减少交易对手信用风险的有效机制，但也必须考虑它显著的局限性。另外需要着重强调的是，保证金像轧差一样，并不能降低总体风险，而只是对风险进行了重新分配。从本质上讲，保证金把交易对手信用风险转化为了其他形式的金融风险。最明显的一个方面就是保证金与流动性风险增加的关联性。如果一些设想的条款不被地区法规支持的话，保证金制度也会增添很多其他的风险，比如说法律风险。其他一些潜在风险也很重要，比如相关性风险（在此情况下保证金和潜在敞口负相关）、信用风险（在此情况下保证金资产可能会受违约或者不良信用的影响）以及外汇风险（由于保证金以不同币种缴纳）。

6.4.1 保证金在场外衍生品市场之外的影响

类似在5.2.6节中轧差的例子，了解保证金在场外衍生品市场之外的影响也很重要。图6.14显示了缴纳保证金对场外衍生品交易的影响。假设在B违约的情况下，A（双边对手或中央对手方）和B的其他债权人（OC）具有相同的债权受偿顺位（平等权利）。B对衍生品债权人的债务为50单位，对其他债权人的债务100单位，B拥有100单位的资产。

根据图6.14所示缴纳的保证金数额，需要考虑如下几种情况：

- **无保证金**：在没有保证金的案例中，其他债权人将对B的资产的三分之二（即100/150）具有求偿权，A将收到剩余三分之一的资产作为衍生品求偿权。衍生品及其他债权人的债务都将获得67%的清偿。
- **变动保证金**：如果B就他们的全部衍生品债务向A缴纳了50单位的变动保证金，那么这将降低在违约时其他债权人收到的数额。现在在违约时B将只有50单位的剩余资产付给其他债权人（获得50%）。
- **初始保证金**：假设B缴纳了50单位的变动保证金和25单位的初始保证金并且全部的初始保证金都被A用于和B的交易中的平仓以及合约

替换成本。在此情况下，其他债权人将只能收到剩余的 25 单位（即受偿率 25%）。（当然，一些或全部的初始保证金可能会被退回，但是很大比例的初始保证金可能会损失——持怀疑态度的读者可参见第 10.2.1 节）。

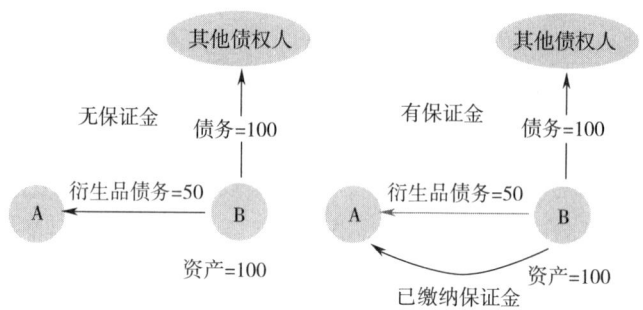

注：缴纳的保证金（变动保证金以及可能还有初始保证金）将会减少其他债权人的受偿率。

图 6.14　衍生品保证金对于其他债权人的影响

就像前面章节里轧差的例子一样，这个例子再次阐述了在资金结构中的风险再分配效应，即在保护衍生品交易者的同时损害其他债权人的利益。即保证金并没有降低风险，它仅仅是对风险进行了再分配（尽管这可能是有益的）。

6.4.2　操作风险

保证金制度的耗时和剧烈变动的本质也就意味着操作风险是一个非常重要的议题。以下是操作风险的几个具体例子：

- 遗漏追加保证金要求
- 交割失败
- 计算机错误
- 人为失误
- 欺诈

以下是控制操作性风险要点一个不完全的列表：

- 法律协议必须准确且具有法律效力。
- IT 系统必须有能力处理日常事务及检查。
- 追加和退回保证金的过程是复杂的，当在市场波动大，工作量增加时，这个过程会变得极其耗时。

- 对于全部产品及时准确的估值极其重要。
- 每一个交易者的初始保证金、最小交收金额、舍入、保证金类型及货币单位的信息都必须保持准确。
- 无法缴纳保证金是一个潜在的危险信号,这一状况必须即刻跟进。
- 应明确规定拍卖的过程(对中央对手方而言)。
- 应定期实施应急演练(对中央对手方而言)以发现潜在缺陷。

6.4.3 流动性风险

收取保证金会引起流动性需求上升。确实,这也是一些交易者之前不采用信用支持附加协议进行交易的原因。这种流动性风险最明显的一个例证就是,当交易对手违约时,保证金必须被清偿,同时需要替换相应交易。首先,幸存的机构在清偿期间将面临交易成本(买卖差价)和市场波动。其次,当清偿的证券数额和此证券的交易量相比较大时,会存在价格被压低的风险,可能会产生很大的损失。如果选择以小的资产包为单位,较慢地清偿头寸,则交易者会在更长的时间内暴露在市场波动中。避免如采用具有高度相关性或大量同一种证券作为保证金而产生的集中性风险也很重要。

6.4.4 资金流动性风险

以上讨论仅局限于一个对手方实质上违约时。流动性风险一个更显著的方面来源于随保证金要求而上升的资金需求,尤其是当保证金需要资产隔离且/或不能够再抵押时。我们把这种风险称为资金流动性风险。

保证金的问题在于它将交易对手信用风险转化为资金流动性风险。这种转化在流动性正常、资金成本低的正常市场状况下可能是有益的。但是,在流动性丧失、资金成本显著上升的异常市场状况下,保证金要求可能会给机构带来极大的压力。第 13 章将会更加深入地讨论这一问题。

6.4.5 隔离风险

明富环球(MF Global)事件为隔离导致的潜在风险提供了一个很好的例证。明富环球是一家知名衍生品交易商,于 2011 年 10 月申请了破产。资产隔离的目的是限制再抵押,并且在保证金接收方违约时保证初始保证金的安全。鉴于违反隔离规定会受到民事和刑事处罚,保证金隔离被认为是相当安全的。

不幸的是，在破产前，明富环球将共计1.6亿美元的隔离账户客户保证金非法转移至第三方。这些保证金被支付给银行以及明富环球公司的贸易伙伴以满足透支和追加保证金需求。这显然是一个严重的问题：例如，客户的头寸无法被转移到有偿付能力的实体，因为保障风险的保证金不可用了。需要注意的是，问题并不在于隔离资产池的投资损失（这可被看作另一个可能的风险），而在于实际上从隔离资金池中转移出的资金。这个案例导致了民事和相当多的私人诉讼（尽管没有刑事诉讼）。

在明富环球公司一事中，隔离失效导致顾客损失了资金。这引发了对隔离的可行性的怀疑，特别是在市场承压时期。我们注意到明富环球公司的高管使用隔离账户客户保证金的极端行为都是为了避免破产。在面对破产的可能性时，采取极端甚至不合法的行为也许都并不奇怪。我们明显需要非常明确且可执行的保证金隔离制度。

6.5 监管保证金要求

这一部分概述了BCBS – IOSCO（2013b）中对于不纳入集中清算的双边场外衍生品的监管保证金要求，更详细的探讨将在第9.4节中进行。

6.5.1 背景

正如第4.2.5节中的讨论，除了已经形成的对标准场外衍生品进行强制集中清算的规则，以及对不纳入集中清算的交易提出更高的资本要求之外，G20首脑在2011年同意增加对不可清算的场外衍生品的双边保证金要求。这些保证金涵盖了变动保证金和初始保证金。由于后者在双边市场上比较罕见，它也更有意义。双边初始保证金旨在降低系统性风险，降低可清算和不可清算的交易之间的差异（否则会鼓励监管套利）。

对于不可清算的场外衍生品的保证金规则有一定争议性，因为这可能会引发大的资金流动性问题。保证金要求工作组（WGMR）通过放宽BCBS – IOSCO（2013b）的最终规则作为对这个争议的回应。除各种豁免以外最明显的变化是，在某一阈值以下即无须缴纳保证金。保证金要求工作组的定量影响研究（QIS）估计，在此阈值下，初始保证金要求规定会新增7000亿欧元这样一个数目比较温和的流动性资产需求。然而，大多从事定量影响研究的参与者认为这一阈值是针对每一个交易实体的,但保证金要求工作组认为这一阈值是针对于整个集团的(集团在某些情况下拥有多个不同交易实体)。这一影响估计会将上述需求增加到 1 万亿欧元左右[①]。

很多的美国监管机构,例如美联储、商品期货交易委员会和证券交易委员会都对其所辖交易机构提出过区别于 BCBS – IOSCO 定义的保证金规则。不过,美国一直在积极参与 BCBS – IOSCO 规则的发展,因此应不会明显脱离此规定。

6.5.2 总体要求

初始保证金和变动保证金要求适用于金融机构及系统重要性非金融机构("涉及实体"),不适用于以下实体:

- 国家
- 中央银行
- 多边发展银行
- 国际结算银行
- 其他不具有系统重要性的非金融机构

涉及机构的准确范围在不同地区可能有所差异。集团内部交易的处理由当地监管机构决定,并应采用合适的初始保证金和变动保证金规则,且与当地的法律和监管框架保持一致。除了豁免多种实体之外,一些产品也是被豁免的,尤其是外汇远期和掉期、回购和证券借贷交易。一笔交易可以因交易实体的性质,或因交易本身的性质而被豁免。

变动保证金和初始保证金旨在分别反映当前和未来可能的风险敞口。相关标准规定非集中清算衍生品涉及实体必须缴纳:

- 变动保证金
  - 必须定期缴纳(如:每日)。
  - 必须全额缴纳保证金(即阈值为零)。
  - 最小交收金额不得超过 50 万欧元。
- 初始保证金
  - 必须双方缴纳,且不允许轧差。

---

① 具体例证参见"WGMR proposals raise procyclicality fears", Risk, 5 April 2013, http://www.risk.net/risk – magazine/feature/2257285/wgmr – proposals – raise – procyclicality – fears。

- 应在破产中受到保护。
- 应基于在99%置信水平（至少）下相关资产组合价格极端但合理的变化计算。
- 每日变动保证金交换的保证金风险期间应假定为10天（此条与巴塞尔协议对于保证金交易的资本要求大体一致）。
- 可基于（经过验证的）内部模型或监管框架进行计算。

由于要求对初始保证金实施资产隔离，这使得初始保证金将与变动保证金分开存管。一个标准的信用支持附加协议将会修改以显示不同的初始保证金和变动保证金数额，其中初始保证金受到隔离要求的管制。

对于涉及的实体和交易，所有非中央对手方衍生品交易必须采用合适的保证金规则。所有相关交易会在同一天实施变动保证金制度。初始保证金制度将随着2015年12月1日降低阈值的规定生效分期进行（可能取决于当地监管机构的进度），如表6.2所示。要防止对保证金金额产生争议，应当准备严谨强健的争议解决程序。争议解决程序是很重要的，因为初始保证金方法的风险敏感性本质上十分复杂（见第9章）并且很容易出现争议。

监管机构因此以渐进方式推进保证金制度，并且对名义资产少于80亿欧元的机构实施豁免（例如，这将豁免中小型养老基金和对冲基金）。

表6.2 对于根据累计组范围的月末平均非集中清算衍生品名义本金所涉及的实体和交易的保证金实施时间表（包括实物交收的外汇远期和掉期）

日期	要求
2015年12月1日	对于新的非集中清算衍生品交易缴纳变动保证金
2015年12月1日到2016年11月30日	若平均名义总资产超过3万亿欧元，则缴纳初始保证金
2016年12月1日到2017年11月30日	若平均名义总资产超过2.25万亿欧元，则缴纳初始保证金
2017年12月1日到2018年11月30日	若平均名义总资产超过1.5万亿欧元，则缴纳初始保证金
2018年12月1日到2019年11月30日	若平均名义总资产超过0.75万亿欧元，则缴纳初始保证金
自2019年12月1日起	若平均名义总资产超过80亿欧元，则缴纳初始保证金

考虑到初始保证金的质量，保证金应为"高流动性"的，尤其在困难的市场环境下应能保持价值（考虑估值折减）。应采用具有风险敏感性的估值折减，

并且保证金不应存在信贷过度、市场或外汇风险。保证金绝对不能"错向",即与交易对手的违约相关联(比如,一个对手方使用他们自己的债券或股权充抵保证金)。理想的保证金类别有:

- 现金
- 高质量政府或央行证券
- 高质量公司债/资产担保债券
- 主要的股票市场的股票
- 黄金

如上所述,在产业界游说之后,外汇掉期和远期豁免于初始保证金规则。这一项,和清算上的豁免类似,具有一定争议性。一方面,这些外汇产品一般是短期的,更可能产生结算风险,而非交易对手信用风险。另一方面,外汇汇率可能极具波动性且某些情况下会和主权类风险联系在一起,而且货币互换通常是长期的。

6.5.3 阈值

为控制与保证金要求相关的流动性冲击,可以采用初始保证金阈值(不要和第6.3.3节中所述的在信用支持附加协议中定义的阈值混淆)。此阈值源于定量影响研究(QIS)的结果,此研究结果表明,这一措施可以将流动性成本降低56%(代表了超过五千亿美元)[1]。这个阈值的使用方法和典型信用支持附加协议中阈值的使用方法基本一致,也就是说,除非达到阈值,否则不必缴纳初始保证金,并且在此阈值之上,只需缴纳增加那一部分的初始保证金。例如,如果阈值为50单位而计算的初始保证金为35单位,则不需要缴纳保证金。而如果计算的初始保证金为65单位,那就需要缴纳15单位的初始保证金。阈值不能超过5000万欧元并且只适用于相关的集团整体。也就是说,如果一个公司与同属于一个大的集团(比如说一家银行控股公司)的不止一个交易实体进行衍生品交易,那么这一阈值要在这些交易对手之间以某种方式进行分配。

阈值规则表明,一个公司必须有一个系统来评估整个集团对某个交易对手的总体风险。其次需要决定如何分配阈值产生的收益。可以通过事前约定或先到先得的方式在实体间进行配置。针对于阈值和最小交收金额(在上一章节提

---

[1] http://www.bis.org/press/p130215a.htm.

及过）的问题，可能还会有币值转换的问题。当交易和阈值的计价货币不同时，可能因外汇波动导致阈值被突破。

6.5.4 隔离和再抵押

变动保证金可以进行再抵押（见第 6.2.2 节的讨论）和轧差。初始保证金应在总量基础上缴纳（即双发缴纳的数额不能抵消）。并且在交易对手违约的情况下，保证金可立刻被收取保证金的一方获得。当保证金收取方破产时，也应具有对缴纳方的保护性法律安排。更进一步的，初始保证金不能被再抵押、质押或再使用。这些要求意味着初始保证金需被完全隔离从而为交易对手信用风险提供最大限度的保护。正如第 6.2.3 节中所讨论的，信用支持附加协议在英国法律框架下存在一个问题，即当保证金过户后，客户很难保有对保证金的第一优先受偿权。另一个问题源于现金保证金，由于现金的可替代性，就造成了其比其他资产更难实现隔离。利用第三方来实施资产隔离将会进一步带来第三方信用风险。第三方托管人最有可能提供强劲的保护，尽管这可能引发一个问题，也就是由于他们需要持有的保证金数额巨大，这些实体（目前数量很小）是否会成为系统性风险的来源。

根据破产法规的不同，不同地区的隔离安排也有所不同。相关法规下的隔离安排应有法律效力，并且有定期更新的法律意见所支持。通常来说，似乎需要显著地改变市场实务才能实现对初始保证金被再质押客户的保护。

对客户交易而言，一个和客户进行非清算交易的实体必须:[1]
- 告知对方他们拥有要求初始保证金隔离的权利。
- 按对方的意愿对这些保证金进行隔离。
- 采用独立的第三方托管机构实施隔离。

然而，根据第 6.2.2 节的讨论（见图 6.4），如果在交易是客户的头寸对冲，且客户对在质押的保证金具有优先受偿权保障的这种特定情况下，是否应允许再质押是一个问题。在以下几种特定情况下，再质押是被允许的:
- 交易仅仅是为了对冲在和客户交易时产生的头寸（注意并没有给出对冲的定义，例如到底是一个纯粹的对冲还是可能是一个代理对冲，在这里

---

[1] Dodd – Frank 法案也要求了相似的披露，详见 http://www.cftc.gov/ucm/groups/public/@newsroom/documents/file/ucs_qa.pdf。

比较含糊）。
- 客户在保证金里的权利得到保护。
- 客户已被告知不允许再质押并且清楚在破产情况下因再质押而产生的风险。
- 客户选择单独隔离保证金。
- 客户书面同意再质押，并已被告知任何再质押以及实施隔离者，都可以知道实施再质押的保证金的金额。
- 初始保证金被质押给第三方前（及由第三方归还给公司后），它都被当作隔离的客户资产。
- 再质押只能发生在受流动性风险监管的公司。
- 再质押只能依照可直接执行的协议通过受监管的非关联的第三方公司执行。
- 一旦质押给第三方，第三方将保证金作为一项隔离的客户资产并且同意不再次质押保证金。
- 公司和第三方都保留了适当的记录证明所有的相关条件已达到。

6.5.5 初始保证金计算方法

那么下一个问题是，如何针对资产组合确定初始保证金数额。规则要求分别计算初始保证金根据不同的资产分类并加总作为总要求。因此，这些资产中风险系数可能较低的历史关联中不会产生额外收益。相关的资产类别为：
- 货币/利率
- 股权资产
- 信贷
- 商品

不同的轧差协议下衍生品也必须分别计算。对于涉及的实体进行的初始保证金计算可以通过以下两种方法进行：
- 监管定义的保证金计算规则。
- 实体拥有的或第三方的定量模型（必须经过相关的监管机构认证）。

在给定情形下混合使用两种方法使得需求最小化的"最优选择"方法是禁止的（尽管为不同的资产类别选取不同的方法也许是可能的，即使方法间的转换是禁止的)①。

若一个实体使用自有量化模型计算保证金,(同等比重的)涵盖期限不能超过五年,并且需要包含金融压力时期。这些要求,尤其是金融压力时期的使用,是为了避免保证金的顺周期性,对此我们将在第9章进行进一步讨论。应当避免不连续的初始保证金的大幅追加要求(可能因保证金模型中的顺周期性而产生),因为这可能会产生断崖效应。

表6.3 由 BCBS–IOSCO(2013b)确定的标准化初始保证金比率表

	0~2年	2~5年	5年以上
利率	1%	2%	4%
信贷	2%	5%	10%
商品		15%	
股权		15%	
外汇		6%	
其他		15%	

对于不使用自有模型进行保证金计算的实体,可以使用标准化的初始保证金比率表进行计算(见表6.3)。给出的数量应乘以名义金额就是总的初始保证金要求。

众所周知②的净/总比(net gross ratio,NGR)被用于计算资产组合效应,其公式被定义为交易的净替换价格除以总替换价格。净/总比在以下公式中用以计算标准初始保证金:

标准初始保证金净额 = (0.4 + 0.6 × 净/总比) × 初始保证金总额

净/总比代表头寸间的未来抵消,这里的逻辑是60%的当前抵消可以被假设为未来的风险敞口。例如,考察两个4年期利率产品,其名义价值分别为100单位和50单位,市场价值(合约替换成本)分别为10单位和 –3单位。这也就意味着净/总比是70%(净风险敞口为7,除以总风险敞口10)。从表6.3中,两笔交易的总的初始保证金应为150的2%乘以净/总比,最后的保证金净额为2.1单位。

---

① 这里在 BCBS–IOSCO(2013b)中的准确描述是:"相应地,对于基于模型的初始保证金计算与基于计划的初始保证金计算的选取判断应当根据一段时间内同样良好定义的资产级别的所有交易一致进行抉择。"

② NGR 在银行资本要求中被使用,其定义可见巴塞尔资本框架的附录四,第969段(4),第五部分,巴塞尔Ⅱ:资本测量和资本标准的国际趋同:修订框架(见:www.bis.org/publ/bcbs128d.pdf)。

在自有模型和标准的保证金比率表中进行选择是一个难题。后者简单明了但是将会产生更加保守的结果（比如，国际互换与衍生品协会预测如果没有阈值要求的话，这些初始保证金的总值将大约是内部模型所得结果的 6 倍）。但是，自有模型的设计进行需要大量的解释工作，这不可避免地会引起设计者与对模型实施事无巨细的审查的监管机构之间的争执。场外市场常因相对简单的原因而出现争议（比如，在交易群体或估价问题上的分歧）。这表示关于初始保证金计算（通常更为复杂且具主观性）的争议会是极其常见的。国际互换与衍生品协会研发了一个标准产业保证金模型（SIMM）[①]，旨在避免保证金模型的过度增加并减少争议。这一过程将在第 9.4.5 节进行详细讨论。但是，该模型必须得到普遍承认，尤其是所有地区监管机构的认可才可以被使用。

6.5.6　禁止跨资产类别的轧差

如前所述，BCBS-IOSCO 要求保证金跨资产类别进行加总，也就是说每个资产类别都分别有一个初始保证金模型，然后把得到的结果加总起来。一方面，这简化了处理，因为无须考虑资产间的相互依赖性（比如，利率和信用价差相关性）。另一方面，这也会产生一定的问题，一个明显的难题就在于如何定义一个给定的产品的资产类别。这个难题不仅存在于相对稀少的混合产品，甚至一个简单的拥有利率和信用风险的信用衍生品的交易也存在这一问题。另一个问题就是分隔的资产类别可能意味着无法识别对冲头寸（比如，信用违约互换头寸和相应的利率对冲）从而引发更高的保证金要求。

一个绕开这些问题的方法就是按风险因素而不是产品类别进行划分〔这也在 ISDA（2013b）的标准初始保证金方法中有所提议，这将在第 9.4.5 节中进行讨论〕。这需要一个涵盖所有风险因素和产品的通用保证金计算方法。但是，这样的计算方法并不需要对不同资产类别之间的相关性进行模拟。每个资产类别中的风险因素都被分开和独立地评价，然后把结果进行加总。在这样一个过程中，如果一个给定的产品对相关的风险因子有敏感度的话，它很有可能在不止一个资产类别中产生保证金要求。此外，对冲产品也不会被分在不同的资产类别中。事实上，一个新产品不会被分配到任何资产类别中，以避免产生主观

---

① 参见"Dealers plan standard margin model for WGMR regime"，Risk，2013 年 6 月 21 日，http：//www.risk.net/risk-magazine/news/2276485/dealers-plan-standard-margin-model-for-wgmr-regime。

性和潜在争议。

6.5.7 估值折减

如在初始保证金模型中所述，被认可的具有风险敏感性的自有或第三方量化模型可以被用于计算估值折减，前提是该模型符合监管要求。BCBS-IOSCO定义估值折减的标准应具有风险敏感性，并且应在正常市场情况和艰难的市场情况下都能准确反映影响合格保证金价值的相应的市场、流动性和信用风险。如初始保证金一样，估值折减的计算应减轻顺周期性并且避免在市场承压时期突然大幅增加。计算估值折减的时间范围和置信水平并没有明确定义，但是可能会与清算要求所用的相同（见第9.2.1节的讨论）。计算估值折减的时间范围会被认为将少于（如2~3天）初始保证金的时间范围，因为保证金可以拆分变现，并且比资产组合平仓要快得多。

作为基于模型的估值折减的替代，机构可以使用如表6.4所示的标准化估值折减。

鉴于第6.3.5节讨论的标准信用支持附加协议，采用另一种"运输货币"缴纳的保证金可能会有8%的估值折减。欧洲监管者最近对这一点予以了确认①。

表6.4　　　BCBS-IOSCO（2013b）定义的标准化估值折减表

	0~1年	1~5年	5+年
高等级国债与央票	0.5%	2%	4%
高等级公司债/担保债	1%	4%	8%
股权/黄金	15%		
现金	0%		
外汇附加	8%		

注：外汇附加对应的情况是保证金货币与衍生品计价货币。

6.5.8 批评

正如对强制集中清算的批评一样，针对强制双边保证金要求的批评主要针对成本（基于对原咨询文件的批评）。具体而言，关键是初始保证金不能再抵押

---

① 参见"Eu applies 8% haircut to margin-currency mismatches". Risk, 17 April 2014, http://www.risk.net/risk-magazine/news/2340270/eu-rules-levy-8-haircut-on-margin-currency-mismatches。

而产生的高昂流动性成本,并且给终端客户(如养老基金)造成的成本升高可能问题很大。以下是具有代表性的评论[①]:

我们一致认为,咨询文件中所述的要求所有参与非集中清算衍生品的金融公司和具有系统重要性的机构在通行的双边基础上缴纳初始保证金和变动保证金的动议,将产生比其他所有可能的提案更高的流动性成本。并且我们并不认同这一进程可以有效实现降低系统性风险并推动集中清算的政策目标。

任何通过第三方托管人隔离保证金和禁止审慎再利用保证金的要求都会进一步恶化流动性需求,加大因依赖少数第三方托管人而产生的集中性风险。上述效应很可能增加金融系统的顺周期性并使做市商不愿意在最需要时为非集中清算衍生品提供流动性。

在我们看来,这一动议包含了四个我们认为会对机构产生巨大成本并且可能会抑制场外衍生品在风险控制方面应用的因素:(1) 要求双边全额缴纳初始保证金;(2) 强制初始保证金全部隔离,并禁止保证金再抵押或再使用;(3) 保证金合格品种的限制;(4) 对与关联企业交易的处理方式。

ISDA(2012)对于初始保证金要求做了一个估算,表明总的保证金要求范围可能是1.7万亿美元到10.2万亿美元(取决于自有模型的使用,标准保证金比率,以及阈值水平)。他们还推测,在市场承压的时期,初始保证金要求可能会剧增,达到原先的3倍。不过,5000万美元的阈值可以缓解因保证金要求而产生的流动性紧张。由于保证金将会对市场情况更为敏感,这可能会增加顺周期性问题。

这些问题会从两方面影响经济系统。首先,初始保证金要求成本高昂,会迫使银行寻找新的途径进行融资,从其他领域(比如,借贷业务)分流资金或直接从场外衍生品市场撤回。其次,初始保证金要求会引起流动性风险并且当金融危机产生时,保证金要求急剧上升,从而引发顺周期性问题。

相当一部分调查对象对于保证金要求的建议是,初始保证金是不必要的,他们认为变动保证金和监管资本要求对于保证系统性弹性来讲已经足够了。

另外一些问题产生于对于银行的杠杆率要求。在计算这些比率的时候,考虑了现金保证金但并没有考虑非现金保证金。这一举措似乎会诱导非现金保证金的使用。

---

① http://www.bis.org/publ/bcbs226/comments.htm.

第7章 场外衍生品的交易对手信用风险

明显地，冒险者往往会失败。白痴也是。但将他们区分出来事实上很困难。

——Scott Adams（1957~）

7.1 导言

本章是对交易对手信用风险及例如信用价值调整（CVA）等其他相关内容的简介。笔者将梳理信用敞口和价值调整等基本概念，以及保证金对交易对手信用风险的影响。上述内容已经在其他出版物中详细介绍过（例如：Pykhin, Zhu 2007，Gregory 2012）。资金价值调整（FVA）被视为交易对手信用风险的抵减项并也将在本章中介绍。

7.1.1 背景

传统概念中，信用风险通常被认为就是借贷风险。借款方应向贷款方偿还一笔欠款，但最终可能无力偿还部分甚至全部的欠款。这些情况可能出现在借款、债券、抵押品以及信用卡等领域。借贷风险是基于具有相对确定性的风险敞口产生（如抵押品的规模）并且这类风险仅由一方承担（如抵押权人并不会给抵押人带来的信用风险）。

交易对手信用风险（通常被称为交易对手风险）是指与交易主体签订金融合约的另一主体（交易对手）无法按照既定合约履行义务（违约）而带来的信用风险。交易对手信用风险，正如所有的信用风险一样，造成损失的原因都是债务人无法或者不愿偿还合同约定的债务。交易对手信用风险主要存在于衍生品合约，特别是场外衍生品合约之中。导致交易对手信用风险区别于传统信用

风险的因素主要有以下两方面:
- 在绝大多数情况下,未来合约的价值是不确定的。衍生品合约违约时价值等于合约要求的所有未来现金流的净值。合约未来的价值可正可负并且具有高度不确定性(现值)。
- 鉴于合约价值可为正值或负值,交易对手信用风险是典型的双向风险,即在衍生品交易中,交易双方都会承担相应风险(但此类风险具有不对称性)。

7.1.2 起源

交易对手信用风险将会在以下情况中产生:
- 场内金融交易,如:
  - 期货
  - 期权
- 证券融资交易,如:
  - 回购及逆回购
  - 证券借贷
- 场外衍生品,较为知名的产品类型,例如:
  - 利率互换
  - 外汇远期
  - 信用违约互换

交易对手信用风险通常在前两类情况下并不是一个突出的问题。场内产品通常只针对高流动性和短期产品,并且有保证金和集中清算要求来减轻剩余的由交易所会员违约引起的风险。证券融资交易产品(如回购产品)也多为短期交易并且通常因估值折减有充足保证金覆盖(例如回购产品,由于估值折减其内生初始保证金资产价值高于现金金额)。

场外衍生品成为交易对手信用风险的主要策源地是由以下几个因素导致的:
- 市场规模:虽然不能完全代表风险,但是 2013 年年中存续的场外衍生品名义总金额达到了 668 万亿美元[1]。这几乎比全世界的国内生产总值

---

[1] 可见于统计披露报告:截至 2013 年 6 月底的场外衍生品统计,2013 年 11 月,http://www.bis.org/press/p131107.htm。

（GDP）还要大一个数量级，也是场内衍生品总交易名义金额的数倍（见表2.4）。

- 长期限产品：因市场参与者（例如养老金等）套期保值需求，大量的场外衍生产品是长期限产品。期限长达数十年的产品并不罕见。
- 无担保风险敞口：一些场外衍生品交易者无法或不愿意交纳保证金来覆盖其风险敞口。例如，类似于主权国家、超国家金融机构以及发展银行通常不会为场外衍生品合约缴纳保证金（其相对良好的信用部分地降低了风险），其他例如公司这类"最终用户"大多数情况下仅缴纳部分保证金。最后，甚至金融机构也仅缴纳盯市保证金了（通过第6.3.2节中讨论过的零阈值双向信用支持附件协议）。正如第6.1.4节所讨论的，这将产生潜在的"保证金风险期间（MPR）"风险敞口。

7.1.3 结算及结算前风险

衍生品组合会产生数倍于合约数的结算次数（例如：一个掉期合约由于定期交换现金流而产生多个结算日期）。交易对手信用风险主要与交易对手方在合约到期日前违约的结算前风险紧密相关。尽管如此，我们还应当考虑交易对手方在交割过程中的结算风险。

- 结算前风险：是指交易对手方在最后交易结算（合约到期日）前违约的风险，即交易对手信用风险。大量衍生品合约是流动性产品并且结算前时间区间也很短。在长期限交易，特别是场外衍生品交易中，"结算前"的说法可能会容易令人困惑。这也是结算前风险通常被称为交易对手信用风险的原因之一。
- 结算风险（赫斯特风险）[①]：由结算时交易双方在履行合约义务的时间差引起的风险。通常情况下，结算日是指合约到期日（例如：在外汇远期中的货币支付）。但是，部分衍生品，特别是场外衍生品由于定期交换现金流可能会在到期日前发生结算风险。

结算前风险与结算风险的区别如图7.1所示。

尽管结算风险的敞口可能更大，但违约行为更可能发生在合约到期日前。

---

① 这是以一项著名的结算风险案例中的失败者——一家小型德国银行，赫斯特银行命名的。赫斯特银行的一些交易对手方已在日间交付了德国马克给银行，并相信他们能在纽约的当日晚些时间收付到美元。然而，赫斯特银行违约了，导致其账户中所进行的美元支付均搁置了。

但是当交割期限较长时，结算风险可能会更加复杂（例如：在一个商品合约中，交易方可能会被要求在一个特定时期内使用现金而非实物交割）。

清算能够同时降低交易对手方风险（结算前）及结算风险。通常来说，结算风险在短期限产品交易中更为突出（例如：传统的场内产品），而交易对手信用风险在长期限产品中更加重要（例如：场外衍生品）。此外，现在场外市场已经有降低结算风险的有效方法，例如外汇交易中的持续联结清算系统（CLS，见第5.1.2节）。因此，交易对手信用风险是场外衍生品市场中关注的焦点之一。

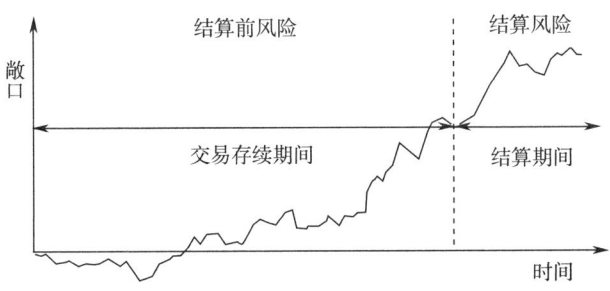

注：结算周期通常较短（如以小时计），但在一些案例中也可以变长。对于一些具有较短到期期限的衍生品，结算前时间可能较短，但对于具有更长到期期限的衍生品例如场外产品，结算前时间会很长。

图7.1　结算前风险与结算风险示意图

双边清算与集中清算市场通过现金流轧差清算管理（至少是相同币种的）结算风险（见第5.1.3节）。CCP能够通过要求在支付款项前收到应收的款项进而避免结算风险。但是，上述做法可能会给市场参与者带来资金问题。

外汇交易由于经常需要使用约定的货币支付，所以结算风险问题最大。因其交易流动性高（交易对手信用风险最小）并且通过持续联结清算系统系统结算（结算风险最小），外汇交易豁免于集中清算及强制初始保证金（见第4.2.6节）。但是需要指出，货币互换通常无法受益于上述豁免，不过仍会受益于清算和双边保证金要求的豁免（后者只针对合约的外汇部分）。

7.2　风险敞口

7.2.1　定义

信用风险敞口（以下简称风险敞口）是指在交易对手方违约情况下产生的

损失。风险敞口是由这样一个事实定义的,即在对违约方的合约收益仅是债权的同时,合约亏损却仍有偿付义务。如果一个机构对违约者有应收账款,则它会遭受损失;然而在相反的情况下,机构无法通过结束部分债务从而在违约中获益[1]。

风险敞口具有很强的时间敏感性。这是因为交易双方可能在未来的任何时间出现违约行为,并且双方必须考虑违约行为对现在到未来数年的影响。风险敞口在交易对手信用风险的研究中是一个重要的变量,因为对于许多金融工具(特别是衍生品)来说,并不是债权人的交易总金额都存在风险,通常仅有替代成本存在风险。风险敞口可概括地定义为两种:

- 现时风险敞口:现在的风险敞口(因为它仅代表当前值,故可以相对直接地定义)。
- 潜在未来风险敞口:可能的未来敞口,依赖于金融市场走向以及其他方面的影响,例如合约条款等,因此更难确定。

交易对手信用风险的一个重要特征源于相关交易的潜在损失的不对称性。在出现违约的情况下,相关机构可能会选择终止合约并停止支付未来的约定付款。接下来,他们会计算双方交易的净额,包括任何已经支付的保证金。值得注意的是,持有的保证金可降低风险敞口而缴纳的保证金会增加风险敞口(仅就超出已有保证金数额的程度而言)。

图 7.2 违约时合约价值为正/负的影响

在完成上述步骤后,会引发一个问题——双方交易产生的净额是正值还是负值?风险敞口的决定性因素在于合约的有效价值(包括保证金)是正值(有利情形)还是负值(不利情形),如图 7.2 所示。

---

[1] 除了某些在 Gregory(2012)中讨论的特别的或非标准情景以及下节中讨论的替换成本的情景之外。

第 7 章 场外衍生品的交易对手信用风险

- 负值：在这种情况下，机构欠其交易对手方的债务仍然需要履行还款义务。因此，从估值的角度来说，头寸并无实质性变化[①]。机构在违约事件中没有产生得失。
- 正值：当一方违约，他们可能无法履行未尽约定，因此在违约行为发生时，机构对合约收益具有追索权，通常是无担保的债权。他们会得到部分偿付，正如债券持有者能够按债券面值得到部分偿付一样。但是按照惯例，这部分未知残值通常并未包含在风险敞口中。

上述性质（若相应合约价值为正则机构遭受损失，若价值为负也不会获得收益）是交易对手信用风险最典型的特点。我们可以将风险敞口简单定义为合约价值与零之间的较大者，正如前两章中探讨的，"合约价值"将会依据轧差清算与保证金效应调整。

在估计了所有相关头寸和保证金的现时价值后，现时风险敞口将能够计量（不可否认考虑到实际平仓数额，会存在一些不确定性）。但是，描述未来某个具体时点的风险敞口更为重要。这将会在第 7.3 节中探讨，包括在可能的相关保证金安排下，从单一交易到多边净额交易的各种情况的风险敞口。尽管确定了现时（过去）风险敞口，但是未来的风险敞口是由受交易存续期中市场运行状况及合约特征的影响决定的，以上两个因素均充满不确定性。因此，为理解未来风险敞口，我们必须明确风险敞口及其相应资产所面临的不确定性。

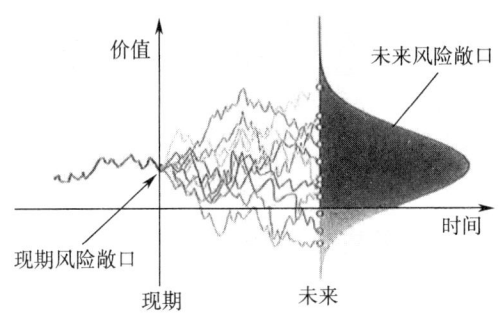

注：白色区域代表负值，通常不会导致损失。

图 7.3　未来风险敞口（正向未来价值）

---

① 尽管实际上的交易结算价值会有显著的多样化，尤其是对于非标准交易和流动性差的交易。这将会在下面章节详细论述。

7.2.2 市场价格及替代成本

当交易的一方出现违约行为时,场外衍生品合约通常会被替代,因此"合约替代成本"实际上代表了损失金额。事实上的确如此,合约中对违约情景的定义通常涉及合约替代成本。因此,未来可能发生的合约替代成本是确定风险敞口的合适标度。

然而,使用合约替代成本计量仍然存在问题。合约替代成本由很多方面的因素决定,例如在违约时的市场状况、由于信用及流动性元素向替代交易对手方征收的费用等。基于简化的考虑,通常在定量计算中将交易的市场价值作为合约替代成本的合理替代。这可以用来确定需缴纳的(变动)保证金金额以及定量模型中的风险敞口。初始保证金的一个作用是当平仓时合约替代成本高于违约时理论上的市场价值时,为可能产生的损失提供缓冲。

在双边交易时,合约替代成本通常很难确定,并且在大规模破产时可能会导致法律纠纷(例如雷曼兄弟就是一个典型案例)。中央对手方可以通过资产拍卖或其他方式有效地确定他们需要平仓和对冲的头寸的合约替代成本,从而避免类似问题。但是,这也可能带来其他的问题,例如违约的清算会员或客户可能会声称通过中央对手方对其资产组合的平仓价格不具有代表性(将在第10.2.1节中讨论)。

7.2.3 无保证金覆盖的风险敞口

尽管本书中无论双边清算还是集中清算,讨论的均是缴纳保证金的交易,但了解无保证金的风险敞口的相关性质还是非常有用的。场外衍生品无保证金交易未来潜在的风险敞口大小主要取决于以下三个因素:

- 市场活动:市场活动会随着未来时间推移增加不确定性。遵循"时间平方根规律"[①]的风险敞口递增效应意味着,即当其他因素相同时,一个2年期的风险敞口将是1年期风险敞口的大约1.41倍。
- 到期日:随着离到期日越来越近,风险敞口对时间的敏感程度会降低,从而导致风险敞口减少。
- 条款影响:例如现金流支付方式、行权方式等衍生品合约的标准组成部

---

① 这只与独立同分布(i.i.d)随机变量相关,但在实务中是一条重要的经验法则。

分，都可能对风险敞口产生影响，这种影响通常是离散的。其他一些不常用的条款，例如提前终止触发条款等，也可能会对风险敞口产生影响。

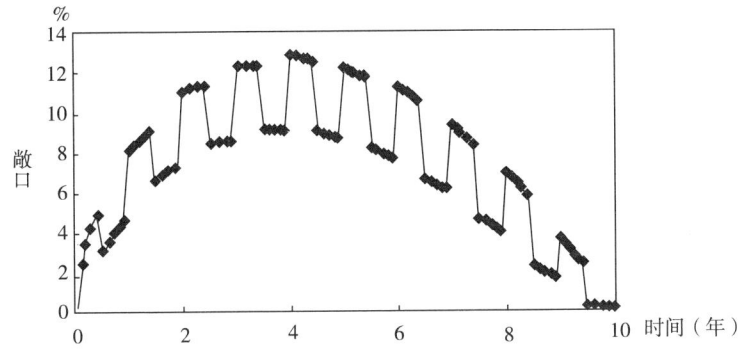

注：按最坏情景下度量定义，以占名义本金的百分比计量

图 7.4　现金流不均衡、无保证金的 10 年期利率互换的风险敞口

上述影响详见图 7.4，图中显示了 10 年期的利率互换产品的风险敞口。风险敞口前半段由于市场运行状况的不确定性而增加，而后半段因距离到期日时间变短而减少。同时，从图 7.4 中观察到有上下波动，这是因为该产品的支付频率为半年，而收款频率是季度。

7.2.4　有保证金覆盖的风险敞口

在有保证金覆盖风险敞口的情况下，敞口的大小和结构都会发生显著变化。这是因为潜在长期限的风险敞口实质上转化为了短期限的风险敞口。有保证金覆盖风险敞口实质上是由以下两个因素确定的：

- 条款影响：通常情况下，保证金协议会包含在特定时间点保证金缴纳数额的条款。最重要的条款，即阈值和初始保证金部分已经在第 6.3.3 节中讨论过。阈值代表保证金只覆盖高于某个水平的风险敞口，而初始保证金代表在风险敞口之外的额外保证金。很显然，提高阈值会增加风险敞口，而提高初始保证金会降低风险敞口。
- 保证金交收延迟：保证金交收所耗的有效时间是另外一个影响保证金减少风险敞口效果的决定性因素。如第 6.1.4 节所述，保证金交收的有效延迟时间通常被称作保证金风险期间（MPR）。在双边交易中保证金风险期间通常被设为 10 个工作日或以上，而在集中清算交易中保证金风险期间通常稍短（例如：5个工作日）。

深入分析一个阈值为0并且无初始保证金的保证金协议的案例是很有启发意义的。图7.5展现了一个强保证金协议（单日保证金变动，阈值为0且无初始保证金）对风险敞口的大致影响。风险的主要来源是在与保证金风险期间等同的时间内收不到应收的保证金款项的可能性。这说明风险敞口是由随时间潜在递增的合约价值定义的，且与合约价格变动成正比。由于交易到期日和款项支付的原因，许多资产组合也会随着时间推移而"成熟"。这会使风险敞口随到期日越来越近而逐渐降低。

至于风险敞口的减少量，它显然很大程度上依赖于讨论中资产组合的保证金风险期间与原到期期限之比。由于风险规模近似于时间长度的平方根，这将用于近似比例因子的计算。更加精确的计算方法可以得出类似互换的资产组合（图7.4中无保证金风险敞口的峰值）的价值减少的近似值为 $0.5 \times \dfrac{\sqrt{T}}{\tau}$（这在附录7A将做阐释）。因此，以一个5年期、保证金风险期间为10个工作日的资产组合为例，风险敞口平均减少值为 $\sqrt{250 \times \dfrac{5}{10}} = 5.6$。实际上，一个强的变动保证金协议的效果可能会比这个结果稍差一些，这是由收到保证金的同时也需要缴纳保证金[①]，以及其他保证金条款效应例如最低转账金额导致的。

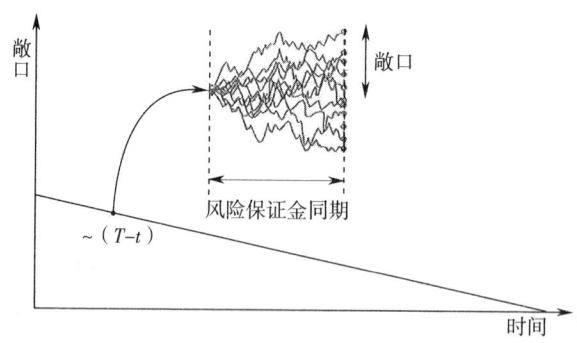

注：T代表最终到期日，t代表现行日期。

图7.5　强保证金协议对风险敞口的效用

（单日保证金变动，阈值为0且无初始保证金）

---

① 因为双边保证金（信用支持附加协议）协议通常不受保护，所以保证金交收存在风险。此外，如第6.2.3节所述，变动保证金没有隔离，因此其在保证金制度下可能存在风险。

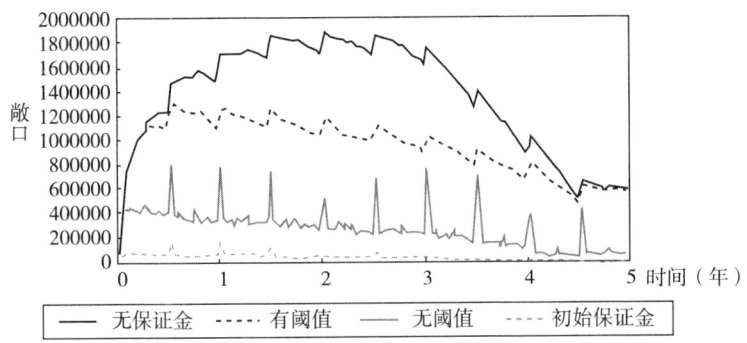

注：保证金风险期间设定为10个工作日。

图7.6　5年期资产组合在不同保证金条件下的风险敞口

图7.6简述了一个5年期资产组合在不同保证金条款下的风险敞口情况。与无保证金的情况比较，保证金阈值为0的情况能够明显将风险敞口降低至无保证金情况的大约1/5，与上述粗略计算结果一致。与阈值为0的保证金情况相比，保证金阈值为正值的情况会增加风险敞口，这是因为当保证金低于限额时无须缴纳。而初始保证金可充当保证金风险期间的缓冲，覆盖风险敞口的可能变化，因此比0阈值降低风险敞口的效果更好。正如图7.5所示，量化保证金风险期间的一些不利情况来确定初始保证金是很自然的选择。这就是在第9章里会详细讨论的风险价值（VAR）方法，它利用置信水平及时间范围来计算双边或集中清算初始保证金。

在图7.6中有关有保证金覆盖的风险敞口的最后一个要点是，现金流支付方式作为长期限衍生品资产组合特征的影响是重大的。如果交易的一方有大额的现金流支付（例如互换中固定对浮动端的净额支付），由于覆盖现金流的保证金无法即刻交收，风险敞口会出现极大波动。这是场外衍生品资产组合保证金的一个重要关注点。

7.3　估值调整

7.3.1　信用价值调整

信用价值调整（CVA）是指对交易对手信用风险的量化。多年来，信用价值调整已被银行应用于交易初始阶段对新的交易对手方进行风险定价。如今，信用价值调整报告已成为国际公允价值会计准则（IFRS 13）及巴塞尔协议Ⅲ要求的组成部分。过去几年的趋势表明，信用价值调整由一种基于历史数据的精算式的准备金计提方法逐步演变为一种基于市场隐含参数的公允价值调整方法。在国际财务报告准则13和巴塞尔Ⅲ的要求下，信用价值调整的应用加速。以上情况导致银行场外衍生品资产组合的信用价值调整幅度更大且更具波动性。因而，银行也对减少交易对手信用风险的方法更关注。

信用价值调整可由下式近似得到：

信用价值调整 = 平均风险敞口 × 信用价差

其中，平均风险敞口表示相应交易或资产组合的整个生命周期（通常被称为风险敞口正期望或者EPE）。信用价差表示信用违约互换或信用违约债券等市场价格标度的交易对手信用风险基准价。如果交易对手的信用价差无法直接观察到（对于很多交易对手来说十分常见），则使用其他交易对手方或者相关信用指数代替来进行估值。

7.3.2 保证金对信用价值调整的影响

分析保证金对降低信用价值调整的影响是非常有意思的。图7.7展示了在一个强的信用支持附加协议案例中的信用价值调整随保证金风险期间的变化。如在第7.2.4节的简要分析，信用价值调整大致随着保证金风险期间的平方根递增，趋向于无保证金的情况。很明显的一点是，即使相对较短的保证金风险期间也会产生幅度明显的信用价值调整。这可以被看作需要初始保证金来减轻由于保证金风险期间导致的信用价值调整的明确理由。

中央对手方并不计算或收取信用价值调整相关费用。相反，他们根据资产规模收费并有相关损失分摊规则，因此没有任何实质性的交易对手信用风险（至少作为目标）。对中央对手方的初始保证金要求一个简单而有用的理解是，它相当于使信用价值调整实际为0的保证金金额。

分析（接收的）初始保证金对信用价值调整的影响也是有趣的。从数理角度来看，初始保证金等价于一个负的阈值。这很好理解，因为正向阈值说明达到这个水平线才需要缴纳保证金，所以负向阈值意味即使风险敞口为0也要缴纳保证金。图7.8介绍了在固定的保证金风险期间下，根据阈值（正值）和初始保证金（负值）得到的信用价值调整。正如之前在第7.2.4节讨论的，随着阈值降低，信用价值调整会降低至无保证金的数值的约1/5。伴随初始保证金增

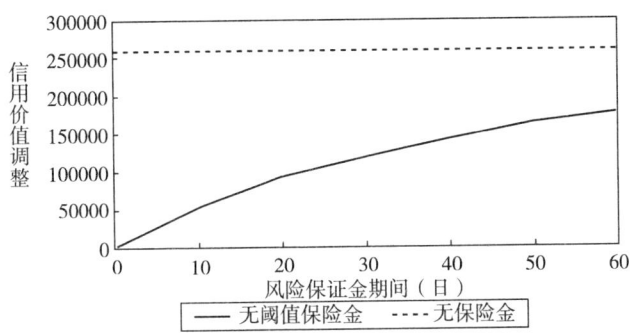

图 7.7　5 年期资产组合信用价值调整随
（以工作日计量的）保证金风险期间的变化

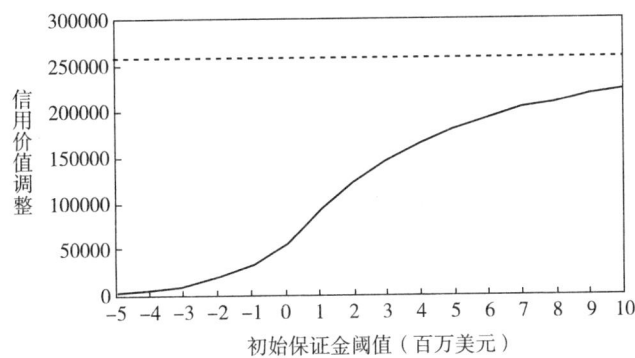

注：保证金风险期间设定为 10 个工作日。

图 7.8　根据 5 年期资产组合信用价值调整随阈值/初始保证金的变化

加，信用价值调整会进一步降低直至趋于 0。

尽管以上阐述说明了初始保证金存在降低信用价值调整至接近 0 的作用，但是显然也同时存在削弱初始保证金作用的机制。当阈值降低至接近 0 时，信用价值调整的变动率最大。此后，为获得同样的信用价值调整减少值，初始保证金的增长幅度会上升。因此，尽管初始保证金确实可以完全中和信用价值调整，但显然这是成本非常高昂的。换句话说，为稳定降低交易对手信用风险，初始保证金应该足够大，但不能无限大。当在接下来的小节中考察如债务价值调整、资金价值调整等其他估值调整时，我们便能发现保证金的真实成本。

7.3.3　债务价值调整和资金价值调整

除了信用价值调整外，了解其他估值相关因素也是非常重要的。与信用价值调整相反，债务价值调整（DVA）是指当违约发生时，债务人不必全额偿付而获得的收益。债务价值调整的使用主要依据公允价值会计要求（例如 IFRS 13）。由于目标在于明确一场交易的"退出"价，故当描述交易对手的信用价值调整时，估值中必须考虑债务价值调整。例如，若交易者与某交易对手解退一笔交易，那么这个交易对手会在其价格中考虑信用价值调整，且这个调整等于交易者自身的债务价值调整。然而，这种方式存在争议，因为会产生交易者信用质量下降带来的利润上升（例如 Gregory 2009）。

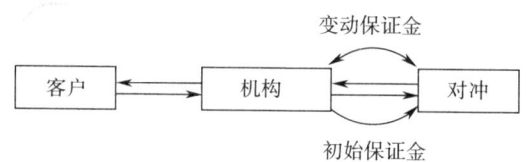

注：一笔无保证金客户交易与一笔缴纳变动以及可能的初始保证金的交易对冲。

图 7.9 将资金成本计入交易的必要性

另一个在衍生品定价中常用的因素是资金价值调整（FVA），指一个衍生品合约带来的筹资成本与收益。如图 7.9 所示，资金价值调整表示无保证金交易产生的资金不平衡。图中某机构与客户达成一笔无保证金协议的交易，该笔交易与一笔有保证金覆盖的交易对冲①。因此，机构缴纳（收取）保证金会带来资金成本（收益）。常见的例子比如，一家银行与终端客户进行交易。

通过以上设定可得出两种资金价值调整的形式：

- 变动保证金筹资价值调整：是指交收变动保证金带来的对称资金部分。
- 初始保证金筹资价值调整：是指为对冲缴纳初始保证金带来的单向资金成本，例如由强制清算或保证金规则导致的资金成本。在资产隔离安排中（见第 6.2.2 节），即使同时收到了初始保证金也无法抵消相应成本。

以上第一个术语近年来在学术著作中被广泛讨论，和债务价值调整一样极具争议。Hull 和 White（2012）认为变动保证金筹资价值调整不应该在交易估值或在财务报表中体现。他们的论断可简化为，由于变动保证金仅代表机构已交收的保证金，那么当考虑整体资产负债表时，资金成本和收益就不应当反映在报表中。除此之外，对资金价值调整、信用价值调整和债务价值调整的使用方

---

① 注意到，存在其他解释筹资成本及收益产生的方法，某些可能讨论由对冲交易引发的筹资需求。然而，这是关于筹资价值调整的简单直观解释。

式还有其他争议，例如：Burgard 与 Kjaer（2011）。现有的市场实践通常是，除了信用价值调整之外，大多数银行还会估算一些与变动保证金要求相关的资金成本（见 Deloitte – Solum，2013）。

初始保证金的资金价值调整并不像以变动保证金的一样争议巨大，这是由于它表示的是超过负债金额的额外保证金并且并不会被资产负债表中的收益抵消。保证金隔离也保证了这一点：尽管变动保证金可能会被再抵押或重新利用，但是初始保证金必须被隔离且不会产生任何资金收益（见第 6.2.3 节）。因此，虽然信用价值调整在初始保证金数额很大的情况下可以降至零（见图 7.8），但它的代价是资金价值调整成本将会显著增加。我们将会在第 13 章中继续讨论潜在保证金成本问题。

7.3.4 错向风险

错向风险（Wrong – Way Risk，WWR）是指交易对手方信用质量与其风险敞口之间的负相关关系。在全球金融危机中，错向风险的危险性表露无遗。例如，银行由于与单线保险公司进行大量无保证金交易而损失了几十亿美元（见 Gregory，2008）。

总的来说，根据 BCBS（2011a）的定义，错向风险有两种不同的类型，分别应用于风险敞口或者与保证金相关的领域。

- 宏观错向风险：它是由宏观经济因素（如与信用价差相关的利率水平）引发的，并且是金融市场交易和保证金制度中不可避免的附加效应。这种效应可以通过修正保证金计算方法和估值折减而减弱。[事实上，中央对手方以及双边市场要求初始保证金具有流动性，且标的资产信用质量良好，这可以部分减轻对错向风险的忧虑。]
- 特定错向风险：通常产生于"结构很差的交易"（BCBS 2011a），如交易对手方使用他们自己的资产作为保证金。中央对手方的规则可以最好地避免甚至完全防止这种情况的发生。

在清算和保证金制度中，有两种可能的错向风险效用需要考虑：

- 敞口错向风险：这种问题发生在交易敞口与交易对手信用质量的关系为负相关时，即当交易对手信用质量降低时，面临的敞口会增加。例如，互换交易的浮动利息支付方更易在高利率情形下发生违约（宏观错向风险）。一个更加极端的例子是银行卖出针对同地区另一银行的信用违约互换（特定错向风险）。

- 保证金错向风险：这种问题发生在保证金价值依赖于交易中保证金缴纳方的信用质量时。例如，一个对某一高利率国家敏感的交易对手使用该国国债作为保证金（宏观错向风险）。另一个更有说服力的例子是主权国家使用自己的债券作为保证金（特定错向风险）。

因为中央对手方在交易中代替了交易对手，集中清算可能会掩盖风险敞口错向风险。例如一家银行出售针对同地区另一银行的信用违约互换产品是一个传统的错向风险情形，但在集中清算中，中央对手方会有效地替代银行的交易对手并且成为合约的卖方。上述风险因此会转移到中央对手方并且可能很难量化，导致保证金和违约金不足以抵抗相关风险（见第8.4.6节）。

另外，不同于双边市场，中央对手方在确认敞口错向风险后对初始保证金与违约金的追加要求会降低敞口错向风险。此外，中央对手方对合格保证金品种的严格标准可以完全消除保证金错向风险。在双边市场中，由于信用支持附加协议的灵活性，交易主体可能可以使用与自身信用质量高度关联的证券作为保证金。（例如，银行提交其所在地区的主权债）。但是，中央对手方将不会允许上述情况的发生，因而类似的错向风险将会降低。

7.3.5　交易对手信用风险与筹资的平衡

交易对手信用风险（信用价值调整）与资金成本（资金价值调整）之间的权衡是很重要的。一个明显关于初始保证金的例子是：提高初始保证金可以降低交易对手信用风险但是会提高资金成本。对用以减轻交易对手信用风险的保证金而言，其不应当存在上面提到的任何保证金错向风险。保证金除非被隔离，否则是会产生额外的交易对手信用风险的。相反，从融资角度看，如果要使得保证金可用且低成本，那么保证金就要可以被再抵押和（或）是非隔离的。因此，从交易对手信用风险与资金成本两个不同角度考虑，不同类型的保证金有不同特性。关于这些特点的相关案例列示在表7.1中[1]。

从降低交易对手信用风险的角度来说，交易主体使用自己的债券作为保证

---

[1] 注意到这考虑了保证金缴纳者和接收者的共性。

金显然是很坏的选择（尽管并非完全没有用）①。但是，如果这些债券可再抵押②，那么从资金角度来说仍然是有利的（例如，可用于回购或者用于另一个保证金合约中）。银行使用其本国货币作为保证金也是类似的：从交易对手信用风险角度看是有错向风险问题的，但从资金角度来看就并非如此。隔离初始保证金有着相反的表现：它有效降低了交易对手信用风险，但是由于不能以任何方式再次利用，从资金角度来说成本很高。

表 7.1 所示权衡的一个结果是一些主权或超国家组织从对其有利的单向信用支持附加协议转向缴纳保证金。考虑到保证金对于交易对手信用风险和资金（见第 6.2.1 节）的不同影响，对这些交易实体来说最佳结果可能是使用自己的债券作为保证金③。这样可以降低原本要银行承担的资金成本，因此也减少了需要支付的资金价值调整费用。虽然无法有效减少交易对手信用风险以及信用价值调整和信用价值调整资本费用，但由于这些实体都是 AAA 评级，因此这不是一个主要问题。

表 7.1　从交易对手信用风险和资金角度看，不同保证金类型比较

	交易对手信用风险	资金成本
现金	好	好
自身债券（可再抵押）	差	好
大型银行的所在国货币	一般	好
隔离初始保证金	好	差

确定合格保证金品种时，中央对手方及强制保证金要求主要关注降低交易对手信用风险。这将可能会导致市场资金紧张。资金紧张是清算和双边保证金规则中成本收益分析的核心内容。我们将会在第 13 章中详细讨论保证金带来的成本和影响问题。

附录 7A：计算保证金安排收益的简单公式

这个公式是用来估计在强的保证金安排下信用风险敞口降低的。推导此公

---

① 即使在违约中，债券仍具有某些残留价值。此外，当债券价格下降，可能会要求追加更多保证金，尽管效益取决于对手方信用质量恶化的速度。

② 或者以所有权转让形式再次使用。

③ 例如，见"交易员声称 KfW 开始使用双向信用支持附加协议"（KfW now using two - way CSAs, dealers clai,），Risk，2011 年 2 月第 2 期，http：//www.risk.net/risk - magzine/news/2023483/kfw - csas - dealers - claim。

式的假设为：阈值为 0、现时市场价格为 0 以及对其中一方有利单向信用支持附加协议（没有考虑缴纳保证金的影响，因为保证金只会产生一些小的影响）。

将未来的不确定性和久期的影响考虑进去，无保证金的资产组合的不确定性可以用函数项表示（见图 7.5），其中 T 表示资产组合的（最长）期限。注意其中已经考虑了由于现金支付、交易到期，资产组合价值会逐渐减少。这个函数项理论上应当乘以一个代表资产波动性的系数，但在此不考虑，因为在缴纳保证金情况下相同的波动依然存在。将此函数项从现在时刻到到期日进行积分，得到：

$$\int_o^T \sqrt{t}(T-1) = \frac{4}{15}T^{\frac{3}{2}}$$

正如在第 7.2.4 节所述，在有保证金的情况下，标准差的合理表示为，τ 为保证金风险期间（MPR）或者接收保证金时间。将它以类似方式积分可得到：

$$\sqrt{\tau}\int_o^T (T-t) = \frac{1}{2}\sqrt{\tau}T$$

将以上两项相除可得到：

$$\frac{8}{15}\sqrt{T/\tau} \approx 0.5\sqrt{T/\tau}$$

因此，保证金对风险敞口（和信用价值调整）所带来的影响大致可以用 $0.5\sqrt{T/\tau}$ 表示。这个数值并不令人意外，因为保证金合约有将风险区间从 T 降低至 τ 的作用。8/15 这个因子的存在是因为无保证金的资产组合的风险敞口被假设为一个典型的驼峰形状（见图 7.6）。

第三部分
清算的结构与机制

第8章 中央对手方运营的基本要素

（相比银行而言）这些（中央对手方）将是更加"大而不能倒"的企业。

——安德鲁·霍尔丹[①]（1967～）

本章对中央对手方的运营进行了概述，涵盖了诸如中央对手方的基本功能、运营、风险缓释和违约管理等方面。第9章至第11章将对于保证金制度、损失分配及代理清算等问题进行更为细致的探讨。

8.1 中央对手方的设立

8.1.1 中央对手方的归属关系

概括而言，中央对手方的归属关系及运营主要是垂直模式和水平模式两种共存。它们的结构主要如下：

- 垂直模式（例如欧洲期货交易所和芝加哥商品交易所）：在这种模式下，中央对手方往往是交易所的内部部门或由交易所全资控股。这种中央对手方本质上依赖于交易所并且仅对在此交易所上交易的产品提供清算服务。典型的此类中央对手方一般设立在交易所或基础设施内部，并且提供从交易到交易清算的服务。这种模式在过去几年里一般是从外汇期货中发展，并在交易所中逐步形成了中央对手清算的功能。
- 水平模式［例如伦敦清算所和美国期权清算公司（the Options Clearing Corporation）］：水平模式的中央对手方与交易所一般是分离的（典型情

[①] 英格兰银行金融稳定执行董事。

况下其所有权属于清算会员），他们有独立的财务支持并因此可以清算跨市场和资产种类的交易。水平模式的中央对手方一般都独立存在。与交易所模式不同，水平模式可能更适合于双边交易的场外衍生品。

垂直模式和水平模式的相关优点可见表8.1。一个垂直模式的中央对手方会对某一种产品的清算高度专业化，因此风险管理水平很高。这种结构往往更为高效并且运行成本也更低。然而，这种组织架构很可能产生垄断性，使市场缺乏竞争。同时，我们也应当考虑到在这种组织架构下，一个中央对手方同时清算多种产品是否可行。水平模式的组织结构是一个开放的模式，它使得中央对手方可以跨交易平台清算多种产品。这对于从事多种产品交易的机构是非常有好处的，因为在这中间只有一个中央对手清算关系以及一个清算协议。而且，这种模式对于市场竞争也是有利的，但也会导致中央对手方运营的低效和成本的增加。尽管中央对手方清算机构和交易平台的合并会导致更广泛的垂直覆盖，而这比水平模式的清算结构有更大益处。然而从数量上来说，垂直模式的中央对手清算机构还是要比水平模式的中央对手清算机构多得多。

从历史上来看，中央对手方一般都是垂直模式，水平模式的中央对手方在场外衍生品清算中更为常见。监管往往也更倾向于水平模式的中央对手方，因为这会使得中央对手方机构更开放，竞争更充分。举例来说，欧盟金融工具市场指令Ⅱ（Markets in Financial Instruments Directive Ⅱ，MiFID Ⅱ）第29条建议赋予中央对手方探访交易场所的权限，这使得市场参与者不仅可以将交易交由交易所指定的中央对手方清算，还可以交由其他交易平台的中央对手清算机构来进行清算。这被看作是提高中央对手方之间竞争性的重要方面，因此也会降低清算成本，提高清算服务的质量。

也许某些资产类别更适合由垂直模式的中央对手方清算，而另一些资产可能由水平模式的中央对手方清算更为合适。很明显的一个要素就是存在的抵消量的大小：如果抵消量很大，在水平模式下，跨市场保证金收益将会很容易获得。如果抵消量相对较小，或者仅在国内市场中，就会发现垂直模式效用更大，因为产品和市场参与者相关度更高。

与上述讨论相关的一个问题就是在整个市场中，中央对手方的理想数量到底是多少，这是一个很精微的平衡问题。为了使净收益最大化，中央对手方的数量应当相对少，但这又会增加中央对手方破产而带来的系统性风险。大量的中央对手方的存在又会分散净收益，从而可能导致过度竞争和恶性竞争，正如有些评级机构会抢先于全球金融危机（出评级结果）。跨市场保证金（见第9.5章）可以在不同的中央对手方间套利，但在不同的国家间，这将产生法律和操作问题。

表8.1 垂直模式中央对手方和水平模式中央对手方的比较

	优点	缺点
垂直模式	• 中央对手方专注于特殊市场（例如信用衍生品） • 运营效率更高、运营成本更低	• 较少的竞争。由于新的中央对手方很难获得市场份额，因此市场参与者选择有限 • （中央对手方和交易平台之间）有相互操作需求
	要求多个中央对手方	
水平模式	• 使市场参与者有更好的选择——鼓励竞争并且支持新的市场主体参与竞争 • 对于（中央对手方和交易平台之间）相互操作和跨市场保证金问题更小一些	• 连接多市场的运营成本较高
	单个或少部分中央对手方可能会支持	

8.1.2 费用

中央对手方有很多显性的或隐性的方法来有效地收取服务费，这些方法包括：

- 固定费用：比如对于证券投资组合的清算头寸按月或按季度收取维护费。这可能是根据被清算的投资组合的名义本金百分比计算出来的。
- 每笔交易的交易费用：比如在交易接收时收取的清算费用。
- 保证金相关费用：中央对手方可能会收取非现金保证金的保管费用。
- 保证金所产生的收益：由于可以将保证金和其他金融资源以比保证金本身收益更高的利率投资（保证金会产生收益）。（很明显，这将使得中央对手方承担信用风险和流动性风险，这些内容将在第8.3.4进行讨论。）

投资收益可能很难获得，因为保证金和自有资产需要隔离，而保证金和违约基金（可能在短时间内需要）应投资于流动性好、无信用风险的资产。中央对手方因此可能会依靠定期缴纳的固定费用和按交易笔数支付费用的组合。中央对手方还会通过清算和风险管理费用、簿记及保管费等方式收取特殊费用。同时，对于大额交易他们也会根据费率表给予不同的折扣。中央对手方会从呈直线增长的收费中获益，而同时由于投资组合的有效性，风险则往往是呈分段线性增长的。

清算会员为客户代理清算时也会收费，甚至还会收取附加的费用，比如资产负债表利用费（例如为了覆盖增长的违约基金或违约基金资本余额）或提供附加服务的费用［比如日间流动性保证金追加（在第11.1.4节中讨论）］。

8.1.3 哪些产品需要由中央对手方清算

需要特别注意的是，场外衍生品市场中的资产类别及产品具有高度集中性。从第2章的图2.5和表2.2中可以看出，场外衍生品市场中利率类产品总量占到了总名义本金的80%以上，剩余的量主要包括外汇产品（10.6%）和信用违约互换（3.5%）。鉴于前面已经论述了对于外汇产品的清算豁免（见第4.2.6节），因此场外衍生品的清算主要还是关注于利率类产品和信用违约互换。

当然，总名义本金可能有一定误导性。比如说利率市场的总名义本金中很重要的一部分（15.4%）是远期利率协议（FRAs）。然而事实上，由于远期利率协议期限相当短，从风险的角度来看他们的重要性并不像数字显示得那么重要[1]。总名义本金中另一个被误导的部分就是关于信用违约互换。信用利差的高度波动性及其错向风险（见第7.3.4节）使得信用违约互换的重要性比总名义本金的数字显现出来得更大。

8.1.4 重要场外衍生品中央对手清算机构

中央对手方已存在多年，举例来说，芝加哥商品交易所和伦敦清算所在19世纪末就开始具备了清算功能。晚近以来，这些清算机构开始对场外衍生品进行集中清算。近年来，全球中央对手方协会（CCP12)[2] 有31个成员单位，涵盖了非洲、美洲、亚洲、澳洲和欧洲的场内及场外市场。从全球来说，银行通过十几家中央对手方进行交易清算，但是仅有几家中央对手方致力于场外衍生产品的中央对手清算。一些最重要的场外衍生品中央对手清算机构的名单如表8.2所示，表中也列示了他们所清算的产品（IR代表利率类产品，CDS代表信用违约互换，FX代表外汇交易）。

---

[1] 的确，表2.2给出的利率类产品总市场价值和总名义本金的比率为2.7%，而对于远期利率协议而言这个比率只有0.2%。来源：国际清算银行（BIS）。

[2] www.ccp12.org

第8章 中央对手方运营的基本要素

表8.2　不同类别的重要场外衍生品市场中央对手清算机构清算的产品

		IR	CDS	FX	股票	商品
美国和加拿大	芝加哥商品交易所美国清算中心（CME Clearing US）	√	√	√		√
	洲际交易所信用清算公司（ICE Clearing Credit）		√			
	伦敦清算所–清算网集团	√				
	国际衍生品清算集团（IDCG）	√				
欧洲	芝加哥商品交易所欧洲清算中心（CME Clearing Europe）	√		?		√
	洲际交易所欧洲清算公司（ICE Clearing Europe）		√			√
	伦敦清算所—清算网集团	√		√	√	
	欧洲期货交易所清算所股份有限公司（Eurex Clearing AG）	√	?		?	
	伦敦清算所（法国）有限公司（LCH Clearingnet SA）		√			
	纳斯达克—OMX集团（瑞典）有限公司	√			√	
澳大利亚	澳洲证券交易所（ASX）	?				
巴西	巴西证券交易所和巴西证券期货交易所（BMG Bovespa）	?				
中国香港	香港交易所清算所有限公司（HKEx Clearing）	?		?		
日本	日本证券清算公司（Japan Securition Clearing Corpration）	√	?			
新加坡	新加坡交易所有限公司（SGX）	√				

注：√表示中央对手方对此类产品提供中央对手清算服务，?表示中央对手方拟对此类产品提供中央对手清算服务或者已对此类产品提供中央对手清算服务，但清算量尚不大。

- 伦敦清算所：伦敦清算所是一个大型的独立中央对手方，也是第一个通过SwapClear清算平台清算大量场外衍生品交易的中央对手清算机构，主要清算银行间利率互换。SwapClear清算平台期初只关注于大约20家至30家大型银行，但自从2009年以来其会员已经扩展到了100多家[1]。SwapClear清算平台从2009年开始还推出了代理清算服务。伦敦清算所（法国）有限公司还提供信用违约互换的清算服务。

- 洲际交易所：洲际交易所对能源类产品提供清算服务。洲际交易所对一些信用违约互换提供清算服务（洲际交易所也是信用违约互换清算市场的主导），目前大约拥有30家清算会员[2]。

---

[1] 截至2013年6月，伦敦清算所有限公司的清算会员总共有170家。SwapClear及其他清算平台清算会员的具体信息参见http：//www.lchclearnet.com/membership/ltd/current_membership.asp。

[2] 截至2013年6月，洲际交易所的清算会员总共有69家。清算会员的名单见https：//www.theice.com/public–docs/clear_europe/ICE_Clear_Europe_Clearing_Member_List.pdf。

- 芝加哥商品交易所：芝加哥商品交易所 ClearPort 作为能源类场外衍生品中央对手方提供清算服务，同时也提供利率互换清算服务和信用违约互换清算服务（虽然清算量不大）。
- 欧洲期货交易所：提供的场外衍生品清算服务主要在股票方面，但也包括利率互换。欧洲期货交易所信用清算公司（Eurex Credit）成立于2009年，主要致力于信用违约互换的清算。但由于清算量微乎其微，没有得到很好的发展。

应当注意会员清算和客户清算是有一些区别的。举例来说，伦敦清算所 SwapClear 清算平台在利率互换市场成为主导主要得益于经纪商之间的交易，而经纪商是利率互换市场的交易主力。这一点可以从 SwapClear 清算平台报告的利率互换总名义交易量已达到 419 万亿欧元看出①。然而，客户清算市场却较为均衡，SwapClear 清算平台在（与直接清算市场相比）相对较小的利率互换客户清算市场并没有主导性优势。利率互换代理清算市场主要由伦敦清算所、芝加哥商品交易所集团和欧洲清算所三分天下。数据 8.1 列示了伦敦清算所 SwapClear 清算平台、芝加哥商品交易所集团和欧洲清算所在利率互换代理清算方面的总名义清算量。

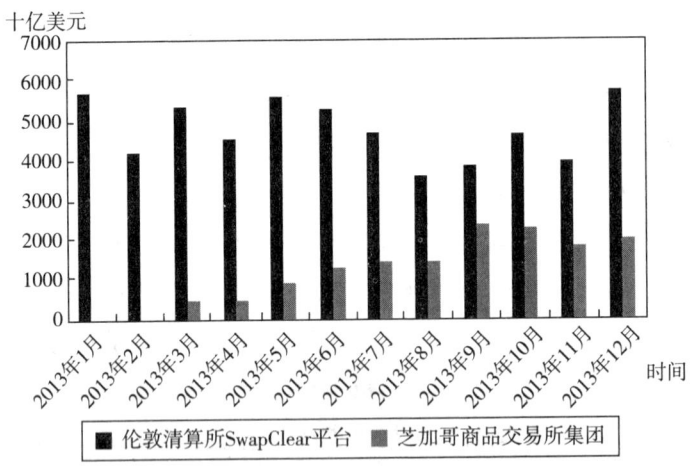

资料来源：伦敦清算所有限公司（http://www.swapclear.com/what/clearing-volumes.html）和芝加哥商品交易所集团（http://www.cmegroup.com/trading/interest-rates/cleared-otc/#data）。

图8.1 伦敦清算所 SwapClear 平台和芝加哥商品交易所集团月度客户清算名义清算量

---

① 见 http://www.swapclear.com/what/clearing-volumes.html。截至2014年1月17日闭市。

8.2 中央对手方的运营

8.2.1 中央对手方清算会员和非清算会员

中央对手清算中,至少有三种形式的参与者:
- 综合清算会员(GCM):普通清算会员既可以向中央对手方提交自营交易,也可以为代理第三方提交。这在美国称为期货经纪商(Futures Commission Merchant, FCM)。
- 普通清算会员(ICM):普通清算会员只可以提交自营交易。
- 非清算会员(NCM):非清算会员和中央对手方不直接发生关系,因此都是通过综合清算会员提交清算。

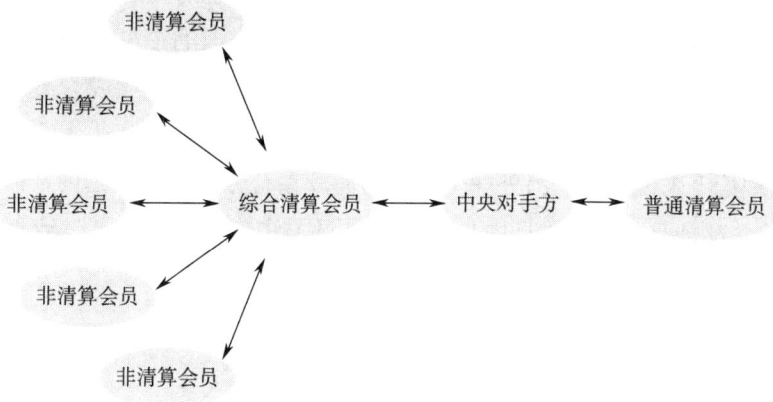

图8.2 中央对手方、清算会员及客户之间的关系

中央对手方、清算会员及客户之间的关系如图 8.2 所示(注意不同中央对手方的命名规则会有所不同,上述概念是以 SwapClear 清算平台为例来阐释中央对手方、清算会员及客户之间的关系)。综合清算会员和普通清算会员一般是大型银行或经纪商,这些清算会员往往有很大数量的交易对手。非清算会员则往往都是场外衍生品市场中规模较小的参与方或终端客户。当然,这些也不是这些清算会员专属的特点。比如,一个综合清算会员可能同时也是一家中央对手方或者一个非清算会员可能是一家区域性银行。我们应当注意中央对手方、清算会员及客户之间的关系应当被视作是双边的:非清算会员一般还是在传统的双边信用支持附件（CSA）下和综合清算会员进行交易，而综合清算会员和中央对手方之间有一个类似于ISDA主协议的法律协议（详见第11.1节）。

一般来说，只有清算会员才和中央对手方之间有直接关系。非清算会员（客户）必须通过综合清算会员才能进行清算，而一旦客户无法履行支付义务时，综合清算会员对于中央对手方有保证支付客户未付款项的义务。通过综合清算会员代理清算，非清算会员可以通过中央对手清算获益，即使他们并不是中央对手方的清算会员。进一步来说，鉴于清算会员受到会员的需求、违约基金的出资份额及持续监管要求的影响，中央对手方应当确保只与他们可以细致监管的清算会员进行清算，并且这些清算会员应当可以为清算过程提供足够的金融资源。

虽未在图8.2中列明，非直接清算的概念也不应忽视。这增加了另一个层次，即"客户的客户"。举例来说，区域性银行的客户本身是非清算会员，通过作为综合清算会员的全国性银行进行交易清算。监管也有可能推动这种情形的发生，比如如果一家欧洲银行的客户希望通过一家美国的中央对手清算机构进行清算。欧洲的银行不能成为期货经纪商（FCM）[①]，因此可能成为美国银行的非清算会员，而美国银行则是期货经纪商（监管协调问题将在第8.5.1节中论述）。从理论上来说，建立另外一个层次的清算参与方是没有问题的，因为所有的清算关系都是双边的，并且中央对手方也只关注综合清算会员（或普通清算会员）。

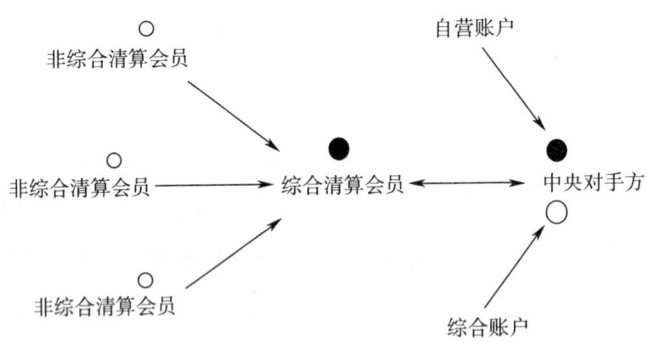

图8.3 综合清算会员的自营账户及他们的非清算会员（客户）的综合客户账户

[①] 回想一下，在美国中央对手方的清算会员必须注册为期货经纪商（FCMs）。

至于综合清算会员与其客户相关的账户的结构，常见的做法就是将客户的账户和综合清算会员的自营账户隔离（综合清算会员的账户通常也称为"公司账户"），但所有客户持有的资金还是不加分辨地存放在一个综合账户中（如图8.3所示）。从操作上来看，这么做是有效率的，但是会在客户间产生互相暴露的风险（这个问题将在第11.3.1节中讨论）。综合客户账户结构在期货市场中很常见，但是由于监管政策原因，场外衍生品市场一般需要更高层次的保护。这些诸如法律隔离混合操作（LSOC）的做法（详见第11.3.3节）降低了客户的风险，但在操作以及保证金要求方面代价高昂。

8.2.2 清算的过程

在场外衍生品市场，交易的达成一般都是双边的。集中清算是交易的后续流程，并且双边交易对于借用风险在一定时期内仍然会存在。一些事后纳入清算（见第4.2.4节）的或预先纳入清算（见第4.2.6节）的交易在一定时期内可能是双边的，然后才进入清算。另外一些交易可能近乎立刻进入清算，比如被纳入强制清算的交易。清算的过程简要来说有以下几步：

- 交易执行和确认：交易执行和确认与在非集中清算的双边市场相同。
- 交易提交清算：在交易的时候，中央对手方一般都已经提前同意接受交易提交（除非在事后纳入清算和预先纳入清算的交易中）。大型银行往往是多家中央对手方的清算会员，这使得他们的客户可以选择使用不同的中央对手方进行清算。应当注意的是，客户并不一定要通过交易对手进行清算，可以根据自己的意愿选择综合清算会员。另一方面，一些银行也可以提供在交易和清算中更有竞争优势的清算成本。
- 中央对手方接受交易：中央对手方必须迅速决定是否接受交易[1]（比如美国商品期货委员会要求期货经纪商必须在60秒内接受或拒绝交易）。这使得银行没有充裕的时间去与客户讨论并理解交易的本质（比如是否此交易可以由其他风险更低的交易所替代）。为了接受交易，中央对手方必须检测交易对风险限额的影响。
- 追加保证金：中央对手方将会重新计算要求的初始保证金，由于可能会

---

[1] 举例参见 http://www.thejavelin.com/press-releases/javelin-and-cine-excute-and-clear-41-billion-of-interest-rate-swaps-in-real-time。

有和其他既有交易抵消的情形，因此这种保证金的计算是很重要的。有时用敏感性测试的方法来评估保证金需求（不用重新运行保证金模型）从而作出日内保证金追加要求。另一种替代方案是，使用不超过某一上限的已缴纳初始保证金时，可以在不追加保证金的情形下进行交易（见图 8.4）。对于客户（非清算会员）的增量保证金要求取决于他们的清算层级。

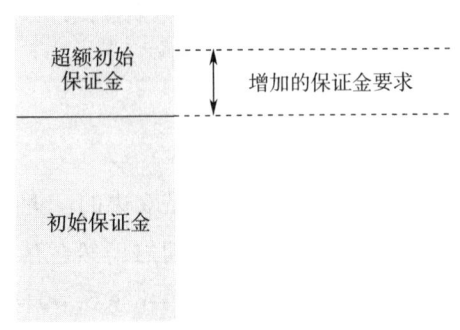

图 8.4 利用多余的初始保证金来避免交易中的保证金追加要求
（只要增加的初始保证金要求少于中央对手方所持有的超额初始保证金）
的示意图。任何超过超额初始保证金的初始保证金要求
都会引起日间保证金追加要求

- 现金管理：由于保证金、现金流支付和其他方面的原因，中央对手方执行着很重要的现金管理功能。举例来说，这种功能部分体现在征收和支付保证金、支付现金流以及有价证券的转让上。中央对手方还具有资产管理职能，比如对充抵保证金的现金和证券进行投资，以及支付保证金利息等职责。

8.2.3 合约压缩

正如在第 5.2.4 节中所提示的，清算交易可以仍然使用多边合约压缩。看起来集中清算交易的合约压缩似乎没有重大意义，因为合约压缩的目的不是改变投资组合的市场风险特性，也不会引起保证金要求的显著降低。尽管如此，但是在降低中央对手方清算的交易数量和名义本金上显著地提高了效率，包括：

- 操作（如现金流支付和报告）
- 计算负荷（如保证金计算）

- 简化拍卖流程（更少的交易终结）

集中清算合约压缩的影响如图8.5所示。该图显示了SwapClear清算平台清算的利率互换的总名义本金（全货币），以及压缩后的名义本金。合约压缩是由TriReduce①通过SwapClear交易平台与先前在第5.2.4节中论及的TriOptima的合资企业完成的。

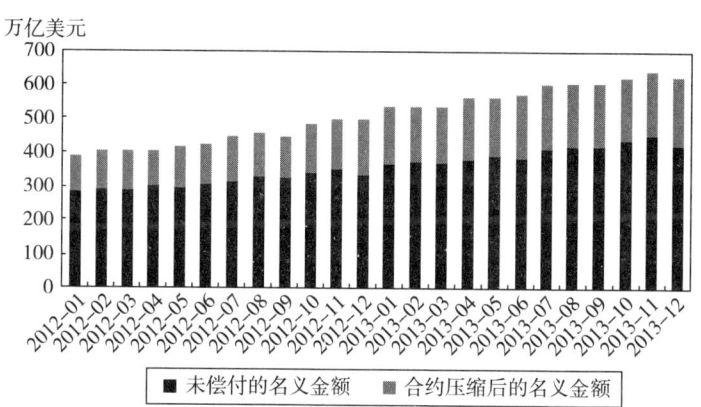

资料来源：LCH. Clearnet，http://www.swapclear.com/what/clearing-volumes.html.

图8.5 SwapClear清算平台利率互换未到期的名义本金和压缩后的名义本金

压缩包括提前终止既有交易，并可能用新的交易替换既有交易。合约压缩的一个重要特点就是投资组合必须同时压缩，而不是分批进行。在分批进行的情况下，分步压缩投资组合可能导致初始保证金不足，因为后续的交易抵消还没有被发现。这就是伦敦清算所SwapClear清算平台合约压缩服务不得不停止一段时间②的原因。因为分批的交易流程不能满足美国商品期货交易委员会关于实时（比如不超过几秒钟）注册交易的要求。

8.2.4 集中清算对产品的要求

纵观场外衍生品市场的大量产品，其中一些并不适合，事实上可能永远都不会被纳入集中清算。也就是说，集中清算的绝大部分市场份额是由相对较少的产品种类占据的。例如，2013年6月，场外衍生品市场总名义本金为693万

---

① http://www.trioptima.co.uk/services/triReduce.html.
② 见"SwapClear为银行重启压缩服务"，2013年11月，http://www.risk.net/risk-magazine/news/2309337/swapclear-to-restart-compression-in-leverage-boon-for-banks.

亿美元，其中 370 万亿美元为可以集中清算的利率互换（见第 2.4 节）。（事实上，利率互换市场中交易大半已经纳入集中清算，并且大部分是通过伦敦清算所 SwapClear 服务清算的）。

特别是在利率互换市场方面（作为过去十年场外衍生品市场中纳入集中清算的主要产品），当前纳入集中清算的产品有：

- 固定浮动利率互换
- 基准互换（浮动浮动利率互换）
- 隔夜指数互换
- 远期利率协议（FRA）

因此利率项合约以及互换期权将会是利率市场中接下来纳入集中清算的产品。

显然，一些场外衍生产品并不适合集中清算，因为这些产品的交易量不够大，所带来的利润不足以覆盖清算所产生的成本。为将产品纳入集中清算，中央对手方必须克服一系列困难。这包括合约属性的细节，例如：现金流支付，稳健地估值，初始保证金及违约基金评估。可以被清算的产品的基本属性如下：

- 标准化：产品可以被清算的关键是该产品的法律和经济条款是标准化的。因为清算时，中央对手方对该产品的全部现金流承担合约义务。此外，标准化有利于相同合约之间的多边轧差，可以在清算会员违约的时候更加容易地替换合约。最后，产品标准化带来稳健的交易采集、确认和处理方法，这更有利于集中清算的平稳运营。例如在 2009 年前存在大量的标准化的信用违约互换合约（详见第 5.2.4 节）这是将交易转移到中央对手方集中清算的先决条件。
- 非复杂性：奇异或复杂的衍生品（即使是标准化的）会为集中清算制造许多障碍。产品越复杂，变动保证金的收取就会越加主观，并且初始保证金的数额也越加难以决定。这意味着过低的保证金要求会带来大量风险，过高的保证金要求会导致较高成本。在清算会员比中央对手方对产品的风险更加了解时，逆向选择就成为了一个严重的问题。这是很有可能发生的，因为大型银行对复杂产品的定价拥有专有知识。对产品潜在风险有更深入了解的市场参与者可以通过中央对手方的保证金要求来推测中央对手方是否过高（过低）估计了产品风险，进而增加（减少）产品的交易量。

- 流动性：集中清算产品应具有流动性，原因如下：首先，流动性带来精准的定价信息以计算变动保证金。同时流动性所带来的丰富的历史时间序列数据可以被用来计算初始保证金。第二，流动性较好的产品在违约场景下可以更好地被替换，因为流动性差的产品在市场动荡时期会有较高的买卖价差，并且会有较大的风险溢价和反向价格波动。值得注意的是，流动性可能是暂时性的，因为许多场外衍生品的流动性随着时间递减，所以中央对手方会在很长的一段时间内给予这些头寸以保证。
- 错向风险：理想状况下，集中清算不会带来错向风险。错向风险是指对手方的违约与基础合同的价值负相关，换言之，当交易对手违约时，基础合同的价值骤减。这对于违约处置来说有严重负面影响，因此相当重要。对信用违约互换来说，错向风险是一个敏感的问题。正是因为错向风险的存在，信用违约互换的清算才极为困难，而又正是信用违约互换的危机首先刺激了监管规定的出台。
- 市场规模：中央对手方在建设清算过程中相应的流程、模型和系统时要花费很多精力。如果某项产品的市场规模不大，那么极有可能中央对手方通过清算该产品带来的收益难以覆盖建立和研发清算产品流程中带来的花费。

并不是所有的场外衍生品都适合被集中清算，部分产品永远也不会被集中清算。其中部分产品难以被清算的原因是它们的流动性较低、价值变化剧烈，难以用传统的中央对手方风险管理方法管理风险。以上这些要求不仅限制了清算还提升了成本。例如，标准化阻碍了衍生品交易者定制适合其自身的风险管理的产品。必须用中央对手方标准产品对冲会产生基差风险。

Hull（2010）从清算角度定义了四类衍生品产品：
- 有标准期限的常规金融产品
- 无标准期限的常规金融产品
- 不标准但有健全的模型的产品
- 高度奇异的产品

目前，只有第一类的部分产品被中央对手方纳入集中清算。部分人认为，除了高度异类的产品外，其他衍生品均应该集中清算。然而近年来的一些实例逐渐削弱了这个观点。在克服非标准且复杂产品的集中清算时会遇到许多障碍。例如，询价机制（Request for Quotation，RFQ）一度被认为可以通过报价数量来确定能够纳入清算的合约种类。然而，核心问题是在有重要市场参与者违约的时候，拍卖环节能否正常进行。如果在这类场景下市场流动性不足以让指定产品平仓，集中清算此类产品将不能被视为成功的风险缓释过程。

当中央对手方可以清算更多产品的时候，作为商业机构，中央对手方更倾向于清算高利润大交易的量标准化合约。清算小交易量的产品在增加风险的同时固定费用的增加降低了边际收益，这将阻碍强制清算的实行，并且使得仅有一小部分产品可纳入集中清算（尽管并非名义本金计量）。因此下面一个重要问题油然而生：是否由于高风险性被中央对手方拒之门外的奇异产品（例如那些引发全球金融危机的产品），或许正是那些需要被集中清算的产品。一个信用违约互换指数合约既为标准化产品又有流动性，事实上在许多中央对手方中已经被纳入可清算产品之列。然而按照 Merton（1974）有关信用风险定价的理论，信用违约互换产品等价于价外美式障碍期权，这类产品显然不能被清算。这说明，有关于产品是否复杂的定义并不明确。

8.3　中央对手方风险管理

8.3.1　概述

中央对手方作为买卖双方的中间方，对每一笔交易保证交收。在一个集中清算市场，交易对手信用风险被集中到了中央对手方。因而，原始对手方不再需要对彼此进行信用监测，交易的参与者只需要考虑其他清算会员的总体信用水平。显然，中央对手方自身的运营能力和恢复能力变得至关重要。

中央对手方有以下一系列的方法缓释交易对手风险：

- 多边轧差：由于交易集中化，中央对手方可以为来自不同对手方的交易提供轧差。多边轧差减少了交易参与者的风险暴露，尽管这取决于清算的覆盖面（详见第 5.2.6 节）。

- 保证金和违约基金：中央对手方为覆盖潜在的违约损失会收取变动保证金和初始保证金。同时，中央对手方为覆盖极端但有可能发生的损失会收取违约基金。初始保证金和清算基金的收取量与波动、相关性和被清算的资产组合大小等因素有关。

- 违约处置机制：中央对手方需要对违约会员进行违约处置。违约处置包括对冲、头寸拍卖、超出保证金部分的损失分摊、转移客户交易至有偿付能力的清算会员等。

中央对手方有一系列机制以确保金融市场稳定、管理自身的风险。对于金融市场来说，中央对手方的倒闭将是灾难性的，因此中央对手方的风险管理变得至关重要。

- 会员准入机制：中央对手方有严格的会员准入机制，这使得被清算会员无能力偿还的概率较低，并确保其清算操作能力。清算会员准入机制确保中央对手方鲜有面对违约会员的可能。
- 保证金机制：在少数场景，清算会员违约，中央对手方所持有的违约会员的违约风险资源足以吸收全部损失，因而中央对手方可以在不波及未违约清算会员的情况下处置这类违约。这防止了损失的蔓延和由于损失被强加给其他清算会员而产生的连锁反应。这些会员的违约风险资源就是保证金（初始保证金及变动保证金）和清算基金。
- 拍卖和对冲机制：在一家会员违约的时候，中央对手方将会采用集中拍卖头寸或者宏观对冲违约会员投资组合中的核心风险的方式来进行违约处置。这些措施的目的是迅速使市场风险重新平衡，并且最小化发生损失的可能。
- 损失瀑布机制：在极少数情况下，中央对手方未能收到违约会员充足的保证金和其他的金融资源来覆盖损失。这时，预先设定的损失瀑布将要被用于吸收损失，并且确保中央对手方的偿付能力。

上面的内容将要在下面和下几章进行详细的阐述。

8.3.2 会员准入要求

中央对手方会有稳健的会员准入机制以确保清算会员不会过度地将风险带给中央对手方（虽然，另一方面，这些限制不能是排除竞争的）。一般来说，会员准入要求基于以下几点：

- 信用：清算会员违约的概率，用外部或内部方法评定。
- 流动性：会员达到流动性要求的能力，例如短时间内完成保证金追缴。
- 运营：遵守重要对手方规则的能力，例如拍卖。

新的申请将要接受商业模式、财务状况、规章制度、运营、风险管理和预计参与的清算活动等一系列考察。更具体来说，要求需要包括：

- 资本基础：会员需要达到最低核心资本基础才能成为综合清算会员或者普通清算会员。综合清算会员可以为客户代理清算，因而需要更高的资本基础。值得注意的是，在美国，CFTC 限制中央对手方对会员的最低资本仅要求不得高于 5000 万美元。这条规则旨在让中央对手方为更多小会员服务，并防止大银行过于主导市场。SwapClear 清算平台和 ICE Clear Credit 要求会员最低调整后的净资本金为 5000 万美元。这也同样适用于美国以外的地区。

- 评级：中央对手方对清算会员有最低信用评级的要求，例如 A 级。由于在金融危机期间外部信用评级凸显出来的潜在问题，中央对手方需要用内部评级来替代外部评级。例如：SwapClear 使用根据市场数据和外部评级共同决定的内部信用评分。

- 运营要求：清算会员必须达到可以进行交易的运营要求并且在银行有相应的安排以支持保证金的支付。

- 违约基金：清算会员必须向中央对手方缴纳违约基金（例如，SwapClear 清算平台的每家清算会员必须缴纳不少于 1000 万英镑的违约基金）。会员也会被要求缴纳额外的违约基金（"评估权"），一般不会超过当前的已缴纳数额。代理客户清算的清算会员一般会要求缴纳更多的违约基金。

- 监管机构批准：清算会员必须拥有至少一个美国、欧盟或者其他地区主管机构认可的法人实体。

- 违约处置：清算会员必须同意定期参加违约处置演练，并且证明他们有能力在违约场景中对大量交易（通常十亿级别）进行快速获取或者投标。在一个真实的违约场景中，清算会员被期望积极参与进违约处置的流程中，例如指派交易员并且竞标。

总体上，中央对手方会员门槛的设立是一种权衡。对会员设立较高的门槛意味着中央对手方会遇到较少的会员违约，但同时也将会员集中在少数的系统性大银行。这也意味着，如果违约一旦发生，就绝对会是极端情况。较低的门槛意味着较弱的会员也会加入，中央对手方总体上会更加有风险（这种困境 SwapClear 清算平台在 2009 年刚刚设立会员机制时就已遇到，详见第 8.1.4 节）。核心的问题就是，少数的大型高质量的会员较好，还是大量的小型信用却一般的会员较好。

不是所有的参与者都能成为直接清算会员。特别是一些买家和小的金融机构不够资质成为直接清算会员，因此需要通过现有的清算会员进行清算。一些机构可以成为清算会员，但是他们认为不直接清算更加有效率（例如，不直接清算不需要遵守操作流程以及需向中央对手方缴纳清算基金）。

清算会员想要退出中央对手方，一般来说需要处置现有头寸，然后通过一系列正式程序以解除会员关系。此外，他还可以成为其他会员的客户，或者将交易退为双边交易（假设双边交易是被允许的，值得注意的是有可能被追缴初始保证金）。如果会员同时清算客户的头寸，他们需要首先将这些头寸转移到其他会员或者平仓。一些较大的交易者会在与客户的条款中包含相关条款以使得他们在终止提供清算服务时更加有效率。

最后，值得注意的是，除名规则并不是清算会员准入要求的翻版。对市场和清算会员的客户来说，一个会员的除名将是一个导致重大连锁反应的事件。比如，SwapClear清算平台的规则最近作了修改，以避免使一家大型投资银行面临被解除会员资格的危险。可推测，开除一个清算会员，尤其是拥有很大投资组合的清算会员，将仅是不得已而采取的最后手段。

8.3.3 保证金制度

中央对手方向其会员收取保证金，以覆盖纳入清算的资产组合的风险。变动保证金通过至少每日对所有相应头寸重新估值来反映资产组合估值的盯市变化。这些估值主要基于以下信息：

- 第三方来源
- 会员报价
- 中央对手方自有的估值模型

由于场外衍生品流动性差期限长，中央对手方自有的估值模型尤为重要。计算变动保证金显然需要获得所有被清算的衍生品的及时可靠的价格数据以及在价格数据无法直接获得的情况下的标准估值方法。这些方法有时可能需要随着市场的发展而变化，典型的例子是利率互换从伦敦银行间同业拆借利率（LIBOR）改为使用隔夜指数互换（OIS）贴现[1]。

---

[1] 详见伦敦清算所采用隔夜指数掉期（OIS）贴现218万亿美元的利率互换资产组合，2010年6月，http://www.lchclearnet.com/media_centre/press_releases/1010-06-17.asp。

一般情况下，变动保证金只能是现金形式，但某些高流动性证券（如美国国债）也可以充当初始保证金。变动保证金和清算会员以同一币种进行的所有清算行为产生的结算金额会被一并轧差，形成每日一笔的付款或账单。通常情况下，不会对不同币种的变动保证金进行轧差（详见第9.1.1节）。此外，初始保证金和变动保证金的金额一般不得通过轧差抵消①。在某些情况下，尤其是在市场波动较大时，可能需要追加日内变动保证金。

初始保证金主要用于覆盖清算会员发生违约后可能出现的平仓损失。一般情况下，初始保证金是通过计算在某一平仓或变现期内（在双边市场称为"保证金风险期间"，详见第6.1.4节），如5天内，不同情况下可能出现的价格变化得到的。初始保证金存在于整个交易周期内，可以根据市场和风险状况调整。与变动保证金不同，初始保证金不要求一定是现金形式。可接受的初始保证金种类包括：

- 现金
- 国债和政府机构证券
- 主权债
- 黄金
- 特定的抵押贷款证券（MBS）
- 股权
- 银行开立的信用证（L/C）
- 货币市场和共同基金
- 存单（CD）

保证金规则的总体目标是，在采用估值折减后，中央对手方不会存在显著的信用、市场或流动性风险敞口。证券必须具有足够的流动性，例如能获得日常价格数据、低信用风险等。另一个重要的考量是会员的信用质量和保证金价值之间不存在负面的"错向"关系。一个极端的例子是某一会员使用自身股票或债券作为保证金，但识别这样的事项会需要很多精细和困难的处理（详见第7.3.4节）。

考虑现金和证券的币值，可接受的货币必须是那些发行国具有良好的信贷

---

① 例如，当某一清算成员需要支付变动保证金，但初始保证金标准下降，则该会员需要首先支付变动保证金，之后才获得初始保证金的收益。

信誉且可通过外汇市场转换或对冲风险的货币。对于现金形式的保证金，持有该货币不能存在法律问题。

在为客户提供清算时，必须注意的是，清算会员无论是否收到客户的保证金，都必须向中央对手方支付规定的保证金，且在收到客户的保证金之前通过支付保证金提供短期的流动性。

8.3.4 保证金利率

中央对手方会持有大量的保证金。这为中央对手方提供了获得收入用以支付约定利息的可能性。大多数的中央对手方对清算会员作为初始保证金缴纳的额外现金支付利息。一般情况下，利率水平会参照短期存款利率［如伦敦银行同业拆入利率（LIBID）①减25个基点］设定。清算会员一般不会将保证金的所有利息支付给客户（例如，某一清算会员获得LIBID减25个基点的利息，可能支付给客户LIBID减50个基点的利息）。这些收益将部分弥补清算会员为支付保证金提供的短期流动性支持。变动保证金也可能会根据价格校准利率（Price Alignment Interest, PAI）进行调整，该利率反映了用于补偿隔夜融资成本/收益的利率水平（详见第9.1.3节）。价格校准利率由中央对手方设定，因此可能与变动保证金的实际资金成本不一致。保证金利率不仅取决于中央对手方，同时还取决于交易的基础货币。

由于中央对手方对收取的部分保证金支付利息，因此持有的保证金需要产生收益。但是，保证金的投资必须十分谨慎，避免给中央对手方带来其他重大的风险。按风险递增排序，中央对手方可能将保证金投资在以下方面：

- 存入中央银行：这是最安全的方式，但是利率较低（低于隔夜指数交换）。
- 存入商业银行：比存入中央银行的收益稍高，但是风险更大。如果该银行是中央对手方的重要清算会员，则会增加系统性风险。
- 投资高质量的资产：将保证金投资到高质量的分散型的资产组合。这可能会产生较高的收益且避免重大风险。

保证金投资可以降低清算成本，但可能会增加清算会员和客户的风险，并增加中央对手方倒闭的可能性。中央对手方资产组合投资的一些主要原则是：

---

① London Interbank Bid Rate。

- 市场风险和信用风险的最小化。
- 低流动性风险（不需要下调价格、产生亏损即可将保证金较快变为流动性）。
- 限制或避免投资于金融公司或与金融市场高度关联的公司。
- 必须谨慎考虑交易期限，确保中央对手方可以在即使不退出难以变现的交易的情况下也能满足现金流需求。

中央对手方可能会进行混合投资，将部分保证金锁定在相对期限较长、流动性不高的投资工具上，但会保持足够的流动性以满足在压力情景下的现金流需求。

保证金显然也存在投资损失的风险。为中央对手方提供收入的收益回报和留存资本之间存在微妙的平衡。中央对手方一般都会以留存资本优先，并将现金用于相对安全的投资，如存入商业银行、三方回购、购买高质量的证券等。投资一般受制于最低信贷评级、特定对手方或发行方限制和集中度限制。回购投资需要进行合适的估计折减，且投资期限需要与流动性要求保持一致。尽管中央对手方的投资策略非常保守，但需要特别注意的是，承担风险会使中央对手方在清算成本方面更具竞争力。此外，已经有多个例子显示了这类行为的危险性［如明富环球（MF Global）违约、摩根大通在"伦敦鲸"事件上的损失］。

8.4 违约处置

当某一清算会员发生违约时，中央对手方对该会员资产组合的风险有完全的管理权。中央对手方的权利包括中止交易、平仓、转移客户头寸以及保证金变现。中央对手方（相对双边对手方而言）的特权地位提高了其有效处置违约的能力、增强了效率。

8.4.1 宣告违约

集中清算的原则之一是，中央对手方对每笔交易都担任买和卖的两个角色。因此，从"轧平账"的角度来说，市场风险是不存在的。中央对手方存在的是"潜在的市场风险"（见图 8.6）。这是因为在会员违约时中央对手方仍需向未违约的清算会员支付代表合约收益的变动保证金，而这本应被违约对手方缴纳的变动保证金抵消掉。

第8章　中央对手方运营的基本要素

第一个阶段为中央对手方认定某一清算会员违约。这种会在清算会员不能清偿、无法支付保证金或未向中央对手方支付合约资金流时发生。尽管从理论上来说，该会员一旦未能履约就是违约，但是事实上的处理可能更灵活。不过，中央对手方通常对此有完全的自由裁量权。中央对手方规则上常用的措辞为"中央对手方可以在某一会员无法或可能无法履行某个或多个合约时宣布其违约"。中央对手方在某些特定情况下可能不会认定某一会员违约，如支付保证金时出现操作问题。但是，这引发的问题是对于不确定是否永久性丧失偿付能力的会员应该给予多长的宽限期。

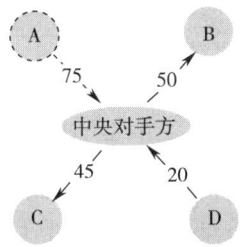

注：图中显示了市场波动导致的估值变化以及变动保证金的流动。当清算会员 A 违约，中央对手方的头寸将失去平衡，因为其仍需向清算成员 B 和 C 支付变动保证金。

图8.6　中央对手方面临的潜在市场风险

8.4.2　平仓程序

一旦宣告违约，中央对手方有权管理与违约会员存续合约有关的市场风险，在不给其他会员带来额外的成本的基础上确保尽快轧平账面。重要的是，中央对手方比双边市场的交易者拥有更大的灵活性，并且在破产法中拥有享有特权地位。中央对手方可以在无须与客户达成一致的情况下进行宏观对冲、平仓、转移违约方及其客户的头寸。此外，中央对手方可以自行判断上述行动中执行的价格是否合理。在双边市场，交易平仓、宏观对冲等行动均会可能遭到破产管理人的质疑①。

为在平仓期间提供支持，中央对手方将组建违约处置小组。该小组不仅包括中央对手方的核心工作人员，还将轮流借调清算会员单位的资深交易员。借调的交易员和其所属公司的其他交易员之间将设置防火墙进行隔离。违约处置

---

① 例如，如果一方对违约方的资产组合性对冲，但是平仓前对冲导致资产组合估值出现亏损，违约方将很可能提出不应承担对冲产生的亏损。

过程的第一个阶段通常是宏观对冲账面上的所有显著风险,降低随后的平仓期间市场波动导致的风险。相对于双边对手方来说,中央对手方的优势在于能够采取这些措施,而不会被违约方质疑可能导致的损失。

中央对手方可以取消或者撕毁与所有相关交易另一方的合约,并对参与交易的清算会员最后一笔变动保证金交收之后的价格变动进行补偿或收费。但是,由于衍生品市场的属性,清算会员会更希望以新交易替代已被取消的交易,这些新交易往往还是由同一中央对手方集中清算。因此,对中央对手方来说,更简单的方法是直接与清算会员执行交易替代。

8.4.3 拍卖

拍卖程序为中央对手方提供了一个合适的非常设平仓机制。中央对手方的未违约会员将对分割后的资产包(如按币种分割)进行双向报价,出价最高的会员将获得该资产包。宏观对冲通过创造定向风险不显著的资产组合为拍卖过程提供支持。尽管在法律上没有强制要求中央对手方的会员必须参与拍卖程序,但是拍卖效率低下或流拍也会给他们带来损失,因此其也有动力主动参与拍卖程序的。违约处置小组有权接受拍卖中的任何标价,即使这样会给中央对手方带来巨额损失。另外,违约处置小组也可以在最高出价不够高的情况下认定拍卖流拍。在此情况下,中央对手方可以决定再次拍卖,或采用其他损失分摊方式(见第 10 章)。

为最大程度地提高拍卖效率,拍卖程序将定期(如一年两次)进行违约处置应急演练,清算会员模拟出价。新加入的中央对手方会员也同样需要通过"驾驶测试",证明其能够达到拍卖的操作要求。拍卖程序的操作要求主要涉及执行、标价以及短时间内(几小时内)对相对较大型的资产组合交易的竞价等方面。

当某一清算会员违约时,其初始保证金和违约基金份额将被中央对手方用于资产组合的对冲以及弥补拍卖中的损失。违约处置小组有权将资产组合进行拆分,并采取他们认为最优的相关市场风险对冲和交易拍卖方式。

上述讨论到的,正如第 4.1.4 节提到的,SwapClear 表示其 90% 的雷曼风险在一周内完成了对冲,并且三周内拍卖了 6.6 万笔交易。

8.4.4　客户头寸

客户头寸将以最有效率的方式移仓至未违约的清算会员。事实上，客户可能早已为此与后备会员签订协议。但是，移仓要求未违约清算会员能接受相应的资产组合以及保证金。这将取决于客户保证金的收取和隔离方式。在无法进行移仓的情况下，（违约会员的）客户交易将在违约过程中与违约清算会员的自有资产组合一起处置。第 11 章将进一步讨论该问题的细节。

8.4.5　损失分摊

中央对手方的生存能力取决于其承担一个或多个清算成员违约的能力。在双边市场，中央对手方的第一道防线是对违约会员的所有头寸进行平仓，并对这些头寸进行轧差。通过构造合适的变动保证金计算方式，变动保证金应尽可能抵消轧差后出现的盯市亏损（除非在可能性很低的情况下，交易可能会突然地盈利）。初始保证金（包括超额部分）将能弥补任何可能出现的进一步亏损，如交易价差成本、平仓过程中出现的负面价格波动。中央对手方还可以动用违约方的违约基金份额。

在初始保证金和违约基金份额不足、拍卖流拍的情况下，中央对手方可以使用其他财务资源弥补亏损。一般情况下，"损失瀑布"结构界定了各种资源的不同使用方式。图 8.7 列举了典型的瀑布式损失分摊结构，尽管不同中央对手方的结构有所差别。

在极端的情况下，违约会员（们）的初始保证金和违约基金份额消耗殆尽，中央对手方可动用部分所有者权益（如未分配利润）弥补亏损，以保证持续经营。这确保中央对手方的"风险共担"，并驱使中央对手方确保持有的初始保证金和违约基金充足。只要初始保证金和违约基金充足，"违约者买单"就可以实现。并不是所有的中央对手方都将"风险共担"机制写入规则。如 2014 年，韩国交易所（KRX）的某一期货经纪商因算法交易错误出现违约，韩国交易所动用会员出资的违约基金弥补了 430 万美元的亏损，自身却未承担任何损失。韩国交易所的规则使得其只有在将近 20 亿美元的违约基金使用完后才可能遭受亏损。

在违约方买单无法实现时，将动用其他会员缴纳的违约基金份额。这会引发道德风险，因为其他会员为违约行为买单。事实上即使清算会员曾极力避免

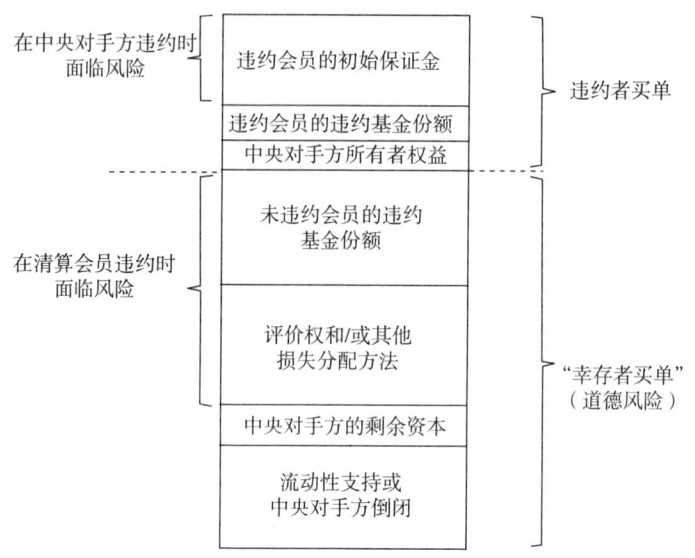

注：描述了在 CCP 某一或多个清算会员违约情况下的损失弥补结构。

图 8.7　典型的损失瀑布结构

与违约者交易，他们还是可能会因违约损失部分违约基金。

损失消耗绝大部分中央对手方违约基金的情况几乎不可能发生。但是，一旦出现这种情况，中央对手方的其他清算会员需要提供额外的违约基金来支持中央对手方，这通常称为"评估权"。为降低道德风险，这些出资并非无限制的，通常会有上限（一般与该会员的初始违约基金份额有关）。

除拍卖以外，中央对手方还有其他处置方法。如选择性交易撕毁，或者进行变动保证金折减（第 10 章会进一步讨论）。与通过动用违约基金弥补损失相比，这些方法可以提供更具差异性的损失分摊方式（如，与违约方持相反头寸的清算会员可能损失更大）。无论使用哪一种损失分摊方式，分摊都应当是公平的，并能引导所有的清算成员积极参与拍卖过程，避免损失穿透损失瀑布。

在使用评估权和其他损失分摊方法后，接下来将使用中央对手方剩余的资本弥补损失。在此情况下，如果产生进一步亏损，一旦无法获得额外的流动性支持（如通过中央银行获得救助），中央对手方将会破产。应该注意的是，只有损失穿透了上述多层财务支持，才会到达损失瀑布底部。因此，尽管无法精确描述，但这应当是发生概率极低的事件。

一些中央对手方在损失瀑布结构中还有其他层次。如，银行的授信额度、保险公司提供财务担保等。确保"随时"获得流动性的代价是昂贵的却又是正当的，因为中央对手方可能会在资产价格出现显著下跌，或者某一清算会员违约而其他清算会员撤出的情况下面临极大的风险敞口。

8.4.6 错向风险

在部分场外金融衍生品中，错向风险（Wrong-Way Risk，WWR）是一个棘手的问题，在金融危机中也常常成为交易对手信用风险损失的一个主要特征（如，1997年亚洲危机，2007年全球金融危机，见Gregory，2012）。在进行交易对手信用风险评估时，错向风向常常被忽略，中央对手方在此方面也毫无例外。

错向风险敞口（见第7.3.4节）与市场风险（交易和持有保证金之间的敞口）和信用风险（对手方违约的可能性）的反向关系有关。CCP通常将这些风险分开处置：市场风险通过初始保证金降低，而信用风险通过会员要求等方式缓解。中央对手方对错向风险的定性处置很重要，尤其是在信用违约互换等产品上。例如，如果对一家银行向同地区另一银行出售信用违约互换的交易进行集中清算，清算的性质决定了其中隐藏的错向风险会难以发现。

8.5 中央对手方间的联动

理论上基于轧差最大化的理想状态（如Duffie和Zhu，2010）是全球仅有一个中央对手方。但是，由于地区管辖的问题以及产品的分隔问题，出现了数量相当多的场外中央对手方。因此，不难理解存在多个中央对手方之间的联动以使现实情况更接近于仅有一个中央对手方的理想状态。这些联动以不同的形式存在，涉及跨市场保证金、相互抵消以及互通安排。联动有利于降低成本、增加中央对手方的竞争力、消除监管障碍。弊端是中央对手方之间的相互关联，形成了系统性风险的传导通道，并导致联动的中央对手方之间存在法律和操作方面的风险。值得注意的是，那些研发了大量产品的中央对手方可能不太希望建立联动，因为这将导致知识产权的共享。

8.5.1 互通安排

通过连接协议现实的互通安排允许两个清算会员，如CM1和CM2，能够通过各自的中央对手方，即CCP1和CCP2，进行清算，而不需要在CCP2与CM1，或者 CM2 与 CCP1 之间建立任何契约关系。这使得交易者可以将他们的资产组合集中于其选择的中央对手方。一个说明互通安排必要性的事例是：某一全球中央对手方和某一地方性的中央对手方之间需要建立联动，从而使某一全球性银行和某一地方性银行能够进行交易。另一个例子是清算不同产品的两个中央对手方通过跨市场保证金（详见第 8.5.4 节）获得保证金收益。互通安排具有两个显著的优点：

- 轧差：清算会员可以通过对不同中央对手方清算的产品进行多边轧差而获得收益，而这仅需要成为少数中央对手方的清算会员。这将使得整体费率、初始保证金和违约基金份额都下降。这也可能会允许清算会员通过与另一中央对手方的交易进行平仓操作。
- 监管：对手方可以相互之间进行交易清算，即使本地监管机构要求使用本地区的中央对手方。尽管美国和欧洲的监管通过承认或豁免非本土的中央对手方来推动跨地区清算，但可能仍迫切需解决限定参与者仅为某些特定的中央对手方的监管要求。

互通安排使得原来的两方合约变成三方合约。除了清算会员和中央对手方签订常规合约外，两个中央对手方之间也需要签订合约。如果某一中央对手方破产，则有合约关系的另一中央对手方需要履行因联动产生的合约责任。这引发的问题是，如何抵消中央对手方彼此之间的风险。这可能需要监管规则和破产法的规定一致。此外，根据互通安排的形式，必须存在三方协议，如清算会员允许其缴纳给某一中央对手方的初始保证金可以用于弥补另一中央对手方的损失。

互通安排有利于降低运营成本（低于成为多个中央对手方会员的成本），降低保证金成本（初始保证金数额相对较小，变动保证金可能相互抵消），提高轧差收益以及规避银行必须通过本地中央对手方进行清算等可能的监管问题。互通安排还有利于将在第 8.5.4 节讨论的跨中央对手方的跨市场保证金制度。互通安排还可能导致中央对手方之间的竞争加剧。

互通安排最大的弊端是中央对手方之间的关联性可能会产生风险聚集的通道，并因为某一中央对手方的破产对另一中央对手方产生负面影响而增加系统性风险。除此之外，互通安排还增加了中央对手方在不同地区的法律风险以及中央对手方相互依赖彼此的系统性操作风险。目前，也仅有少量中央对手方互通安排存在。

8.5.2 参与者模式与对等模式

互通安排最简单的形式是图8.8列举的"参与者"模式。在该模式下，CCP2是CCP1的清算会员，与其他清算成员一样有相同的权利和义务。在CCP1比CCP2实力强的情况下，CCP2更需要互通安排，自然会形成参与者模式。CCP2需向CCP1缴纳初始保证金和违约基金，因此如果CCP1破产，CCP2也会面临风险敞口。CM2将自然地被CCP1视为CCP2的客户。这种方式很简单，并不需要中央对手方之间签订新的双边协议，或统一清算成员风险处置程序。尽管这种方式规避了跨境监管问题，但由于中央对手方之间为单边关系，CCP1将CM1和CM2视为不同的清算会员（由第8.2.1节讨论的自营账户和客户综合账户的隔离导致的）并分别根据其头寸收取初始保证金，因此并不支持跨市场保证金安排（在第8.5.4节讨论）。

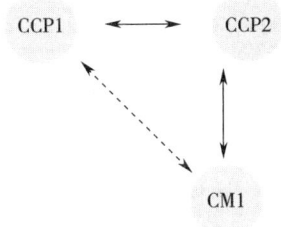

注：CCP2是CCP1的会员。

图8.8 中央对手方之间互通安排的参与者模式

图8.9显示了互通安排的一个更为复杂的形式，称为"对等"模式。在该模式下，两个或更多中央对手方需要签订合约，共享彼此头寸的信息，从而相互协同进行交易清算。实现这种模式是很复杂的，特别是不同地区存在不同的监管规定和破产法。对等模式互通安排的优势在于两个交易者可以在仅是一个中央对手方会员的情况下进行跨市场交易的清算。理想情况下中央对手方可能还需要统一合约条款，避免不对称性。因此，中央对手方需要相互交换保证金，可能还包括初始保证金。

在互通安排的对等模式中，联动的中央对手方将共享信息，并在风险敞口抵消时，相应地减少保证金要求。中央对手方之间的合约中必须规定该初始保证金如何计算（CM1和CM2的资产组合并不完全关联），如何持有以及在发生

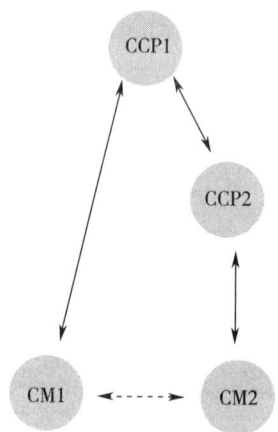

注：CM1 和 CM2（虚线）原有的双边交易可以通过不同中央对手方进行集中清算。

图 8.9　中央对手方之间互通安排的对等模式

违约时如何分割。

近期一篇文章提出另一种形式的互通安排，该形式不会引起中央对手方之间的逆向联动[①]。该文章表示，中央对手方之间不需要支付保证金或违约基金，而是通过向清算会员收取更高的违约基金来反映彼此之间的风险。然后清算的成功与否将取决于轧差收益，初始保证金金额的减少将需要显著增加违约基金金额。

目前欧洲一些（股票清算）中央对手方之间建立了互通安排，并与美国的部分中央对手方进行联动。一些评论家认为，互通安排很难在场外金融市场衍生品中存在，因为这需要更复杂的保证金标准和违约基金要求。

互通安排更接近只有一个全球中央对手方的理论理想状态（如 Duffie 和 Zhu，2010），但并不等同于单一中央对手方，因为仍存在不同法律框架的问题。此外，轧差收益的提高、成本的降低以及监管障碍的消除，需要与提高导致的系统性风险、法律风险和操作风险等负面影响进行权衡。

接下来将讨论互通安排的两个主要结果，即相互抵消和跨市场保证金。

8.5.3　相互抵消

相互抵消安排使得清算成员可以在某一中央对手方进行交易清算，而通过

---

① 为互通安排建立统一高效的评估的指引和建议，欧洲证券和市场管理局，2013 年 6 月 10 日。

另一中央对手方采取相反的操作，或者在中央对手方之间转移头寸来结束交易。这使得不同市场之间（以及不同时区之间）可以交易相同的头寸。如图 8.10 所示，由于涉及的中央对手方必须彼此建立抵消的头寸，因此相互之间将存在风险敞口。但是，由于交易完全被抵消，该安排是中央对手方联动的最简单方式。

8.5.4　跨市场保证金

多个中央对手方清算同一产品将引起市场碎片化，清算收益降低，多边轧差情况下更为明显（详见第 5.2.6 节）。互通安排可以通过跨市场保证金安排来改善这种情况。跨市场保证金的目的[①]是在不同中央对手方之间建立风险分担的处置安排，从而可以通过头寸之间的抵消，降低中央对手方的清算会员的保证金要求（需要注意的是，在完全正相关关系下，通过不同中央对手方进行清算将产生额外的初始保证金）。一般情况下，在头寸负相关性显著因而保证金收益较大的情况下（如利率期货和互换相抵）才会进行该操作。如果两笔交易由同一中央对手方清算，由于发生抵消，保证金要求将会降低。跨市场保证金使得即使通过不同中央对手方进行交易清算也可以进行保证金抵消。

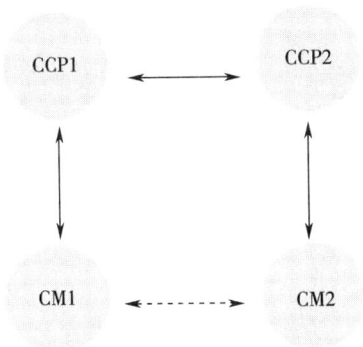

注：清算会员 1 可以将通过 CCP1 清算的交易与通过 CCP2 清算的交易抵消。

图 8.10　相互抵消

如图 8.11 所示，为实现跨市场保证金操作，中央对手方需要共享交易信息，并对保证金计算方法达成共识。当清算会员发生违约时，中央对手方之间

---

① 需要注意的是，跨市场保证金也被用于指代通过同一中央对手方清算不同产品而取得的投资组合收益。

中央对手方：场外衍生品强制集中清算和双边保证金要求

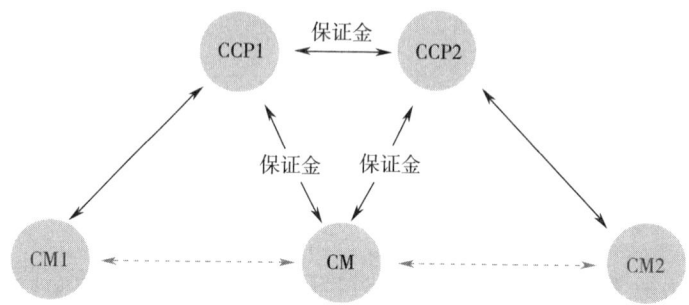

注：清算会员1和清算会员2表示两笔交易的另一边也通过中央对手方进行清算。

图8.11 清算会员在CCP1和CCP2的头寸的跨市场保证金

盈亏可以抵消，但双方必须就如何分割保证金达成共识。对变动保证金来说这可以看作可直接相加的头寸，但对初始保证金来说事情则更复杂。对中央对手方而言，成本最低的方法是共享一个单独的初始保证金，由其中一个中央对手方或第三方托管机构持有。如果某一清算成员对其中一个或所有中央对手方违约，保证金将变现，并按既定方式分割。但是，中央对手方之间存在风险敞口，在共同持有的跨市场保证金出现亏损后，每个中央对手方都面临着另一个中央对手方和清算会员联合违约的敞口。

目前存在两种具有细微差别的跨市场保证金形式。第一种形式实践中已经存在，即对负相关头寸（如期货空头与看涨期权组合）进行跨市场保证金操作。在此情况下，将很可能出现一方头寸亏损而另一方盈利。因此，中央对手方可以共享初始保证金，因为在违约的情况下，很大程度上只有一方中央对手方需要动用初始保证金（假设平仓成本并不高）。在并不一定存在负相关关系但抵消又存在的情况下（如利率互换和信用违约互换组合），将进行形式更复杂的跨市场保证金操作。双方的资产组合可能会出现部分自然地抵消，但在违约情况下可能均会出现亏损。在此情况下，涉及事先约定的保证金分割规则和任何跨境问题的合作都会更为敏感，因为两方中央对手方都需要动用初始保证金来弥补亏损。

跨市场保证金安排可以扩展到变动保证金，从而允许单一净额支付，减少需要支付的金额。假设图8.11中的清算会员与CCP1和CCP2进行了部分抵消交易，与CCP1的交易盈利100单位，与CCP2的交易亏损60单位。变动保证金的流动如图8.12下方所示。保证金在中央对手方之间转移，清算会员由于头寸的

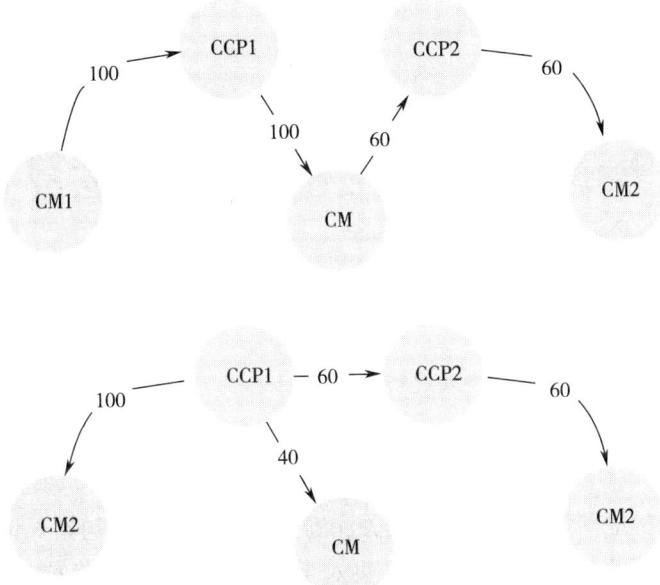

图 8.12 假设与 CCP1 交易的清算会员亏损 100 单位，
与 CCP2 交易盈利 60 单位的情况下，
图 8.11 显示的跨市场保证金关系下变动保证金可能出现的变动

抵消仅需要支付保证金净额。值得注意的是，在实践中，该机制安排一般要求中央对手方为变动保证金支付开立联合账户。这将使中央对手方之间产生更连续的关联性，并使双方都面临对方的违约风险。

历史上也有通过这种方式进行变动保证金抵消交易而获利的例子。在 1987 年的美国股灾中，芝加哥商品交易所（CME）的一个清算会员在指数期货上的多头仓位与美国期权清算公司（OCC）清算的期权头寸抵消（详见第 14.2.5 节）。该清算会员陷入了向其中一个中央对手方支付巨额的变动保证金的困境，这本来可以被另一中央对手方收到的保证金抵消掉绝大部分。但是，两个中央对手方的保证金交收时间差引发了问题。事发不到两年后，芝加哥商品交易所（CME）和美国期权清算公司（OOC）开始着手制订跨市场保证金计划。

关于初始保证金的跨市场保证金安排将在下一章的第 9.5 节中进一步讨论。

第 9 章 保证金和违约基金算法

在商界，后视镜往往比挡风玻璃更清晰。

——沃伦·巴菲特（1930 ~ ）

本章更详尽地描述保证金，尤其关注确定变动保证金和初始保证金的算法，及违约基金的缴纳。本章也将介绍中央对手方和双边市场初始保证金算法，并讨论跨市场保证金制度。

9.1 变动保证金

变动保证金从理论上来讲相对简单，仅是定期根据相关头寸盯市价值的变动进行的调整。估值相对简单明了，因为清算的一个前提是相关交易是标准化，具有流动性的。变动保证金的形式通常是交易币种的现金。中央对手方作为所有交易的对手方，负责进行计算，对所有头寸进行估值，并据此收付相关保证金。

9.1.1 估值

显然，中央对手方需要制定明确的流程来确定数据来源和报价。然而，场外衍生品的变动保证金计算更为困难，因为估值可能需要通过建立定价模型得到，而无法直接根据市场价格观察得出。原因之一在于期限较长的产品在整个存续期内不一定始终有很强的流动性，因此需要借助流动性较高的类似产品模型进行盯市。通常，这并不十分复杂，使用插值法基本可以解决，但是，这给估值带来了一定的主观性。

此外，场外衍生品定价模型，即使是流动性高的标准化产品的模型，随着时间的推移也会发生变化和改进。这会引起估值方式的改变，也会因此造成变动保证金需求的较大变化。另外，定价也将因为市场变化而变得愈发复杂和主观，也给大规模集中清算产品的变动保证金算法带来更大的压力。

关于上述问题的一个很好的案例是利率产品贴现从伦敦银行间拆放款利率（LIBOR）转移到隔夜指数互换（OIS）。在全球经济危机之前，LIBOR 通常被视为"正确的"贴现利率，因为市场认为该无抵押借贷利率几乎完全没有信用风险。然而，近年来，OIS 利率被认为是保证金交易的相关贴现利率（Piterbarg, 2010）。基于多种原因，这在很大程度上使问题变得复杂化了。过去，为一个利率互换产品定价时使用同样的利率（LIBOR）预测未来现金流并进行贴现。现在，大家认为有必要考虑体现信用风险的合约利率（如 LIBOR）和应该没有风险的贴现利率之间的差别。这通常被称为"双重曲线定价"① 或"OIS 贴现"。LIBOR 和 OIS 贴现的区别可能是实质性的，特别是对于场外交易。

伦敦清算所的 SwapClear 服务在 2010 年② 开始使用 OIS 贴现（美元/英镑/欧元交易）。许多大的互换交易商同时作出了此项改变，但是一些小的银行仍然使用 LIBOR 贴现。这个 OIS 例子说明了变动保证金计算如何在依赖相对复杂的估值模型的同时，随着时间的推移受到算法改变的影响。虽然中央对手方可以为收付保证金有效地确定钉市价值，中央对手方也需要确立健全的、符合市场标准的算法。鉴于可能需要对更多复杂的产品（如普通型固定对浮动利率互换期权）进行集中清算，这具有一定的挑战性。

9.1.2 保证金追加频率

变动保证金追加频率是一个难以平衡的问题。一方面，变动保证金追加应较为频繁，以最小化"保证金风险期限"（见第 6.1.4 节）。事实上，保证金追缴间隔时间长给中央对手方带来更高的风险，因此提高了初始保证金，增加了成本。另一方面，频繁的缴纳保证金也会给（中央对手方和清算会员的）运营带来一定的挑战，并提高潜在的流动性风险（见第 14.2.5 节）。

历史上，在双边场外衍生品市场，保证金交收有时是不频繁的（如每周/每

---

① 注意双重曲线定价与单个利率交易相关，不同种类的货币和跨货币产品需要多条曲线，以体现多个期限和不同货币的影响。

② LCH. Clearnet 于 2010 年 6 月 17 日为 218 万亿 IRS 投资组合采用了 OIS 贴现方法，见 http://www.lchclearnet.com/media_centre/press_release/2010_06_17.asp。

月进行缴纳），但每日交收已变得越来越普遍。集中清算的场外市场通常是每日交收，变动保证金追加通知通常在隔夜发布（如 ICE Clear 欧洲于凌晨 2 点发布），并且要求在下一个交易日前完成缴纳（如 ICE Clear 欧洲要求于上午 10 点前缴纳）。

然而，中央对手方可能在价格发生较大变动、超过内部标准的特殊情况下要求日间保证金追加（此日间保证金追加可通过清算会员保证金账户的多余保证金进行部分抵扣，见上一章节图 8.4）。例如，伦敦清算所和 ICE 会在"特殊情况下"进行日间保证金追加，并要求相关机构在非常短的时间内（如一小时内）缴纳保证金。日间追加保证金要求正在变得越来越普遍，并受益于技术的进步。实际上，伦敦清算所在交易日进行七次变动保证金计算，并且根据事先设定的信用阈值在盯市价值发生实质性改变时要求日间保证金追加。

9.1.3 凸性和价格校正利息

定期交换变动保证金造成了与期货合约类似的凸性效果。为便于理解此效果，设想清算一个支付固定利率的利率互换交易（"支付固定利率"）。利率上升时，头寸价值升高，相关方（中央对手方或清算会员）收到与头寸盯市价格相等的变动保证金现金（假设此现金被用于投资，例如投资于短期存款）。假设利率此时下跌，互换回到先前的价值，需要退回此变动保证金。相关方将因为持有并投资保证金获得收益。当然，如相关方需要缴纳保证金，则其可能承担损失。然而，总体而言会产生收益，因为保证金在高（低）利率场景中进行收取（支付）。鉴于互换价值和利率的相关性，此收益实质上是凸性效应。这意味着集中清算的支付（收取）互换比同类的未集中清算的互换有更大的（更小的）价值[①]。

在理想的情况下，如上述例子，集中清算的互换交易不会背离同类的未集中清算的交易。因此，中央对手方设定了校正偏差的方法。例如，伦敦清算所的 Swapclear 服务在变动保证金方面引入了价格校正利息（Price Alignment Interest，PAI）的概念，"以减小每日现金变动保证金支付对利率互换定价的影响，清算所将就相关产品对累计收到的变动保证金收取利息，对累计支付的变动保

---

① 类似效果可见于（场内交易）利率期货和（场外）远期利率协议的价格。

证金支付利息"①。PAI 利率通常设置为相关隔夜（如美国联邦基金）利率，旨在调整变动保证金融资的（隔夜）成本（这当然不是意味着它将满足支付方的实际融资要求）。

另一种调整集中清算和非集中清算交易差别的方式是通过将场外产品转换为期货合约，即"期货化"。这将在第 12.3.1 章节中进行讨论。Cont 等（2011）针对此问题展开了更为专门的探讨。

9.1.4 变动保证金和流动性风险

日间保证金追加的优势在于降低风险，例如伦敦清算所于 2008 年 9 月 12 日（周五）要求雷曼兄弟提供 4000 万美元的保证金。否则，下一个交易日此保证金将无法到账，因为雷曼届时已宣告破产。变动保证金与流动性成本无关的观点也值得讨论。例如，BCBS – IOSCO（2013b）表明（强调）：

关于变动保证金，巴塞耳银行监管委员会和国际证监会组织认为定期的、及时的变动保证金交换对衍生品交易的收益、损失进行了结算，不产生净流动性成本，因为变动保证金代表了资源从一方转移到另一方。

上述论述针对的是双边市场，但即使在此情况下，此论述也是值得讨论的（见第 13.1.2 节）。此外，在集中清算市场，鉴于保证金缴纳的不对称性（朝着有利于中央对手方的方向偏斜），变动保证金成本是较高的。中央对手方每日可一次或多次要求日间保证金追加，却通常每日仅退还一次保证金。这种影响在动荡的市场中更为明显，剧烈的价格变动将造成中央对手方向某些参与者收取巨额的日间保证金，以覆盖其损失，而不立即将对应的保证金归还给盈利的清算会员（见第 14.2.5 节）。这给清算会员带来了流动性风险，不仅是针对其自身头寸，也针对他们的会员的头寸，因为这些清算会员通常需要在此情况下缴纳其客户的保证金。

9.2 初始保证金

初始保证金或许是决定清算有效性的关键因素。初始保证金是覆盖某笔交

---

① 伦敦清算所更新 3.5.2 内容价格校正利息（PAI）利率，2008 年 11 月 17 日，http：//www.lchclearnet. com/images/section%203_tcm6 – 47191. pdf.

易或投资组合最大预期损失的附加保证金。然而，确定初始保证金是一项复杂的量化工作，要进行难以把握的平衡：保证金不足的交易给中央对手方造成过多的风险，而过高的保证金提高了场外衍生品交易的成本。显然，计算初始保证金的方法和前提将对保证金要求带来巨大的影响，如 Duffe 等（2014）所论。

9.2.1 平仓期限

如发生清算会员违约，收取最后一笔变动保证金后会有一段延迟的时间。清算会员的投资组合被完全平仓也会产生一定的时间延迟。这个过程所需要的所有时间称为保证金风险期间（Margin Period of Risk，MPR），此术语产生于双边场外市场（见第 6.1.4 节）。中央对手方在此期间暴露于市场风险，因此进行风险管理需要量化此风险。显然，评估保证金风险期间是非常复杂的，与产品和市场相关，且具有主观性。

图 9.1 显示了中央对手方的保证金风险期间构成要素示意图。回顾第 8.4.2 节的内容，中央对手方相较于双边场外市场交易中的一般对手方而言，对此过程具有更多的控制权。保证金风险期间大致由三个期间构成：

- 未采取行动期间：此期间从清算会员最后一次缴纳保证金开始，结束于采取补救措施前。此期间对应着保证金缴纳的延迟，及中央对手方宣布清算会员违约并开始采取行动前的其他延迟。在此期间，中央对手方承受相关投资组合的所有波动性（及可能的下行压力）。
- 宏观对冲期间：中央对手方可能首先通过宏观对冲设法中性化相关投资组合的关键敏感因素。这将使投资组合的整体风险大幅下降，尽管投资组合依然会受到曲线风险、基差风险、报价成本等因素的影响。
- 拍卖期间：中央对手方此时将安排并举办一场或多场拍卖，卖出相关的投资组合。此段时期内，风险将逐步降为 0，尽管中央对手方也许会承受拍卖头寸带来的成本。应注意，前一个步骤所进行的宏观对冲应有利于拍卖过程，因为拍卖的投资组合将是违约机构的交易以及宏观对冲交易。鉴于这对市场变动敏感性较低，清算会员应比较容易给出合理的报价，即使是在不稳定的市场情况下。

评估保证金风险期间是复杂的，不仅因为上述过程所占用的时间，也因为"错向风险"的原因。错向风险指的是违约概率和风险暴露的关联（见第 7.3.4 节）。这意味着保证金风险期间应在相关会员出现违约的前提下进行评估。例

第9章 保证金和违约基金算法

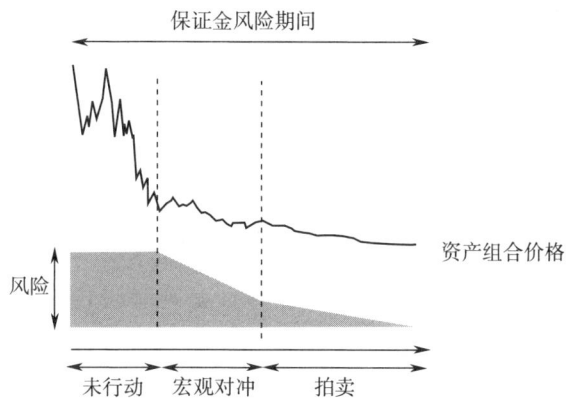

图9.1 中央对手方保证金风险期间图解

如,如果一个会员的违约可能会对相关市场造成一定的波动性,那么这就要被纳入考虑范围。主要涉及以下几个方面:

- 波动性:一定时期内市场的波动性可能高于普通时期的市场波动性,特别是当违约的清算会员是大机构,及/或具有系统重要性时。例如,Pykhtin 和 Sokol(2013)认为雷曼兄弟破产后,信用违约互换指数跨期的波动性约比破产前时期的波动性大 4~5 倍。延长保证金风险期间以应对波动性的增加将会产生非常大的影响,因为波动性翻倍约等于保证金风险期间增加四倍①。

- 风险降低:在平仓期间内,投资组合的实际风险有所降低,如图9.1所示,这意味着保证金风险期间的缩短(见第4.1.4节中关于伦敦清算所对雷曼平仓的相关内容)。例如,在 10 天中暴露于风险线性降低的投资组合,约等于在 4 天内暴露于具有完全风险的投资组合②。

- 下行压力:除市场波动性外,价格下行压力也同样存在,特别是在相关投资组合规模大的情况下。例如,Pykhtin 和 Sokol(2013)指出雷曼破产后,信用违约互换价差出现了显著的上升,会给净买入信用风险的信用违约互换投资组合造成明显的负面的盯市变动(当然,幸运的是,信用违约互换合约当时并未集中清算)。

---

① 基于大家熟知的与独立同分布(i.i.d)随机变量相关的时标平方根。
② 简单而言,假设我们总共暴露于 n 天的投资组合,但投资组合风险在每日日终降低 $1/n$,那么以方差计算,这等同于在 $1 + n/3 \times (1 - 1/n) \times (1 - 1/2n)$ 天内暴露于完全风险的投资组合。

- 成本：如前文提及的，拍卖过程中任何特定的买卖价或其他成本将造成进一步的损失。例如，拍卖过程中清算会员要求获得不当利益，这将给违约会员甚至中央对手方造成损失（见第10.2.1节）。

重要的一点是，上述影响通常不在中央对手方的模型中得到详细的体现（一个明显的例外是在计算初始保证金时使用压力情景下的数据，此内容随后讨论），因此应该通过保证金风险期间选择一并加以考虑。鉴此，保证金风险期间的定义涉及两方面。第一，最后一次支付保证金的时间和投资组合完全平仓之间的这段时期，第二，根据其他方面不曾体现的因素进行调整。例如，假设我们认为实际的保证金风险期间为5天，但是这段时间内，风险将线性地降为0，而市场波动性将加倍，那么"有效保证金风险期间"将为8.8天①。

在场内交易的期货市场，鉴于相关产品流动性较高，可以很快进行平仓，使用的保证金风险期间通常为1天（有时为2天）。关于场外产品，使用较长的时间，通常为5天，尽管有时因客户的投资组合会再略微增加一定时间（SwapClear使用7天的期限）。这些考虑对于有效保证金风险期间而言确实有一定的道理，然而尚不清楚这些考虑是否可以真实地反映我们在上文所定义的有效保证金风险期间，在某些情况下，有效保证金风险期间的时间长得多。注意集中清算的长短部分地由相关中央对手方自行确定，然而非集中清算的双边交易初始保证金要求必须使用10天的期限（见第4.2.5节）。

9.2.2 风险覆盖

初始保证金旨在应对不利的盯市变动，如图9.1所示。当然，这并不能完全抵消盯市变动的影响，然而，初始保证金预计可以应对在保证金风险期间可能的价格变动所带来的大部分影响（如进行明确量化，可以达到99%或更高）。设置初始保证金水平时要考虑平衡：太低将意味着中央对手方承担过多的风险，而太高则清算成本会过高。中央对手方必须进行衡量，通过鼓励集中清算（低保证金）保持一定的竞争力，同时要尽量提高其可信度（高保证金）。自然，根据经验来看，高保证金会对交易量产生不利的影响［例如，参考 Harzmark（1986）和 Hardouvelis 和 Kim（1995）］。Brady（1988）讨论了1987年破产事

---

① 使用171页脚注②的公式将保证金风险期间从5天降为2.2天，然后应乘以4，以大致反映波动性加倍的影响。

件，及存在极端市场事件和相关流动性问题时，其对某些中央对手方的影响。

清算会员也希望基本的保证金算法合乎其利益，因为不合乎会员利益的风险计量指标将削弱其对中央对手方的信心。变动保证金与当前风险敞口相关，而初始保证金为覆盖未来敞口提供了保障。初始保证金，相对于变动保证金而言，更为复杂和主观。

整体而言，下列因素是决定初始保证金的重要因素：

- 波动性：最明显的因素是相关投资组合的波动性。这受到相关市场（多个）变量波动性和期限的影响。场外衍生品，特别是期限长的场外衍生品，很有可能要缴纳大额的初始保证金。
- 尾部风险：尽管波动性通常衡量的是连续的价格变动，一些产品，特别是信用违约互换，可能会由于相关市场变量的突变遭受尾部风险的影响。
- 相关性：因为中央对手方会员通常与中央对手方有多种类型的交易，厘清这些交易的相互抵消影响非常关键。如果不同交易价格变动的相关性低（甚至是负相关），那么显然整个投资组合的风险更低，好处就在于可以少交保证金。然而，同种资产类别内或不同资产类别之间的关联非常难以量化，并可能会随着时间的推移发生显著的变化。

应注意，初始保证金旨在覆盖最糟糕场景的风险，但是可能无法应对更为极端的一些情形，如特别显著的尾部分布或特别强的相关性。这些影响，由违约基金更好地处理可能更为合适。

9.2.3 与信用水平的关联

初始保证金主要取决于集中清算交易的市场风险，只有一小部分（如有）与清算会员的信用水平相关。这意味着，至少从保证金的角度而言，中央对手方基本上对会员一视同仁。这显然意味着中央对手方会员信用水平必须比较类似。即便如此，由于一些小会员从大会员那里获益，还存在信息不对称的问题，事实上，Pirong（1998）认为一些交易所集中清算的延迟推出与一些信用等级高的会员不愿意补贴小会员有关。

一些中央对手方确实在一定程度上根据信用评级计算保证金，例如当会员的评级降到某个标准以下时[1]收缴更高的保证金。然而，将初始保证金与外部评

---

[1] 例如，见 http://www.lchclearnet.com/membership/sa/market_capital_requirement.asp。

级相关联显然存在问题，因为这是不准确、不系统的信用水平标准。此外，在清算会员已经存在资金问题的情况下提高保证金标准，会进一步加剧会员的不稳定性。这些因素也会通过悬崖边缘和死亡螺旋效应引发系统性风险（例如，见第2.3.4节关于单一险种保险公司的讨论）。事实上，SwapClear不再使用乘数，以应对一些清算会员降级导致其保证金大幅提高（实际上甚至有可能被要求退出①）这个严重的问题。其他场外中央对手方（如洲际交易所欧洲清算公司②未把保证金与外部评级相关联。这有时也是法规所禁止的。例如，美国商品期货交易委员会（CFTC）最新的衍生品清算组织规则不允许制定可能排除或限制某些类型的市场参与者清算会员资格的会员要求（如外部评级）。

表9.1　　将初始保证金与信用水平相关联的优缺点一览表

	优点	缺点
初始保证金与信用相关联	• 降低道德风险 • 中央对手方保证金在危机时自动提高	• 悬崖边缘和死亡螺旋效应
初始保证金不与信用相关联	• 鼓励小的交易对手方成为清算会员 • 无悬崖边缘和死亡螺旋效应	• 信用不良者得到（道德风险）

场外中央对手方，如伦敦清算所和洲际交易所仍然使用内部评级在定性和定量的基础上衡量清算会员的相关信用水平。基于这些标准，可采取乘数或其他措施（如限制交易行为）。正如集中清算的许多方面一样，信用相关保证金要求（见表9.1）既有优点，也有缺点。

另一个相关问题是将信用水平与垫头相关联。这通过明富环球（MF Global）的违约得到了清晰的阐释。明富环球（MF Global）持有64亿美元的欧洲主权债券（通过回购交易融资）。因为发行人信用风险降低，这些资产的垫头提高，因此造成了负面的资金影响，促使明富环球（MF Global）情况加速恶化。在此情况下③，尽管中央对手方本应提高扣减/垫头以降低恶化的信用风险，毫无疑问这存在可能增加系统性风险的问题，尤其是在操作匆忙的情况下。即使中央对

---

① 见SwapClear变更退出规则，2012年5月4日，风险，http：//www.risk.net/risk-magazine/news/2172414/swapclear-changes-expulsion-rules.
② 见http：//www.theice.com/publicdocs/clear_europe/ICE_Clear_Europe_Risk_FAQ.pdf.
③ 例如，见LCH为西班牙政府债交易提高保证金成本，2012年6月20日，http：//www.bloomberg.com/news/2012_06_19/lch-lifts-margin-costs-for-trading-most-spanish-govenment-bonds.html.

手方可能从中受益（这具有争议性，因为中央对手方可能推动清算会员违约），整个市场获益是基本不大可能的。

9.2.4 估值折减和非现金保证金

变动保证金通常只接受现金，而中央对手方允许初始保证金以其他证券的方式缴纳。这导致了所持有的初始保证金资产的价值是否在平仓期下降的问题。通常，中央对手方将通过两种方式降低相关风险：

- 合格证券：可充抵初始保证金的合格证券仅为没有很大信用风险和流动性风险、不会造成价格急剧下跌的证券。此外，与清算会员信用质量负相关的证券不在此列。
- 估值折减：鉴于上述因素，中央对手方仅需考虑市场风险，而市场风险可以通过选择合适的估值折减来降低。事实上，即便黄金和股指这样的资产也是可以接受的，因为其大部分市场风险可以通过设置较大的估值折减来降低，同时很可能不受其他造成资产价格下降的不利因素（如低流动性）的影响。

估值折减，如前文讨论，通常用来应对一定清偿期内绝大部分的价格不利变动（例如两天价格变动，置信度99.7%）。注意，该假定时期可能比初始保证金计算的假定时期短，因为出售保证金证券不取决于完成拍卖或其他违约管理措施。估值折减也可根据类似的清偿期和置信度假设用于流动性不强的外币现金保证金，并且对外币的估值折减还可能很大[①]。

9.2.5 标准组合风险分析（SPAN）方法

在场外清算领域外，关于保证金计算，市场标准的做法是20世纪80年代由芝加哥商品交易所开发的标准组合风险分析（SPAN）[②]方法。标准组合分析由芝加哥商品交易所授权使用，2008年已应用于全球50多家交易商和中央对手方。标准组合风险分析的引入在当时是一项巨大的变革，因为该算法可以基于投资组合的整体风险计算期货和期权的保证金。一个典型的例子是计算包含可

---

① 例如，假设两天时间，99%置信度，外汇波动率为15%，则折扣率为 $\Phi^{-1}(0.99) \times \sqrt{2/250} \times 15\% = 3.1\%$。

② "SPAN Overview – 芝加哥商品交易所 Group"，http://www.group.com/clearing/files/span-methodology.pdf。

相互对冲的不同股指（例如标准普尔500和纳斯达克指数）投资组合的保证金，其中的高相关性可以降低保证金要求。

标准组合风险分析将单个风险因子（如现货价格、波动性）基于某个特定的置信度进行组合考虑，不同风险因子的变化可以是任意方向。标的市场变量相同的产品使用相同的风险因子（如同一个股指的期货和期权）。每个风险因子可能发生一系列移动，旨在代表标的变量一天或两天的变动，也可能发生更多极端的移动（或许非常重要，例如对于一个价外期权头寸）。在此情况下，投资组合会根据这些变化重新进行估值，并通常使用最坏情形确定初始保证金。标准组合风险分析移动应用于期权头寸的一个例子请见表9.2。

场内交易较强的标准化（例如一个特定产品的到期日、执行价格较为单一）使得其较为适用一种相对简单的方法，如标准组合风险分析方法。标准组合风险分析方法非常适合期货或期权等简单投资组合的风险评估，因为这些产品风险维度较低。尽管标准组合风险分析或类似的方法对于简单的投资组合产品而言非常有效、简便，但是此类方法也有缺陷。最突出的问题是，此类方法无法适用于风险维度较高的复杂产品（因为不同变化的组合数量呈指数型增长）。场外衍生品投资组合通常是风险维度较高的复杂产品，风险因子远远多于场内市场。例如，即便是一个单一利率互换交易，也受到利率变动期限结构的影响，

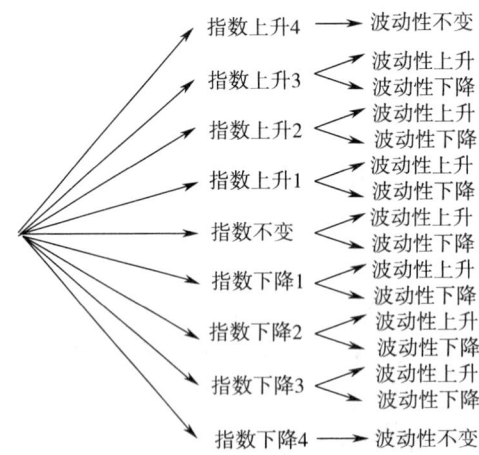

图9.2 使用标准组合风险分析方法确定一个期权头寸的初始保证金时相关风险因子变化。图标显示了标的指数的上升下降变动（分别有四个数值的变动），并分别显示了对应的波动率上升/下降情形（注意第四种指数变动是深度价外期权的极端场景）

不能用一个利率曲线平移表示，因为这意味着不同期限的利率是完美相关的，而这是不切实际的。标准组合风险分析对于隐含波动率变化的假设也相对过于简单，通常表现为单个波动率变化，无法反映易受波动率曲面更多细微变化影响的投资组合的波动率风险。标准组合风险分析方法的结果也相对稳定，并不能清楚地反映确定最低保证金情境的概率，因此并没有特别高的风险敏感度。最后，确定某个市场变量最糟变化的上下变动也较为主观，结果并无法直观地反映一个具体的概率。正因为上述原因，场外衍生品中央对手方转而更多地使用风险价值等方法来计算初始保证金，下文会具体介绍。

9.3 风险价值和历史模拟法

鉴于标准组合风险分析在复杂衍生品投资组合方面的缺陷，及风险价值（Value-at-Risk，VAR）模型在市场风险方面的广泛应用，中央对手方（如伦敦清算所、芝加哥商品交易所和欧洲期货交易所）转而使用对风险更为敏感的风险价值模型等方法，计算场外产品的初始保证金。这些方法适合复杂的多币种掉期等产品。此外，风险价值的定义非常直观，正因为如此，风险价值在银行应用非常广泛。因此，需要探讨风险价值模型，并更具体地介绍中央对手方采用的方式。

9.3.1 风险价值和预期损失

风险价值是量化金融市场风险的关键方式，由大银行在最近的二十年左右的时间内提出。风险价值值可以简单直观地解释为在某一具体置信度下，一定时间段内的最大损失。$a\%$ 置信度下的风险价值表示在 $(1-a)\%$ 概率下损失不会超过该值。计算风险价值的例子请见图 9.3。99% 置信度的风险价值值是 -125（损失），因为超过 125 损失的概率不超过 1%（鉴于分布的离散性质[①]，实际为 0.92%）。要计算风险价值，应计算某特定概率下会被超出的最小值。

风险价值可以通过一个很好理解的数值有效总结整个分布的风险。风险价值对分布本身的性质不作任何假设，比如是否为高斯分布[②]。然而，风险价值方

[①] 对于连续分布，风险价值只是分位数（分位数对概率分布给出一个值，部分概率在此数值以下）。
[②] 某些风险价值模型的应用（特别是方差-协方差方法）可能有正态分布的假设，但是这是为简便计算方法，而非风险价值方法的内在要求。

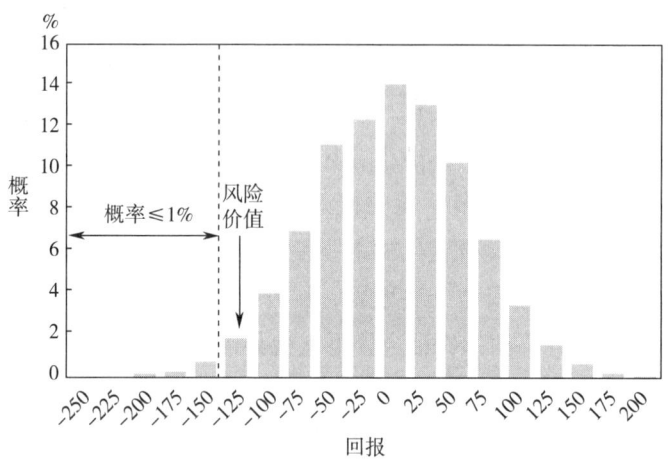

注：风险价值为125，超过125损失的概率不超过1%。

图9.3　99%置信度下风险价值（VAR）概念的图解

法可能会被误读，因为风险价值值基本显示不出在置信度区间外（上述例子中1%）的情形。为说明此点，图9.4显示略微不同的分布具有同样的风险价值值。在此情况下，损失250的概率是1%，因此99%风险价值值实际为125（因为其他损失的概率是0）。可以看到，改变250的损失并不改变风险价值，因为相关的仅仅是该损失的概率。因此，风险价值并不能显示指定的置信度区间外的潜在损失。过度依赖风险价值可能有害，因为这会导致盲目自信。

关于风险价值的另一个问题是风险价值并非一个连贯的风险指标（Artzner等，1999），大致可以理解为在某些（可能极少数）情形下，风险价值会展现反直觉的属性。最明显的是风险价值在次可加情形下可能不适用。次可加性要求两个投资组合结合后风险总和不大于各自风险的加总（因为多样性）。这需要在通过单一的中央对手方清算一笔大额投资组合时的初始保证金不大于通过不同的中央对手方[①]清算同一投资组合的初始保证金总额。在使用风险价值作为风险指标时这些属性并不能得到保证。

预期损失（Expected Shortfall, ES）对风险价值作了略微调整，其定义是等于或高于风险价值确定水平的平均损失。即预期损失是损失至少在风险价值以上的平均损失。预期损失的解释不如风险价值直观，但是拥有更多理想的特性，

---

① 假设中央对手方使用相同的初始保证金方法。

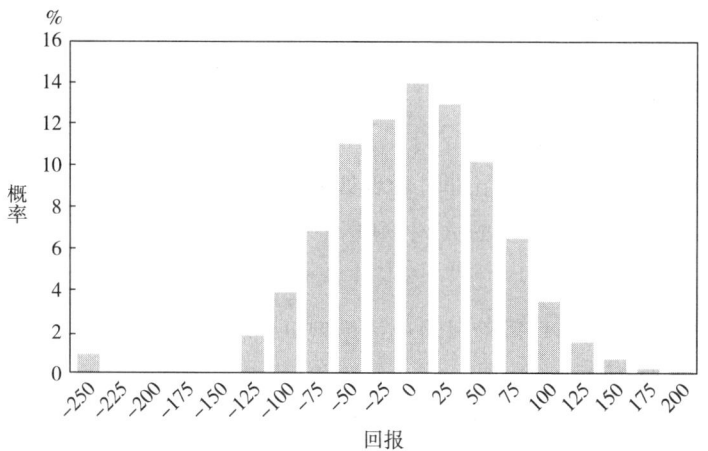

图 9.4　与图 9.3 的风险价值相同的分布

例如未完全忽略巨额损失的影响（图 9.4 中的预期损失实际上大于图 9.3 的预期损失）。此外，预期损失是一个连贯的风险指标，可以确定中央对手方之间的交叉保证金总是会降低初始保证金要求（风险价值无法确保做到这一点）。风险价值缺乏次可加性的一个例子见表 9.2。此例中，80% 风险价值①由第四高的损失确定，在联合投资组合中（90）高于两个单独的投资组合的加总（80）。预期损失是最高的两个值的平均数，不存在此问题。

表 9.2　　风险价值和预期损失数组的次可加性。与风险价值对应的场景用黑体显示

	组合 1	组合 2	总资产组合
方案 1	10	30	40
方案 2	30	**40**	70
方案 3	**40**	30	70
方案 4	10	90	100
方案 5	80	10	**90**
风险价值（80%）	40	40	90
预期损失（80%）	60	65	95

---

① 置信度低是因为相关的场景少。

9.3.2 历史模拟法

风险价值和预期损失算法最普遍的应用是使用历史模拟。这需要使用一段时期（通常是几年）包含整个投资组合相关风险因子的历史数据。然后再模拟当前投资组合在同样的历史事件时表现如何。例如，如果使用4年的历史数据，可能计算投资组合每日变动的大约1000个不同的场景。如果相关的时间更长，通常要使用"时间平方根法则"延长1天的结果（见第7.2.3节）。例如，银行、监管机构使用的市场风险风险价值模型可以将10天VAR值定为 $\sqrt{10} = 3.14$ 乘以1天的风险价值。

风险价值模型可以通过"回归测试"，实证检验其预测结果。回归测试需要将实际数据与模型预测数据进行比较。风险价值回归测试表现良好，99%置信度下的参考值在每100次观察中都会被突破1次。

使用历史模拟法还有一些问题和潜在的困难，例如：

- 数据相关性：作为风险管理工具，一种方法是否成功取决于历史是否可以对未来有参考意义。
- 数据窗口：使用多长时间的数据是一个主观的决定。一个长的时间窗口或"回归期"（例如10年）将提供更多的数据，但是可能包含过期的、不相关的数据。短的时间窗口也许包含近期的相关数据，但是整体而言包含的数据少，更易受到不相关数据的干扰，也可能会产生顺周期性问题（见第9.3.5节）。
- 自相关：指的是一段时期的数据可能互相之间相关性太强（如平静期和波动期）。

9.3.3 回溯期间

回溯期间指的是决定风险价值等风险权值所使用的历史时间。选择回溯期间非常复杂：一段很长的期间或许会使用过期的、无意义的数据，而较短的期间可能导致不稳定的结果。银行使用风险价值模型进行资本计算时通常使用1~3年的时间，一般不超过5年。总体而言，短的回溯期间问题更大，因为波动很大的时期（例如雷曼兄弟违约后的时期）不包含在数据集内。一个降低此影响的方式是使用"指数减幅"，历史场景的权重随着时间的流逝而减小。这意味着大的价格波幅逐渐退出数据集。在2011年底实施的巴塞尔2.5调整（BCBS 2009）中，银行计算风险价值时应包含一年的压力测试回溯期间。整体而言,这意味着雷曼兄弟破产时期的数据在退出回溯期间很久后将仍然保留在风险价值数据集中。

9.3.4 相对场景和绝对场景

相对回报率一直被用于历史风险价值算法。根据相对回报率,利率从3%增长到3.6%是增长了20%。在低利率时期,例如利率为1%,相对增长率若为20%,则绝对增长值很小,仅仅增加到1.2%。而如果使用绝对值,0.6%的增长意味着利率增加到1.6%。如图9.3所示,说明了两个不同的场景。应注意,绝对值可能导致负利率(可能数值非常大),而相对值不会导致负利率(除非利率本身就是负利率)。

是绝对场景还是相对场景更合适取决于现有的利率机制。绝对变化在利率下降时更保守,如图9.5所示。相反,在利率上升时,相对变化更保守。这在利率模型方面是常见的一个问题,此利率变化会在正态(绝对变化)和对数正态(相对变化)之间转换。

表9.3　　　　　　　　使用绝对值和相对值的历史模拟比较

	历史数据			历史模拟	
	初始利率	终值	变化	初值	模拟
绝对场景	3%	3.6%	0.6%	1.0%	1.6%
相对场景	3%	3.6%	20%	1.0%	1.2%
绝对场景	4%	3.2%	−0.8%	1.0%	0.2%
相对场景	4%	3.2%	−20%	1.0%	0.8%

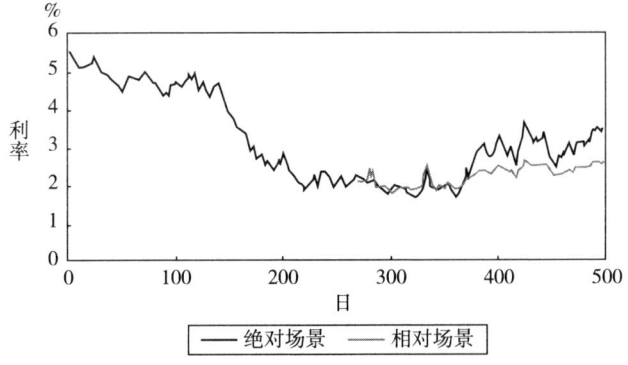

图9.5　展示使用绝对场景和相对场景对利率进行历史模拟。模拟从第250天开始

9.3.5　顺周期性

对于风险价值模型来说，顺周期的概念可能会使风险价值在危机时期升高，在平稳期降低。目前这是一个众所周知的问题，因为这推动了牛市时高杠杆率的应用，导致突发严重的危机。初始保证金的高顺周期性显然存在问题，因为可能在好的经济环境下造成保证金要求过低，而这是危险的。为显示这种情况可能带来的严重影响，Heller 和 Vause（2012）认为如无任何顺周期性调整，从低波动率到高波动率环境，利率互换的初始保证金可能会增加大约 2 倍，信用违约互换可展现出大约一个数量级的影响。

顺周期性对风险价值的影响见图 9.6（本例针对利率互换交易）。风险价值在顺周期下可能剧烈变化，而一般情况下的风险价值较为平稳。我们也展示包含一些保守的或压力情景下的假设的影响，这将在下文进行探讨。在普通场景下，风险价值是非常稳定的，然而在波动大的市场中，由于平均化效应，风险价值会过低。顺周期场景下风险价值在波动大的市场中的确有更大的增幅，然而增加得过于突然。压力场景下的风险价值在波动大的市场中既稳定又更合适，但是在大多数时间，可能过高。

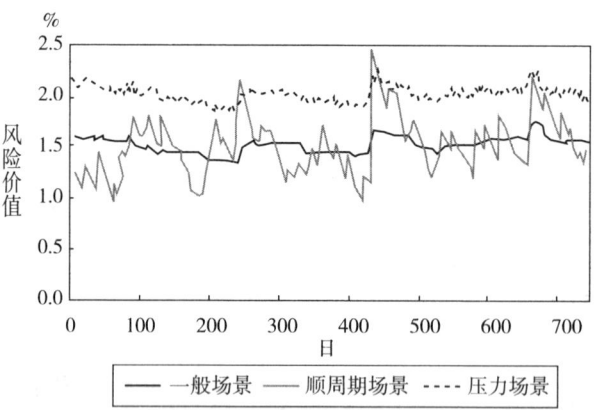

图 9.6　一段时期内正常、顺周期和压力情景下的风险价值的计算

有一些选择会影响初始保证金的顺周期性：
- 历史时间序列：回溯期限的选择至为重要。如果时间过短，可能会包含最为相关的近期数据，但是会导致随着时间的推移保证金变化过快，因为波动大的交易日数据频繁进入或退出数据集，导致快速震荡（见图

9.6 的顺周期例子）。使用长期的数据会缓和这种影响，因为某一特定时期的效果对计算指标的整体效果影响更小（类似图 9.6 的正常时期结果）。

- 波动性倍数放大：某些风险价值方法使用不同的方式在金融数据中发现波动率聚集。一个简单的例子是使用指数加权移动平均（Exponentially Weighted Moving Average，EWMA）历史数据[1]，这意味着数据点随着时间的流逝影响会逐渐减弱。更复杂、更普遍使用的方式是筛选历史模拟（Filtered Historical Simulation，FHS）。尽管这些方式都在一定程度上更接近金融市场的实际情况（例如金融市场长时期的小幅波动后发生短时期的剧烈震荡），它们可能导致更大的顺周期性，并使得初始保证金在危机一开始就快速增加，但是在危机缓解后快速下降。
- 自相关：风险价值方法有时使用重叠回报的方法来最大化数据点的数量。这带来一些问题，因为重叠数据显然具有相关性，一个极端事件将在几个重叠的时期多次出现，导致产生很大的影响。避免自相关的唯一简单方法是使用最坏情形单个损失或非重叠回报。
- 风险指标：风险指标的选择对顺周期性有一定影响。例如，假设 5 年时间窗口中的最差情形场景被用来计算风险价值。当最差情形场景这一天退出了数据窗口，那么初始保证金将有可能大幅下降。如果初始保证金是几个最差情形场景的平均值（见第 9.4.2 节关于 SwapClear 的改变），那么某一天退出了数据窗口产生的影响会相对较小。

全球金融危机体现了银行衡量市场风险资本时采用的风险价值方式的很多不足。这导致了各种监管变化，例如需要根据 12 个月"与银行投资组合相关的重大金融压力"（BCBS 2009）计算"压力情景下的风险价值"。图 9.6 中，压力测试结果从维持稳定和在波动大的时期不低估风险价值的角度看，显然是最有利的。此外，对交易簿的基础评估（BCBS 2012a）已建议银行风险资本要求从风险价值转向更为连续的风险指标预期损失（见第 9.3.1 节）。使用压力测试数据和预期损失等方法近期已被用于初始保证金算法，具体请见下一章节内容。

---

[1] 例如，伦敦清算所在 PAIRS 算法中使用过指数加权移动平均历史数据，见 http://www.lchclearnet.com/images/lch.clearnet_limited_swapclear_im_model_changes_tem6-63320.pdf.

9.4 场外衍生品的初始保证金

9.4.1 初始保证金模型要求

在过去二十年中所发展出来的专门用于衡量银行市场风险的风险价值模型，最近已经被应用于中央对手方清算初始保证金的计算过程中。根据这一趋势，在设计一个初始保证金模型时，以下几个方面就显得尤为重要：

- 预测能力：在考虑到所有相关风险因子以及其交互影响的情况下（例如非高斯分布等），该模型要能够得出对于投资组合风险敞口的可靠预测。
- 相关性：模型中应合理包含不同风险因子之间的交互影响，以显示不同产品之间的区别，但是要防止这些交互影响夸大了产品之间的差异性。这一点在计算跨市场保证金产生的收益时尤为重要。
- 顺周期性：保证金模型的设计旨在尽可能消除顺周期性的影响，为此需要纳入不同类型的市场数据，例如压力情景下的数据。
- 保证金风险期间：保证金风险期间基于相关产品的流动性、市场规模以及具体特征。

9.4.2 场外中央对手方初始保证金模型

直至目前，最典型的场外衍生品模型采用最近五年的数据来模拟历史情况，同时通过类似于风险价值模型的方式来计算初始保证金要求（如置信度99.7%）。指数加权移动平均法和筛选历史模拟法等模型均被使用过（见第9.3.5节）。然而，经过多年的使用，特别是在国际金融危机期间，保证金的风险价值模型也暴露出其自身的缺陷，目前人们正在将其不断改进。此外，不出所料，针对中央对手方以及初始保证金的监管也聚焦于风险价值模型的潜在风险，例如全球金融体系委员会（CGFS 2010）曾建议采用"周期式保证金"制度。根据欧洲中央对手方标准（ESMA 2012），中央对手方应当采用以下三种中的一种或多种方式[①]来控制顺周期性：

- 对保证金至少预留25%的安全垫。

[①] 变更的截止日期是2013年9月15日，雷曼兄弟破产五年后。

- 对回测期间压力情景下的观测数据赋予25%以上的权重。
- 确保该产品的保证金要求不低于利用十年期波动性回测所估计出的保证金要求。

如上所述，人们对保证金模型进行了诸多改进，例如伦敦清算所SwapClear平台在2013年对其模型进行了如下的调整①：

- 绝对增量：市场变量的相对变化量被调整为绝对变化量，这种方式在低息市场环境下显得更为审慎（见图9.5）。
- 历史数据：为了能够得到更加稳定的估计量，数据的采集时间从过去5年增加为过去10年，否则，雷曼兄弟倒闭时期的数据将会被排除在历史数据之外，这必将导致保证金要求的大额下降。此外，用于减少历史极端情况影响的衰减系数（见第9.3.5节关于指数加权移动平均法的内容）将会被重新校准。
- 期望损失：由于初始保证金的取值为2500个交易日中情况最糟糕的六个交易日之平均，初始保证金现在被定义为期望损失，它代表了99.7%以上的置信度。正如前文所述，期望损失模型的性质优于风险价值模型，因此这一模型将具有更好的一致性和稳定性。

其他中央对手方也对模型进行了类似的调整，例如芝加哥商品交易所为了符合前述欧洲证券及市场管理局的要求，在模型中使用了压力情景下的数据。这同时也符合了前述银行资金管理要求中的压力风险价值要求，并且很有可能将数据遗漏的问题更完美地解决（考虑到使用10年的时间窗口只是延迟了此影响）。

初始保证金可能因为以下原因而调整：

- 时间序列调整：陈旧数据将会被最新的市场事件替换。
- 中央对手方保证金计算方法改变：中央对手方会对其保证金模型所采用的方法进行调整（例如改变数据窗口或者将风险价值模型替换为期望损失模型）。

理想情况下，保证金应当保持稳定，但是保证金的数额也应当能够根据新的市场数据和方法论的改进作出调整。某些改进可以仅被当作短期的修正，例

---

① 见http://www.lchclearnet.com/imagees/lch.clearnet_limited_swapclear_im_model_changes_tem6_63320.pdf。

如在利率开始上升时,将相对回报修改为绝对回报将变得不再适当。此外,虽然将数据采集年限延长为十年可以将雷曼兄弟破产时的数据包含进来,但是这些数据总有一天还是会被排除在数据集之外。

当然,初始保证金无法完全抵消顺周期性,中央对手方根据市场情况来调整保证金要求或许确实有效,因为这能够增加他们对抗风险的能力(Pirrong 2011)。具有高敏感性的保证金规则,容易产生顺周期性,也将产生较低的平均保证金要求(虽然这一保证金要求在危机时期会显著上升)。然而,市场情况瞬息万变,剧烈的保证金调整将会通过多种方式影响价格,例如资产强行平仓。当然,最安全的方式就是采用审慎的初始保证金制度,但是正如图9.6所阐明的,这也是成本最高的解决方式。虽然监管要求以及来自会员的压力[1]能防止保证金制度变得过于激进,但是中央对手方之间的竞争又在某种程度上加剧了这种进程。

中央对手方可能会在初始保证金计算中加入额外的因子,当持有以不同货币标价的头寸时,考虑外汇风险也变得很重要。中央对手方也可以使用"保证金乘数",它将在面临过量流动性风险、信贷风险、集中风险和主权风险的情况下要求更多的保证金。这或许解释了为什么将较大额或者较复杂的投资组合平仓时将会产生较大的交易成本,甚至影响整个市场。代客交易也将增加保证金要求。

表9.4比较了三个重要的场外市场中央对手方在利率产品方面的初始保证金计算方式,从中我们可以发现,三方在很多方面都有合理的趋同性,包括历史模拟法、清算期间、波动的衡量以及清算费用等方面。但是从数据窗口和计算方法的使用区别上我们可以看出,三方在避免顺周期性和自相关性等方面有所不同。考虑到这些细小的差异,我们预期这些工具将能够独立得出合理的实质性差异(如10%~20%),然而,实际初始保证金计算过程中的资产组合效应将会对这一预期造成干扰。并非所有的中央对手方在方法论的假设上都是密切统一的,例如纳斯达克-OMX集团在利率产品领域便使用了包含三因子的主成分分析法(Principal Component Analysis,PCA)[2]。

---

[1] 例如,见"会员抵制SwapClear修改保证金模型",Risk,2012年12月5日,http://www.risk.net/risk-magazine/news/2229594/member-revolt-forces-swapclear-to-revamp-margin-model.

[2] http://www.nasdaqomx.com/digitalAssets/87/87719_cfm-margin-guide-methodology.pdf.

第9章 保证金和违约基金算法

表9.4 利率产品领域初始保证金计算方式比较

	伦敦清算所	芝加哥商品交易所	欧洲期货交易所
产品名称	PAIRS*	HVAR**	PRISMA·
历史数据年限	10年	5年	3年+1年压力期间
计算标准	预期损失（6个最大损失平均）*	99.7%风险价值置信区间（第四大损失）**	至少99%风险价值置信区间（5个风险价值值非重合回报的均值）·
回报类型	绝对回报	相对回报	绝对回报
波动性计量	滤波历史模拟法结合波动性测算	指数加权移动平均结合波动率测算以及最低波动率限制	滤波历史模拟法
清算期间	5天（客户7天）	5天	5天
额外成本	信用风险及流动性风险	流动性费用	历史相关性改变以及流动性成本

注： * http：//www.lchclearnet.com/risk_management/ltd/margining/swapclear.asp.
　　** http：//www.cmegroup.com/trading/interest-rates/files/OTC-IRS.pdf.
　　· http：//www.eurexclearing.com/clearing-en/risk-management-eurex-clearing-prisma.

伦敦清算所采用经过修改的标准风险资产组合分析方法[1]（CDS SPAN^R），该方法以肥尾分布下的99.7%置信区间假设为基础。伦敦清算所和洲际交易所都在模型中加入了额外的因子以反映诸如买卖价差和大型投资组合集中性风险。

9.4.3 竞争

一个关于中央对手方初始保证金最明显的担心就是中央对手方之间的竞争。中央对手方在价格上的竞争对交易商会有一定好处，因为初始保证金的要求会降低，但是这样反过来会导致竞相逐底现象的产生。中央对手方常被用来和评级机构相比较（Kenyon和Green，2012），因为它们之间的竞争将导致系统性风险并且引发金融危机。

清算会员希望初始保证金数额降低以降低清算成本，然而他们也需要确保自身面临的风险被适当覆盖。由于道德风险的存在，实力较强的中央对手方会员会因为补贴实力较弱的会员而遭受损失（见第2.1.5节中关于伦敦金属交易

---

[1]　http：//www.lchclearnet/Images/risk/%20mgt%20overview%20-%20public%20var_tem6-64637.pdf.

所经历的评论）。上文所提到伦敦清算所将相对回报替换为绝对回报，正是清算会员游说的结果。实力较强的中央对手方希望初始保证金能够覆盖整体风险之中更多的部分以减少道德风险，这样一来也可以更透明地将成本转移给客户，因为非清算会员并不缴纳违约基金。

然而也有人指出中央对手方在初始保证金要求方面"竞争性过强"。例如 SwapClear 平台曾指控其对手，国际衍生品清算集团（IDCG）的初始保证金要求是"近乎于鲁莽的"[1]，这一指控主要是针对 IDCG 的合约期货化行为（见第 12.3.1 节）。应注意的是，这一指控发生在大量中央对手方都在争取为房利美、房地美的大额资产组合进行清算的时期，而 IDCG 否认了这一指控。

以上的证据似乎显示了中央对手方之间的竞争仍将继续存在，而且竞争性越强的机构将承担越大的风险。同时证据也显示，显著的行为分歧将会导致过于激进的定价，然而市场中的力量，例如来自清算会员的压力有可能纠正这一行为。

9.4.4　计算思路

确定场外衍生品初始保证金的方法论已经普遍采用了模拟工具，这不足为奇。由于是唯一能够将各种重要的因素诸如不规则概率分布、随时间变化的波动率以及多维性进行整合的方式，模拟工具是目前最为精确的计算工具，同时也是唯一能使产品开发以及跨市场保证金制度变得更加实用的工具。

然而，运用这种相对复杂的工具也需要更多的成本。计算保证金需要基于投资组合，因此当投资组合中加入一笔新的交易时，其保证金的计算还需要考虑到该交易对于原组合的增量效应。这种增量效应对于清算会员（以及客户）尤为重要，尤其是当他们需要决定在什么时候结清交易以及是否向中央对手方进行倒载交易时。即使经过了预先计算和并行处理，增量效应的计算也是不可能即时完成的，因此无法被用于新交易的执行处理程序中（正如我们在第 8.2.2 节讨论的，监管要求交易在短时间内被承接清算，时间限制大约 60 秒），此外，清算会员以及客户也希望能够熟悉处理方式并且及时了解大量投资组合以及新

---

[1]　见"房利美，房地美清算之争正酣，伦敦清算所 CEO 认为对手鲁莽"，Risk，2010 年 4 月 15 日，http：//www.risk.net/risk-magazine/news/1601290/lch-clearnet-ceo-calls-rival-reckless-fannie-freddie-clearing-battle-heats，及金融时报，2012 年 4 月 16 日，http：//www.ft.com.intl.cms/0/0458dc94-48ef-11df-8af4-00144feab49a.html#axzz2htSDhLrA。

交易的保证金数量。一个显而易见的优化计算次数的方式就是使用"灵敏度"（希腊值，Greeks）来取得每一笔交易带来的价值改变的近似值，而非诉诸整体的重新估值。考虑到可能发生的情景数量，整体重新估值通常耗费更多的时间，尤其是在复杂衍生品的估值中还需要相对复杂的定价模型。

综上所述，中央对手方开发出了新的工具来计算大致初始保证金，避免整体重新模拟。其中一个例子就是 SwapClear 平台的保证金风险估值工具（SwapClear Margin Approximation Risk Tool，SMART），该工具也可从彭博社网站获得①。至于处理新交易初始保证金的方式，中央对手方或是通过实时计算保证金近似值得出，或是使用缓冲保证金来暂时抵御风险，直到实际的保证金影响被计算出来（多数需要隔夜）。这种新增风险也可以由额外的违约基金因子所覆盖，该部分是基于清算会员最近的交易而设立的。这就意味着当一个清算会员为大量交易做清算时，将需要缴纳更多的额外违约基金来覆盖交易的日间风险。

9.4.5 标准化初始保证金模型（SIMM）

正如在 6.5 节中所讨论的，监管要求在双边交易（非集中清算交易）中设置初始保证金。虽然一些机构和产品可以豁免、监管要求会逐步落实并受到一些条件限制，但是这一监管所要求的初始保证金金额较大，尤其是第 6.5.5 节讨论的简单标准化保证金显得特别高［ISDA（2012）估计高达 8 万亿美元］。这就意味着将更复杂的模型运用到初始保证金的计算中对于防止保证金要求过于审慎是非常重要的。显然，以上所讨论并被使用的风险价值模型对于中央对手方来说是自然的选择了。

然而，双边市场交易的一个重要区别在于，交易双方需要在保证金数量上达成共识（相比之下集中清算市场上中央对手方有权执行自己的标准）。更加复杂的保证金计算方式，例如风险价值模型，将更有可能导致严重的分歧。确实，在双边市场上，即使是变动保证金的计算（基于现期风险暴露）也经常引起关于估值的较大分歧。因此不难想象，初始保证金的计算（基于对未来风险暴露的估计）将会导致更多分歧，而这些估计本来就是高度主观和复杂的。从实践上来说，一个机构也不太可能照抄所有其他双边对手方的模型和数据，另外，

---

① http：www.bloomberg.com/pressroom/Bloomberg-integrates-margin-calculator-for-sswap-participants/.

他们可能也不愿意盲目轻信这样的模型所得出的初始保证金要求。

由于标准化保证金安排显得过于审慎，而各家机构自己的模型又会导致较多的分歧，我们显然需要一个既对风险敏感，又能够被场外双边市场交易者普遍接受的标准模型。国际互换与衍生品协会（ISDA）已经开始借助市场参与者的力量对这一课题进行详细考察。标准化初始保证金模型（SIMM）目的在于创立一套标准的双边初始保证金计算模型①。ISDA（2013d）大体提出该模型结构应该具有以下几个特点②：

- 非顺周期性：保证金不应当随市场的波动而连续变化，否则将增加不稳定市场环境下的压力。有人提议保证金不应当严格与市场波动性和级别相关联，也有人提议情景应当定期更新而不是连续更新。
- 易于复制：为减轻可能的分歧带来的问题，需要使用易于理解的模型和数据集。
- 透明度：模型的内在逻辑要方便人们理解，以使他们能够深度探讨，找出矛盾从而避免纠纷。
- 方便计算：计算过程必须迅速（以秒计），以促进快速价格检查。
- 可扩展性：模型应当易于扩展，以应对新增的风险因素，方便新产品推出。
- 可预测性：为使机构正确定价并分配资金，初始保证金的结果必须可预测。
- 成本：购买或建立模型的价格不能过高，以保证模型的可获得性。
- 监管：监管者应当批准模型和算法的使用，并且定期对其进行审核。
- 保证金适当性：保证金应该对风险敏感，并对不同组合头寸进行适当的抵消。

坚持以上原则，基于产品的相关风险因子，国际互换与衍生品协会定义了对于资产组合中所有标的产品的通用模型。"市场情景冲击"（10 天或者相应数量级）现在通过"因子模型"或者诸如历史风险价值一类的模型被运用到了每一个风险因子中。在精确描述风险因子、模型使用的数据集和根据数据模拟市场情况的方式上（例如主成分分析法或者历史模拟法），这一方法仍然还有很多

---

① 注意此算法并未对中央对手方的初始保证金提出意见。
② 注意此为作者自己对 ISDA（2013d）提出的特点的描述。

细节需要进一步确定。

借鉴其他主要模型，我们还可以使用预先计算的风险，而不是整体重新估值，来重新计算一个受到不同风险因子影响的资产组合的价值。虽然这样的计算方式会低估复杂头寸和/或经过部分对冲的头寸的保证金，但是在需要迅速计算保证金追加量以帮助作出投资决定的情况下，这一方式似乎更为实际。

最后，国际互换与衍生品协会建议，为了达到独立计算跨资产保证金的要求，"冲击"被独立运用到每一个资产种类当中。正如我们在第6.5.6节中所讨论的，这或许比将产品根据资产类别来分类更可取，因为它更好地表现了不同资产类别的风险因子（例如利率和信贷）以及部分对冲情况之下交易的真实状态。此外，如果一个产品会受到所有不同资产类别的风险冲击，就不需要将其划归到某一特定资产类别之下。

9.5 跨市场保证金

9.5.1 基本原理

跨市场保证金指的是基于整个资产组合来计算的保证金，而不是基于单个产品。这种保证金的优势在于其更有竞争力，因为这种保证金由于头寸抵消将会变得更低。确实，Gemmill（1944）证明了为几个相关度不高的市场同时进行清算将为中央对手方提供分散风险的好处。跨市场保证金具有的相关优势如下：

- 更低的保证金成本：由于不同头寸之间分散风险所产生的更低的初始保证金要求。
- 更有效率的清算：在违约的情况下，所有跨市场的头寸能够作为一个对冲资产组合被统一清算，这将最小化平仓的成本，并减少违约造成的系统性冲击。
- 减少法律和操作风险：因为保证金代表的资金并不属于合约对手方，在隔离缺失、欺诈以及操作出现问题的情况下，保证金将会遭受损失，而跨市场保证金也为该损失减少了一定的风险暴露。
- 提高监管透明度：监管者将通过中央对手方得到一个关于各清算会员头寸情况更好的整体掌握。

中央对手方成员以及其客户将会积极寻求获得较低初始保证金这一有利的

特点，尤其是那些业务复杂金融机构，他们使用各种各样不同的交易方式，并且经常处置一些经过部分头寸对冲的资产组合。在这种情况下，跨市场保证金的优势或许将会更加显著。

目前市场上有很多种运用跨市场保证金的方式，其中一些已经相当成熟，而另一些将会随着场外清算的发展而不断完善：

- 在给定的产品范围内（例如利率互换中的不同货币产品）。
- 在给定资产类别中的不同产品之间（例如盯住浮动利率的互换以及基差互换，或者指数以及单一标的资产信用违约互换）。
- 在不同资产种类中的不同产品之间（例如利率互换和信用违约互换）。
- 在交易所交易产品和场外交易产品之间（例如利率期货和利率互换）。
- 在同一中央对手方的不同业务区域（例如芝加哥商品交易所美元区和欧元区）。
- 在不同的中央对手方之间。

以上类型的某些部分相对更难做到，例如，由于一些操作上的原因（比如期货和场外产品）或者不同地区管辖权的差异（在不同地区的中央对手方之间），需要开发出复杂模型以体现单个资产组合内在的相关性。然而，特别是当场外清算变得广为接受的时候，通过跨市场保证金制度来降低保证金要求对于市场参与者来说变得越来越重要。

也有证据显示，对多种资产类型的清算将有利于违约管理。例如，雷曼兄弟在芝加哥商品交易所同时交易了利率、股权、农产品、能源、外汇等五个头寸的组合，此时它在五个资产类别中的两个头寸上遭受了损失，这种损失被其他三个头寸上的超额保证金所覆盖（Pirrong, 2013），这就意味着总体保证金是充足的。伦敦清算所多样化的经营范围也为其应对此类违约风险提供了帮助。其 CEO 这样说道："如果没有多样化的经营程度，我们是否有时间辨认并转移客户的头寸还要打上一个问号，否则我们将别无选择，只能将交易所账户上所有的头寸了结，使得众多客户无法对冲[①]。"

9.5.2 中央对手方内部的跨市场保证金

从历史上来看，中央对手方趋向于避免跨市场保证金的过度推广。这并不

---

① 华尔街日报，"伦敦清算所如何处理雷曼违约"，2008 年 10 月 14 日，http://online.wfj.com/article/SB122392821573229759.html.

出人意料，因为随着跨市场保证金的出现，初始保证金模型需要变得更加复杂，并且显示相关性以及基差头寸，然而这对于仅包含单一产品类别的资产组合的计算来说并不重要。但是随着中央对手方扩张并囊括更多的产品类型（尤其是在场外市场领域），这一问题就变得更加重要，并将会承受更大的竞争压力。

然而跨市场保证金制度是有其内生风险的。或许在理解并量化金融风险的过程中，最困难的部分就是不同金融变量之间的相关性。我们都知道用历史数据估计的相关系数或许不一定可以很好地预测将来的情况，尤其是在一个波动剧烈的市场环境或者危机当中，此时在绝对基差下的相关系数会变得非常大。同样值得注意的是，与波动率不同，对于作为资产组合潜在敏感性的相关系数而言，我们无法立即判断其数值为正、为负或者甚至呈现非单调性是否有重要意义。因此，虽然包含多维风险因子的模型能够带来保证金抵减的好处，但是它也增加了模型的潜在风险。

我们也应当注意到，清算会员经常向客户索取比中央对手方要求的更多的保证金。中央对手方从跨市场保证金中所获得的优势不一定通过清算会员完全传递到客户，虽然竞争压力也会迫使清算会员将保证金抵减的好处分享给客户。

9.5.3 交易所交易产品以及场外市场产品

随着场外清算的发展，交易所产品（例如期货）和场外产品之间的跨市场保证金抵减成为了减少成本的手段。的确，从2012年芝加哥商品交易所为欧洲美元、国债期货合同以及场外利率产品提供跨市场保证金制度以来，这种趋势就已经开始了[1]。

然而我们绝不能小看这种合流的趋势，正如表9.5所示。首先，期货产品的初始保证金计算开始广泛使用标准风险资产组合分析（SPAN），然而场外产品仍然在使用历史风险价值工具。其次，更具流动性的期货产品的预计清算期间（一般为一天到两天）短于同类场外产品预期清算期间（一般为五天以上）。再次，这些产品的保证金账户将会产生不一致：期货头寸普遍使用了客户汇集综合账户结构（见第8.2.1节），而场外市场产品则通过诸如法律隔离混合操作模式（见第11.3.3节）之类的方式被赋予更严格的保证金隔离。最后，一个潜

---

[1] 见 http://www.cmegrouop.com/trading/interest-rates/cleared-otc/files/portfolio-margining-capital-efficiencies.pdf.

在的问题与监管相关,例如,在美国,期货产品由美国证券交易委员会(SEC)监管,而场外市场由美国商品期货交易委员会(CFTC)进行监管。

表9.5　　　　　　　期货以及场外清算产品保证金制度比较

	期货	场外产品
初始保证金计算方式	标准风险资产组合分析	历史风险价值
预计清算期间	一天到两天	五天
账户结构	客户汇集综合账户	场外隔离账户 (例如法律隔离混合操作模式)

跨市场保证金制度需要使用统一的计算方法来计算两组产品,考虑到产品的复杂性,这一计算方法应当基于场外市场。这通常是通过将期货中使用的基于标准风险资产组合分析的方法转变为场外市场中使用的方法来实现的。这就意味着相对于单独计算保证金时,集中清算情况下对于期货头寸清算期间的处理将更加稳健。这一点非常重要,因为场外市场头寸的期限一般长于期货头寸,所以保证金抵减只会在一部分的情况下显得稳健。这就意味着在采用跨市场保证金制度之前,先对两个资产组合之间可能发生的保证金抵减进行衡量变得很重要,这样可以确保该抵减可以覆盖任何更多的对于期货产品的稳健处理。现在仍在阻碍期货市场和场外市场之间跨市场保证金制度发展的,似乎只有付诸实施时的困难以及稳健性收益了[①]。

9.5.4　中央对手方之间的跨市场保证金

跨市场保证金所具有的优势无疑被各中央对手方的区域差异以及产品的差异化所限制。中央对手方之间的协同性(见第8.5.1节)通过让中央对手方之间共享保证金的方式大大提升了效率。在这种情况下,两个或更多的中央对手方签订合约协议,共同对某些特定产品的交易征收保证金。这一方式将产生潜在的分散经营优势,正如单个中央对手方通过对不同的资产类别进行清算时所获得的好处。跨市场保证金协议或许会被限制于某一些特定产品,但也有可能扩展到这些中央对手方所经营的整个产品领域。

如图9.7所示,中央对手方之间的跨市场保证金制度可以采用一步法或者

---

①　例如,见"CME跨市场保证金受现实问题影响减速发展",Risk,2013年8月1日,http://www.risk.net/risk-magazine/news/2284938/crossmargining-at-cme-slowed-by-practical-challenges.

两步法来进行。在两步法中，每一个中央对手方进行内部轧差，并且各自拥有属于用于存放所需初始保证金的分离账户。这种情况下，双方能够获得的好处是有限的，举例来说，中央对手方可能将剩余风险进行抵消，在违约发生时，一方的超额收益会被用于弥补另一方的损失。在一步法当中，由于在违约情况下头寸将会被集中平仓，清算将会有更高的效率。正因为如此，所有此类头寸都使用同一种计算方式进行处理，这样也潜在地节约了很多成本。然而，一步法需要中央对手方在联合账户设置、使用的保证金计算方式以及违约情况下单独保证金账户如何细分等多方面达成一致。此外，中央对手方还需要结成一个应对破产、客户保护、监管制度的联盟，并且还需要一个在中央对手方之间被普遍认可的违约管理工具。

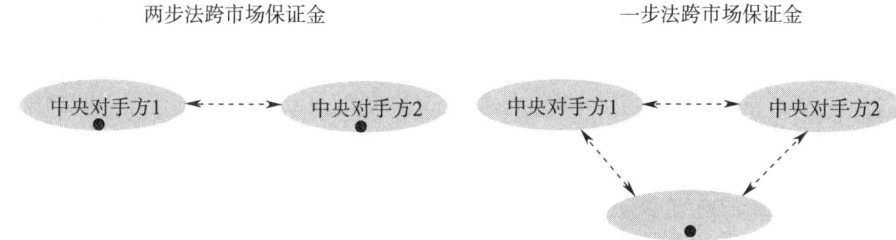

图9.7　一步法与两步法跨市场保证金安排对比

跨市场保证金制度并非最近才出现（例如美国期权清算公司早在1989年[①]就开始实行跨市场保证金项目，另一个例子是洲际交易所美国清算部和美国期权清算公司之间经营的股权指数产品）。与场外清算有关的跨市场保证金产品包括：

- 信用违约互换：洲际交易所美国信用清算公司与芝加哥商品交易所美国分公司[②]之间签署了涵盖单一卖方以及指数信用违约互换的跨市场保证金协议。
- 利率产品：从一个被称为三位一体项目的法案中，我们可以看到一种融合了SwapClear平台的利率交易、由纽约泛欧证券交易所（NYSE Liffe US）及美国存管信托和结算公司（DTCC）进行清算的美国国库券以及债券期货等产品的保证金制度。

---

① http：//www.optionsclearing.com/about/press/releases/2009/10_06.jsp.
② 例如，见"清算所为信用违约互换客户寻求合并保证金账户"，道琼斯通讯社，2011年10月7日。

- 场外/场内交易：洲际交易所以及美国存管信托和结算公司进行清算的场外衍生品以及现金产品。

9.5.5 跨市场保证金计算方法

随着跨市场保证金被更广泛地采用，关于初始保证金的计算方式也需要变得更加复杂。虽然诸如风险价值之类的模型非常适于多元资产组合的计算，但随着跨市场保证金运用的增多，一些问题也显现出来：

- 相关性度量：随着涵盖范围逐渐扩大，跨市场保证金计算中需要加入更多的相关性、曲线图表以及基差头寸。众所周知，由于存在随着时间推进而迅速变化（尤其是在危机期间）所产生的不稳定性，依靠历史表现来计算保证金有时是很危险的。因此适当的做法可能是对跨市场清算作出限制，并避免使用一些过于有利的相关参数。
- 风险度量：在跨市场保证金环境下，用于计算初始保证金数额的量化工具非常重要。正如上文举过的例子（见第9.3.1节），风险价值并不是具有一致性的风险度量方式，而期望损失却是。使用类似风险价值的非一致性风险度量方式可能会导致在跨市场清算下，两个资产组合的初始保证金要求将会高于独立清算情况下这两者的初始保证金之和（虽然在大多数实际情况中，这一问题在风险因子联合分布中产生的概率不高）。
- 损失分摊：在一步法跨市场保证金制度下产生违约时，各中央对手方需要一个公允的方式来分配共享的保证金。这个过程相当重要，因为该过程相当于将资产组合分散风险的效果重新分配到每一个子组合当中。一个理所当然的想法就是使用"边际风险值"的概念［见 Jorion（2007）第7章］。
- 计算速度：跨市场保证金将使得资产组合规模增大，同时计算也会更加耗时。人们显然希望这些计算能够足够迅速，最好能够近乎实时地给出利润分配和风险分摊的结果。
- 账户设置：在一步法跨市场保证金制度下开立一个账户是很复杂的，因为这涉及地区以及监管问题。每一个中央对手方必须在共享账户中拥有自己的保证金要求权，客户也需要在中央对手方分配跨市场保证金时得到有效保护。不同的监管制度以及破产制度将会增加实现这一目标的难度。

9.6 违约基金

9.6.1 初始保证金覆盖

多年来对风险价值模型的使用使大家意识到，通过历史数据对模型进行校准后，模型确实能够成功地量化一些合理的极端情况亏损，而同时也会严重低估更加极端情况下的损失。因此，无法要求初始保证金能够覆盖很高的置信度。此外，风险价值模型的另一个缺点就是，它只能得到风险价值水平之上的损失概率而非损失规模。换句话说，在99%的情况下，根据模型得出的保证金都是充足的，但是在剩下的1%的情况下，模型无法保证损失不会过大。由于只能得出风险价值之上的平均损失，所以期望损失模型的表现也并不优于风险价值模型。这一类问题在多年前就已经被提出，例如 Bates 和 Craine（1999）测算出，1987年黑色星期一之后，在保证金追加引发违约的条件下，期望损失提升了一个数量级。

对于场外衍生品集中清算业务初始保证金的规定，似乎为计划覆盖99%以上的置信水平以及5天的清算期间［例如 CPSS – IOSCO（2012）的条款］。欧洲证券及市场管理局将场外衍生品集中清算的保证金最低置信水平设定为99.5%（相比之下场内产品的置信水平为99%）。初始保证金通常需要覆盖"正常市场情况"下的损失，这一要求有时是被直接提出，有时却隐含在计算初始保证金时对历史数据的使用上[①]。当然，并没有迹象表明初始保证金充足以确保中央对手方的安全。Bates 和 Craine 在他们关于1987年股灾的研究中评论道："只将注意力集中在尾部概率并不是一条有助于生存的好标准，也无助于清算所进行监管。"虽然采取了99%甚至更高的置信度水平，同时涵盖了潜在的压力期间数据以及流动性调整，使得这一假设看起来足够审慎，但初始保证金违约显然还是可能发生。此外，多年使用风险价值模型得到的经验告诉我们，违约的可能性，更为重要的是违约的严重性，往往比我们的预期更大。

如果参与者违约以及市场状况比保证金计算中预计的更为严重，那么中央

---

① 尽管历史数据可能包含了压力期间，此期间可能会被均化，因此无法对确定初始保证金完全发挥作用。

对手方仍将暴露于尾部风险。虽然不可能覆盖所有此类风险，但中央对手方应当保留充足的财务资源来缓冲部分风险损失。这部分财务资源的数量可以通过有关会员违约以及相关市场条件的压力情景进行量化。中央对手方应对这种严重损失——或许来自两个或以上的清算会员违约——的能力是非常关键的。这正是违约基金（也被称作违约基金）存在的意义：作为共享资金池来弥补超过初始保证金的损失。

9.6.2 违约基金的作用

正如图9.8所定性展示的，违约基金的作用在于吸收没有被保证金所覆盖到的极端情况下的损失。损失的分布多具有很强的肥尾特性，这就意味着如果发生了保证金违约，那么非常巨大的损失也是有可能产生的（正如我们将在第14.2.5节所讨论的，曾经出现过一百倍于某中央对手方违约基金数额的违约损失）。为了覆盖这一类极小概率事件带来的极大损失，需要准备的资金将远超初始保证金数额。这又回到了经典的保险问题上来，只有通过将风险集中才能缓解此类情况带来的冲击，因此，所有中央对手方的清算会员共享这一违约基金。这种违约基金体现的损失共担极为重要，因为它将单个对手方违约所造成的极端损失分散给了所有清算会员。这种方式有助于缓解系统性问题，但也带来了其他风险。

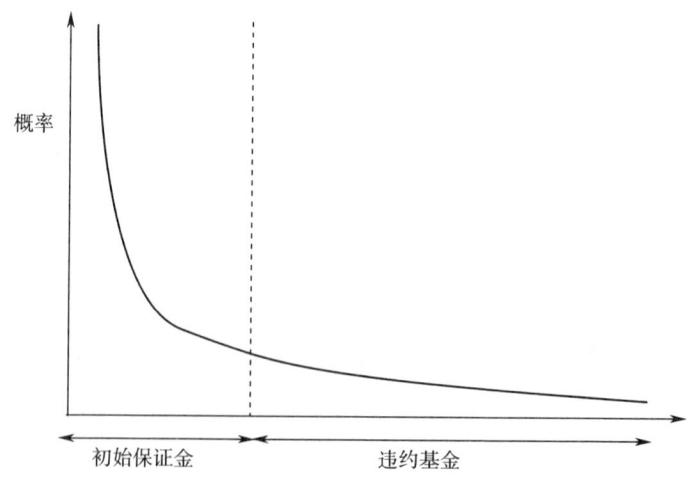

图9.8　初始保证金和违约基金的关系

9.6.3 违约基金与初始保证金

违约基金是清算业务的关键部分，因为实现了损失共担，它提供了比初始保证金更广的损失覆盖范围，同时避免了清算的成本超过参与者的负担能力（因为在现实中我们不愿意为其他人的违约付出成本）。例如，在 2013 年 6 月时，SwapClear 平台拥有的违约基金接近 21 亿美元，而当时它总共持有的初始保证金数量十倍于违约基金。因此相对于初始保证金要求来说，会员们交纳的违约基金更少是比较合理的，而同时它又通过风险共担为会员提供了更强的损失吸收能力。

为了便于理解，我们考虑如图 9.9 所示的对于初始保证金以及违约基金的分割。在这三种情况下，能够吸收的损失数额都是一样的。较低的初始保证金以及相应较高的违约基金对于会员来说成本更低，但是也增加了它们的道德危机，因为违约者偿付的金额变得很低。

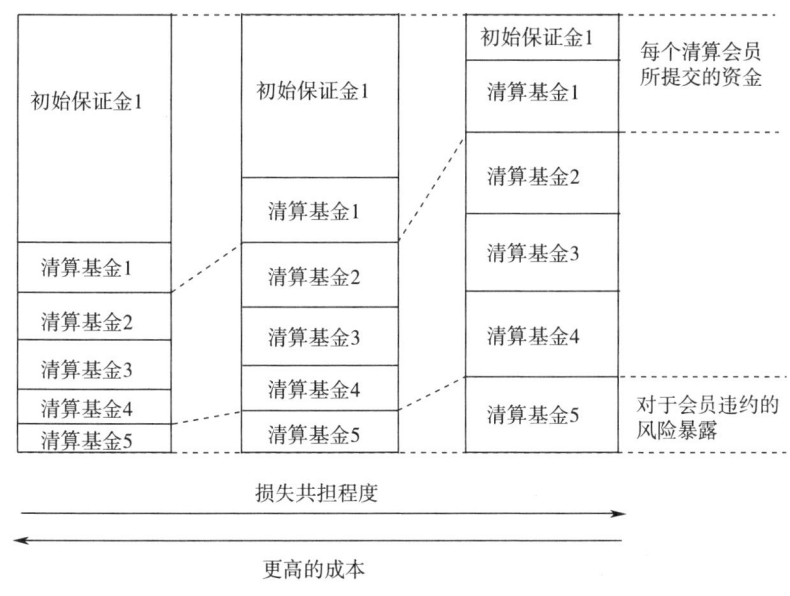

图 9.9　不同初始保证金与违约基金比例的比较

上面我们展示了初始保证金以及违约基金之间的微妙平衡。较高的初始保证金需要更高的成本（因为在提供相同规模的风险缓冲时需要付出更多的资金，正如我们在图 9.9 中所看到的那样），但这也能够减少道德风险，因为成员更有可能为自己的违约买单。较高的违约基金减少了清算的成本，但是需要承担更多的共担风险，就中央对手方会员（以及它们的客户）而言，这便减少了它们原本强烈的降低自己风险的行为动机。使用违约基金代替初始保证金需要清算会员们互相弥补损失。针对特定的产品和市场，并根据对于如图9.8所示的分布总体形状的评估，我们可以制定出恰当的初始保证金与违约基金的缴纳比例以寻求平衡。某一个清算会员的违约基金交纳数额通常显著小于其初始保证金的交纳数额（有时甚至相差一个数量级），这体现出了风险共担的优势。

违约基金交纳数额小于初始保证金的另一个原因是非清算会员不需要交纳集中清算所使用的违约基金。这就意味着客户只需要通过中央对手方向清算会员所征收的那一部分初始保证金来直接承担他们自己的资产组合所具有的风险（其实这一保证金要求将会转嫁到客户身上）。因此，违约基金不只分摊了清算会员的风险，同时也分摊了客户的风险。与此相关的一点是，较高的违约基金和较低的初始保证金将会阻碍清算会员进行头寸转移（参见第11.1.7节）。头寸转移指的是将一个清算会员持有的客户头寸转移给另一清算会员。当初始保证金不足时，这一过程变得更困难，尤其是当清算会员为了承接转移的头寸需要向CCP方交纳更多的违约基金时。表9.6展示了在违约基金的平衡上所需要考虑的因素。

表9.6　　　　　　　　初始保证金与违约基金高低的优劣对比

	高初始保证金，低违约基金	低初始保证金，高违约基金
成本	高	低
客户清算	• 客户通过初始保证金承担自己的风险 • 方便头寸转移	• 客户并不直接承担自己的风险 • 头寸转移变得困难
道德风险	低	高

9.6.4　违约基金的规模

值得注意的是，违约基金的动用是非常少有的情况。例如在伦敦清算所的历史上，至今只发生过七次违约，而且每一次违约都在违约者所交纳的初始保证金范围内得到了补偿，因此并未对其他清算会员或者市场造成冲击①。但即便如此，相对于过去，对场外衍生品进行清算的中央对手方将来会有更大的规模，

---

① 见http：//www.lchclearnet.com/Images/LCH%20Clearnet's%20history%20May-13_tcm6-63482.

并且需要承接更加复杂且风险更高的产品。

毫无疑问，违约基金通过损失分摊的方式覆盖了初始保证金以外的潜在尾部风险，提升了清算的成本效益，同时也能够对初始保证金计算中的模型风险进行补偿。然而，由于违约基金是用于覆盖极端情况下的风险，所以要计算出适当的违约基金规模非常困难。很多问题影响了对初始保证金之外的风险暴露的计算，比如违约的尾部分布、复杂的相关性以及错位风险。中央对手方用尽其违约基金的实际概率是无法精确量化的，因为这取决于一系列的事件，包括一个或多个清算会员的违约、市场的极端波动以及流动性不足等。

基于以上的原因，中央对手方一般通过预先定义的压力测试来定性地调整违约基金的总量。接下来我们就能用相对简单的方式将这一违约基金分配给各清算会员，例如按照初始保证金（可能是一段时间的平均值）的比例分配，或者按照头寸总量进行分配（或许需要高于最低水平）。通常风险基金的总规模是根据该中央对手方所能承受的违约次数来设定的（通常为一次到两次）。例如，SwapClear 平台运用了一系列专为利率市场设计的、极端但却真实的理论以及历史压力测试情境，将其违约基金的标准设定为能够覆盖最大两家清算会员的潜在损失[①]。接下来每一个清算会员就根据各自的初始保证金多少来按比例分摊应向 SwapClear 平台上交的违约基金。又例如，洲际交易所的违约基金能够覆盖两家清算会员以及额外三份信贷违约掉期的信用连接机构的同时违约的情况。

最近的监管条例也正在对违约基金的覆盖范围作出规定。对于从事交易所市场衍生品交易的中央对手方，这一范围通常规定为其最大对手方的违约损失，然而对于场外衍生品市场，这一要求更为严格。例如 CPSS – IOSCO（2012）中提到："此外，从事具有复杂风险状况的业务，或者涉及多个司法管辖区的系统重要性的中央对手方，应当额外留存充足的财务资源以覆盖更大范围的潜在压力情境，包括但不限于：在极端且可信的市场情况下，可能对中央对手方造成最大信用敞口的两个参与者及其关联方的违约。"

这里明确提到的最大的两个违约要求十分重要。例如，Heller 和 Vause（2012）对 14 国集团的交易商进行了研究后认为，相对于最大一家交易商的违约损失，中央对手方的违约基金还需要增加 50% 才能够覆盖由最大的两家利率

---

① http://www.lchclearnet.com/Images/LCH.Clearnet%20Limited%20Rules%20and%20Regulations%20-%20Amendments%20to%20the%20SwapClear%20Service%20Self%20Certification_tem6-61298.pdf.

互换以及信贷违约掉期交易商违约所带来的潜在损失。然而，认为场外中央对手方违约基金需要变得更有弹性这一观点并不足为奇。违约基金只会在一家甚至更多家清算会员违约的严重危机期间才会被动用，违约清算会员可能是系统重要性金融机构，并且此时金融市场将极度混乱。此外，因为该违约对手方可能作为多家中央对手方的会员，所以这一情况下引发严重系统性混乱的可能性很高。在这种情况下，只有非常巨大的违约基金储备才能确保中央对手方不受影响，同时为市场提供必要的信心及稳定性来阻止更大危机的发生。

9.6.5 违约基金的拆分

关于设计中央对手方风险管理体系的另一个问题就是违约基金在跨资产类别中的风险覆盖。单一的风险分摊违约基金能够提供更大的覆盖范围，因此成为一种高效的解决方案。然而，经过拆分的违约基金能够降低道德风险问题，同时防止具有高风险性的资产类别将损失转移到其他产品上。有一部分中央对手方使用单一违约基金来覆盖所有产品种类，而其余的则使用不同的违约基金分别用于覆盖不同产品的清算。欧洲期货交易所在清算过程中，为其信贷清算产品单独设立了违约基金，而其余产品则共同使用一笔单一违约基金[①]。洲际交易所为其在欧美市场进行的信贷违约掉期清算业务单独设立了违约基金。

伦敦清算所最近将其违约基金分拆为三份，前两份用于覆盖利率互换和外汇产品交易，第三份用于覆盖所有股权、现金债券以及回购产品。例如，一个只参与期货清算的会员不会被场外市场产品的风险分摊所影响（又比如在期货市场中，一个参与信用违约掉期清算的会员，其违约不会影响到其他场外市场的清算会员）。美国商品期货交易委员会曾规定，禁止任何场外市场中央对手方将成为会员所需要的最低资本金要求设置为 5000 万美元以上，而这一规定也在一定程度上促成了违约基金拆分的产生。

---

① 见 http://www.eurexclearing.com/clearing-en/resources/faqs/. 欧洲期货交易所也通过清算基金分割（CFS）区分其他资产类别的清算基金。

第10章 损失瀑布结构与损失分摊方法

我将会告诉大家,当一个中央对手方崩溃时将会发生什么:巨大的混乱——也许比世界最大经纪商和银行破产时更为巨大。[①]

——保罗·塔克爵士(1958~)

10.1 可能发生的中央对手方损失事件

本章节更详细地讲述中央对手方的损失瀑布结构,也涉及当瀑布结构中财务资源无法解决违约时,中央对手方可能会使用的损失分摊方法。本章同时也讨论了清算会员(和客户)对中央对手方(和其他清算会员)风险敞口的资本要求。

10.1.1 损失瀑布结构概览

中央对手方失去偿付能力显然具有高度的传染性,因此建立一套稳健的损失缓释和恢复机制是非常重要的。相较于正式破产,中央对手方损失分摊可以为中央对手方的重大损失提供一套更及时有序的解决方案,这看上去比让中央对手方直接破产更好。然而,要做到损失分摊公正透明并非易事。清算会员可能会遇到以下情况:如追加缴纳违约基金、实收保证金少于应收、某些甚至所有交易被终止,或是被迫接收由中央对手方定价的新交易。这些措施都应该被清晰地列入中央对手方交易的规章制度中,以此提高交易透明度、减少会员对

---

① 评论时任英格兰银行副行长,见 http://www.risk.net/risk-magazine/news/2119514/bofes-tucker-weak-ccp-recovery-plans-risk-mayhem.

系统问题的担忧，同时允许会员管理自身对于中央对手方交易的风险并进行恰当的资产分配。

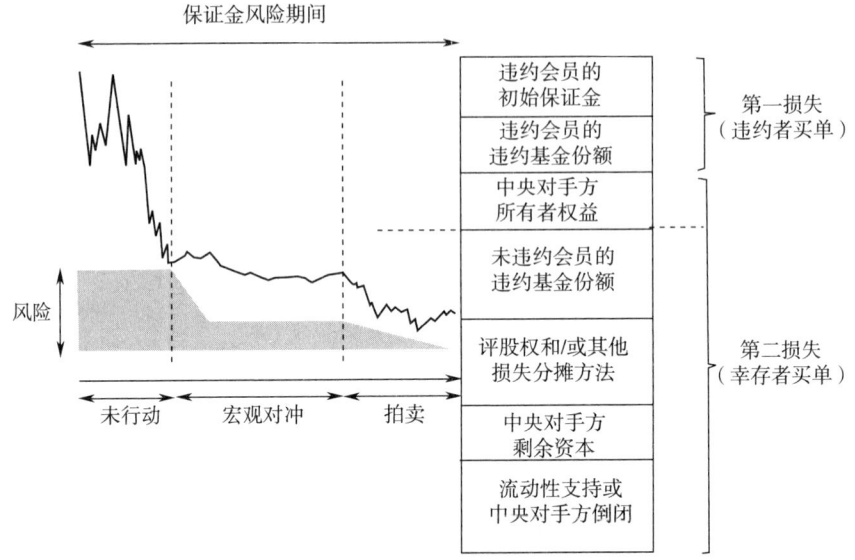

图 10.1 损失瀑布示意图，以及发生超过中央对手方主要财务资源的损失时的潜在风险

图 10.1 再次展示了损失瀑布结构（见第 8.4.5 节）和一个由亏损导致在平仓期或保证金周期耗尽违约基金的潜在清算场景（见第 9.2.1 节）。在这种极端的情况下，中央对手方需要采用另外一种损失分摊的方法。我们将会采用"第一损失"与"第二损失"来表示违约者支付和剩余公摊的财务资源（幸存者买单）。

由于初始保证金的设计理念是在高置信度水平下覆盖风险，因此只有在众多不利因素造成较大的冲击下才会提高互惠违约基金，在这种情况下就必须有一套明确的损失分摊方法与（或者）相关资产重组的规则来作为中央对手方交易"规则手册"中的一部分。实际上，这种规定明确了瀑布结构能够加强中央对手方交易的稳定性，因为如果中央对手方交易的规则被清晰界定，中央对手方会员就能够更好地测算和管理他们各自的风险。

大多数中央对手方具有"评估权"和"资金追加"的规定，这代表着一旦违约基金损失殆尽，会员有义务进行追加。通常，如果较大比例的违约基金（例如25%）被动用，这时候上述再注资机制就会启动。如果这些权利不被限制的话，中央对手方几乎完全不可能破产（除非其所有清算成员都破产）。然而，对清算成员而言，这将会产生很大的道德风险问题和无限的风险敞口。更严重的是，这也许会使市场变得不稳定，因为市场成员会被要求在最坏的时期补缴违约基金。由于这些原因，评估权通常是有上限的。因此需要一套新的方法去分摊损失和防止中央对手方破产。一个失去偿付能力的中央对手方会导致其会员在随之而来的无序、漫长和不确定的处置过程中遭受损失。而一套明确清晰、透明规范的损失分摊程序将会带来更多的确定性与公正性，使得中央对手方能继续维持运作。

一旦损失超过初始保证金，加上相对较小的违约会员的违约基金和中央对手方的股权出资，道德风险问题将会凸显，因为这相当于高资信质量的会员对低资信质量的会员进行隐含的补贴。所以将这种由道德风险可能产生的副作用和连锁反应纳入考虑是非常重要的。

一般而言，一个中央对手方的破产是由两个原因导致的：
- 由于清算成员违约而导致的损失。
- 由于其他原因，如投资损失或诈骗等导致的损失。

第一种情况更为常见，而且在这种情况下，一套清晰的损失分摊方法是可以构建的；第二种情况发生的可能性较小，并且其导致的损失是无法预知的，因此这种情况很难去设计一套预先的损失分摊程序。我们会同时考虑这两者对于处理损失的潜在手段，但（就如同中央对手方本身）应更多地关注于第一种情况。

10.1.2　清算会员违约损失

中央对手方若要从会员违约事件的影响中恢复，他们就需要重新轧平账面。通常这可以通过向幸存的业务参与者拍卖，卖出多头头寸（或者买入空头头寸）来实现。在一些严重事态中，中央对手方的剩余偿付能力可能无法支持拍卖的成交价格。换言之，就是未违约的清算参与者对违约者头寸提出的最优价可能太低，超出了中央对手方财务资源可支撑的范围。在一些极端情况下，市场参与者可能对部分甚至所有的资产包都不出价。

有多种原因会导致一次违约造成的损失反过来减少了违约者缴纳的违约基金，从而使共同违约金受损，这些原因包括：
- 自上一次变动保证金收取后的保证金延迟交收：指的是在清算会员自上一次变动保证金收取后到被宣布违约前的保证金延迟交收。由于中央对手方的变动保证金最低标准是每日交收，也可能日间交收，所以即使保证金延迟交收，其时间区间很短。但是，中央对手方应该考虑中央对手方保证金交收延迟多久，才可以宣布成员违约。

- 对冲期间的市场波动性：尽管对冲了宏观风险，但是中央对手方仍然要面对巨额头寸的市场波动风险和潜在对冲成本。对于那些更加复杂的资产组合，如场外市场衍生品，对冲成本将会极其显著。
- 拍卖成本：为了拍卖违约会员的头寸，中央对手方可能需要承受变现成本（尽管在第9.2.1节中提到过，但上述的对冲应该通过构造无确定取向的资产组合来改善拍卖流程）。这可能与买卖成本相关，但在极端的情况下，由于"大甩卖"的出现，有可能会出现严重的价格暴跌。最极端的情况可能会是拍卖失败，这种情况下中央对手方认为它没有收到对一个或多个资产包的合理出价。在高流动性市场，场内交易产品，甚至是大型的资产组合，都能相对容易地平仓。而对于场外衍生品，这样的方法可能会花费数天时间甚至根本无法实现。

市场波动性损失与变现成本的风险溢价之间有一个本质性的区别。市场波动性会给违约会员造成损失，但也会给剩下的清算会员带来相应的盈利。这就意味着对中央对手方清算的头寸，是有办法来抵消其中损失的，比如说免除违约会员对未违约会员的盈利头寸的保证金。另外，当中央对手方受到拍卖成本和（或者）风险溢价影响时，这种成本不会在对方已结清的交易盈利中抵消。这将会导致损失分摊更成问题。换句话说，对高度波动的产品的处置是一个挑战，但低流动性的产品（或者那些在严重违约之后变成低流动性的产品）的处置会更加棘手。

10.1.3 非违约相关损失

即使没有会员违约事件发生，一些其他问题也可能会引起中央对手方的损失，尤其是在市场状况很脆弱的时候：

- 保证金损失：任何作为（初始[①]）保证金持有的资产的损失，是市场风险、信用风险和流动性风险，包括可能的外汇风险的共同作用。这类风险通过保证金估值折减可以部分缓解。

---

① 因为变动保证金通常要求以现金方式提交。

- 投资损失：由作为保证金持有的现金或证券的投资造成的损失，此类损失风险应该通过将初始保证金及其他财务资源的投资范围限制在短期且有着高信用资质和高流动性的资产中来缓解。
- 操作风险：操作风险诸如追加保证金延迟、缺乏及时作出相关评估的能力或者由于操作失误或重大欺诈导致的投资损失（如：流氓交易者）。
- 会员退出中央对手方体系：会员撤回中央对手方清算的头寸可能会造成市场不稳定，并且导致拍卖的参与人数减少。

综上所述，估算上述损失的可能性和损失规模并确保损失分摊方法的运作很明显是极其困难的。另外，唯一明确可行的损失分摊方式就是按比例分摊违约基金和评估权。

10.2 中央对手方清算损失结构分析

分析在发生重大中央对手方损失事件后中央对手方的损失结构和其对清算会员行为的影响途径尤为重要。一个尤为值得关注的话题是中央对手方的会员受某些因素激励，会在极端的情况下去帮助中央对手方，比如主动参与违约者资产组合的对冲和拍卖。

对于已超过违约者资源的损失，普遍的解决方法是下列选项的二选一：

- 要求清算会员追加额外的财务资源（评估权）。
- 降低清算会员的求偿额。

理想情况下，损失分摊方法会在违约处置过程中产生正确的激励效应。

10.2.1 第二损失敞口

第一个需要注意的要点是，未违约的清算会员具有"第二损失"头寸，或者相当于卖出一个价外期权，其损失等于会员缴纳的保证金总额。这意味着如果清算会员相信违约者的资源（初始保证金和违约基金）能够弥补损失，那么清算会员将不会没有动机积极参加拍卖。换言之，拍卖的投标人会以盈利为目的竞标，因为他们知道违约者交付给中央对手方的财务资源足以支付这些利润。事实上，充分利用违约者的财务资源就是清算会员的最佳策略，否则这些资源只会被破产管理人收回。

实际中存在上述最佳策略的案例，例如在雷曼兄弟破产事件中，有声称说芝加哥商品交易所会员在参与拍卖的过程中牟利①。需要注意在重大违约发生后持有巨大的（可能相对非流动性的）资产组合会产生难以被对冲的巨大风险。因此对清算会员而言，出价保守也是合情合理的，因为这将使会员拥有缓冲市场及流动性风险的机会。虽然如此，但那些与芝加哥商品交易所相关的交易被认为是不公正的，尽管中央对手方一般根据破产法享有优先权，可以抵抗其他求偿权②。这种权利将对其他债权人会造成严重的损害，就如之前第6.4.1节中例子所说明的一样。

如果会员认为损失可能超出"违约者买单"（见图10.1）的财务资源并且将通过违约基金最终由会员共同承担，这显然会诱导他们在违约处置中表现得更为积极。然而，更多微妙的行为学问题如囚徒困境也会出现。这个问题的产生是因为一些会员认为损失分摊过程会对他们相对有利，故而不去帮助中央对手方（比如他们可能不积极参与拍卖）。

10.2.2 囚徒困境

参与拍卖会给清算会员带来风险，尽管这些风险可以被对冲或抵消，会员仍暴露于市场波动风险。这种风险对于数额巨大且相对缺乏流动性的场外交易衍生品头寸的交易更是问题重大。如果拍卖进行不顺利，问题将加剧，同时中央对手方将面临平仓时间延长，以及市场波动和流动性风险。

一旦损失扩大至幸存者买单模式，那么道德风险问题也将凸显，这还会导致清算会员间的博弈。囚徒困境是指个体为各自利益而采取一系列行为，但个体同时采取这些行为却会造成大多数人的损失。这可能表现为，例如，即使对清算会员而言合作是上策，但他们仍旧可能选择不合作。这种不合作的态度可以从会员退出中央对手方体系看出。事实上，虽然存在争议，但确实运用一些特殊手段可以防止清算会员退出已遭受损失的中央对手方。囚徒困境理论同样适用于清算会员参加拍卖。从总体角度，他们应该积极参加拍卖，但对于个体来说，他们可能会通过避免参与拍卖或者在拍卖中出价保守而获利。

只要清算会员认为违约会员初始保证金不足，那么从总体角度看未违约的

---

① 例如，见"Firms reaped windfalls in Lehman auction: examiner"，路透，2010年4月15日 http://uk.reuters.com/article/2010/04/15/us-lehman-examiner-idUSTRE63D57U20100415.

② 华尔街日报，"CME, Lehman Book Bidders Likely Protected From Lawsuits"，2010年4月15日，http://online.wsj.com/news/articles/SB10001424052702303348504575183893970 88382.

清算会员都会积极参与拍卖来确保中央对手方能最有效地将这个资产组合平仓，以减小违约基金的损失。另一方面，就如同囚徒困境，单独的会员可能不会积极参与拍卖，而是寄希望于其他会员代替自己献出他们的时间和资产负债表来解决问题。当然，如果所有会员都采用这个观点，这会使局势变得极度不稳定。因此中央对手方应该有另一种平仓方法，分摊损失。理想情况下，这些方法应该能惩处那些采取违背共同利益行为的会员，而这会反过来诱导他们在拍卖中做出正当的行为。

10.2.3　无限的违约基金追加

违约瀑布，包括中央对手方的自有资源都已耗尽，中央对手方失去偿付能力的情况下损失分摊是必要的。理论上，中央对手方可以直接要求会员无限制缴纳违约基金以防不测。实际上，这种做法将会导致道德风险，并且如果大量会员退出或违约，仍将导致中央对手方倒闭。此外，这种情况也会导致清算会员出现无限的风险敞口，这个问题是非常严重的。最后，监管机构可能禁止无限违约基金追加，比如欧洲市场基础设施监管规则（EMIR）[1] 要求中央对手方对于会员的现金追加要求应当有额度上限。违约基金的缴纳额度通常是有上限的，比如芝加哥商品交易所将违约基金缴存上限规定为足以覆盖中央对手方敞口最大的四位清算会员同时违约的风险所需的资源[2]。

由于违约基金是会耗尽的，因此建立一些其他损失分摊方法来应对这种情况是非常必要的。这些损失分摊方法的应用场景涵盖从发展平缓但最终可能导致违约的场景，以及一直成功但一旦发生问题就会非常严重的场景，这些都将会在第10.3节讨论。

10.2.4　违约基金层级

损失分摊的第一部分是动用有限的违约基金以弥补损失。有些中央对手方可能会分产品设立违约基金，使会员的损失与其清算的产品相匹配。比如，这将确保只清算期货产品的清算会员不会受到同一中央对手方场外市场衍生品资产组合违约造成的损失。此外，一些中央对手方可能会在违约基金内以层级方

---

[1] EMRI 2013, article 43 (3).
[2] 注意，当前的违约基金将会不断调整，以覆盖两个最大的违约损失。

式分摊损失，减轻因徒困境的问题并且诱导会员采取有利于共同利益的行为。

伦敦清算所[①]采用的拍卖鼓励资金池（Auction Incentive Pools，AIPs）可以印证上述概念。利用拍卖鼓励资金池，每个会员的违约基金分币种缴纳，额度按比例分配，比例反映了会员在该货币业务中的相对风险。这些分币种的违约基金被用来吸收各币种的产品在拍卖中的相应损失。假如某一特定货币产品的损失超出了该币种拍卖鼓励资金池的余额，则损失将会被分摊到其他拍卖鼓励资金池和未分配的违约基金。这意味着，比如一家区域性银行若只使用本国货币进行清算，那么该银行将在欧元产品为主的欧洲银行违约事件中，获得部分保障。

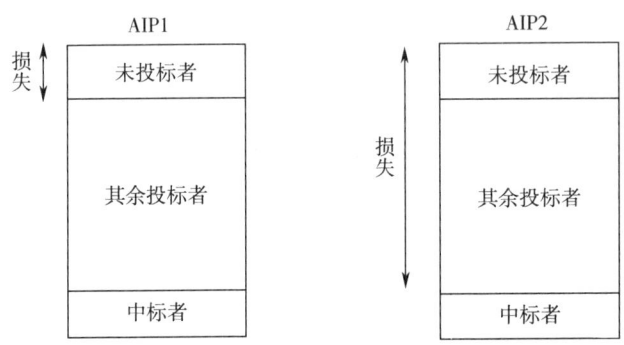

图10.2 通过拍卖鼓励资金池（AIPs）来按层级分摊违约基金损失的示意图

通过拍卖鼓励资金池来按层级分摊违约基金损失的另一特点与会员在拍卖中使用某一特定货币投标有关。伦敦清算所拍卖鼓励资金池的损失将会按照会员在拍卖中出价过程中表现出的竞争力依次分配，按照如下顺序：

- 未投标者
- 其余投标者
- 中标者

图10.2是拍卖鼓励资金池的示意图。图中显示了在AIP1中相对较小的违约基金损失和AIP2中较大的违约基金损失。这意味着所有AIP1中的投标者除未投标者外都将免受违约基金损失。而且在AIP2中相对较AIP1大的损失将不会引起仅在AIP1进行交易的会员的损失。但是必须注意，AIP1中的投标者可能会在两种情况下遭受损失：第一，AIP1中的交易产生了较大损失；第二，损失超

---

① 见 LCH. Clearnet Ltd Default rules section 2，4，可见于 www.lchclearnet.com。

过了 AIP2 的总额。导致第二种情况发生的原因是如果损失超出了一个拍卖鼓励资金池的总额，则剩余损失将由其他违约基金的余额承担（包括其他拍卖鼓励资金池中未分配或者已分配的额度）。

上述方式旨在诱导清算会员使用其清算币种积极参与拍卖程序。要注意的是，使用指定货币进行清算的会员是不需要在该币种拍卖中投标的，因为他们并没有任何违约基金可以在此拍卖鼓励资金池中分配。中央对手方会告知会员他们各自在拍卖鼓励资金池中的相对比例（相比于其他会员），如果他们持有较大头寸，这会刺激他们在拍卖时积极投标。

10.3 其他损失分摊方法

其他损失分摊方法的思想不再局限于简单利用违约基金按比例进行分配。这些方法能够应用于更为极端的违约场景，但同时也会导致额外的风险和不同的诱导因素。

其他损失分摊方法的基本理念是违约会员所持有失值仓位将无法偿付中央对手方变动保证金，而这将由减少其他未违约会员的索赔来抵消。这两种方法的差异在于对未违约会员的待遇。这可能会按比例分配，但只影响那些正值盈利或采取其他形式持仓的会员。反过来说，不同的方法会给未违约的清算会员带来不同结果和诱导因素。

10.3.1 变动保证金收益折减

之前章节中的图 8.6 解释了中央对手方的变动保证金交收账面是轧平的，除非清算会员违约。变动保证金收益折减（VMGH）可能是最常见的替代损失分摊的概念（比如，见 ISDA2013b）。变动保证金收益折减是指将违约处置程序开始后积累的收益（包括未从违约者手中获得的变动保证金）按比例减少以弥补违约者亏欠中央对手方的债务。这意味着自违约[①]后那些头寸价值增加的清算会员将不会获得全额保证金来保证他们的收益，同时那些在交易中亏损的会员将被要求全额缴纳保证金。当然变动保证金估值折减应用中可能存在上限。

图 10.3 是变动保证金收益折减的情形。该图显示会员 B 和会员 D 分别欠中

---

① 严格来说，为违约会员支付变动保证金的最后时间节点。

央对手方 5 和 15 的款项，会员 D 处于违约状态。相应地，中央对手方分别欠其他两位会员（A 和 C）12 和 8 的款项。由于违约者的欠款净值（15）超过了其缴纳的初始保证金和违约基金（10），则中央对手方必须分摊 5 的损失。如图 10.3 所示，在没有评估权（或者在评估权已用尽）① 的情况下，可以通过对欠付 A 与 C 的变动保证金按比例进行折减的方式进行损失分配。请注意这里动用了所有的初始保证金和违约基金。变动保证金收益折减仅涉及违约会员的财务资源，还是包括共有的违约基金，取决于变动保证金收益折减在损失瀑布结构中的位置顺序。

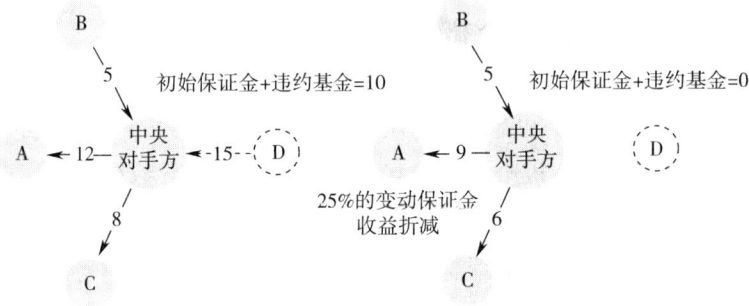

注：左图描述了账面不平的初始状态，右图代表通过变动保证金收益折减动用违约者初始保证金和（共担的）违约基金的情况。

图 10.3 变动保证金收益折减

如果变动保证金收益折减使得中央对手方弥补了损失并恢复正常运作，则清算会员可能需要追加违约基金（或者放弃会员资格，如果他们已经结清所有头寸，并且没有其他的违约）。那么在理论上中央对手方可以继续运营，尽管声誉上有所损失。想必很少会有会员希望违约处置和（或）方法发生上述改变。

变动保证金收益折减对清算会员产生的风险敞口是有限的，清算会员最多损失自上一次缴纳保证金之后所有头寸的获利。同时这也避免了强制清算会员进行合约替换。另一个有趣的特点是变动保证金收益折减模拟了双边市场失去偿付能力的情形，因为从违约者获利的参与者均以一定比例承担损失。那些作为违约者交易对手并可能产生变动保证金收益折减的清算会员，可能会在拍卖中主动出价以避免变动保证金收益折减发生。因为变动保证金收益折减模拟了双边市场交易

---

① 例如，如果违约基金只有 5，评估权 100% 封顶。

的动态，其中获利者支付更多，而与违约会员存在大量交易的参与者损失最大。尽管这违背了集中清算建立信用同质系统的初衷，但确实产生了一些积极的诱导因素，使会员不愿与信誉较低的对手方交易，即便这种交易是集中清算的。

另一方面，变动保证金收益折减可能是随机和不公平的，清算会员遭受损失可能仅仅是因为在违约事件发生时市场正好朝着有利于他们的方向变动。仅仅因为会员处在市场变动的正确方向就惩罚他们是不公平的。同样要注意，清算会员可能无法将所有收益转化为盈利，因为他们的收益会被双边交易的相关损失或者那些在其他中央对手方做交易（或者可能为代理交易）的相关损失所抵消。这将导致了一种可能，即变动保证金收益折减可能迫使清算会员违约，这将转而影响与该清算会员交易的其他中央对手方和双边交易对手。在变动保证金不需要每日交换或有实物交割的情况下，变动保证金收益折减也使非衍生品清算更加复杂。

假如中央对手方可以对违约者的资产组合以市场中间价进行拍卖，并且不遭受其他损失（例如：投资损失），则变动保证金收益折减（没有任何上限）确实能发挥作用，因为来自违约者的损失一定会与其他清算会员以相同金额的获利相匹配。然而，这需要假设在违约者终止支付变动保证金之后，中央对手方不会支付变动保证金给非违约会员。这可能是个合理的假设，因为中央对手方倾向于非对称地保证金支付，比如他们会要求日内缴纳更多的保证金，但到第二天才返还与获利相对应的保证金。但这同时也引起了一个问题，中央对手方是否应该给予最终违约会导致变动保证金收益折减失效的会员一个很短的宽限期，因为在宽限期内，中央对手方将继续付出变动保证金给其余会员。

变动保证金收益折减在实践中可能失败的一个最明显的原因是，中央对手方可能必须从市场中间价附加极高的溢价进行平仓。在这种情形下，除非风险溢价被会员缴纳的初始保证金和违约基金覆盖，否则变动保证金收益折减就会失效。任何非违约的损失或者变动保证金收益折减的上限都可能导致同样的结果。因为中央对手方的幸存是得不到保证的，所以必须考虑其他更极端的损失分摊方法。

10.3.2 部分交易强制提前终止与强制分摊

清算会员的违约使中央对手方无法轧平账面。如果违约导致的风险敞口不能通过拍卖消除，则中央对手方的另一个选择是强制提前终止与未违约会员建立的无法抵消的合约。这类合约可能以当下的市场中间价，或交易强制提前终止时的同等价格，或以最后一次交换变动保证金的价格来进行现金结算。如果中央对手方无法全额支付此价格，则需要按比例减少支付。交易强制提前终止的目的在于通过终止与违约者的交易对手的合约（或者至少是那些不能拍卖的合约交易），使中央对手方重回到账面轧平的状态。这可以保证所有其他的合约（可能是大多数集中清算的合约）不受影响。正如变动保证金收益折减那样，当会员害怕他们可能被交易强制提前终止时，这个观点可能诱导其在拍卖过程中做出积极出价的行为。

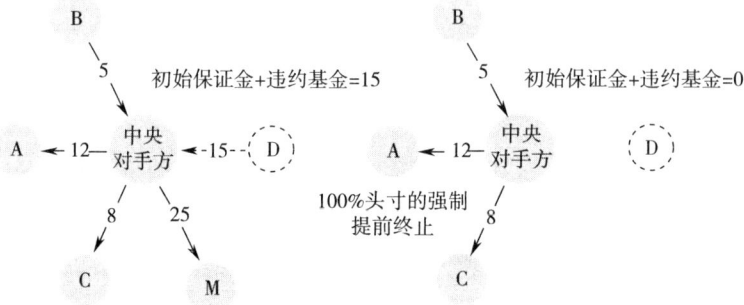

注：左图描述了财务资源不平衡的初始状态，右图表示通过使用违约者初始保证金和（共担）违约基金资源并且强制提前终止合约后的平衡状态。M 表示拍卖市场，其中包含 25 单位的风险溢价，代表中央对手方如果拍卖需要额外支付的费用。交易强制提前终止使得中央对手方无须支付风险溢价。

图10.4　交易强制提前终止

交易强制提前终止与变动保证金收益折减方法最大的区别在于中央对手方不存在任何由拍卖交易中风险溢价导致的风险敞口，因为中央对手方（最多）只需支付该交易的当前的市场中间价。为了理解这个观点，可以考虑图 10.4 的描述。这与上述变动保证金收益折减的例子很相似，除了这里假设在拍卖中有 25 单位的风险溢价（代表支付给市场 M 的风险对价）。这个风险溢价意味着变动保证金收益折减会失败，因为即使估值折减是 100%，中央对手方所有的财务资源（20 单位）也不足以支付风险溢价。这个案例中，另一种方式就是终止所有与会员 A 和 C 相关交易合约来避免风险溢价。注意，中央对手方可以支付欠会员 A 和 C 的全额债务，且毫无任何估值折减或其他减计（例如采用最后一次缴纳保证金时使用的估值）。

中央对手方可能合理地终止保证账面轧平且不导致财务损失所需最少的交

易。在上述例子中，终止交易的100%是必要的。但是，如果还有另外5单位财务资源（比如中央对手方有更多的共担违约基金），则它可能只需要终止80%的头寸[①]。此外，如果中央对手方支付金额少于被终止合约的当前市场价值，那么交易强制提前终止的百分比可以更低。显然中央对手方可以权衡这些因素，努力减轻对市场的影响。

在存在更多清算会员的真实环境中，可能需要确定终止哪些交易。这可以通过以下方法实现：

- 基于自愿：清算会员可以根据他们的意愿（自愿）终止交易。在中央对手方需要考虑这种损失分摊方法的情况下，这种自愿看上去并不现实。
- 原对手方：终止那些确认是违约者原对手方对违约者的头寸（如果能够区分出来的话）。该方法是对双边市场行为的直接模仿。
- 投标者：取决于拍卖中的收到的投标。
- 其他：终止的交易可以从任意清算会员的所有可抵消违约头寸的资产组合中选择。这是最简单的方法但显然是随机且不公平的。

跟变动保证金收益折减一样，交易强制提前终止可能改变那些在拍卖中发现自己与违约者持有相反头寸的清算会员的行为。因为这样的持仓更容易被交易强制提前终止，这就会诱导会员在拍卖中提出更具竞争性的价位。

然而交易强制提前终止是一种变化剧烈的损失分摊程序，并伴有一些严重的缺陷：

- 无限责任：非违约者理论上面临无限责任，因为他们因交易强制提前终止收到的对价可能与合约置换的市场价格不同。
- 合约置换影响：交易强制提前终止让中央对手方免于通过拍卖进行交易替代，但同时使清算会员不得不对他们那些被交易强制提前终止交易中的风险进行对冲。这种对冲会使市场变得不稳定，尤其是在中央对手方在拍卖中进行类似交易失败以后。清算会员甚至会因为被交易强制提前终止而被推到违约的境地。
- 资产组合失稳：部分交易强制提前终止会改变未违约会员资产组合结构，并因此使会员产生对中央对手方的风险敞口。如果交易强制提前终止只在较少的几类产品中发生，这会导致额外的初始保证金要求。

---

① 以上假设为线性关系，但现实中，终止相对较小的投资组合可能更简单，致使的风险溢价更小。

还有其他一些与交易强制提前终止相类似的损失分摊方法,一种是"强制分摊"或者叫"计价背书",清算会员必须接受价格由中央对手方决定的特定资产组合。这种方法有与交易强制提前终止类似的效果,中央对手方可以将反向交易强加在某个会员身上。然而,强制分摊却更为灵活因为任何会员都可以被分摊到头寸,而交易强制提前终止要求会员必须在他们的资产组合中做出正确的交易选择(比如,中央对手方会将损失强制分摊给在拍卖中表现最差的会员)。与交易强制提前终止不同,强制分摊不太可能将违约影响转嫁给其客户(详见第10.3.5节)。

10.3.3 全部交易强制提前终止

在最极端情况下,最后一种解决方案就是全部受影响的交易强制提前终止。中央对手方会计算所有会员的净负债(包括各方面的补偿,比如之前变动保证金的估值折减)并按比例现金结算该款项。全部交易强制提前终止看起来与中央对手方的目标是矛盾的。理论上,只要中央对手方摆脱了损失,是可以恢复业务,并接收新的清算合约的。然而,这样会员们就不太可能愿意再使用中央对手方服务了。因此,全部交易强制提前终止可能伴随的是中央对手方的业务终止,在这种情况下他们会返还未违约会员的初始保证金(和违约基金,尽管此时可能已耗尽)。

全部交易强制提前终止可以避免上述提到的资产组合失稳问题,参与者不会拥有未对冲、未轧平的资产组合。但是,如果他们通过其他中央对手方进行了风险对冲,会员可能仍旧持有未轧平的资产组合。

10.3.4 其他方法

初始保证金估值折减被认为是一种可能的损失分摊方法(Elliott 2013),但其却未被实际执行过,并且其也存在一些问题。首先,清算会员必须缴纳额外的初始保证金,这似乎与评估权类似。第二,相关规定可能会阻止该做法,比如,欧洲市场基础设施监管规则(EMIR)禁止中央对手方使用非违约者的初始保证金来弥补违约损失[1]。

其他方式用于一种特殊的情况中,即中央对手方打算以造成影响最小的方

---

[1] EMIR article 45(4)"A CCP shall not use the margins posted by non-defaulting members to cover the losses resulting from the default of another clearing member".

式终止运营。中央对手方可以将全部合约转移至另一个更稳定的中央对手方。在不收取巨额费用和保证金的情况下，另一个中央对手方不太可能会同意接手如此大的头寸组合。中央对手方还可以执行反向的清算功能，将交易恢复成原始的双边交易。这种重新双边化的做法可能不被监管规定所允许，因此这样做至少需要一份监管当局的短期豁免书。此外合理的定价也是前提条件之一。此外如果两位清算会员没有签署关于缴纳保证金等方面的相关双边文件，则可能会导致更多的问题。最后，这可能导致错向风险等特殊效应，比如会员购买其国主权风险对冲工具，可能会与该国的银行成为新的双边交易对手。

10.3.5　损失分摊对客户的影响

考虑损失分摊对客户的影响是十分重要的。和保证金要求的其他方面一样，清算会员可能会将清算规则套用在客户身上。这表明客户可能会因中央对手方采用的损失分摊方法而存在风险。事实上，监管规定确实希望情况如此①。

从好的方面来看，客户的待遇可能与其清算会员不一样，如图 10.5 变动保证金收益折减的处理方式所示。图 10.5 中，中央对手方对欠综合清算会员的变动保证金进行了 33% 的估值折减，即从 15 单位减少到 10 单位。然而，由于综合清算会员持有不同投资方向的客户头寸，则算上从客户 B 收取到的变动保证金，它只需对欠客户 A 与 C 的变动保证金进行 25% 的估值折减即可。

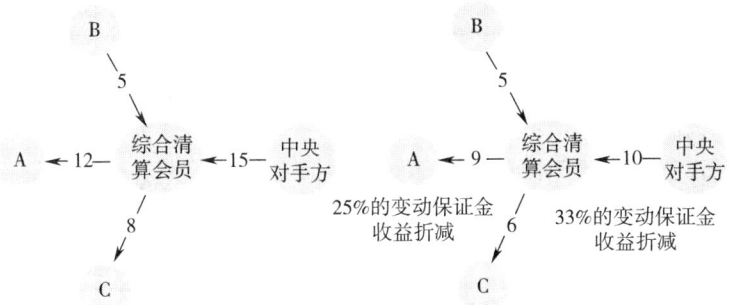

注：中央对手方对欠综合清算会员的变动保证金进行了 33% 的估值折减，但由于客户 B 的反向头寸抵消，支付给客户 A 与 C 的保证金只需降低 25%。

图 10.5　变动保证金收益折减对客户的影响示意图

---

① 例如，在欧盟的 Capital Requirement Regulation article 306（1）（c）下，清算会员必须如变动保证金收益折减等措施的影响传递至客户，来获得适当的资本释放。

上述机制对交易强制提前终止等更苛刻的损失分摊方法无效。在这里，客户无法知道是否该交易为候补交易，因为这取决于他们清算会员的头寸和违约资产组合的整体情况，而这两者都是他们无从知晓的。因此，对客户的交易强制提前终止就显得非常专断，并且这个问题对那些只进行单向对冲的终端客户来说尤为严重。客户可能更倾向于类似强制分摊的方法，这样清算会员就无法将这种损失分摊方法直接转嫁到自己身上了。

10.3.6 现实中采用的方法

表10.1列示了一些重要的场外中央对手方当前采用的损失分摊方法。阻止中央对手方倒闭的行动会导致中央银行救助并最终由纳税人买单，这要求损失分摊方法在必要时应当是极为严苛的。事实上，表10.1中显示出来的采用变动保证金收益折减和全部交易强制提前终止作为违约基金和评估权失效后的保留手段的总体趋势，看上去保证了中央对手方不会倒闭（除非损失并非源于清算会员违约）。但是中央对手方的规定和相关监督指引明确要求将损失分摊范围限制在未违约清算会员当中。会给幸存会员带来无限债务负担的无限制的评估权和交易强制提前终止程序都是不被鼓励的。但是，反过来这会提高中央对手方违约的可能性。

表10.1　主要场外衍生品中央对手方使用的不同损失分摊方法的归纳

中央对手方	产品	方法
芝加哥商品交易所清算公司	利率互换	全部交易强制提前终止
芝加哥商品交易所欧洲清算公司	利率互换	变动保证金收益折减和全部交易强制提前终止
伦敦清算所	利率互换	变动保证金收益折减
伦敦清算所法国公司	信用违约互换	（上限为1亿欧元和100%的违约基金）和全部交易强制提前终止

10.4　中央对手方风险敞口的资本计提

尽管中央对手方一般被认为是非常安全的，但是对他们的清算会员（和清算会员的客户）来讲，中央对手方仍然存在违约风险。而且，即使中央对手方不倒闭，清算会员也可能因违约基金而遭受损失。此外，其他损失分摊方法，比如评估权和变动保证金估值折减的风险敞口，则可能使清算会员和非清算会员都遭受损失。此类损失在波动性特别高、流动性特别低的市场更容易出现，而在这样的市场中清算参与者快速恢复的能力显得尤为重要，并且中央对手方的风险敞口也需要有适当的资本来覆盖。此外，计算资本计提的方法也应当保持一致（比如，如果中央对手方提高了违约基金的规模，那么他们对清算会员的资本要求，也应该随着风险的降低而减少）。不同的中央对手方拥有不同风险级别，因而也该有所区别。资本要求也应当反映中央清算相较于双边结算的安全性，并促使形成相应的资本节约。

在巴塞尔协议Ⅲ之前，监管规则允许所有中央对手方相关的风险敞口（明确或者默许）的资本计提设置为零。很明显，这传递出了错误的信息，很有可能导致道德风险问题以及中央对手方绝对不会被允许破产（即使让参与者有所损失也不行）的执念。根据强制场外清算规则，确实有必要对中央对手方风险敞口进行正式的资本计提。正如所有的资本要求一样，理想的方法需要是既相对简单透明，又具有风险敏感性，且不会产生不当的诱导。由于中央对手方损失瀑布理论的复杂性（本章之前讨论过），要做到这一点很显然并非易事。

2012年7月，继发布两份咨询文件（BCBS 2010和BCBS 2011b）之后，巴塞尔银行监管委员会出台了针对中央对手方银行风险敞口资本计提的暂行规定（BCBS 2012b）。一年后，另外一份咨询文件发布，这份咨询文件提议根据定量影响研究获得的结果对银行风险敞口的不同资本要求（BCBS 2013c）。随后进行了第二次定量影响研究，最终据研究出台了一个规定（BCBS 2014b），该规定将于2017年年初生效。该规定部分地采用了一个新的风险敞口计量方法，即如下讨论的交易对手信用风险计量的标准方法（SA-CCR）。暂行规定和两份咨询文件反映了要求尽快明确中央对手方资本要求以支持即将执行的强制清算所带来的压力。

因此，在接下来的讨论中将会解读暂行规定（BCBS 2012b）和最终规定（BCBS 2014b），并重点讨论针对它们的一些争议。关于对清算会员中央对手方违约基金风险敞口的风险敏感资本的处理，读者也可以参考ISDA（2013a）的替代性方案。

10.4.1 合格中央对手方

一个合格的中央对手方（QCCP）要遵循国际支付结算体系委员会和国际证

监会组织（CPSS – IOSCO）的相关原则，并且有作为中央对手方（包括通过豁免获得）开展有关清算服务业务的牌照。同时，一个合格的中央对手方也必须向其会员提供计算他们的资本要求所需的信息（见第 10.4.4 节）。对合格中央对手方的风险敞口的资本计提会得到较宽松的要求，而与之相反的，对非合格中央对手方的风险敞口则会被保守对待（比如双边敞口）。但是，银行应仍然要考虑他们是否应该需要持有比监管要求更多的资本。此外，如果各地区监管机构认为需要，也可以要求银行对中央对手方风险敞口持有更多的资本。如果一个合格中央对手方不再"合格"，那么它将有三个月的缓冲期，之后就需要按照更严格的非合格中央对手方资本要求计提资本。

以上行动意味着需要一个全球协调一致的、统一的合格中央对手方名单。这样的一份名单可以通过统一运用 CPSS – IOSCO 原则来得到。但这样一来的话，就很可能出现一个问题，那就是一个中央对手方即使被他自己所在地区的监管机构认定为合格，在另外一个地区的监管规则下，它却可能被认定为不合格。截至本书写就之时，这个问题仍然没有得到解决[①]。

在认定合格中央对手方方面，可能也存在跨国的相关问题。比如，欧洲证券与市场监管局（ESMA）要求非欧洲的中央对手方注册并认证为"第三国中央对手方"（此举是为了让欧洲本土的会员享受更加有利的合格中央对手方资本计提）。此类中央对手方则被要求要遵循欧洲市场基础设施监管规则（EMIR）的一些特殊规定。比如，关于保证金和违约基金的要求（2014 年 6 月之前，一个中央对手方从申请日开始到被确认为合格中央对手方之前，会有 180 个工作日的缓冲期）。在美国监管体制下，一个中央对手方要想服务美国客户，则必须要向美国商品期货委员会（CFTC）申请成为衍生品清算组织（Derivative Cleaning Organization，DCO），或者是得到豁免。豁免权只会提供给那些被美国商品期货委员会认为在他们自己所在地区也受到和美国同等监管的中央对手方。除豁免外，其他要求是很有争议的，因为一个地区可能会将一些被认为与其他地区和市场参与者不相关的标准强加给另一个地区的中央对手方[②]。不过，尽管美国和

---

① 更多的讨论参见可以国际互换与衍生品协会（ISDA）关于支付结算体系委员会和国际证监会组织（CPSS – IOSCO）有关合格化中央交易对手方的评论 http：//www2. isda. org/functional – areas/risk – management（2013 年 2 月 15 号）。也可以参见巴塞尔协议Ⅲ的常见问题问答中，有关如何决定一个中央对手方是否是合格的中央对手方的问答 http：//www. bis. org/publ/bcbs237. pdf。

② 例子请见"亚洲监管机构攻击欧盟的清算标准（Asia regulators attack EU over clearing house standards）"，《金融时报》，2013 年 12 月 3 日。

欧洲制度不同，其他的一些进程都在向协调监管的方向迈进①。

10.4.2 交易和违约基金相关的风险敞口

接下来的讨论主要关于合格中央对手方与非合格中央对手方的异同。下面的描述是定性的，更多的技术细节参见附录10A。确定中央对手方风险敞口和资本要求的首要难题，就是区分两种本质不同的风险类别：

- 交易风险：这些风险敞口是由当前的盯市风险，以及变动保证金和未来的潜在暴露（PFE），以及交给中央对手方的初始保证金共同产生的。只有在中央对手方本身（而不是其他中央对手方会员）倒闭的情况下，这个风险敞口才会变成危险。

- 违约基金风险：包括了即使在中央对手方不发生违约的情况下，会员交给中央对手方的违约基金也可能受到损失的风险。这种风险难以量化，因为即使中央对手方机构本身不违约，但是如果有一个或者一些中央对手方会员违约，又或者是有类似操作或者投资失误这样的事件发生的话，一个中央对手方会员也有可能损失他的部分或者全部的违约基金。同时，如果因为其他会员违约而出现较大的损失的话，一个中央对手方会员还可能需要（基于评估权）缴纳额外的违约基金。事实上，就每个中央对手方都设置违约基金这个事实本身而言，就进一步使违约基金缴纳变得复杂了，因为这么做就意味着每一个中央对手方都将代表一种特定的风险。最后，其他可能导致清算会员的客户承担损失的损失分摊方法，又进一步使事情变得更复杂了。

10.4.3 交易风险敞口资本要求

交易风险敞口由以下部分组成：

- 现期风险敞口：逐日盯市头寸（根据变动保证金的增加或者减少）。
- 未来潜在风险敞口：未来风险的潜在增长计算方法和其他双边交易的衍生品头寸计算方法类似。
- 初始保证金：交给中央对手方的初始保证金，除非初始保证金已隔离破

---

① 《美国商品与期货交易委员会和欧盟委员会关于"2013前进道路的声明"的实施进展声明》（Statement by the CFTC and the European Commission on progress relating to the implementation of the 2013 Path Forward Statement），2014年2月12日，http://www.cftc.gov/PressRoom/PressReleases/pr6857-14。

产风险。该保证金包括交给中央对手方的超过最低保证金要求的部分，且中央对手方很可能不会返还。

交易相关的风险敞口资本要求是以一种简单且非风险敏感的方式来确定的。对一个合格的中央对手方来讲，这就要求有基于2%的相对低的风险权重的资本计提（0.16%的资本计提）。在初始保证金已隔离破产风险的情况下（比如由第三方托管机构托管），如果中央对手方违约，那么清算会员的初始保证金也不会受到损失，也就是说这一部分的风险权重为0。

关于未来潜在风险敞口的计算方法，暂行规定中要求清算会员必须用规定中认定的方法来计算双边交易对手方的资本要求。也就是说要用现期暴露法（CEM），标准方法（SM），或内部模型法（IMM）中的一种[①]。在最终规定中，要求使用替代现期暴露法和标准方法的新方法，被称为标准化的方法（针对交易对手方信用风险），即交易对手信用风险资本计量的标准方法（SA－CCR）（BCBS 2014a）。这一方法对银行来讲，将是在不使用内部模型法的情况下，一种更加风险敏感的资本计量方法。

当清算会员和非合格中央对手方交易时，需要按双边交易框架下的要求来进行风险敞口资本计提。这将导致最少为20%的标准化风险权重（在巴塞尔资本协议下最低的风险权重，其他为50%和100%）。这种情况下，如果一个中央对手方失去了合格中央对手方的身份，就很有可能出现断崖效应，资本计提大幅上升。

BCBS（2013c）对初始保证金资本要求也提出了风险敏感性更好的选择，但这可能产生更高的资本成本，因为风险权重可能也将高达20%。

10.4.4 违约基金风险敞口资本要求

从某种意义上来讲，违约基金风险敞口的资本计提处理要更加复杂，即所谓的"资本对资本"方式。违约基金风险资本计提方法的一些重要的特征是：

- 违约基金应该反映一个事实，那就是违约基金并不会增加或者减少风险本身，而是重新分配风险。因此，如果清算会员向中央对手方缴纳了更多的违约基金，那么这些清算会员也不需要因此而增加持有的资本。

---

① 这包括所谓的"快捷方法"。在巴塞尔协议Ⅲ（BaselⅢ）中介绍的对内部模型法（IMM）的改变将会生效。然而，对采用内部模型法的银行来说，保证金风险期间可能会允许比双边协议的保证金风险期间更短一些。

第 10 章 损失瀑布结构与损失分摊方法

- 应当考虑不同的中央对手方所具有的不同特点以及相应风险以便能进行正确的诱导。应对违约基金风险较少的（而其他条件相同）中央对手方的清算会员提出更高的资本要求。
- 违约基金风险大体上由两个部分组成：当前或者是预付基金的风险，这是已确定的，另外就是更为不确定的，其他损失分摊方法评估权导致的风险（未缴纳的）。
- 中央对手方交易的资本计提不应该比双边交易中的资本计提导致更高的资金成本。

暂行规定（BCBS 2012b）针对违约基金风险敞口资本计量提出了两个可行的方法，即方法 1 和方法 2（银行可以从中选其一）。方法 2（更多的作为后备方案）中，中央对手方违约基金风险权重为 1250%，（由于资本计提定为 8%）这也就意味着每一单位违约基金都对应一单位等额的资本准备（一元对一元方式）。但是，在交易和违约基金相关的资本计提方面，方法 2 对交易相关风险敞口设置了 20% 的上限。方法 1 更加复杂而且试图以一种风险敏感的方法来量化中央对手方财务资源相关的资本，但是等额资本要求同样也是方法 1 的基础。

这些规定因为某些原因颇具争议。首先，方法 1 依赖于一个叫做现期暴露法（CEM）的简单资本计算方法来预测中央对手方的资本要求。现期暴露法通常是针对银行简单且相对定向的资产组合而设计的，对中央对手方更加多样化的资产组合来说是过于保守的（尽管如下所讲，使用现期暴露法会获得更大的轧差收益）。构成这些方法的等额资本要求也被认为过于保守。此外，一项研究发现该方法在不同中央对手方的业务实践中的影响存在着难以解释的差异。

对暂行规定的上述批评意见最终推动了最终规定的产生（通过 BCBS 2013c 中提到的两个其他方法，即分层法和比例法）。最终规定采用了如方法 2 一样简单而又如方法 1 一样更加风险敏感的方法。接下来我们讨论暂行规定（2017 年以前有效）中的方法 1 和方法 2，然后讨论最终规定（2017 年以后生效）。

如果不同产品的违约基金是隔离的，那么对每一种产品都要实施单独的资本计量。如果这些不同的产品共享中央对手方的违约基金，那么中央对手方将需要把这些违约基金分配到相关的产品中。

对非合格中央对手方而言，银行需要采用一对一的方式对已缴纳的和未缴纳的（即评估权）违约基金分别进行资本计提。如果未缴纳的违约基金要求是无上限的，那么其用于计算资本计提的有效规模应由监管机构确定。对合格中央对手方来说,其资本计提上限是假设其为非合格中央对手方时的资本要求。

10.4.5 方法1(暂行规定)

方法1在计算中央对手方违约基金风险敞口资本要求时,会有以下三个步骤:

1)计算中央对手方的假定资本需求。
2)计算对中央对手方的总资本要求。
3)将总资本要求分配给清算会员。

首先,确定假定资本需求的程序是,首先假设中央对手方是一家银行,然后计算它所有清算会员和客户(统称为中央对手方的交易对手)的衍生品风险敞口。为此,中央对手方必须要以20%的风险权重并采用现期暴露法来确定风险敞口[①]。中央对手方必须至少每个季度计算一次假定资本需求。对现期暴露法计算的一个重要的批评是其处理轧差的方式:在暂行规定中,通过现期暴露法准则给定的轧差率由60%上升到85%,以此反映资产组合呈现出的多样性。然而,这却是有关暂行规定最受争议的方面之一,也是开发最终规定中采用的交易对手信用风险计量的标准方法SA – CCR(BCBS 2014a)的动机之一。CCP交易对手的初始保证金和违约基金都从计算出来的风险敞口中扣除。

方法1根据总资本要求(K_{CCP})来确定所有交易方的违约基金总额,其中总资本要求假设有两个清算会员违约(因此他们的违约基金将不能使用)。中央对手方幸存的清算会员(不算2个违约的)获取的违约基金用D'_{CM}表示,中央对手方用于动用违约基金前弥补损失的财务资源用DF_{CCP}表示。两者相加就是预收违约基金的总规模。

下面用三个风险依次下降的可能情形(见图10.6)来详细说明该过程:

- 情形1。预收中央对手方违约基金(DF_{CCP})规模比假定资本需求即总资本要求(K_{CCP})要少。在这种情况下,清算会员实质上需要计提以下两方面的资本准备:
  ○ 和他们的违约基金等额的资本计提(100%)。
  ○ 用来弥补违约基金缺口而产生的更高的额外资本计提(120%)。
- 情形2。在这种情况下,违约基金规模比假定资本需求要大,但是中央对

---

① 适用于衍生品交易。对证券融资交易,比如回购来讲,适用标准监管折减。

第 10 章 损失瀑布结构与损失分摊方法

手方自己的财务资源要比假定资本少。那么资本计提由以下部分组成:
  ○ 为了达到假定资本需求（已经将中央对手方自己的财务资源纳入计算后）而征收的违约基金部分的等额资本计提。
  ○ 对违约基金超出假定资本需求的部分计提1.6%或者更少的资本准备。
- 情形3。在这种情况下，清算会员自己的资源本身就已经超出假定资本需求要求。计提少于1.6%的资本准备。

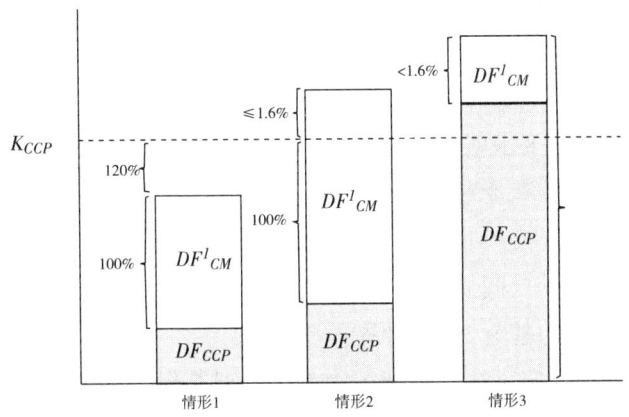

图 10.6　三种情况下的违约基金总额

图 10.6 说明了中央对手方资本要求的分层方法。DF_{CCP}表示中央对手方用于动用违约基金前弥补损失的财务资源。DF_{CM}表示从剩余的清算会员处筹集的总的违约基金。

以上规定严厉惩罚了违约基金中（根据假定资本需求计算）会员共担的部分，而对超出假定资本需求的部分只要求很少的资本计提。在该规定下显然中央对手方违约基金规模增大对会员有利，因为资本要求会降低。更为定量的详情参见附录10A。

10.4.6　方法2（暂行规定）

方法 2 是在等额的资本要求基础上按1250的风险权重（也包括交易层面的风险）但存在计提上限的原则来进行计提的。这样，中央对手方（与交易层级和违约基金相关的）风险敞口的资本计提就由以下两个计算结果中的较小者决定：
- 交易层面风险按0.16%的计提以及违约基金风险按100%的计提；
- 交易层级风险按1.6%的计提。

该规定确定了等额资本要求具有上限，这在初始保证金比违约基金规模大的情况下可能适用。

10.4.7 最终规定

最终规定（拟从 2017 年 1 月 1 日起实施）也定义了一个假定资本需求，但是最终规定中的假定资本要求是通过交易对手信用风险计量的标准方法（SM‐CCR）而非上面讨论的现期风险暴露法（CEM）来确定的。在交易对手信用风险计量的标准方法中，保证金风险期间（MPR）设定为 10 天，以此来确定中央对手方对他们的清算会员的风险敞口。一旦中央对手方的假定资本需求确定后，那么清算会员的资本要求就有由以下两个计算结果的较大者来确定：

- 按预收的违约基金乘以一个比率计提，该比率是假定资本需求和实际的违约基金总规模（违约基金清算会员缴纳的部分和中央对手方自身缴纳的部分之和）之间的比值。
- 按预收的违约基金 2% 的计提。

上面的第二条规定，尽管可能不太生效，但其保证了风险更大的违约基金并不会得到一个比初始保证金（2% 风险权重）更低的资本要求。如果中央对手方违约基金总规模因假定的资本需求而增长，则第一条规定会降低资本要求。

10.4.8 举例和讨论

图 10.7 分别显示了在方法 1、方法 2 和最终规定三种计算方式下，清算会员的总资本要求随合格中央对手方自己缴纳的违约基金数额变化的情况。方法 2 中，我们假设上面的第二条规定（交易层级风险敞口有 20% 的风险权重）比第一条规定的计算结果大，那么资本要求就由第一条规定确定。在最终规定中，我们假定资本需求要求由第一条规定确定，因此第二条规定的计算结果就较小。这两种假设很大程度上反映了现实情况。在计算所有清算会员的总资本要求时，我们不考虑方法 2 中的粒度调节。

图 10.7 显示了清算会员的总资本要求随合格中央对手方自己缴纳的违约基金数额（可能少于其他参与者缴纳的数额）的变化的情况。总的清算会员的违约基金份额被假设为 400 单位，假定资本需求为 600 单位。这就意味着当 $DF_{CCP} = 200$ 的时候（用黑色虚线表示），总的资本计提达到了假定资本需求的水平。

第 10 章 损失瀑布结构与损失分摊方法

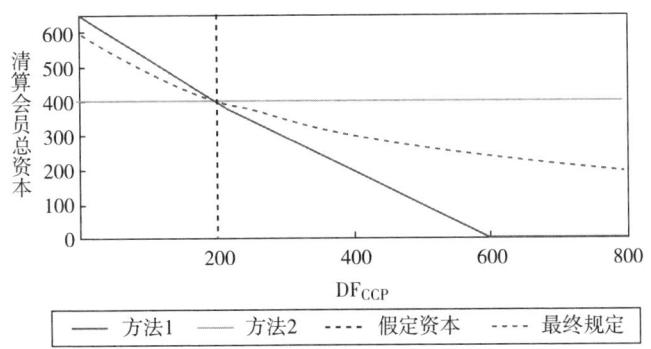

图 10.7 清算会员总资本随合格中央对手方缴纳的违约基金数额变化情况

黑色虚线表示总资本要求达到假定资本需求的点,在这一点上,所有的方法中都是等额的资本要求。实际情况很明显更可能出现在该点的右边。在更大的中央对手方违约基金规模会产生较小的资本要求问题上,方法 1 和最终规定形成了大致正确的趋势。对给定的假定资本需求,最终规定并不如方法 1 那样有利,这就导致了当中央对手方违约基金份额超过假定资本需求时(尽管如上所述最终规定得益于交易对手信用风险计量的标准方法的使用),对资本充足的中央对手方的要求会降低。

主要的争议在于所有的方法(尽管方法 1 和最终规定都受益于 CCP 的实缴资本基本上都会比假定资本需求多这个事实)都用了等额资本要求基准这个核心假设。假设中央对手方在有初始保证金弥补损失和拍卖权等操作程序的坚强保障下其实非常安全,如此高违约基金资本计提似乎过于严苛。事实上,等额违约基金资本要求似乎就暗示着很可能发生这样的事件:一个合格中央对手方的违约基金将会受到和假定资本需求等额的损失。事实上,这样的损失应该是极其不可能发生的,因为有以下几点保障:

- 违约会员的初始保证金是以至少 99% 的置信度来计算的。
- 违约会员的违约基金。
- 中央对手方运营中追加的违约基金。

作为对这些争议的回应,BCBS(2013c)提出,采用低于 1250% 的风险权重将会威胁到清算会员在短时间内快速弥补违约基金损失的能力。另一方面,他们也认为对违约基金份额执行 100% 的资本计提可能过于苛刻,而这与清算的强制执行性质是不一致的。

10.4.9 客户交易清算和双边方面的问题

客户交易清算是指非清算会员作为清算会员的客户间接地在中央对手方清算一笔交易的情况,如图10.8所示。清算会员的参与性质可能不同,更多的细节将在下一章讨论,但是这对下面讨论的资本计提处理并不重要。

客户交易清算事项中有两种情形需要考虑:

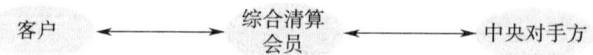

图10.8　客户通过综合清算会员进行交易清算

客户和中央对手方的确切关系(在下一章将详细介绍)与本章讨论无关。

- 从清算会员角度:综合清算会员可以看作对客户和中央对手方都存在敞口。这种情况下就存在对这两种风险的资本计提问题。
- 从客户角度:客户的头寸(当然是假设客户是银行且有资本计提)和他们对中央对手方或者是普通清算会员(或者两者)是否存在敞口。

关于后面一种情况,在特定条件下,如果一家银行通过另外一个清算会员进行清算,[他们很可能会将交易作为中央对手方的风险敞口(而非双边交易的风险敞口)来计提资本准备] 这适用于该银行是清算会员的客户或者清算会员保证了该银行对中央对手方的风险敞口(这些不同的客户关系,称作直接交易关系或者经纪关系,将在下一章的第11.1.2节和第11.1.3节分别讨论)。这种处理方法的实现需要以下条件:

- 中央对手方必须确认这些交易为客户交易。
- 这些交易的保证金必须由中央对手方和/或者清算会员持有,如此,客户就不会因清算会员和清算会员的任何其他客户破产而遭受损失(在第11.3节进一步讨论)。法律意见必须要支持这样的保证金保护。
- 即使在相应的清算会员失去偿付能力的情况下,相关交易仍然非常有可能通过中央对手方进行交易。这是指在这样的违约情况下,这些交易被转移到其他清算会员具有可能性(见第11.1.7节)。

如果满足上述条件,而客户还是无法避免清算会员和清算会员的其他客户违约(见第11.3.1节)带来的损失,那么将采用更高的4%的风险权重。如果不满足上述条件,那么客户必须采用双边交易的资本要求。

第 10 章 损失瀑布结构与损失分摊方法

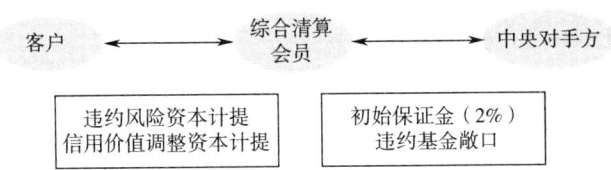

图 10.9　清算会员为客户进行清算交易时面临的资本计提

再看清算会员的角度，一个清算会员必须要对中央对手方和客户的风险敞口都计提资本准备，如图 10.9 所示，因为它在这种情况下对客户和中央对手方同时存在敞口。该资本计提将采用以下方法计算：

- 客户交易：如果中央对手方不对在客户违约的处置提供支持，则客户交易必须按普通的双边交易处理（不考虑清算会员是否保证交易或者仅仅作为客户和中央对手方之间的经纪商）。这就意味着将存在对违约风险的资本计提，且信用价值调整（CVA）（见第 7.3.1 节）在这些情况下是很常见的①。客户缴纳的保证金（包括初始保证金）将降低该资本要求（降低程度取决于银行使用哪种模型来计算交易对手信用风险）。相较于纯粹双边交易，这种情况下风险计提唯一的不同在于它可以使用较小的风险保证金期限，从最少 10 天变成最少 5 天，来反映集中清算交易的较短的平仓时间。减少的计提可以通过直接建模或者简单地乘以 0.71 得到（见第 7.2.4 节）。
- 中央对手方交易：清算会员对中央对手方甚至对客户的交易风险敞口，要执行 2% 的资本计提。这种风险是存在的，因为清算会员一般都有义务弥补客户由于中央对手方倒闭遭受的损失。清算会员也会因客户交易而被要求缴纳额外的违约基金（尽管中央对手方一般都不会这样要求）。

附录 10A　关于暂行规定和最终规定的技术细节

下面表述基于 BCBS 2012b 和 BCBS 2014b 中的符号和规范，并酌情另外增加了一些图示、分析和解释。

---

① 这些资本计提在 Gregary（2012）中有详细的讨论。

假定资本需求（方法1）

由中央对手方对它所有的清算会员（及其客户）的交易对手信用风险敞口而产生的中央对手方假定资本需求如下：

$$K_{CCP} = \sum_i \max(EBRM_i - IM_i - DF_i, 0) \cdot RW \cdot Capital\ Ratio$$

$EBRM_i$ 是现期暴露法下（针对衍生品），在轧差率提高到85%的情况下，交易对手方 i 的风险敞口。IM_i 和 DF_i 代表了该交易对手方的初始保证金和违约基金。RW 是（至少）20%的风险权重，资本充足率依然为8%。

所有清算会员的总资本要求（方法1）

在此方法中，DF_{CM} 表示由所有的剩余的清算会员（减去出现的2个违约会员的违约基金）预缴的违约基金。DF_{CCP} 表示在动用上述部分违约基金前，中央对手方自己缴纳的违约基金。这些项目的总和代表了总的可用违约基金。$DF' = DF'_{CM} + DF_{CCP}$ 为总的资本要求，分成三种情况，如图10.10所示。

图10.10所示的三种情况导致了针对清算会员的资本计提，如表10.2所示。

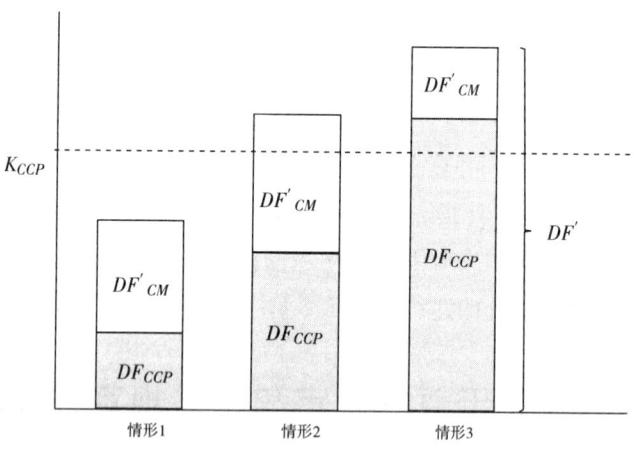

注：DF_{CCP} 代表了中央对手方先于共同违约基金而使用的自己的资源，DF_{CM} 代表了除去平均的两个违约会员，剩余清算会员的总的违约基金份额。

图10.10　方法1中对中央对手方违约基金的资本要求

表 10.2　　　　　　　　　　方法 1 中资本支出总结

Condition	Aggregate capital requirement	Case
$DF' < K_{CCP}$	$c_2 \cdot \mu \cdot (K_{CCP} - DF') + c_2 \cdot DF'_{CM}$	Case 1
$DF_{CCP} < K_{CCP} \leq DF'$	$c_2 \cdot (K_{CCP} - DF_{CCP}) + c_1 \cdot (DF' - K_{CCP})$	Case 2
$K_{CCP} \leq DF_{CCP}$	$c_1 \cdot DF'_{CM}$	Case 3

上表中，$C_2 = 100\%$（等额资本支出），$\mu = 1.2$，C_1 是不断减少的资本因子，区间在 0.16% 到 1.6% 之间，定义方式为

$$C_1 = \max\left\{\frac{1.6\%}{(DF'/K_{CCP})^{0.3}}, 0.16\%\right\}$$

对所有清算会员的总资本要求（方法 1）

之前计算的总的资本要求分配到每个清算会员，并根据每个清算会员自己的违约基金份额与总的违约基金的比率，利用下面这个因子来分配：

$$\left(1 + \beta \cdot \frac{N}{N-2}\right) \cdot \frac{DF_i}{DF_{CM}}$$

这是一种按比例分配的方法。该方法基于清算会员缴纳的违约基金规模和违约基金总规模的比率 DF_i/DF_{CM}，加上额外的来自于对总的清算会员数量（N）以及中央对手方的集中度系数（β）的粒度调节，其中集中度系数取决于最大的两家清算会员的风险敞口和平均风险敞口的比率。

最终规定

在 2017 年 1 月 1 日起生效的最终规定框架下，假定资本需求是由以下的求和公式决定的：

$$K_{CCP} = \sum_i EAD_i \cdot RW \cdot Capital\ Ratio$$

其中，EAD_i 是指中央对手方对清算会员 i 以及由清算会员 i 担保的客户交易的风险敞口，和对由中央对手方持有的（包括预收的违约基金份额）交易保证金的风险敞口。总和超过所有的清算会员账户及客户子账户（应该单独输入总和）。对于衍生品，EAD_i 是保证金风险期间（MPR）为 10 天时，用交易对手信用风险计量的标准方法（SA-CCR）来计算的。对于证券融资交易（SFT）交易，由以下公式计算：

$$EAD_i = \max(EBRM_i - IM_i - DF_i, 0)$$

其中，$EBRM_i$ 是指在风险缓释之前，根据有折价的监管公式计算出的风险敞口。IM_i 和 DF_i 分别表示初始保证金和违约基金份额。对每个清算会员的资本要求由如下公式计算得来：

$$K_{CM_i} = \max\left(K_{CCP} \cdot \left(\frac{DF_i^{pref}}{DF_{CCP} + DF_{CM}^{pref}}\right), 8\% \times 2\% \times DF_i^{pref}\right)$$

其中，DF_i^{pref} 是指清算会员的预收的违约基金份额，DF^{pref} 是指从清算会员预收的违约基金金额。DF_{CCP} 是指中央对手方自身缴纳的违约基金金额（和清算会员的违约基金份额享有同等或者稍次的权利）。

第 11 章 客户清算、隔离和可转移性

即便客户要求摘月亮,也不要拒绝他。先努力尝试,以后有的是时间解释为何办不到。

——理查德·尼克松(1913~1994)

11.1 操作层面

本章描述了作为非中央对手方清算会员的机构的清算处理。这类实体需要作为综合清算会员的客户进行清算(在美国,综合清算会员也称作期货经纪商)。上述客户可能原本是银行的传统客户,也可能是其他银行和金融机构,它们可能没有资格作为清算会员,或者认为作为清算会员对其并不合算。这就引发了客户和清算会员合作时的诸多问题,比如违约的影响问题和两者之间的保证金问题。

11.1.1 常规设置

一个非中央对手方会员(即称作"客户"),如果想要对场外合约进行清算,必须通过中央对手方的综合清算会员作为其对手进行清算。客户清算的大致模式可以通过图11.1来描述,客户和清算会员的关系本质上是双边的,中央对手方不承担客户的风险。如图11.1所示,客户可以和多家清算会员建立代理清算关系。

清算会员很可能是大型顶级投资银行,他们有足够大的经济规模来成为多个中央对手方的会员。该类银行的客户自然希望银行能提供跨市场的清算服务,并提供可能情况下选择中央对手方的机会。规模较小的银行和其他金融机构要

想成为清算会员的话,不太可能也不太可行。中等规模的"第二梯队"银行可能正徘徊在是否跃身为清算会员的抉择关口上,需要认真地权衡成为某一特定中央对手方清算会员的利弊。

客户和清算会员的待遇是不同的。比如,两者一般都需支付初始保证金,但客户一般无须向中央对手方缴纳违约基金(比如,SwapClear 的违约基金并不基于客户头寸计收)。清算会员收取客户手续费,并从收取的超额保证金中(高于中央对手方要求的保证金)部分获得投资收益,作为提供清算服务及承担额外风险的报酬。

上述代理关系的准确实施有两种模式,即直接交易模式和代理模式。

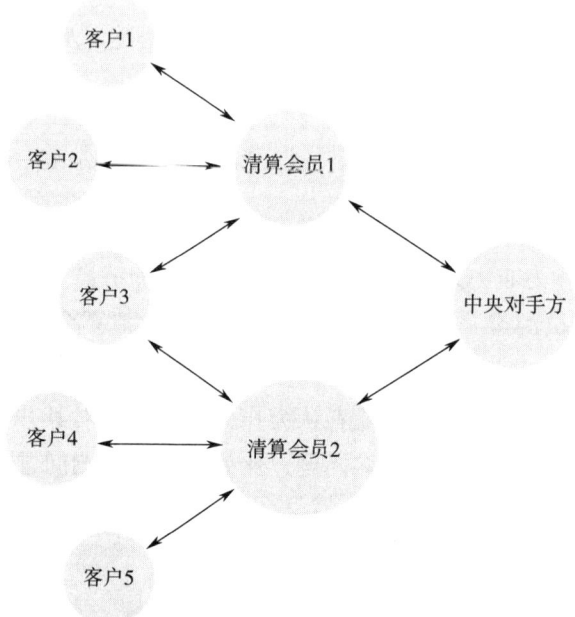

图 11.1　非清算会员或客户、清算会员和中央对手方之间的关系

11.1.2　直接交易模式

该模式(运用于欧洲)如图 11.2 所示,双边关系存在于:
- 中央对手方与清算会员之间
- 清算会员与客户之间

清算会员与客户一般会协议签署一份 ISDA 主协议(见第 5.1.4 节),包括

信用支持附件（或其他协议），以对头寸提供担保。常见的一些方面，例如对信用风险的感知，可能会影响清算会员和客户之间双边协议的性质。然而，这组关系中另外一个且可能更重要的方面是，清算会员会将自己和中央对手方的契约关系，一模一样地应用到自己和客户间的关系上。这意味着，无形中，客户将很大程度上受中央对手方规则的规制，即便两者间没有直接的合同关系或义务履行关系。

图 11.2　直接交易模式

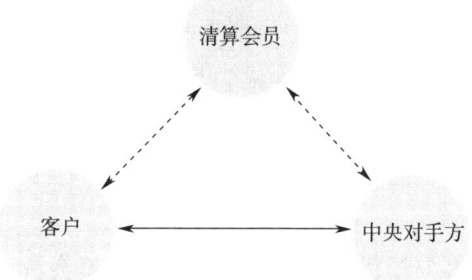

图 11.3　代理模式

11.1.3　代理模式

代理模式中，客户直接面对中央对手方，但是两者合同里的要求内容由清算会员担保实现，如图 11.3 所示。美国期货市场历史上就是采用这个模式，也用于美国场外的中央对手方。在该种安排下，客户需要直接与中央对手方就某些方面订立协议，比如关于保证金缴纳等方面。代理模式与直接交易模式的一个显著区别在于，客户更直接地受制于中央对手方的合约和操作规则要求。然而，清算会员仍然可以以担保人的角色提供给客户一些灵活性。

鉴于清算会员担保客户的交易，如同直接交易模式，清算会员暴露于客户的违约风险。如果客户违约，中央对手方将客户的头寸和保证金转移给清算会员以控制风险并解退交易。

11.1.4 客户和中央对手方之间的保证金要求

清算会员会按照中央对手方的保证金要求向其客户征收保证金，不管是代理模式下的直接征收，还是直接交易模式下的间接征收。然而，清算会员可以向客户提供缓解流动性压力的便利措施，包括：

- 保证金升级：允许客户提交不符合中央对手方要求的保证金，该保证金资产可能不具备充分的流动性或信用风险较大。清算会员对此保证金提供转换服务，将上述资产升级后提交给中央对手方。鉴于中央对手方对保证金流动性的要求，这类流动性服务对许多客户至关重要。此外，鉴于变动保证金一般需以现金形式交纳，因此即使是高流动性的保证金证券（例如美国国债）也需要进行升级。
- 保证金追加频率：清算会员可能仅要求周期性地追加保证金（例如每天），但保证金追加的频率也可能更高（例如日间多次）。清算会员因此可以为了客户的利益，临时性地为其保证金提供资金，从而为客户延展短期信用，尽管可能只有几个小时。Rennison（2013）统计，四分之一的客户受益于该项服务（尽管超过半数的客户会提交超额保证金以免日间追加）。

清算会员还可向客户提供其他优惠。例如，清算会员可以在一定时间内不将中央对手方的保证金追加要求传递给客户（Rennison，2013）。清算会员可以对上述服务收取费用或直接征收更高的保证金（例如，初始保证金）或是通过调节折扣率隐性征收。

11.1.5 从客户的角度

所谓的客户可能无法成为中央对手方的会员，例如，因为他们不符合中央对手方的会员准入要求。另一方面，客户可能认为成为清算会员并不能给他们带来效益，或者由于成为会员带来的义务如缴纳清算基金，遵守严格的保证金提交规则，参与违约处理和拍卖等会给其带来危险性。而作为一个非清算会员，就不必像会员那样遵守例如参与违约拍卖等清算规则了。

客户承担着清算会员破产的风险，如果该清算会员的其他客户也违约了，情况就会更糟糕。一般，依据隔离模式（见第 11.3 节），客户的风险在于：

- 其清算会员的风险

第 11 章　客户清算、隔离和可转移性

- 其清算会员和该清算会员其他客户整体的风险
- 中央对手方的风险
- 以上所有

这意味着客户将不能对他们选择的清算会员或者中央对手方漠不关心，他必须认真地考虑他们的选择。

要注意，客户可能通过"执行经纪商"进行交易，然后通过清算会员（或"清算经纪商"）完成清算。这两者并不必须为同一实体，尽管同一实体可降低成本。选择清算会员时，以下因素很重要：

- 现有关系：客户已经与该清算会员有交易的合作关系，已有法律和操作协议。
- 中央对手方接入：[清算会员能提供哪些中央对手方]作为选项，以供客户接入。
- 产品覆盖面：很显然，了解清算会员能否清算需要的全系列产品是非常重要的。
- 信用质量：估计清算会员的违约概率。这可能比估计执行经纪商的信用更重要。
- 成本：成本大体由每笔交易的费用构成（Rennison 2013 报告每笔费用在 200 美元到 500 美元）。一些清算会员还会对通过他们达成交易和完成清算的交易提供收费优惠。收费结构需要透明。
- 保证金要求：尽管保证金要求和折扣率通常由中央对手方制定，清算会员为客户保证金追加提供融资和升级服务的能力，以及提供交叉保证金效益的能力也是重要的考虑因素。
- 专业度：市场实践、监管要求和法律方面的建议能力。
- 运营支持：帮助客户吸收并采取集中清算所要求的措施。特别是清算会员在提供保证金方面所能给予的协助。
- 报告、系统整合和分析：对适当的交易信息以正确格式向相关监管机构进行报告也是一项重要能力。清算会员整合报告和分析功能也是另一项重要考量。

基于清算会员和提供的产品，客户可以选择不同的中央对手方。选择中央对手方时，客户还需考虑以下因素：

- 监管环境：中央对手方所在的法律和监管框架。

- 建立关系：建立如直接交易模式或代理模式的关系，以及其他细节。
- 保证金规则：中央对手方的保证金规则，很大程度上决定了客户需要缴纳多少保证金。这包括交叉保证金效应是否存在。
- 隔离：可能可行的保证金隔离结构以及由此提供的保护（见第 11.3 节）。
- 违约处置流程：处理清算会员违约的流程和规则，特别是与转移头寸有关的流程和规则。清算基金份额外的中央对手方的损失分摊规则也将很重要（例如，变动保证金盈利的折扣——第 10.3.1 节）。

对给定的中央对手方，客户可能需要一个"备份"的清算会员，可以在原清算会员破产时或因其他原因将交易转移给备份清算会员。一些客户认为至少应该在一家中央对手方选择三家清算会员签订协议。这就避免了在违约时只存在唯一性的选择，唯一的备份会员缺少竞争激励。无论客户关系是平均分配，还是集中在一家清算会员而其他会员作为次选项，都是出于成本和风险的平衡。小客户可能适用一家中央对手方，通过一家会员进行清算，也可能有一家备份的清算会员；大客户可能通过多家清算会员在多家中央对手方清算。Rennison（2013）发现多数客户目前有两家以上的清算会员，未来计划增至四家以上。

客户也可考虑通过多家中央对手方清算达到扩大产品覆盖面，避免特定中央对手方风险集中应该注意到的是有些客户（例如养老基金）可能有非常定向的投资组合，那他们从某一特定的清算会员或者中央对手方处集中清算就不会享有那么多的益处。事实上，这种大型的定向的投资组合可能会使客户暴露于多个中央对手方，以便防止集中清算带来的风险。跨产品保证金征收（见第 9.5 节）可以减少客户多种类产品的保证金要求，是减少清算成本的一个重要方面。

在保证金要求方面，清算会员可提供不同的服务。特别是，清算会员可以不要求客户提交日间保证金，即使中央对手方要求，清算会员也可允许客户提供不符合中央对手方要求的担保品从而提供保证金升级服务。一些清算会员提供"单一币种保证金"，将中央对手方的不同币种的保证金要求统一换算成事先确定币种的净额。然而，为使用中央对手清算服务，非清算会员需不可避免地遵守频繁的保证金提交规则。

一些地区的终端用户，例如养老基金[1]、公司和小型金融机构被免除了集中清算的义务，但他们仍然需要思考这是否将给他们带来优势。被豁免的机构如

---

[1] 在欧洲，对于养老基金的强制集中清算豁免是暂时的，如 4.2.3 节所描述。

果已经在双边交易中约定了相对严格的保证金缴纳条款的,可能会从集中清算上获益,只要额外的初始保证金要求不过于高昂。然而,需要考虑的细节是,在双边信用支持附件中(见第 6.3.2 节),证券(例如,国债)和现金可用作变动保证金,但是中央对手方可能只收现金。选择集中清算也因此给客户带来了不能用证券回购来获得资金用以提交现金保证金的流动性风险(严重危机时的回购市场会很糟糕)。这一风险可以通过清算会员或第三方提供的保证金转换服务缓解,但总体上流动性和系统性风险会增加(见下一章)。

其他享受豁免的对手方,例如政府、政府机构和国际发展银行,不提供保证金(单向信用支持附件)或提供有限的保证金(信用支持附件的保证金提交阈值或触发评级较高)并不能享受太多的保证金安排方面的好处。这类机构并不是参与集中清算的受益者。然而,如果双边交易对手要求这类机构提交更多的保证金(目前的趋势),那么情况可能会有所改变。

11.1.6 从清算会员的角度

从清算会员的视角,相较双边交易,清算会员因担保客户向中央对手方履约而承担了额外的风险(直接或间接)。他们在和客户的双边关系中也承担了类似风险,尽管严格按照与中央对手方的条款来限制与客户交易的条件可以减轻这一风险。清算会员可以提高保证金要求的标准,他们也承担了客户不向中央对手方履约的风险。集中清算中,这一风险可能比在双边市场更严重:例如,中央对手方可以以一个清算会员认为极端的价格平掉客户的头寸。

最重要的是,清算会员向客户提供服务是有一些潜在的成本和风险的,有的可以量化,有的不能。代客清算的清算会员可通过以下方面识别这些额外(高于双边交易)成本和风险:

- 中央对手方清算会员准入要求:为提供代客清算服务,清算会员可能会有更严格的会员准入要求,比如要有更高的净资本基础。一些中央对手方可能会对客户交易征收更高的初始保证金(尽管这可能直接传递给客户)。
- 保证金乘数:如第 9.4.2 节所述,中央对手方可以设置保证金乘数,例如,在流动性风险、信用风险或集中度风险过度时。当客户头寸达到该乘数时,清算成本可能会变高。
- 清算基金:客户清算会要求清算会员缴纳更多的清算基金(可能不总是

如此）。

- 非对称性成本：清算会员需要向中央对手方履行的义务并未与客户需要向清算会员履行的义务完美对接，则清算会员承担了额外的风险。例如，清算会员对客户的保证金提交频率的要求低于中央对手方的要求，或是接受中央对手方不愿接受的证券作为保证金。还存在不能通过多种方式进行损失分摊的传递所导致的风险（见第10.3.5节），例如对客户变动保证金受益所打的折扣。

为补偿上述成本，清算会员显然会向其客户通过多种方式征收服务对价，包括：

- 定期费用：固定费用（比如月付）。
- 每笔交易费用：清算每笔交易的费用，一般按交易规模的比例收取。
- 折扣率：保证金折扣率（包括初始保证金）能够在中央对手方要求的保证金基础上提供额外的资产。
- 隔离的益处：根据隔离标准，清算会员可获得所持有的保证金（即使没有折扣率）的收益。

清算会员可终止客户的头寸，例如，在不想再承担客户信用风险的情况下。这一般需提前30天通知客户。

11.1.7 可转移性

清算会员违约时，客户有多种处理投资组合的方式：

- 移仓至一家备份清算会员：理想的解决方法是把投资组合和相关保证金转移给另一家与客户存在合作关系的正常运营的清算会员。这是为什么客户经常要确保拥有至少一家存在合同关系的备份清算会员。
- 由中央对手方转移到另一家清算会员：在没有备份清算会员的情况下，可由中央对手方协助办理移仓，中央对手方可以在清算会员之间拍卖客户的投资组合。对客户来说，这一方法不如第一种，因为客户和新清算会员之间可能没有合同关系，可能认为价格条款和相关保证金要求缺乏竞争性。
- 由中央对手方平仓：在一些无法移仓的情况下，中央对手方可以通过拍卖平仓。从客户角度，希望能避免这一情况。

图11.4 阐释了客户1的头寸从一个清算会员1转移到清算会员2处。清

第 11 章 客户清算、隔离和可转移性

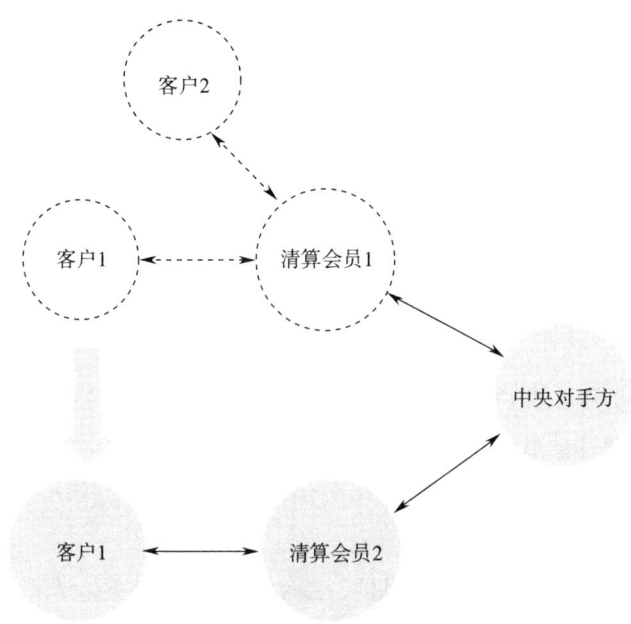

图 11.4 移仓的过程

算会员 1 的客户 2 可能并不同时将头寸转移给清算会员 2。

目的是，在清算会员违约时，客户将头寸转移给其他正常运营的清算会员，并由其承接头寸相关的保证金。这意味着在违约事件出现时，客户只会受到有限的损失，这相比于需要将所有的头寸都平掉，肯定是优先考虑的，因为后者将很可能要求在极大市场压力的情况下重新建立所有头寸。此外，头寸可以移给客户与之已有合同关系的清算会员，比拍卖给不同清算会员更好，正如之前提到的，因为这可能会导致拍卖价格偏低，新的保证金要求更高。将客户投资组合拍卖给清算会员也会损失一些净额对冲的好处（尽管这取决于隔离的标准，在第 11.3 节中也有过讨论）。

为尽可能在违约后利索地移仓，客户需要保证中央对手方的程序和规则在以下方面是完善的：

- 头寸和保证金的识别：中央对手方需要能立刻识别给定客户的保证金和头寸。
- 头寸的可转移性：保证金和头寸能够立即转移，保证金不能受损失。最好是能处置实际资产，而不是资产价值（保证金调整后）。
- 隔离：保证金需要与清算会员和会员的其他客户的保证金隔离开来进行

保护。

移仓的程序可以是客户在规定的时间内向中央对手方提名另一家清算会员，然后中央对手方要求清算会员评估资产组合。显然，该阶段存在新的清算会员拒绝接收该客户或要求额外保证金的风险。要求额外保证金可以是因为新清算会员不同意资产变动的价格（变动保证金）或资产组合的风险（初始保证金）。中央对手方关于估值和初始保证金计算的规则应该减轻这类问题，在清算会员违约之后，处理这类问题可能会更加困难。以下因素影响清算会员接收上述客户头寸的可能性：

- 与客户关系：客户是否与新清算会员存在较密切的关系，以及之前是否通过该清算会员清算过。
- 客户账户信息：客户资产组合和保证金的相关信息需要能够及时获取，格式易于使用。
- 市场条件：市场条件波动明显、流动性低的情况下，清算会员不太可能会倾向于接受新的头寸。
- 资产组合的规模：大型头寸更难于接受，尤其是在动荡的市场中。
- 清算会员头寸方向：清算会员已有的相应头寸，包括其他客户的头寸，是决定新资产组合的内部风险对冲程度的重要因素。如果这方面没问题，那么他们会更愿意协助移仓。

移仓是中央对手清算的重要优势（尽管在双边市场下也可以把保证金交第三方保管）。然而，移仓也存在一些风险，这些风险在是否能够移仓的关键时刻导致失败。这些风险主要关于客户代理清算中保证金隔离的形式。移仓在非违约情景下也很重要。例如，Rennision（2013）报告提到多数清算会员可以终止清算协议（尽管一般需要提前30天通知）或降低客户的清算限额。

11.2 隔离、再抵押和保证金抵消

11.2.1 隔离的需求

保证金隔离引发的问题是另一个重要的考虑因素。隔离是指保证金法律上的分隔，也意味着客户保证金的投资需要限制。隔离也有效地解决了由谁承担清算会员违约损失的问题。宽泛地讲，对于客户来说，保证金混用会在其他方

破产时带来风险（客户的清算会员、清算会员的其他客户和中央对手方自身）。保证金隔离可以减少客户在上述某项违约发生时对其带来的风险。然而并没有免费的午餐，隔离的程度越高，运营与清算基金和初始保证金的成本也越高（以补偿非隔离账户下保证金的可能损失）。

不同司法辖区的保证金隔离的司法执行也是问题之一。如果隔离的安排在持有保证金一方违约时不能执行，那么提交保证金的一方就存在其保证金与破产方资产混同的风险，成为了无担保的债权人。此外，鉴于隔离的可执行性可能只有在极端场景下才能测试到，还取决于该司法辖区针对特定案件的解释，所以，找到确凿的适用于所有情况的原则实际并不可能。

历史上有一些案例，可以阐释隔离导致的事故和潜在的失败情况：

- 巴林银行：1995 年巴林银行的倒闭引发了隔离相关的问题，在日本法律下，没有用来将巴林银行客户账户从巴林银行自身在新加坡国际货币交易所（SIMEX）的头寸中隔离开来的规定。而美国的账户则较顺利地移仓了。
- 雷曼兄弟：2008 年雷曼破产中，见证了由诸如对冲基金的买方客户提交的双边初始保证金（一般又称独立账户）被雷曼兄弟作为核心经纪商混同或再利用（再抵押）。雷曼兄弟破产后，这些客户仅拥有对这部分初始保证金无担保的债权。这些交易采用的是双边协商的文件，客户不享有任何资产隔离的保护。这部分归因于对法律的不了解，部分归因于认为雷曼兄弟的违约概率极小。
- 明富环球（MF Global）：明富环球是一家主要的衍生品经纪商，在 2011 年 10 月提交破产申请。其被查明非法转移客户隔离资金给第三方（超过 10 亿美元）。既有的隔离制度由于欺诈没有有效执行，明富环球的客户损失惨重（见第 6.4.5 节）。
- 百利金融（Peregrine Financial）：2012 年，百利金融集团在老板罗素·华生道夫承认客户实际资产与他宣称持有的相差 2.15 亿美元后倒闭。华生道夫因非法动用客户资金被判 50 年监禁。

从过往经验看，在双边和集中清算的市场，任何形式的隔离都容易受到操作上和法律上风险的影响。因此，隔离的定义和可操作性对客户清算的成功至关重要。

11.2.2 变动保证金与初始保证金的区别

隔离对于变动保证金和初始保证金有所不同。定义上，变动保证金覆盖的是已发生损失，不需要特别保护。变动保证金提交流程的操作延迟可能产生风险。[①] 然而，由于这些延迟在集中清算下一般不超过一天，蕴含的风险相对较小。除非变动保证金可以轧差和再抵押，否则成本很高，如图11.5所示。清算会员收到总的净变动保证金20（15＋10－5），提交给中央对手方。这符合变动保证金没有净成本的观点，因为变动保证金只是市场盈利和损失的加总（见第9.1.4节）。

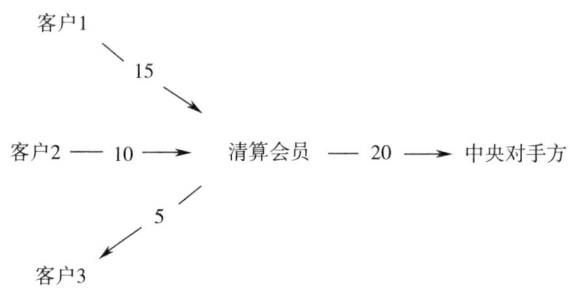

图 11.5 阐释了清算会员实际将变动保证金再抵押给中央对手方。
假设支付是轧差的，但在隔离条件下行不通

如上所示，变动保证金再抵押会产生一些风险。如果变动保证金由客户提交以覆盖损失，然后头寸被转移回给客户，这笔变动保证金可能会受损失。然而，对相较于初始保证金的处理，这是第二位的问题。

初始保证金与变动保证金不同，因为其不反映当前的损失，正因为如此，可能与额外保护相关。参见图11.6描绘的情况，清算会员从3个客户那里收到总共30的初始保证金，用以担保各自资产池。然而，由于客户头寸的分散化，中央对手方只要求了18的初始保证金。从整体客户的角度出发，他们面对超过12（清算会员持有）和18（中央对手方持有）的损失的风险。他们还面对自身提交的保证金没有被转交至中央对手方的风险。客户也可主张因头寸分散化而无须提交全额保证金，客户头寸分散化对清算会员是有益的。因此，有许多问

[①] 例如，客户就头寸损失提交变动保证金，这些头寸盈利时客户可收回部分变动保证金。这部分变动保证金在退回前受制于违约风险。

第 11 章 客户清算、隔离和可转移性

题需要考虑应对。

因此，隔离的进一步讨论在于初始保证金而非变动保证金。然而，清算会员也存在向客户征收超额保证金的情况。这是清算会员所要求的高于中央对手方初始保证金要求的缓冲，用来覆盖清算会员在向客户收取初始保证金前对中央对手方履行义务之目的。超额保证金是初始保证金的一部分，（理想地）也能受益于隔离。

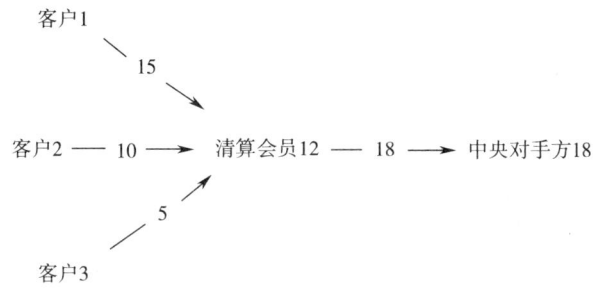

图 11.6 阐述清算会员将客户的初始保证金再抵押给中央对手方。清算会员对客户保证金全额计算，但按中央对手方的要求净额提交

需要注意，隔离的问题比单纯的客户提交初始保证金的风险来得更为敏感。清算会员违约情况下，客户如能将其头寸转移到已建立关系的备份清算会员，便能够得到更好的保护（第 11.1.7 节）。如果中央对手方担心客户资产可能无法成功转移，就可能尽快采取头寸清仓（拍卖），以避免进一步的风险。如果中央对手方已持有足够的应对组合风险的保证金，则较不可能采取清仓的做法。因此，如果账户相关保证金充足，并由中央对手方持有，则采用移仓的可能性更大。

如上所述，变动保证金一般在非隔离的状态下以净额方式支付。然而，需要多思考初始保证金的处理。首先需要考虑的是初始保证金应以净额还是全额方式缴纳。

11.2.3 净额保证金制度与全额保证金制度

中央对手方一般采取两种方法计算保证金，即净额保证金制度与全额保证金制度。第一种方法如图 11.6 所示，中央对手方按净额收取初始保证金（净额保证金制度）；另一种方法是全额保证金制度，中央对手方按全额向客户收取初

始保证金。以上两种计算方法的具体情况可参考图 11.7。

净额保证金制度考虑到了客户头寸的差异性,因此实施成本相对较低。如图 11.7 所示,在实际操作中,净额保证金制度允许清算会员通过投资其持有的超额保证金获取利润,增加了清算会员的收入,同时也降低了客户成本。由此可知,净额保证金制度并未减少向客户收取的保证金数额,而是改变了保证金持有方。但是,净额保证金制度也会引发两个显而易见的问题,本书将对此进行深入探讨。

11.2.4 净额保证金制度与可转移性

净额保证金制度产生的最显著的问题就是可转移性,即在净额保证金制度下,中央对手方所持有的客户保证金可能不足,导致无法转移。以图 11.7 为例:由于中央对手方所持有保证金的多少取决于客户 2 与客户 3 的资产组合效应,因此客户 1 可能无法划转保证金。但假如清算会员同意划转所有客户头寸,那么,轧差收益可维持。然而,一般来说,为了将头寸转移的可能性最大化,客户还需要按全额缴纳保证金。事实上,为了增加划转的概率,客户(尤其是拥有大规模资产组合的客户)可能缴纳比要求更多的全额保证金。

净额保证金制度引起的一个更为微妙的问题是对冲的混同。由于中央对手方按净额方式收取的保证金额度与客户的资产组合效应对冲,因此具体到各个客户应缴纳的保证金数额往往很难确定。也就是说,虽然净额保证金制度的成本较低,但由于参与各方可能会受到彼此损失的影响,净额保证金制度也具有额外风险。比如,客户可能受到清算会员其他客户①损失的影响。在如图 11.7 所示的情况中,若清算会员与客户 1 违约,造成客户 1 资产组合亏损 15 份,这笔亏损相当于客户 1 资产组合所需缴纳的保证金数量(这并非不可能发生)。然而,在净额保证金制度下,此次违约意味着未违约客户 2 与 3 向中央对手方所缴纳保证金的三分之二也蒸发了②。

全额保证金是所有客户保证金的总和。在全额保证金制度下,客户缴纳的保证金数量就是该资产组合在单独情况下所应缴纳的初始保证金,因此清算会员给各个客户的保证金配置计算就较简单。此外,无论从法律或操作角度看,

---

① 如下所述,仅发生在清算会员同样违约的情况下。
② C2 与 C3 分别缴纳初始保证金 6 份和 3 份。所有客户缴纳的保证金总和为 18 份,其中由于 C1 违约造成 15 份损失。因此,最后客户保证金只剩余 1/3(3/9)。

第 11 章 客户清算、隔离和可转移性

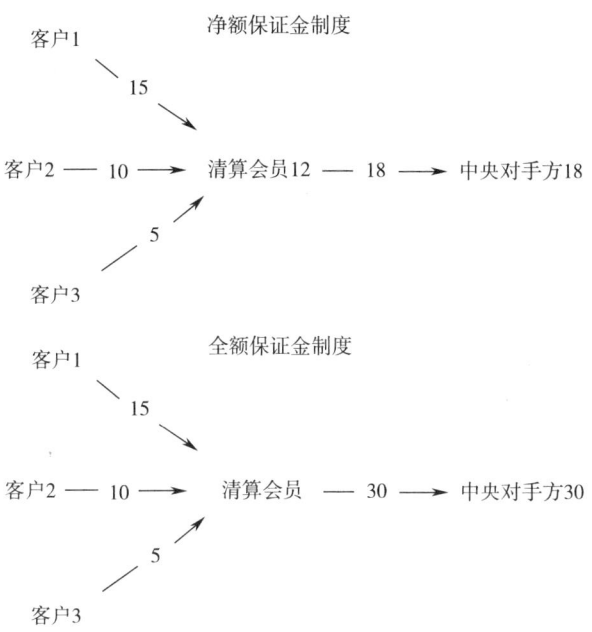

注：假定清算会员向客户收取总额保证金，并保存超额部分。

图 11.7 净额与总额初始保证金要求

全额保证金制度也更容易进行保证金隔离。另一方面，由于净额保证金可能因资产组合效应减少，因此不易计算出每个客户应缴纳的保证金数额。

净额保证金制度不会阻碍保证金隔离。但是为了促进中央对手方所持客户保证金的隔离，清算会员需要频繁地向中央对手方提供相关的计算方法，以动态地确定在清算会员缴纳的初始保证金中，各个客户配置的额度。可以说，全额保证金制度更加符合保证金隔离的理念。

但是，全额保证金制度并不意味着保证金隔离。保证有效的隔离仍会遇到法律及实际操作问题。然而，隔离的保证金数额由每个客户所缴纳的初始保证金更清晰地确定。假如清算会员没有将各个客户的具体情况告知中央对手方，那么就很难确定超额保证金的归属问题（该笔保证金有时也被称作"未经分配的超额保证金"，见第 11.3.3 节）。以图 11.7 为例（全额保证金图），按照全额保证金制度，客户 1、客户 2、客户 3 应向中央对手方共缴纳保证金 30 份，假设中央对手方相关账户内共有金额 33 份（如当初始保证金要求已降低时），那么就无法确认该 10% 的超额保证金来自哪个客户。

249

总而言之，净额保证金制度实施成本较低，但与保证金隔离理念有冲突，并且客户需承受清算会员及其客户违约的风险，且存在保证金不可转移的可能性。另一方面，全额保证金制度实施风险较小，符合保证金隔离理念，且理论上能保证足够的保证金以供划转，但损失分摊和隔离操作的成本较高。

11.3　隔离的方法

本节将介绍若干在实际操作中合规的初始保证金隔离方法。一般来说，初始保证金隔离方法可分为两大类，即操作隔离（如保证金分存于不同账户）和法律隔离（如保证金归属于单个参与者受法律保护）。我们会发现，以上两种方法在某些情况下存在区别，而资产或资产价值可能会受隔离规则的制约。隔离方法主要有以下几种：

- 无隔离：在无隔离状态下，初始保证金不受任何保护，客户需完全承担清算会员及其客户违约的潜在风险，以及中央对手方违约的风险。该方法并未用于实际操作。
- 综合隔离：综合隔离是指清算会员账户（即"清算机构账户"）与其客户之间（即"综合账户"）的隔离。通常，清算机构账户中的保证金可以用于弥补客户造成的损失，但反过来不行。而在综合账户中的所有资产可用来满足某个客户履行义务的要求。
- 法律隔离：相当于混合账户，每个客户所缴纳的保证金都会跟踪并进行法律（而非操作）隔离。
- 全物理隔离：该方法是基于操作基础上的物理隔离。

净额保证金制度更适合无隔离方法，而全额保证金制度更适合法律或全物理隔离方法。如第 11.2.3 节所说，综合隔离法可用于净额保证金制度或全额保证金制度。考虑到现实中的账户结构或多或少都会涉及隔离，无隔离方法不会应用于实际操作（且一般不被法律法规允许），本书将不对无隔离方法进行详细解释。

业内普遍认为，全物理全额保证金隔离是保证金隔离的理想方案但成本偏高，因此也可考虑其他的保证金混合形式。另外，选择何种隔离方法也受到客户资产组合性质的影响，比如资产组合是否可以单独或集体转移等。

11.3.1 综合隔离

综合隔离，有时也被称作美国期货式方法，是指将客户保证金放于一个合并或综合账户中，以使中央对手方对客户保证金进行有效的混合。如图 11.8 所示，综合账户与清算会员账户（清算机构账户）及客户综合账户（如有）是相互隔离的。综合账户中的头寸可以进行轧差，中央对手方可能会要求客户按照净额（美国期货市场曾经采用此方式）或全额为其头寸缴纳保证金。如按照净额缴纳（见图 11.8），清算会员可持有部分保证金，而并非全部交给中央对手方。

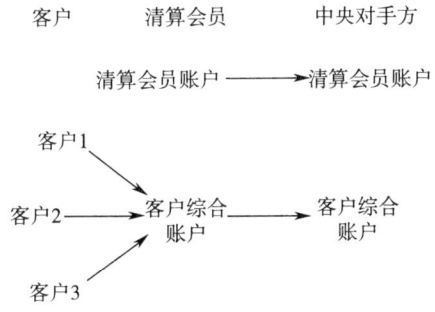

图 11.8 综合隔离

如图 11.8 所示，清算会员没有将保证金全部交于中央对手方，这可能是由于清算会员以总额向客户收取保证金，但以净额向中央对手方缴纳保证金的情况导致的。

存于综合账户中的保证金不受其他账户损失的影响，但需承担该账户亏损的风险。因此，该隔离方法使客户保证金面临其清算会员以及该清算会员其他客户①违约的风险（即"其他客户风险"）。一旦违约发生，客户账户的损失瀑布分摊将按以下先后顺序操作：

- 客户初始保证金。
- 剩余的清算会员（存于清算机构账户中）初始保证金。
- 剩余的清算会员违约基金。

---

① 请注意，只有当清算会员违约时，某一客户才需面临其他客户违约的风险；否则，清算会员对客户保证金仍负有合同责任。

其中，后两项将会受到清算会员自身违约（如有）及其他客户违约的影响。假如以上资源不充足，综合账户中（未违约客户）的剩余保证金将先于共同违约基金使用。

此外，中央对手方采取净额或全额保证金制度也会对损失程度造成影响：

- 净额综合结构：按照净额对保证金进行计算与划转。由于保证金混合放于一个账户内，因此所有客户的保证金均有风险。未违约客户存于清算会员综合账户中的保证金可能被用于弥补客户账户中的保证金缺口。
- 全额综合结构：按照全额对保证金进行计算与划转，且同样存在与净额综合结构相同的客户风险共担。此外，超额保证金由清算会员持有，因此还受清算会员违约的潜在风险影响[1]。相较于上述结构，该结构中用于吸收清算会员和客户违约损失的保证金更多，因此单个客户承担的缴纳额外保证金的风险更大。

综合隔离可以显著提高效率：清算会员可以按照净额向客户收取较少的保证金，或（更有可能）收取超额保证金以获取收益，从而减少向客户收取的费用。同时，该种保证金隔离方法不需要开设单独账户，在操作上也更简便。然而，综合隔离的缺点在于，客户需面临其他客户违约的风险。这种风险也可视为道德风险的一种，因为清算会员客户中信用较高的客户需要承担比信用较低的客户更多的风险。此外，客户保证金混合于综合账户内，综合隔离对保证金转移也会产生影响（除非所有客户头寸一起转移）。

同时还应注意到，当银行通过清算会员参与中央对手清算业务时，综合隔离不满足其享有减少资金缴纳的条件（见第 10.4.9 节）。

11.3.2 独立隔离账户

综合账户存在的客户风险共担可通过更严格的隔离方法避免（图 11.9）。如果客户保证金存于中央对手方层次的独立账户内，那么该账户中的保证金仅会用于弥补该客户违约造成的损失。在这种情况下，保证金显然需要按总额收取，且任何中央对手方要求缴纳的超额保证金应全部交于中央对手方，以增加安全性。独立账户隔离的目的是确保客户资产不会被用于为清算会员的其他客户履

---

[1] 在本书后面章节描述的"有超额保证金的全额综合"结构中，该超额保证金同样交中央对手方持有。

第 11 章 客户清算、隔离和可转移性

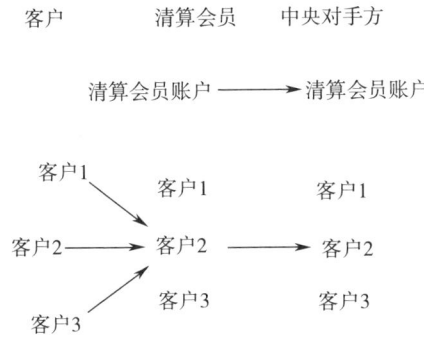

注：保证金按照总额收取。若为非现金类保证金，则可对资产或（估值折减后的）资产价值进行隔离。

图 11.9 独立隔离账户

行义务，这也保证了客户不必为其他客户或清算会员的违约承担风险。同时，鉴于该隔离方法按总额收取初始保证金，确保了保证金充足且不受违约影响，且将保证金转移的可能性最大化。

但是采用独立账户隔离方法，中央对手方无法通过综合账户分摊损失，而必须利用其他方式（如建立更大规模的违约基金）来吸收损失，成本相较其他隔离方法显然更高。而这些增加的成本很可能由清算会员转嫁至其客户承担。此外，独立账户的维护成本也较高。

事实上，即使在完全隔离的状态下，客户仍要面临中央对手方损失分摊的风险。这是因为，清算会员向客户履行义务的前提通常是中央对手方已履行了自身义务。为规避此风险，中央对手方可能采取"全资产隔离"方法。在这种隔离方法下，客户直接与中央对手方接触，且与清算会员一样，客户的初始保证金受瀑布式损失分摊机制的保护。客户同时还需面临清算会员违约，以及与头寸转移（如增加需缴纳的初始保证金）或头寸无法转移（如拍卖价格低造成的损失）的风险。如果保证金隔离基于（折减后的）资产价值，那么清算风险同样存在。最后，客户还是会遇到与隔离相关的法律或操作问题。

11.3.3 法律隔离混合操作模式

法律隔离混合操作模式（Legally Segregated Operationlly Commingled，LSOC）

旨在平衡综合隔离与独立隔离的优点，目前已获得美国监管机构的推崇①，但仍未出现在其他法规以及支付结算委员会（CPSS）与国际证监会（IOSCO）联合发布的指引中。（虽然 LSOC 目前是美国法规的一项规定，本书将继续采用如"清算会员"等通用术语，而不是"期货经纪商"等在美国使用的专用术语。）

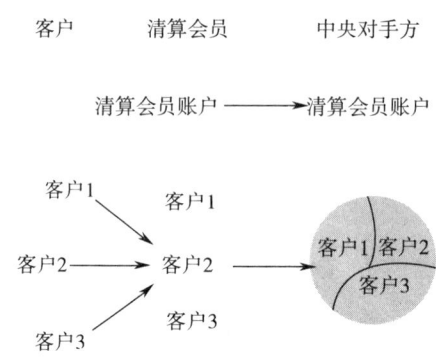

注：在中央对手方层面，对客户保证金进行了法律隔离，但在操作方面仍然处于混合状态。

图 11.10　LSOC 账户结构

LSOC 的主要目标是既防范综合隔离所存在的违约风险（见第 11.3.1 节），又保留了客户账户合并所带来的操作便利。图 11.10 展示了 LSOC 的运行方式。在该模式中，中央对手方须将客户账户与清算机构账户隔离开，客户账户中所有的客户保证金可合并，但每天应至少按此更新一次客户保证金分配情况，以避免清算会员与其客户同时违约的风险。而未违约客户的初始保证金应存于中央对手方进行法律隔离，且不能用于弥补违约造成的损失（即使该损失已将冲抵的初始保证金与违约基金用尽）。LSOC 最可能与全额保证金制度结合使用以提高可转移性，尽管实际操作中可能会使用净额保证金制度。②

为了实现 LSOC 模式，虽然客户保证金仍然合并共同放于客户账户中，但清算会员将进行隔离计算，并可能（取决于使用的确切方法）向中央对手方汇报每个客户的保证金配置额度。清算会员应向中央对手方保证，不会将任何客户

---

① 美国商品期货委员会（CFTC）于 2010 年表示支持 LSOC 模式。
② 监管机构可能会采取强制规定，要求使用全额保证金制度。比如，美国期货交易委员会在其规定 39.13（g）（8）中称，"如本章 1.3 节所述，金融衍生品清算机构应要求其清算会员向客户收取初始保证金作为非对冲头寸，保证金额度应超过金融衍生品清算机构对各个产品与掉期资产组合要求缴纳的初始保证金数额。"详见 http：//www.cftc.gov/LawRegulation/FedralRegister/FinalRules/2012 – 1033。

第 11 章 客户清算、隔离和可转移性

的保证金用于履行其他客户的义务。为确保这一点，参与各方应满足以下操作要求：

- 客户应由中央对手方确认（对于新客户，确认必须在交易清算时立即进行）。
- 中央对手方应充分掌握每个客户的资产组合。
- 保证金分配情况应由中央对手方直接掌握（在按总额收取保证金且无超额保证金的情况下），或由清算会员每日向中央对手方汇报。

假如一个或多个客户的违约造成了清算会员违约，中央对手方可以用这些违约客户的保证金配额来冲抵违约损失，而不损害未违约客户的利益。在某些情况下，中央对手方可在瀑布式风险分摊机制的最底层使用未违约客户保证金（如在共同违约基金和中央对手方自有资本耗尽后）。由于中央对手方可能有积极的损失分摊方法以应对这种情况，实践中这仅会造成一些小的差别。监管机构可以通过此方法保护以 LSOC 方式向中央对手方缴纳保证金的客户。①

超额保证金是指由清算会员向客户收取的超出中央对手方初始保证金要求的保证金部分（见第 8.2.2 节，图 8.4），而 LSOC 模式的复杂性之一在于超额保证金的处理方式。正如以上所说，超额保证金实际上是客户初始保证金之外的缓冲，通常是为达成新交易和/或清算会员在向客户收取保证金前，为履行对中央对手方的义务所需承担的风险而产生的。在"无超额保证金的 LSOC"模式中，② 中央对手方仅收取初始保证金，超额保证金由清算会员持有。这种方法在全额保证金制度下显得更加简便，中央对手方无须通过清算会员便可知道各个客户的初始保证金数额。但是，当要求缴纳的初始保证金数额降低，而中央对手方尚未退还由此产生的超额保证金时，中央对手方实际上持有了超额保证金。此外，当新增客户尚未向清算会员缴纳初始保证金，清算会员有时（至少是暂时性的）会先将自己的资金作为客户初始保证金交给中央对手方时，中央对手方很可能（误）认为该笔初始保证金来自于客户。不过，这一出入可能只是短期存在。

---

① 例如，美国期货交易委员会管理规定第 22.15，http://www.cftc.gov/ucm/groups/public/@lrfederalregister/documents/file/2012-1033a.pdf。

② 同样还存在"未经分配超额保证金的 LSOC"模式，在该模式中，超额保证金交于中央对手方，但中央对手方并不知道该超额保证金的客户具体性质。当清算会员违约时，中央对手方不能使用该未经分配的超额保证金，且必须将其归还给违约会员。

"有超额保证金的LSOC"模式的情况更复杂。在这个模式中，额外的超额保证金需质押给中央对手方。清算会员每天要向中央对手方提交超限保证金报告，汇报每个客户的份额，这使得操作难度增加。在某些情况下，例如清算会员分配比实际更多的保证金（价值折减后），此类的报告可能会被中央对手方驳回。如果清算会员无法提供进一步解释，中央对手方就会将所有额外保证金认定为"未经分配的超额保证金"，并在清算会员违约时归还，但不会分配给其客户。当客户需缴纳的初始保证金额度降低时，中央对手方也会将由此产生的额外保证金归类为未经分配的超额保证金，且只有在得到清算会员指示后才会将该保证金分配给其他诸如初始保证金增加的客户。尽管"有超额保证金的LSOC"模式更为复杂，但为参与各方提供了更多保障，已逐渐成为处理保证金的标准方法。监管机构也开始以法律法规形式对该种模式下的超额保证金提供保护。①

当客户以资产而非现金形式缴纳保证金时，LSOC模式中的法律隔离基于估值折减后的资产价值。若扣减较保守，中央对手方可使用所有客户头寸中的额外价值（即，这不是针对特定客户的隔离）；若折减率很小，所有客户的保证金需按比例减少（而某个客户账户可能因此而少缴保证金）。

如上所述，全额保证金制度仅适用于初始保证金。而变动保证金仍可按照净额进行缴纳，且相应地代表了客户所需承担的风险。通常，中央对手方只对违约清算会员所有客户的净变动保证金负责。这表示，当清算会员违约时，其浮动盈余的客户无权向中央对手方索回盈余的变动保证金，相反，客户只能针对该违约清算会员的财产进行索赔（包括违约后收益，以及转移或交易平仓前收益）。变动保证金一般与初始保证金隔离，因此，例如当中央对手方既要求客户缴纳额外初始保证金，又需要向客户偿还变动保证金时，只有在收到额外初始保证金的情况下，中央对手方才会执行后者（即初始保证金与变动保证金不可相互抵充）。

"有超额保证金的LSOC"模式看似很有可能是未来场外客户清算标准账户结构的有力竞争者（至少就监管而言）。然而，尽管中央对手方持有全部超额保证金的方法可使客户免受清算会员或客户违约的影响，但该模式仍存在一些潜在风险与问题：

---

① 例如，美国期货交易委员会管理规定22.13。

- 无法保证客户收到与缴纳时同等价值的资产。由于保证金相当于实际投资额,因此这对于养老基金和资产经理来说是一个潜在问题。此外,只有估值折减后的资产价值才可获得保护。
- 缴纳的保证金有可能受投资风险的影响。
- LSOC 规则一般不适用于变动保证金。因此,中央对手方不保护任何客户缴纳的但是是另一客户净变动保证金亏损的变动保证金。
- 在 LSOC 模式中,客户需承担清算会员欺诈或操作错误的风险。在完全隔离模式中,客户不承担这些风险。

11.3.4 案例

伦敦清算所(场外及其他产品)的运行受欧洲市场基础设施监管规则(E-MIR)[1]的监管,其账户结构是上述保证金隔离方法的一个实例。如图 11.11 所示,客户可使用以下账户(请注意,向客户提供 LSOC 账户并非欧洲市场基础设施监管规则的强制规定):

- 净额综合隔离账户[2]:按照净额向客户收取保证金,并统一放于一个综合账户中。这种方法通常用于场内产品。
- 全额综合隔离账户:按照总额向客户收取保证金,并统一放于一个综合账户中。若发生违约,客户共享账户中的资产以便转移或变现。
- 独立隔离账户:客户保证金不会与其他客户或清算机构保证金存放于一个账户中,因此可适用独立转移程序。"资产标签"模式可用于保护那些可以实际转移的资产(而不仅是扣减后价值)。

场外市场清算业务的发展促使中央对手方基于不同选项,不断开发出多种致力于客户清算服务的账户结构,选项包括:

- 客户间保证金隔离(以避免违约风险)。
- 对实际资产还是实际资产价值进行隔离?(前者可缓释清算风险。)
- 是否需要第三方托管参与隔离?(伦敦清算所下 SwapClear 系统开发的"优质隔离账户选择"引入了第三方托管。)

例如,SwapClear[3]最近进一步公开了其基于隔离方法(综合隔离或独立隔

---

[1] 见 http://lchclearnet.com/about_us/corporate_governance/ltd_account_structures_under_emir.asp。
[2] 原文为 OSA Net,其中 OSA 表示 Omnibus Segregated Account。
[3] 见 http://www.swapclear.com/service/customer_protection_under_emir.html。

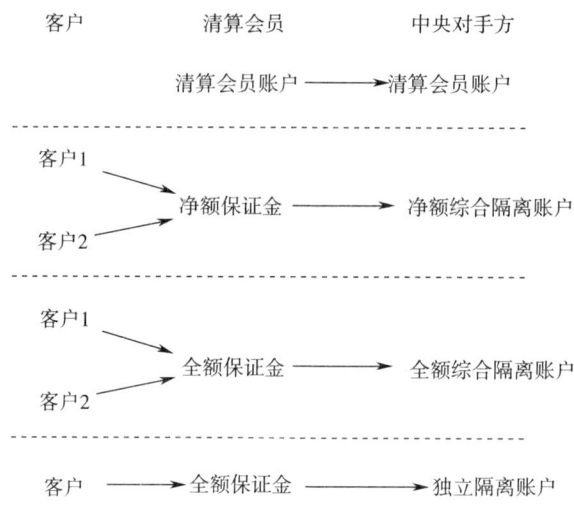

**图 11.11　在欧洲市场基础设施监管规则下的
伦敦清算所公司向客户提供的不同账户结构**

离）以及保护类别（资产或资产价值）的隔离方案。保护类别决定了实际证券（可直接转移）是否仅作为价值的反面进行缴纳。由此产生了 4 种账户结构，即资产综合、资产隔离、价值综合和价值隔离。采用资产综合与价值综合的客户均需承担其他客户违约风险，但资产综合的客户无须承担其他客户保证金证券价值下跌带来的损失。此外，还有第五种"优质隔离"账户结构，在该结构中，客户资产存放于其自行选择的托管方。

11.3.5　隔离的流动性影响

显然，保证金隔离可以更大限度地保护客户。然而，法律和操作隔离限制了资产再抵押或再利用，给客户带来了流动性负面影响。假设中央对手方对流动资产要求较高，那么隔离方法会更加放大清算在流动性方面的负面影响。这反过来又可能导致新的保证金转移方法层出不穷，来满足中央对手方对资产的要求，以及客户对隔离的需求，以保护其保证金资产（详细讨论请见下一章）。

11.4　监管要求

本节将根据上一节罗列的原则，就若干客户保证金的监管规则进行详细说明。

11.4.1 金融市场基础设施原则（CPSS-IOSCO）

金融市场基础设施原则（CPSS-IOSCO）（2012）为客户清算提供了行为指南。值得注意的是，独立客户账户对客户保证金的用途进行了限制，规定某个客户的保证金仅可用于弥补该客户的损失，为客户提供了极大的保护。CPSS-IOSCO（2012）建议：

中央对手方至少应有保证金隔离与转移的安排，以便在参与者违约或破产时，有效地保护参与者的客户头寸以及相关抵押品（保证金）。假如中央对手方在参与者及其某个客户共同违约的情况下，采取额外措施保护客户的头寸与抵押品，中央对手方应确保这些保护措施的有效性。[①]

这至少要求达到综合隔离的标准，但并未要求采取进一步的隔离措施。同时 CPSS-IOSCO（2012）要求中央对手方公开说明客户保证金受独立账户还是综合账户保护。

11.4.2 《多德—弗兰克法案》/美国期货交易委员会

下述讨论符合《多德—弗兰克法案》所定义的掉期产品的要求（虽无明确说明，但该要求应适用于场外衍生品而非期货等产品，因此与场外清算相关）。在美国，《多德—弗兰克法案》要求，任何资产持有人，无论该资产为客户保证金或担保掉期，如需通过中央对手方清算，则必须登记为期货经纪商（Futures Commission Merchant，FCM）。期货经纪商须将客户保证金与其自有资产隔离，为两者分别建立独立账户，且不使用该保证金为其自营客户或其他客户的交易担保。

此外，美国期货交易委员会在 2012 年提出[②]，法律隔离混合操作模式应与全额保证金制度（变动保证金仍可按照净额结算）一起执行，以实现充分隔离下的充分法律保护与其他隔离方法高效率之间的平衡。在期货经纪商违约的情况下，法律隔离混合操作模式可协助转移客户头寸及保证金。但法律隔离混合操作模式并没有解决客户面对的投资风险。

---

① CPSS-IOSCO（2012）原则第 14 条。
② 《掉期合约与抵押品保护规则》；《大宗商品经纪人破产规定修改案》，http://www.cftc.gov/PressRoom/Events/ssLINK/federalregister011112d。

11.4.3 欧洲市场基础设施监管规则（EMIR）

欧洲市场基础设施监管规则（EMIR）对欧洲标准化掉期交易的清算进行了强制性规定，基本上明确了中央对手方至少应提供两种账户结构选择：

- 综合隔离账户模式（OSA）。该模式中，清算会员头寸与其客户头寸处于隔离状态。关于该账户应按照净额或总额收取保证金，无明确规定。
- 独立隔离账户模式（ISA）。该模式中，超额保证金由中央对手方持有，且区别于其他客户保证金。

同时，EMIR 也明确规定，中央对手方必须保证每种账户结构的可转移性。全额综合账户可以拓展为法律隔离但混合操作的形式，以模拟美国期货交易委员会在《多德—弗兰克法案》中要求的法律隔离混合操作结构。EMIR 与《多德—弗兰克法案》的区别在于，EMIR 要求提供"独立客户隔离"。客户在此模式中显然将以更高的成本获得更大限度的保护。

11.4.4 巴塞尔协议Ⅲ与资本要求

对于集中清算的场外金融衍生品头寸，若中央对手方与/或清算会员对客户头寸与资产进行了有效隔离，并确保在清算会员破产时保证金可划转，巴塞尔协议Ⅲ关于中央对手方资本要求的规定对此给出了较为有利的资本处置方法（详见10.4节）。

第四部分
集中清算的影响与风险分析

第 12 章 清算和保证金的影响分析

没有反思,我们盲目地走在自我的道路上,产生很多无意的结果且得不到任何有用的东西。

——Margaret J. Wheatley(1941 ~)

12.1 清算业务概览

基于金融稳定委员会(FSB 2013)的评估,截至 2013 年初,约 158 万亿美元的场外利率衍生品和 2.6 万亿美元的场外信用衍生品纳入了集中清算,分别占据了两个市场产品总名义本金的 41% 和 12%。而场外市场合约名义总金额已达到交易所衍生品市场规模的两倍多(如图 2.4 所示)。

一个需要了解的问题是,逐步增长的场外衍生品市场集中清算业务会面临哪些困难。本章节旨在说明集中清算的影响,并指出可能影响产外市场集中清算增长速度的有利和不利因素。此外,我们还将讨论强制清算要求和双边保证金规则的流动性影响。

12.1.1 双边清算与集中清算的对比

首先,在表 12.1 中,我们在一个较高的层次上对双边清算和集中清算之间的一些差异进行了比较。双边清算遵循"幸存者买单"原则,当事人进行资本计提以覆盖交易对手方违约可能造成的损失。该种资本计提通常是基于一年期的时间计算,且对信用质量十分敏感(例如,银行需要计提更多的资本来防范信用评级较弱的交易对手方)。因此,该资本计提的风险敏感性和可能的顺周期性都较小。理论上，尽管交易各方分别平仓使得违约过程并不会是协调一致的，但损失基本全部由风险承担方负担依然会产生很强的诱导效应。双边市场交易，可能会采用变动保证金制度，但通常不采用初始保证金制度（历史上来说）。

集中清算（有初始保证金双边清算的许多特点）与双边清算则大不相同，并遵循"违约者买单"原则。弥补损失的资金主要来源于初始保证金。初始保证金是基于一个较短的时间跨度（如对集中清算为 5 天或对双边保证金要求未 10 天）计算的，并通常对信用质量相对不敏感（见第 9.2.3 节）。这有可能使初始保证金对市场因素更加敏感，在极端情况下可能导致顺周期性（于是反过来也可以通过如使用较长的时间跨度、压力场景期间等方法来降低顺周期性）。通过设立违约基金来分摊损失的方法（以及违约基金的资本计提）被用于吸收巨额损失，但也可能产生逆向激励。通过集中拍卖来对违约者的资产组合进行平仓可能比在双边市场抛售更有效率。集中清算要求缴纳变动保证金和初始保证金，且初始保证金通常需要资产隔离，其实施复杂而昂贵。

表 12.1 双边清算 vs. 集中清算

	双边清算 （无初始保证金）	集中清算 （有初始保证金的双边清算）*
原则	幸存者买单	违约者买单
损失吸收	资本	初始保证金（以及违约基金和资本计提）
风险期间	约 1 年	约 5 天
考察方式	长期（比如基于基本信用分析和评级）	短期（即取决于短期市场波动）
信用质量敏感度	强	弱
市场风险敏感度/顺周期性	较弱	可能很强（即使通过压力场景等方式来减轻）
激励机制	风险与损失一致	损失分摊和潜在道德风险
违约平仓	无协作的双边平仓	集中拍卖
保证金模式	变动保证金或没有	变动保证金及初始保证金
保证金隔离	无	初始保证金隔离

* 有初始保证金双边清算具有集中清算的很多特征，但并不包括损失分摊以及集中拍卖。
注：请注意，有初始保证金双边清算的特点与集中清算的特点更为类似。

表 12.1 说明集中清算及初始保证金制度既有优点也有缺点，而且很难对这些优点和缺点进行准确定义（例如，风险敏感度也许是一个优点，但在极端情

第 12 章　清算和保证金的影响分析

况下，可能导致顺周期性，这显然并非好事）。同样明确的是，集中清算对场外衍生品交易及相关风险的诸多方面产生了影响。比如，在无保证金的双边市场，吸收损失的能力仅仅取决于各方所拥有的资本（见图 12.1，左上），而在有保证金[①]的双边市场（见图 12.1，右上），吸收损失的资金来自于资本和保证金共同提供。然而，在集中清算的市场，单一的资本被保证金、违约基金以及以上两项[②]相关的资本要求替代了（图 12.1 下）。集中清算是否更好尚无答案，但集中清算显然完全不同于双边交易，并且可能更加复杂。

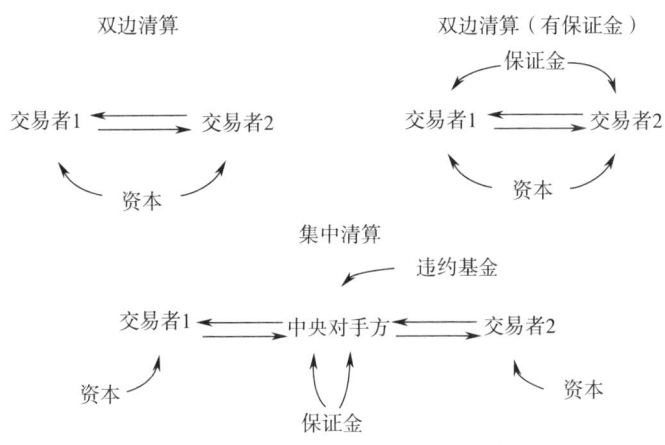

图 12.1　（无保证金）双边市场、有保证金双边市场和集中清算市场的损失分摊情况的比较

同时需要指出，对冲给集中清算带来了更多的复杂性。如表 12.2 所示，在双边市场和集中清算市场中，银行提交了一笔典型的终端客户交易并执行相应的对冲。在双边市场中，原始交易和相应的对冲交易具有两个风险敞口。对冲交易通常是与另一家银行或金融机构基于保证金协议达成的。在集中清算市场，我们假设，讨论的机构是一个清算会员，因此，原始交易有双边敞口，以及一个与中央对手方相关的敞口。对冲交易相对于（可能是另一个）中央对手方有一个敞口。这意味着，在双边市场的两个风险敞口在集中清算的情况下变为了

[①]　变动保证金，也可能包括初始保证金。
[②]　如第 10.4.2. 节所述，目前有两种不同类型的资本计提来覆盖交易风险以及违约基金风险。

三个风险敞口[①]。此外，初始保证金和违约基金要求可能会导致交易成本大幅增加。

表12.2　　　　一个典型的对冲终端客户交易场景中，
双边清算和集中清算市场风险敞口的比较

	原始交易	对冲交易
双边市场	对终端客户的风险敞口 ● 信用价值调整* ● 资本*	对对冲对手的风险敞口 ● 信用价值调整* ● 资本*
集中清算市场	对终端客户的风险敞口 ● 信用价值调整* ● 资本* 对中央对手方的风险敞口 ● 初始保证金 ● 违约基金 ● 违约资金资本计提	对中央对手方的风险敞口 ● 初始保证金 ● 违约基金 ● 违约资金资本计提

注：＊可通过保证金合约减少。

双边交易，尤其是对冲头寸间的清算割裂同样会导致问题。部分交易都不能纳入集中清算可能会降低交易效率，因为相互抵消的两笔交易可能需要分别通过中央对手方和双边市场执行。因此造成的效率降低会以交易成本增加（初始保证金）的形式表现出来。

12.1.2　当前集中清算的规模有多大？

场外市场中唯一大规模实施集中清算的市场产品是利率产品市场。美国金融稳定委员会（FSB 2013）报告称，目前15国集团交易者之间的场外利率市场有41%纳入了集中清算，而国际掉期与衍生品协会（ISDA 2014）分析表示该比例可能高至56%。美国金融稳定委员会的数据表明，如果把所有符合条件的交易都纳入集中清算，清算比率可能会增加到75%，而国际掉期与衍生品协会认为清算比率有可能升到80%。[②] 无法纳入清算的利率产品主要包括互换期权、

---

① 注意，假如该金融机构与一家非清算会员机构一起执行对冲，就会出现4个风险敞口，因为在这种情况下，该两个机构将作为对冲以及原始交易的清算会员。

② 注意，ISDA（2014）报道称，当以整个市场规模为参考，不可清算部分约占13%，其中市场规模包含中央对手方双边头寸。

交叉货币互换和以非清算币种计价的交易。

因此，虽然利率市场的很大一部分都是可纳入清算的，但仍有四分之一目前无法纳入清算。为了将其余部分纳入清算，有两点是必要的：跨国中央对手方的产品覆盖范围的扩大［如利率互换期权，以及以其他币种清算的区域中央对手方的发展（如墨西哥比索）］。一个显见的问题是，这种扩张应当发展到何种程度。这个问题对其他产品的清算也同样适用。

12.1.3　何种产品应当纳入清算？

历史上，中央对手方一直隶属于交易所，因此负责清算标准的交易所交易产品。这种产品一般都是简单、流动性好、期限短、易清算的。此外，交易所交易产品的初始保证金相对容易量化，因为保证金计算通常只需要考虑较短时间跨度（例如一天）内的流动性风险因素（如股票指数）。

由于场外市场产品相较于交易所交易产品的复杂、流动性差和期限长等特征，场外市场产品的集中清算存在一系列问题。相关的考虑参见第 8.2.4 节关于集中清算是否适合一个给定的产品的讨论。似乎只有一小部分场外衍生品产品实际上是适合纳入集中清算的。不过，只需要依靠少量产品类型就能将场外市场很的大部分纳入集中清算（例如，即使是目前已纳入集中清算利率互换合约就已经占到整个场外衍生品市场四分之一的市场规模）。[①]

然而，一种普遍性的观点认为，许多场外衍生品将不会纳入集中清算。例如，Duffie 等（2010）称"会有一部分定制衍生产品更适合以双边模式协商和管理风险。不论衍生品合约是否集中交易或集中清算，在担保（保证金）的安排、基础设施和透明度等方面必须达到高标准"。加拿大证券管理局衍生品协会也提出类似的观点："例如，可能存在一个衍生品合约，中央对手方无法控制其风险，因而不适合纳入强制集中清算。"[②] 中央对手方自己也认同这一点，例如："某些产品无法达到清算所要求的安全性。这些产品很难定价和计算保证金。这些产品可能损害清算所的安全性，因此，不应纳入清算所集中清算。"[③] 这样的

---

① 例如，使用本章开始引用的 158 万亿美元，以及图 2.4 所示的场外衍生品市场总规模。
② 加拿大证券管理会（Canadian Securities Administrator, CSA），CSA 咨询报告 91–406 页，《衍生品：场外中央对手方清算》，http://www.osc.gov.on.ca/documents/en/Securities-Category9/csa_20120620_91-406_counterparty-clearing.pdf.
③ 伦敦国际金融期货期权交易所（NYSE Liffe）首席运营官 Mark Ibbotson 在 2009 年 6 月 3 日 Mondo Visione 交易所论坛上发表此观点，并被 Norman（2011）引用。

评论可能是有问题的，因为最危险的衍生品是那些很可能引发下一次金融危机的衍生品，而这些衍生品可能因太过复杂而从未纳入清算。

很难预期特异的流动性差或高度结构化的场外衍生品市场在未来会纳入集中清算。甚至于，由于清算成本的原因，非标衍生品也可能被证明是无法纳入清算的。然而，从中央对手方的稳定角度来看，最需要通过中央对手方进行清算的产品可能包含最多的风险，反之亦然。Heller 和 Vaus（2012）指出，"估值困难、价值波动剧烈且市场流动性差的衍生品所含有的风险可能是中央对手方无法承受的"。这导致了一个悖论：如果一种场外衍生品具有中央对手方无法承担的风险，为什么这种产品会被遗留在（被认为更危险的）双边市场中。

产品标准化是集中清算的主要障碍以及必须克服的问题，标准化才能使中央对手方有能力提供宽广的产品覆盖面。我们第8.2.4节提示过，合同可以标准化但仍然保持复杂。这一点对信用衍生产品特别重要。单一名称信用违约互换是标准的并有一个似乎很简单结算规则：它是一种交换，一方支付保险费以换取一笔或有的预先指定的信用违约事件发生的赔偿。然而，我们也可以认为该产品是一种价外数字障碍期权（见第8.2.4节讨论）。信用违约互换指数可以视作价外障碍期权构成的一个投资组合。此外，信用违约互换流动性相对较低（例如相比利率互换），在金融危机中更是如此。产品的标准化并不会让它变得简单或者更具有流动性，而可能仅仅是隐藏了它的复杂性。产品的复杂性会增加逆向选择问题，因为清算会员可能比中央对手方更清楚交易中存在的风险。

一个相关的问题是，简单、风险相对较低的场外产品应该被清算（因为纳入清算很容易）还是被豁免（因为他们对金融市场不具有危险性）。这些对立的意见已经反映在了外汇产品上。市场参与者基于外汇产品风险敞口较小且主要风险为结算风险（见第4.2.6节）的理由，反对将外汇产品纳入集中清算的动议。然而，Duffie（2011）认为这些理由不成立，他指出，尽管许多合约是短期限的，但一些外汇交易由于汇率波动、肥尾效应以及与主权风险的密切关联，仍然存在重大的信用风险。

对许多产品无法纳入清算的赞同似乎违背了集中清算制度根本目的，即防止全球金融危机的重演。事后可见，美国国际集团（AIG）的破产和救助是经常被认为是强制清算的诱因。大银行从美国国际集团金融产品部门（AIGFP）购买了大量的次级贷款信用违约互换的形式的违约保护。随着美国国际集团评级下降，美国国际集团金融产品部门无法按照合同约定支付巨额的保证金。为防止潜在的系统性传染效应，美国当局决定出资超过 1000 亿美元救助美国国际集团。有分析认为，强制清算可预防类似美国国际集团的情况，一个例子是 IMF（2010）"如果这些合约已由中央对手方记性合约替代，虽然抵押品（保证金）追加对于美国国际集团仍然是一个问题，但问题会更早、更频繁地出现。因此，无担保的敞口就不会有机会扩大至具有系统性风险。"这种观点似乎忽略了一个事实：由于产品的复杂性美国国际集团金融产品部门参与的交易是无法纳入清算的，同时，美国国际集团金融产品部门甚至没有完全缴纳变动保证金，更不要说初始保证金了。

综上所述，关于集中清算产品有两种思潮。第一种认为，通过将比较容易清算的产品，如利率互换等，纳入集中清算，场外衍生品的很大一部分可以被集中清算，剩余的保持双边清算。另一种观点认为，难以清算的产品恰恰是未来金融危机最大的危险源。这种的观点认为长期的目标应该是尽可能将更多的场外衍生品纳入清算。然而，场外市场的产品往往是定制且流动性相对较差的，这限制了其被中央对手方纳入清算的潜力。作为最低限度的要求，产品纳入中央对手方集中清算之前需要制定一系列标准化的合约条款。此外，中央对手方会认为清算市场规模较小的产品是无利可图的，因为开发成本侵蚀了潜在的利润。

12.1.4 中央对手方的数量

Duffie 和 Zhu（2010）的定量研究发现，不出所料，当市场里有超过一个中央对手方时，市场效率就会因为轧差收益减少而下降。多边轧差的优势和和效率依赖于其他规模经济效应（如运营成本）的结论表明，只存在相对较少的几家中央对手方比存在许多中央对手方要好。例如，如果两个中央对手方清算同一个产品，轧差效率的降低会导致对清算会员（及其客户）的资本要求提高，并可能增加平仓的成本。因为在平仓时，CCP 需要替换原本可以相互抵消的头寸。

然而，有许多的因素会推动中央对手方数量的上升。监管割裂是阻碍中央对手方合并最明显的障碍，多数地区的监管机构明确表示在其境内交易的产品（或注册的公司）必须内清算。事实上，跨境清算面临着复杂的法律问题，如破产法的差异。监管割裂会降低规模经济效益，并可能会使经济危机中的协调变得复杂化。因为在经济危机时，多个中央对手方可能要对同一个违约清算会员的投资组合进行平仓。

中央对手方清算两种或两种以上不同类型的产品也存在问题。流动性好的产品平仓会更迅速并能先于流动性差的产品获得违约方的初始保证金和违约基金作为补偿。这可能会创造一个事实上的偿付优先级，根据这个优先级，主要交易高流动性产品（例如，利率互换流动性高于信用违约互换）的会员将对初始保证金和违约基金的有事实上优先求偿权。这种非同顺位受偿的可能性可以通过中央对手方内部的产品清算分隔来消除，但这样做也显然成本更高。场外中央对手方也可以通过只清算一个资产类别（或具有相似流动性的若干资产类别）来避免非同顺位受偿。这就是为什么一些场外中央对手方业务专注于单一的资产类别甚至产品种类。

中央对手方数量还取决于竞争。从某种意义上说，竞争是可取的。因为市场的力量将塑造具有竞争力的中央对手方的分布和成本（通过保证金）。或许会出现一定程度的中央对手方合并作为竞争程度的反映。场外中央对手方可能从一个单一的目标开始，专注于一定的区域和资产类别。随着机构发展，自然会涉及扩大服务区域、市场和产品的覆盖。纳入集中清算的过程初期会受到缺乏收益的困扰，直到纳入清算的产品达到一定规模。过度竞争会对由于中央对手方代表的整体风险产生适得其反的副作用。中央对手方之间的竞争会导致风险，也许一个较好的方案只存在于一个专注于稳健而保守的风险管理而非降低成本吸引客户的单一中央对手方。

在现实中，许多相互竞合的力量影响着中央对手方的数量。决策者、监管机构和市场参与者将在确定最佳的法律规定和管辖权的时候面临着难以取舍的权衡。上述力量的制衡似乎意味着中央对手方数量可以形成一种均衡状态。从管辖权的角度考虑可能导致多个中央对手方清算同类产品，阻碍规模经济效应。看来，合理的中央对手方数量将给金融市场带来最好的服务，而这些中央对手方的规模应足以提供良好的产品覆盖，但又不能大到引发垄断、严重的系统性风险和地缘政治问题。

12.1.5　选择一家中央对手方

清算会员在众多重要中央对手方中应该选择哪一家中央对手方，取决于以下因素：

- 监管认可：一个中央对手方是否获得国家监管机构的认可（也可能是被

认可的第三国中央对手方）是一首要的考虑因素，因为它将从根本上影响资本要求。

- 中央对手方的规则和要求：中央对手方对会员资格要求包含最低资本要求、操作能力（如保证金补交频率，违约处置应急演练和拍卖）和违约基金的缴纳情况。
- 产品覆盖：中央对手方提供的产品范围影响着轧差和保证金收益。
- 保证金制度：是否可以各种形式的证券充抵保证金，以及初始保证金的计算方法是确定需缴纳的（初始）保证金的数量和质量的关键。跨产品乃至跨中央对手方的跨市场保证金制度也需要考虑。
- 客户清算：中央对手方提供的客户清算服务的（例如隔离方法）情况以及潜在的对通过清算会员参与中央对手方业务感兴趣的客户数量。
- 多元化：因为他们需要清算规模巨大，大型清算成员可能会有对中央对手方的巨额敞口。一个关键的决定是，什么程度的敞口应看作是过大的，清算会员会为控制风险承受多样化损失，在另一个中央对手方清算相同产品。① 中央对手方潜在的系统重要性以及在金融危机时能够获得的财务支持也是需要考量的因素。

而客户选择中央对手方时还会额外考虑中央对手方采用的隔离方法，以及在清算会员违约时转移资产组合的可能性（详见第 11.1.5 节的讨论）。

12.2 场外集中清算的利与弊

在本节中，我们将思考集中清算（以及初始保证金制度）的优点和缺点，并对一些双边和集中清算市场的重要区别进行阐述。本节的讨论目的不在于（也不应该是）确定（场外）集中清算是否是有益的。集中清算有其优点和缺点，因此对某些产品是有益的而对其他产品方面则不然。

12.2.1 优点

中央对手方具有许多功能，因此能够提供一些相比于双边场外市场独特的

---

① 轧差利润可通过中央对手方间的互操作性以及跨保证金方式获得，但这也会引发更多的集中风险。

优势。集中清算潜在的优势有：

- **多边轧差**：通过同一家中央对手方清算的不同对手方间的合约可以轧差。这增加了进入和退出合约的灵活性并降低了保证金成本。在双边市场中与原交易对手解退交易的强烈倾向使得银行拥有比客户更便宜的头寸。集中清算的轧差效率可以平衡这种影响。

- **信用风险缓释**：中央对手方的存在降低了对众多交易对手进行信用风险评估的需要并分离了市场风险和信用风险。这事实上是通过损失共担实现的，所以当违约造成损失超过违约会员的财务承受能力的损失时，这些损失会被分散，降低损失单个成员的影响。因此，一个对手方的损失部分分散到整个市场中，缓释违约的冲击并降低发生系统性问题的可能。

- **价格透明度和可替代性**：中央对手方提高了价格透明度，因为产品的变动保证金要求是基于中央对手方确定的逐日盯市价格确定的。这样的价格透明度减少了对保证金要求的争议。可替代性使得交易中央对手方清算的头寸变得简单，并且多边轧差使得交易可以与任何其他对手进行，完全不同于双边市场。

- **法律和运营效率**：中央对手方承担的保证金、轧差和结算功能可能提高运营效率，降低成本。中央对手方还通过制定统一的规则和机制来降低法律风险。

- **流动性**：中央对手方通过便利交易和多边轧差来提升市场流动性匿名交易和交易对手信用风险缓释降低了市场准入门槛。中央对手方进行每日对衍生品交易估值以确定进行每日保证金交收和现金流结算，使得产品定价更透明。

- **透明度**：中央对手方可以监督清算会员在全部产品上的总体活动并评估个别市场参与者所面临的风险。这有助于消除因对特定机构敞口缺乏了解而导致恐慌，这种恐慌在双边市场是不罕见的。另一方面，保证金乘数等制度会防止巨额敞口的产生（见第9.4.2节），且中央对手方有能力识别和防止敞口超限。集中清算可以在支持衍生产品市场的标准化和竞争方面发挥重要作用。

- **可转移性**：客户能够在清算会员违约时免受会员倒闭的影响，并可以将交易转移至另一家清算会员。转移违约客户（有时多个客户）全部交易的轧差收益带来了稳定性，因为这些交易将不需要进行平仓。

- 违约处置：一个管理良好的集中拍卖意味着清算会员违约后交易更容易对冲、抵消和替代。这可能会使价格波动比在危机期间无协调的头寸替换更小。轧差也降低了违约情况下需要置换的头寸和名义本金总规模，从而降低了大型资产组合平仓的价格影响。中央对手方在"战争游戏"中可能处于更有利于解决场外衍生品市场的问题的位置上。

当然，不是所有上述事实都可以看作是中央对手方相对于双边市场的无可争辩的优点。在某些情况下，这样的优点是否真的成立是一个问题。例如，通过损失共担来控制信用风险可能产生道德风险问题（见第 10.1.1 节的内容）。此外，一些功能是被认为是多余的。例如，双边市场的双边交易压缩（见第 5.2.3 节的内容）也可用于促进多边轧差。

12.2.2 缺点

相比于优点，我们不可能列出集中清算绝对和完全客观的缺点，但场外衍生品集中清算一些明显的缺点包括：

- 成本：中央对手方初始保证金和清算费用大大增加了交易成本。清算会员另外还需要满足违约基金以及资本要求。显著增加的保证金、流动性和信用质量要求以及禁止再抵押，将显著提高总成本。隔离和可转移安排等额外的安全措施又进一步增加了成本。
- 轧差割裂：多个中央对手方的存在降低轧差收益。由于非标准合同、终端用户和外汇豁免的存在，规模巨大的双边场外衍生品头寸会继续存续。这种清算和非清算交易分隔产生的问题导致多边轧差的收益不足以抵消双边交易收益的损失（见第 5.2.6 节）。
- 保证金顺周期性：在动荡时期适度增加保证金可能是不合理的，在接近危机时期显著增加保证金可能使价格不稳定并产生传染效应（保守的假设，如压力时期的使用，可明显降低顺周期性，但同时这将增加成本）。
- 重复建设：中央对手方必须重复大型银行已有的许多功能，诸如结算功能、风险管理、保证金管理和法律支持。监管机构须对更多具有系统性重要的金融机构（Systemically Important Financial Institutions，SIFIs）进行监督。由于清算的固有成本，进入某些市场会存在显著障碍。在豁免以及不同地区和资产类别的不同清算要求的驱动下，监管套利将有可能增加。

- 操作风险：中央对手方通过他们的规则，如保证金要求，创造了一个更紧密的关联系统，使得操作问题可能被放大。

12.2.3 同质化

集中清算的一个关键特征是同质化。在双边市场中，价格的差异主要是由信用质量、保证金和资金成本驱动的。中央对手方消除了这种差异且创造了一个交易对手可互换的更加同质化的市场。这增强了替代性但是使定价更依赖于特定中央对手方的规则（例如，初始保证金要求）。

如果一个主要的场外衍生品参与者在双边市场违约，相关的交易对手信用风险损失会有多大可能并不清楚，哪个机构拥有最大的风险敞口也无从得知。这种不确定性可通过一个中央对手方将巨额损失在会员之间分摊而得到缓解。这种中央对手方分散损失的中立性与能力可缓解信息不对称，从而防止压力事件，并降低系统性风险。

在有中央对手方参与的集中清算市场中，所有的参与方或多或少是平等的，而中央对手方作为所有义务的保证者。一个机构不需要评估交易对手方的信誉，因此可能降低监测个别会员的费用。具有更强的风险管理能力（信用质量评估，保证金管理，对冲）的机构可能会在这种情况下亏损。在双边市场，对信用价值调整的定价（见第7.3.1节）自然会导致信贷质量越差的机构成本越高，因此可以激励他们提高财务健康程度。然而，当通过中央对手方进行清算时，只要会员缴纳有关保证金，其信用质量下降的问题下降到某个程度（例如，第9.2.3节中对评级触发初始保证金要求的讨论）前都可能被忽视。相比于在双边市场，这可能会放纵信用质量较差的机构建立比双边市场更大的头寸。中央对手方成员的性质差异会导致成员利益分歧。2010年欧元区危机也显示处理会员的性质差异的困难性。

12.2.4 道德风险和信息不对称

鉴于中央对手方成员（一般是大型银行）对将被清算的场外衍生品的估值和风险信息掌握得更多，中央对手方面临信息不对称的问题（Pirrong，2012b）。如果中央对手方尝试为更复杂的和/或缺乏流动性的场外衍生品交易提供清算服务，中央对手方风险管理者相对于清算会员可能处于严重的信息劣势地位并面临潜在的逆向选择问题。当然，中央对手方可以通过中央对手方规则和保证金要求等方式降低这种信息不对称但将有可能产生额外的成本。这可能会使某些机构和产品的清算过于昂贵。

在损失共担的过程中中央对手方也面临道德风险问题。由于损失分担，每一个清算会员（代表自己和其客户）都有过度交易的动机，因为他们可能不会完全承担相关的成本。当然，这种道德风险可以部分地通过中央对手方设置初始保证金、违约基金和能准确反映特定清算会员风险的规则（如保证金乘数）来缓解。然而，因为损失共担制度存在，总是存在一个会员将损失从自己资产负债表中转移风险至中央对手方处，并让其他清算会员分摊的可能性。

Pirrong（2010）指出，虽然清算创造了可替代的产品，但由于道德风险和逆向选择的存在，可替代性不是免费的。减轻这类影响成本较高，特别是在清算会员性质差异较大的情况下。Pirrong 认为，在某些情况下为了更有效地控制道德风险和逆向选择成本而放弃风险分担可能更有效率。

12.3　附带效应

本节讨论了（标准化合约的）场外强制集中清算附带效应以及其潜在影响。

12.3.1　产品期货化

产品期货化是指涉及类似场外衍生品形式的期货合约。期货是高度标准化的，但合约类型种类很少。产品期货化的一个明显优势是能增强流动性，同时减少费用和保证金要求（期货的初始保证金一般基于 1 天的期间收取，而场外衍生品通常基于 5 天收取——参见第 9.2.1 节）。产品期货化还可能实现"期货化"的场外产品的保证金与更传统的期货以及其他交易所交易产品保证金进行相互抵消。其明显的缺点是，期货化的产品定义与原来的场外产品定义不完全相符，会导致对冲出现一些错配和剩余风险。

有一些证据表明产品期货化是有效的。例如，芝加哥商品交易所的可交割互换期货[①]似乎成功吸引了清算会员和客户的关注。这是一个为期三个月的合同，到期交割芝加哥商品交易所清算的特定场外互换合约（尽管根据该产品的性质，用户很可能选择展期或提前终止合约）。该产品的清算期仅有两天，而对

---

① http：//www.cmegroup.com/trading/interest-rates/deliverable-interest-rate-swap-futures.html.

应的互换合约的清算期至少五天。但另一方面，洲际交易所的信用指数期货未取得成功①，因为其相比于其场外交易对手方显著不同的经济条款（指数期货不提供违约保护，并在其交易日引用未知的新指数）。②

也有观点称产品期货化可能使中央对手方变得更具有定价竞争力，而风险没有相应减少。如第9.4.3节的讨论，Swapclear指责其竞争对手（另一家中央对手方，国际衍生品清算集团）的初始保证金要求过低。国际衍生品清算集团实际上清算利率期货产品，这被认为是一种结构化产品，与清算会员想要清算的利率互换产品在经济上是不同的。期货化使得交易可以获得期货市场的各种优势，如隔离的保证金和可转移性等，而这些是场外集中清算交易所不具备的。这也意味着国际衍生品清算集团可以将平仓期间假设为一天而非一般场外衍生品集中清算的五天。仅此一点预计就将使初始保证金降低超过一半。③

一个可以提出的问题是将一个场外衍生品合约转换成期货合约是否能降低其风险，或者只是一种监管套利或营销噱头。解答这个问题的一个线索可能来自投资银行Jeffevies起诉国际衍生品清算集团的事件，Jeffevies认为由于期货与互换的差别，④ 他们损失了数千万美元。所说的差异部分的是由场外与集中清算市场不同的保证金要求而产生的凸性不同导致的（见第9.1.3节）。自全球金融危机开始，保证金制度的影响已经成为定价一个关键因素。因此试图使场外衍生品具备更强流动性和/或者可替代性并不能降低风险。

场外衍生品的关键特性是，他们可以被设计为完全复制用户需要对冲的现金流等特定的经济特征的。即使一个期货合约可以被设计成在经济上非常相似，他们在价格变动和现金流方面也不一定能够精确匹配。任何由期货化带来的成本降低必然伴随着由更多标准合同条款导致的潜在错配。对冲者可能更倾向于保持较低的现金流错配和账面波动，即便要通过较低可替代性并代价更高的场

---

① "3个月后，洲际交易所信用违约互换指数期货开户账户不到70个"，2013年10月2日，http: //risk.net/risk - magazine/feature/2295480/after - three - months - ice - eds - index - future - has - less - than - 70 - open - accounts.

② 信用指数每六个月"更新"一次，在更新时，指数的名字都有可能变化（尽管大多数还是保留着的）。

③ 基于给定时间规则的平方根$\sqrt{5}=2.24$。同时，还使用了一个相对较短的"回测"期，"回测"期仅有125天，意味着类似雷曼兄弟破产这样的事件对初始保证金的影响在半年内可消除。

④ 注意，比如，"杰弗里就利率掉期合同事件起诉国际衍生品清算集团"，彭博社，2013年9月19期，http: //www.bloomberg.com/news/2011 - 09 - 19/jefferies - group - sues - international - derivatives - clearing - group - on - rate - swap.html.

外产品来实现。终端客户必须要权衡考虑期货和场外合约的特性，以确定他们所需对冲的精确程度。

12.3.2 监管套利

如强制清算和双边保证金要求等规则可能导致监管套利。在中央对手方相互竞争的环境中，监管套利也存在明显的动机。一个明显的途径是利用全球监管制度的和强制清算豁免的各种差异。事实上，上述的期货化可以说也是一定程度的监管套利，至少在假设是为了降低成本而非产生一个新的相关经济合约而期货化的情况下是如此。

明显可以被用于优化、滥用和监管套利的规则和豁免有：

- "标准化"交易的定义：最明显的问题是，场外交易可能被设计成非标准的，以规避强制性的清算要求。事实上，这是推出非集中清算双边交易保证金要求的根本原因。
- 终端客户或非金融豁免机构：强制清算和初始保证金规则豁免了一些机构。一个明显的套利行为是一个机构可以宣称进行特定交易的实体是受到豁免的（例如，作为母公司的子公司），从而从豁免中获利。
- 对冲交易：在给予对冲交易豁免这件事上[1]（如在《多德—弗兰克法案》里对非金融终端用户对冲交易的豁免，见第4.2.6节），存在定义精确性问题。对于终端客户，如一个航空公司，对冲燃料成本的风险敞口的行为，确定哪些交易构成对冲是部分主观的，因为结果取决于时间范围与合同类型的选择（如期货，互换或期权）。阿散蒂（Ashanti）的案例（见第13.2.3节）说明了只有对冲动机的终端客户实际上可能也在进行投机。对真实对冲交易规则豁免的实施非常困难并且要求监管机构非常了解终端客户的行为。
- 地区差异：世界主要地区的清算和保证金监管规则似乎总体上是相同的。然而，任何差异都可能导致问题：机构可以通过一个特定地区实体进行清算以获得最有利的监管待遇。
- 外汇交易豁免：对外汇交易整个资产类别集中清算和保证金要求的全部豁免，可能会被滥用：如果一种产品被分类为外汇交易但含有实质性风

---

[1] 同时在第6.2.3节也有关于允许对冲交易一次性再抵押初始保证金的相关讨论。

险，那么这种产品不应当被豁免。

- 阈值：某些集中清算要求中存在阈值，如欧洲市场基础设施监管规则中的非金融对手方强制清算阈值（见第 4.2.6 节），或无须缴纳双边初始保证金阈值（见第 6.5.3 节）。这些阈值都是潜在的优化目标，机构可能会刻意保持低于给定的阈值，甚至尝试多次使用某一阈值。

我们注意到，监管要求已经考虑了产生错误动机或监管套利机会的可能性。例如，如上所述，双边保证金要求消除了逃避强制性清算要求会得到的好处（例如故意构建非标准的交易）。其他显见的防止监管套利的要求包括：（1）保证金阈值必须是针对一个统一控制下的集团整体的（以防止集团通过设立多个独立实体的方式获得保证金阈值的多次计算）；（2）双边保证金规则的豁免仅对交叉货币互换产生的现金流适用（见第 6.5.2 节）。尽管试图防止监管规定中明显会产生套利机会的漏洞，但问题撕毁会继续存在。事实上，历史表明，金融机构在优化和监管要求上可能会领先监管机构至少一步。

有趣的是，许多豁免都集中在那些具有更大系统性风险的大银行，尽管监管也注意避免不公平地增加其他场外交易市场参与者（如企业对冲其经济风险）的成本。[1] 另一方面，强制清算要求对那些能够在所有主要场外市场中央对手方进行清算的大银行有利，因为他们能提供最完善的客户清算服务。

12.3.3 轧差优化

由于中央对手方之间的清算割裂和双边交易的存在降低了强制清算的轧差效率，考虑采用合约压缩等方法来提升高差效率就显得越来越重要。此外，考虑到清算和双边保证金要求产生初始保证金成本，任何旨在优化轧差效率和降低保证金和资本要求第三方解决方案都是吸引人的。在撰写本书时，一个最新的创新成果是 tribalance 公司的 TriOptima 风险管理服务[2]，该服务旨在同时减少各种交易对手信用风险和资金宽限期带来的双边和中央对手方敞口。其他第三方计划推出的类似产品包括 NETOTC[3] 和 LMRMKTS[4]，但（在撰写本书时）具体细节尚未公布。优化整个市场中的双边和集中清算交易以降低交易对手信用

---

[1] 尽管由于银行对冲需要，它们的间接成本仍然提高了。
[2] http://www.trioptima.co.uk/services/triBalance.html.
[3] http://netotc.com/.
[4] http://www.lmrkts.com/.

风险、资金和资本成本的目标是明确的。或许可以通过交易解退、合约替代、交易覆盖等方式来实现这种优化。

另一种方式来实现轧差效率提升的方式是中央对手方通过互通安排实现互联互通（见第8.5.1节）。这是一种平衡（由地区和产品原因导致的）中央对手方过多造成的轧差效率降低的很有希望的尝试。互通安排具有两个相反的作用：中央对手方之间的轧差与降低了（对清算会员的）风险敞口，同时增加了中央对手方之间的风险敞口。如果前者大于后者［例如，Cox等（2013）认为的］，那么互通安排可以进一步提高轧差的效益。然而，中央对手方之间更紧密的关联可能会导致更大的系统性风险。

12.3.4 再杠杆化

如第6.4.1节所述，保证金制度只是通过减少其他债权人的求偿权来降低衍生品交易的信用风险和杠杆。因此，保证金可能会使衍生品头寸看起来更安全，但这并不一定适用于机构整体。再杠杆化就是一个类似的论点，强制清算和保证金制度可能会迫使市场参与者调整自身的资本结构。

强制清算和保证金要求的一个明显的影响是他们将降低场外衍生品市场的杠杆比率。然而，Pirrong（2011）指出，这并不等同于降低了金融系统整体的杠杆率水平。当市场参与者被迫在一组交易中降低杠杆率时，其可以简单地增加其他产品的杠杆。如果一个机构有一个给定的杠杆率目标，它可能会通过利用一个较低的衍生敞口来增加他们账面上其他部分的杠杆率，并有可能抵消强制清算和保证金的要求带来的整体风险降低效果。

12.3.5 定价行为

场外双边交易的定价必然会考虑信用价值调整等因素的影响，这是由交易对手的性质决定的。近年来也能观察到筹资能力和保证金条款等因素对交易价格的影响（特别是交易涉及终端客户时）。尽管将交易纳入清算减轻了上述一些因素的对交易价格影响，但是清算同样由于缴纳初始保证金等原因增加了交易成本。纳入清算的客户交易的成本取决于提供清算服务的中央对手方的要求，并可能受到代理该交易的综合清算会员与中央对手方之间关系的影响。

另一方面，诸如没有交易纳入清算的终端客户之类的不参与集中清算的机构的交易定价也会受到集中清算的影响。即便一笔交易本身无须纳入集中清算

（以及满足保证金要求），该交易的对冲交易可能会被要求纳入集中清算。这意味着初始保证金等因素的成本会反映在终端客户的交易价格中，即使客户的实际交易豁免集中清算等要求。这些效应实际上已经显现，例如，客户会从代理行得到一个昂贵的交易价格，因为"在中央对手方的头寸方向不对"。①

最后，应当指出对清算成本的计算并不容易，因为许多复杂和主观的因素在影响清算成本。例如，一个给定头寸在整个存续期内的初始保证金占用成本的计算是很复杂的，因为初始保证金通常是以风险价值（VAR）计量的，需要在交易存续期内持续测算。此外，初始保证金计算（以及估值折减等相关要素）是由中央对手方自由裁量并会随时间变化的。银行在初始保证金成本计算方面很可能需要作出一些艰难的决策，例如是否对一个很可能提前解退的长期限合约计算全生命周期成本。因此初始保证金似乎极大地增加了在定价过程中考虑行为因素的必要性。甚至于，在达成一笔交易时，该交易将来是否会被要求纳入强制清算都是未知的（参见第4.2.6节讨论的"预先纳入清算"）。

客户交易清算的增加还会创造新的商业模式。许多客户会需要清算会员或其他第三方提供的保证金服务，这些服务可以分为以下两类：

- 保证金缴纳的短期融资（如日内）。
- 将资产转换为现金（例如，为了缴纳变动保证金）。

此外还必须注意，集中清算将违约风险由客户（终端客户等）转移到清算会员处，而清算会员很可能属于系统重要性的金融机构。

12.4　是否有更好的方案？

在金融危机期间，救助濒临倒闭的金融机构使用了数额惊人的税款。唯一尝试去避免这类救助固有的不公平和道德风险的尝试，即雷曼兄弟破产事件的处置，显示问题与大型场外衍生品交易对手的倒闭有关。显然，金融市场和场外衍生品市场急需改变。从这个角度来看，对场外集中清算的批评没有太大的建设性，除非有其他更好和/或成本更低方法来使市场变得更安全。

检视中央对手方在清算场外衍生品时提供的功能性是一个很好的研究起点：

---

① 表示因为该交易的对冲合约未能被该客户和/或其代理清算会员的资产组合中的其他合约抵消，所以提供清算服务的中央对手方会要求更高的初始保证金。当触发用以惩罚大型资产组合的保证金乘数时，初始保证金要求的提升会更为显著。

第 12 章 清算和保证金的影响分析

- 轧差：中央对手方清算会产生多边轧差收益，这可以降低纳入清算的各类产品总体的风险敞口。
- 保证金制度：中央对手方设定一定的保证金要求并执行相关保证金的操作流程。中央对手方同时负责保证金及其现金流的估值和结算。
- 透明度：中央对手方的存在可以提高透明度因为它完全了解其清算的所有头寸。
- 损失分摊：损失分摊提供的保险机制是集中清算的一个关键特性。通过损失分摊，清算会员违约造成超限损失可以被其他清算会员共同吸收。
- 违约处置：在清算会员违约事件发生时，中央对手方将执行违约处置程序来对冲和提前终止违约者的资产组合（可能通过在清算会员之间拍卖的方式）。这可以减少大规模违约的破坏性影响。

一个公正的观点是，双边市场可也可以提供上述前三种功能，例如：

- 合约压缩服务有助于多边净额轧差（见第 5.2.3 节）。
- 保证金制度可以通过信用支持附件（见第 6.3.1 节）和强制保证金要求实现。
- 交易数据库[①]可以提高透明度。

因此，一个成立的论点是：中央对手方执行的任务可能被视为多余，尽管它们执行得更好和/或更有效率。上述论点是否成立尚无定论，论点成立与否取决于中央对手方的最终版图划分（例如，中央对手方的数量及其产品覆盖范围）以及集中算清达成的规模经济效应。该论点的进一步延伸是，如果中央对手方在前三个功能上由于双边市场，那么久没有实施强制清算的必要。因为市场参与者自然会发现中央对手方的好处。

损失分摊是集中清算市场不同于双边市场的一个特质。尽管损失共担在防止违约的传染效应方面可能有一些优势，但是在清算会员之间分摊由特定清算会员给中央对手方造成的风险也同时产生了道德风险问题。此外，面对大而有系统性影响的交易对手，风险共担的保险机制是否符合场外衍生品市场的整体利益并无定论。事实上，在这种情况下，保险机制看来是有缺陷的，因为这不是分散风险的正常方式（可以与第 2.3.4 节单一险种保险公司的例子比较）。这个机制执行的结果可能是中央对手方将其因多个场外衍生品清算会员共同违约

---

① 例如，美国存管信托和结算公司全球交易数据库（DTCC Global Trade Repository）。

而遭受的损失强行分摊给其余会员（例如通过违约基金、评估权、变动保证金收益折减或交易撕毁等方式）。这可能会引发进一步的倒闭潮。

列出的中央对手方的最后一个功能，违约处置功能，倒是既非多余（也即场外双边市场也能实现）也并非明显有好处的。中央对手方转移/对冲违约头寸采用的集中拍卖程序看上去比场外双边市场的相应处置方式要有效率。因此任何对集中清算要求的批评都应该提出一个中央对手方违约处置程序的替代方案，以处理破产大型金融机构头寸的解退和/或转移。举个例子，Pirrong（2012b）提出了一个代替方案。Pirrong（2012b）建议将违约处置功能与中央对手方的其他功能（可能无法降低，反而会在特定情况下增加系统性风险的功能）分离开来。双边市场已经表现出具备设计这些创新制度的能力。2009年的"金融大改革法案"（"big bang protocol"）在信用衍生品市场构建了一个非常类似的制度，这为信用事件的拍卖结算铺平了道路。

第13章 清算和保证金的成本及影响

任何变化,即使是好的变化,也总是伴随着退步和不适。

——阿诺德·本涅特(1867~1931)

13.1 概述

强制清算和双边保证金要求对场外衍生品市场有一个显著影响:保证金要求的显著提高。尽管,不出所料,全球金融危机后的监管重点围绕降低交易对手信用风险,但一个值得关注的问题是这类监管措施带来的融资和流动性影响有被忽视的风险。本章将讨论强制清算和保证金要求所带来的成本,以及潜在的流动性影响。衡量这些非常困难,因为其受保证金要求的性质、是否要求隔离以及回购市场的运作等微妙的因素影响。不过,刻画保证金增加造成的影响的特征非常重要,因为要在降低交易对手信用风险和提高融资及流动性风险之间寻求平衡。

13.1.1 保证金的优点与缺点

在全球金融危机(GFC)期间,金融机构对短期负债的依赖,导致其对长期负债市场(比如次级抵押贷款)问题的爆发表现得尤为脆弱。很多专家指出,过度依赖短期融资市场是此次危机如此严重的重要因素之一。

一方面,强制清算和初始保证金要求是对危机的一种很自然的监管反应。另一方面,这些监管措施的目标是剥夺参与者在场外市场承担双边的交易对手信用风险的权利。问题在于,初始保证金和变动保证金要求会使市场参与者产生庞大的融资需求。于是,检视融资来源及其潜在的流动性风险非常重要,尤其是使用短期融资工具进行的融资。

图13.1展示了保证金、交易对手信用风险和融资之间的相互关系。通过缴纳更多保证金及其他资源，降低交易对手信用风险是可能的。正如第7.3.2节所阐释的，定期（比如每日）调整的变动保证金显著降低了交易对手信用风险。通过缴纳双边初始保证金或进行集中清算，交易对手信用风险能够进一步降低（在后一种情况下，由于违约基金的存在，风险可以进一步降低）。然而，保证金的提高显然不是免费的，一些市场参与者在发布流动性保证金时可能遇到困难，从而产生融资流动性风险，尤其是在市场动荡的时期。在第7.3.5节，这被描述为从信用价值调整（交易对手信用风险）到资金价值调整（融资风险）的转化。

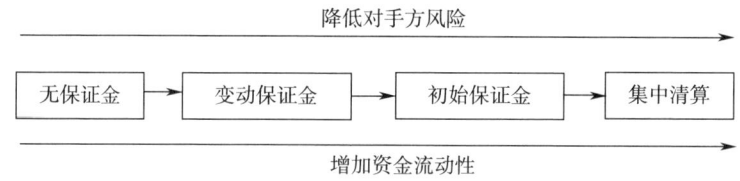

图13.1 保证金增加带来的交易对手信用风险降低与资金流动性风险的产生

因此，考虑集中清算和保证金要求引起的融资流动性风险是非常重要的。一般说来，集中清算和保证金要求需考虑两类效应：

- 与双边市场相比，由于存在更高的标准，而提高变动保证金要求。
- 额外的初始保证金要求的影响。

这两种效应都重要，但两者产生不同的流动性压力。接下来的章节将详细讨论变动保证金、初始保证金以及它们与融资流动性风险的关系。

13.1.2 变动保证金

有观点认为，变动保证金并不昂贵，因为它仅代表了结算的浮动盈亏，因此是个零和游戏（一方在变动保证金中的损失即另一方的收益）。这种零成本变动保证金的思想在各种定性定量分析中被广泛表述，比如：

- Hull和White（2012）认为，被看作是变动保证金的成本的资金价值调整（FVA），不必像第7.3.3节中讨论的那样需要在估值和财务报表中加以考虑。
- 场外衍生品市场能够以很低的起点（通常没有初始保证金）使用信用支

持附件（CSAs）作为标准的保证金条款，至少综合性参与者（比如银行间市场）可以如此。这与全额的变动保证金密切相关。
- 危机后"隔夜指数互换折现"（见第9.1.1节）正成为标准定价方法，这与完美的变动保证金互换相关。

然而，有两点论据表明，变动保证金并非完全免费和不存在额外的流动性风险。

首先，变动保证金必须以流动性相对较好的证券或者现金支付（实际上，中央对手方通常只接受现金），而一些市场参与者只拥有流动性不强、不符合条件的资产。比如，一家航空公司要运用石油互换或远期为航空燃油的价格进行对冲。在对冲期间，如果燃油价格上涨（下跌），航空公司将在套保工具中获利（损失），相应地，燃油成本上升（下降），两者相互抵消。然而，如果在此场景下考虑保证金，那么衍生品产生的损失所带来的保证金增加，无法立即从石油价格下降带来的成本降低中获取资金，因为后者是随时间推移逐步实现的。结果就是，如果衍生品需缴纳变动保证金，航空公司就会面临流动性问题。这可以说是衍生品的终端用户在进行对冲交易时，应豁免集中清算和保证金要求的例证之一（正如他们的确可能会做的一样）。然而，这也产生了另外的问题，比如如何清晰定义对冲交易。历史表明这可能会产生问题，正如第13.2.3节中讨论的。

变动保证金的第二个问题是，由于报价的非即时性，变动保证金也天然地存在调整滞后问题（可能滞后几天或至少几小时）。这中断了变动保证金的现金流，造成了资金流动性风险。这一效应在变动剧烈的市场上尤为明显，特别是在资产价格剧烈变动的时候。另外，中央对手方在保证金交收方面处于优势地位，因此可能会出于自身利益（而不是整个市场利益）中断保证金现金流。1987年的股灾提供了关于这一效应的一些重要例证（见第14.2.5节）。

13.1.3　初始保证金

如果说变动保证金可以看作零成本，因此可以看作是场外衍生品交易的必然产物，那么初始保证金则完全不同。初始保证金非常昂贵，因为它是超额保证金的代表，绝非零和游戏。由于初始保证金需要隔离以避免产生交易对手信用风险，因此成本更加昂贵。另外，初始保证金可能产生其他风险，比如操作风险和法律风险。

比较变动保证金和初始保证金的性质是很有趣的，见表13.1。初始保证金（相比于变动保证金）的一些明显劣势包括，（通常情况下）它无法再抵押，而且必须隔离。这些性质产生了额外的流动性成本，以及操作风险和法律风险（比如第11.2.1节中阐述的明富环球的例子）。另外，因为初始保证金的计算需要评估在任意置信水平下和时间跨度内的未来风险敞口（而不是目前的），因此带有主观性和复杂性。另一方面，变动保证金则能够被客观定义，因为他们直接与盯市调整相关联，只需要采用相对更为直接的定价方法①。

表13.1　变动保证金和初始保证金性质比较

	变动保证金	初始保证金
昂贵程度	中等*	很高*
是否允许再抵押	是	否
是否要求隔离	否	是
顺周期性	否	是
计算的主观性	否	是
计算方法	相对容易	复杂

注：*这取决于金融系统中变动保证金的过程以及所要求的初始保证金的流动性。

13.2　案例

保证金机制的运作严重依赖于授信（Bernanke，1990）。这意味着在某些情况下，收取保证金可能并不起作用，甚至会带来无保证金情况下并不存在的问题。这里给出了一些历史案例来对这些方面深入探究。

13.2.1　美国国际集团（AIG）

正如在第2.3.4节中已经讨论过的，美国国际集团的案例可能是表明保证金引发融资流动性问题的最明显案例。2008年9月，由于其金融子公司美国国际集团金融产品部门实施的信用违约掉期交易带来的保证金要求，美国国际集团已经实质破产。由于美国国际集团的系统重要性，美联储提供了价值850亿

---

① 不可否认，盯市价格并非毫无异议的，但如果一个产品不能够通过相关价格数据和/或估值模型来合理估值的话，它就不能够进行集中清算。双边衍生品的变动保证金的计算将更为复杂，因为这些产品通常是非标准化的而且具有特异性。

美元的信用担保工具，供美国国际集团金融产品部门缴纳所亏欠的保证金，以避免美国国际集团倒闭。这意味着，美国国际集团金融产品部门由于保证金协议而产生的流动性风险，已经转化为信用风险，导致了美国国际集团金融产品部门缴纳保证金是否真正有价值的争论。

在这个案例中，重要的一点是美国国际集团金融产品部门的保证金缴纳标准与其信用评级相关。美国国际集团信用评级的下降导致其保证金要求大幅上升，导致了一种"断崖"效应。正如之前所指出的，将保证金要求与信用评级相关联的做法，近年来已经在双边清算和集中清算中被放弃或者被淡化（例子见第9.2.3节）。

13.2.2 "英国石油"深水地平线钻井平台漏油事故

2010年，英国石油公司（BP）经历了石油史上最为严重的海上石油泄漏事故。这造成了人员伤亡、环境问题，以及预期中的英国石油自身财务损失。毫不意外，这些问题导致英国石油的交易对手（包括进行场外衍生品交易的银行）担忧其信用风险状况。这些担忧，加之主要评级机构（穆迪、标普、惠誉）下调了英国石油的信用评级，导致英国石油的信用风险溢价显著增加。这个例子与美国国际集团的例子一样，显示了主观判断的信用水平的显著恶化，会造成严重的、不可预测的"死亡螺旋"。

英国石油的处境如下。首先，有传闻说银行在保证金收取上给予了英国石油一定的灵活性。对此显而易见的解读是，银行认为虽然英国石油正经历严重的、不寻常的信用问题，但它不可能倒闭。另一方面，强制按合同条款收取保证金（这可能由信用评级下降引发）可能导致英国石油出现流动性问题，从而导致死亡螺旋，导致其倒闭的可能性增加。后来英国石油从银行贷款50亿美元以支付信用评级下降带来的额外保证金要求，同时避免流动性问题[①]。

这一情景的一种解释是，当保证金要求令英国石油面临融资流动性风险，从而将信用风险转嫁给英国石油时，银行通过给予保证金豁免或贷款重新承担了这一信用风险。另外，这一举措是保证金安排最为关键的时刻做出的。这意味着，保证金安排至少部分是无效的，因为在最需要保证金的时刻，保证金并

---

① 具体例子见"Collateral Demands Growing for 英国石油"，Kate Kelly，CNBC，28 June 2012，http://www.cnbc.com/id/37979759。

没有发挥作用。以上是融资流动性风险的一个很好的案例。总体而言，银行实际上将英国石油的融资流动性风险重新转化为交易对手信用风险或信用风险（不管是通过暂时性豁免保证金要求，还是贷款给英国石油）①。假定长期信用风险比短期融资流动性风险更佳，那么这种做法是可以接受的。然而，在这一案例中，通过保证金转移交易对手信用风险效率不高。

这一案例，类似美国国际集团金融产品部门，显示了当信用质量恶化时，信用评级触发额外保证金要求的危险性。这一案例也有力地支持了初始保证金的合理性（初始保证金给英国石油的交易对手提供了更好的保障）。另一方面，未来的监管条例可能会明确英国石油这样的公司不得从事对冲活动。下述案例对这一问题进行了更多探讨。

13.2.3　Ashanti

Ashanti（现在已经是 AngloGold Ashanti 有限公司的一部分）是一家加纳黄金生产商。当黄金价格在 1999 年 9 月开始上涨时，Ashanti 因其在衍生品市场买入的对冲黄金价格下跌风险的衍生品合约（黄金期货及期权合约），而遭遇了 4.5 亿美元的巨额损失。如果黄金价格真的下跌，那么 Ashanti 能够从衍生品合约中获利，以对冲其黄金储备损失。然而，他们发现情况刚好相反。市场参与者评论说，相对于现货储备，Ashanti 对冲比例过高。

Ashanti 在对冲合约上的负资产意味着其在衍生品市场的交易对手（总共 17 家银行）被欠下了总额约 2.8 亿美元的变动保证金。这样的保证金条款是在衍生品合约签署前就达成一致的。任何金价上涨都将进一步提升保证金要求。Ashanti 面临融资流动性问题：它拥有的是履行合约用的实物黄金，而不是支付目前的变动保证金的现金（保证金追缴是实时的，而大多数黄金还在地下）。还要注意的一点是，这个例子是价格大幅波动引发的问题，而不是前述两个例子中评级触发保证金补缴的情况。

为解决流动性危机，Ashanti 签署了未来三年免缴保证金的协议②。作为交换，Ashanti 向交易对手发行了认股权证，可以兑换为 Ashanti 的股票。这是保证

---

① 虽然说信用风险可以根据英国石油公司当时的信用价值合理地估值，但是本例说明了保证金合约可使公司因自身信用风险而暴露于波动中，而银行可能可以更为有效地管理这一信用风险。

② "Ashanti wins three-year gold margin reprieve"（Ashanti 获得了三年黄金保证金的暂免），GhanaWeb, 2 November 1999, http://www.ghanaweb.com/GhanaHomePage/economy/artikel.php? ID = 8923.

金协议不具有可操作性、从而引发流动性风险转换为信用风险的又一例证，而此时正是保证金最为重要的时刻。

再一次，可以说，这是使用衍生品进行对冲的终端客户应当豁免于（以集中清算和强制初始保证金形式存在的）保证金要求的极好论据。的确，在集中清算和初始保证金规则下，类似 Ashanti 这样的交易对手仅在作为终端客户、出于风险对冲目的而进行的衍生品交易中可以豁免于保证金要求[1]。然而，市场观点普遍认为 Ashanti 运用衍生品的交易行为已经远超风险管理的范畴，而且存在过度对冲行为（大约是其黄金年产量的 10 倍）。过度对冲是另一种投机，这是 Ashanti 的首席执行官也承认的观点：

我准备承认我们有些鲁莽。我们就金价打了个赌。我们认为它会下跌，所以建立了头寸[2]。

13.3 保证金的成本

13.3.1 保证金及融资

毫无疑问，保证金减少了交易对手信用风险。如果初始保证金够多，则可以彻底根除这一风险（参见表 7.8）。因此，监管层对于场外衍生品市场，不论是双边清算、还是强制集中清算，都直接或间接地提出了较高的保证金要求。然而，虽然对于保证金能够减少交易对手信用风险已经达成了共识，但对于更高保证金要求的潜在成本以及副作用还存在不同观点。

当保证金是用现金缴纳时，通常利息按隔夜指数互换（OIS）这类短期利率支付，正如在第 6.2.2 节和第 9.1.1 节关于双边清算和集中清算保证金中所讨论的。而变动保证金通常（根据风险敞口变化）每日调整，因此仅支付短期利率理所应当。与之相反，初始保证金持有期更长。然而，由于初始保证金需要隔离，以及存在禁止再抵押等可能的限制条件，持有保证金的一方很难获取高收益来支付更高利率。另外，中央对手方需要在市场承压的时候将初始保证金迅速变现，这阻碍了他们依据一定的投资策略获得额外的收益。因此，虽然短期

---

[1] 除非能够计算出所有的头寸总和，包括集中清算和双边清算的，是超过经济对冲要求的。

[2] Sam Jonah 先生，Ashanti 公司的首席执行官，谈论其公司遇到的金融问题（见 286 页脚注②的引文）。

利率并不必然是"公平的"保证金利率，尤其是长期风险敞口导致大额保证金长期存在的情况，但它是唯一具有操作性的利率。换种说法，保证金要求是昂贵的，因为保证金缴纳者要提供长期资金，却只能获得短期利率收益。

这带来一个消极后果，因为一家机构要以远高于伦敦同业拆借利率（LIBOR）的利率融资以支付保证金，而保证金却只能获得隔夜指数互换利率（低于LIBOR）。这就是第7.3.3节中所讨论的资金价值调整的原因。另外，如果（初始）保证金不是以现金方式缴纳，那么还有可能引起保守的估值折减。估值折减代价更为高昂，因为它会将保证金的价值从目前估值降低到更坏场景下的估值。

在缴收保证金的过程中，机构正越来越意识到优化保证金管理的必要性，正如国际金融危机期间，融资效率开始成为影响保证金运用的重要因素。保证金管理不再是后台成本中心，而可能成为重要的资产优化工具，能够产生成本最佳保证金模式。一家机构必须考虑"最低廉"的现金保证金、预估估值修正的影响以及再抵押非现金保证金的能力。例如，不同货币的现金保证金可能面临不同的隔夜指数互换利率，非现金保证金如能再抵押，也会产生不同的回购收益率。保证金的优化，不论在双边还是集中清算（机构有选择权）模式下，都将变得越来越重要（例如，非集中清算的合格证券在双边交易下越来越多地使用保证金）。

13.3.2 代价多大？

正如之前所指出的，很难评估强制清算或者双边保证金规则带来的额外保证金要求。然而，监管改革要求数万亿美元的保证金似乎是合理的。不同类型的相关估测可在 Singh（2010）、Sidanius 和 Zikes（2012）和 Heller 和 Vause（2012）中找到。

从市场参与者流动性需要角度考虑，保证金的真实成本看来是个非常重要的问题。集中清算和双边保证金所要求的目标水平，正如第4.1.7节中讨论的，主要依据在于所假定的保证金成本。例如，Singh（2010）估计，全球大约额外征收2万亿美元保证金以支持强制集中清算。由于清算效率不佳，净额清算带来的收益不可能抵消这一影响（鉴于全球中央对手方的数量，无法实现全部场外衍生品市场的集中清算）。

关于保证金要求对市场结构相关性，Heller 和 Vause（2012）估计，如果信用违约互换市场仅存在一家中央对手方，比同时存在三家区域性中央对手方，保证金总额大约低 25%。他们进一步估测，同时清算与单一资产挂钩的信用违约互换和与指数挂钩的信用违约互换，保证金可以节省 50%，同时清算利率互换和信用违约互换保证金能够节省 25%。由此看来，不同中央对手方之间的分裂程度对保证金成本有显著影响。

Duffie 等（2014）研究了信用违约互换市场，发现不论在双边清算还是强制集中清算情况下，保证金要求都有所提高。研究还表明，如果中央对手方并不过度分散，那么强制集中清算（相比于双边清算）保证金水平更低。

有观点认为，提高保证金要求并没有那么昂贵。比如，第 9.4.1 节中提到的 BCBS–IOSCO（2013b）[①]针对变动保证金的陈述：

就变动保证金而言，巴塞尔银行监管委员会和国际证监会组织认为，常规且及时的变动保证金交换代表了衍生品交易浮盈/浮亏的结算，由于变动保证金是交易一方的资源向另一方转移，因此并不存在流动性成本。

另一个例子是 CGFS（2013）中的表述：

相反，变动保证金的支付对于担保品的需求并不产生直接影响，因为变动保证金是单向的，因此并不影响担保资产（保证金）需求。

这些表述显示，保证金的成本和收益是个系统性问题，"保证金的循环"是无限的[②]。实际并不是如此（正如第 13.1.2 节中所讨论的），因为保证金的计算与结算存在操作性延迟，以及机构不得不持有额外资金以应对可能的变动保证金追加要求，因此保证金存在损耗。大型衍生品交易机构每天面临数百个保证金追加需求，双向均有，这意味着数亿美元的现金或证券[③]的转移。保证金循环还面临阻力，因为金融系统内的保证金流（尤其是高流动性等级保证金）近年来显著下降，并对全球流动性产生负面影响。Singh 和 Aitken（2009b）表示，由于再抵押减少、证券借贷减少以及未支配保证金的累积，危机期间和危机后的交易对手信用风险已经导致高等级保证金减少了 5 万亿美元。

尽管初始保证金数额庞大，但也有观点认为其成本并不高。比如，Milne

[①] 有趣的是，这里的措辞甚至比最初的版本（BCBS–IOSCO 2012）更强烈。最初版本表示：从这个角度说，巴塞尔银行监管委员会和国际证监会组织仅考虑初始保证金的特征，因为变动保证金纯粹在衍生品交易双方之间转移，所带来的流动性影响从普通意义上讲并不是实质性的。

[②] 保证金显然不可能在金融系统内完全无障碍地循环。另外，一家机构因为没能及时收到应得保证金而造成的损失，并不能从其交易对手因操作或结算延迟而延长持有保证金得到的收益相互抵消。

[③] 例如国际掉期和衍生品协会保证金调查（ISDA margin survey）（2013b，表 4.5）。

（2011）认为，根据 MM 理论，保证金整体成本并不高（需要追加保证金的机构只需要多增加债务即可）。Mello 和 Parson（2012）解释说，如能通过应急贷款为缴纳保证金的衍生品融资，那么与不缴纳保证金的衍生品实际是一样的。这意味着强制集中清算和初始保证金要求实际是零成本的（尽管作者认为，不同的处理方法——例如缴纳保证金和不缴纳保证金的衍生品面临不同的监管规则或记账规则——可能会产生次要影响）。Albanese 等（2011）建议，由第三方机构提供保证金借贷来解决初始保证金的融资问题。这种流动性提供机制存在潜在风险，因为保证金借贷成本会因为借款者的信用水平下降而上升。第 13.2 节中的例子都证明了这种风险存在。另外，中介机构或者结构投资载体（SIV）这类机构[1]在危机中的倒闭也表明，在极端市场中，保证金借贷机制可能会彻底失灵。

尽管围绕保证金条款存在诸多抱怨，但有一些来自金融业的迹象表明，保证金可能并不"昂贵"。一些大型银行已经开始在强制保证金要求之前，在双边条件下使用"惰性资产"作为初始保证金。看起来这是利用流动性不那么强的资产的更有效的方式（比如，与尝试回购相比），并减少了由于交易对手信用风险导致的资本要求提高而带来的风险加权资产（RWA）。这一做法存在两个明显问题，一是这种保证金流动性不强，二是存在较大的信用风险，即使给予较高估值折减，也无法在市场承压时化解风险。这一问题可以从表 13.2 中显示的估值变化中明显看出，在金融危机开始后，那些更为复杂，不具备流动性且具有信用风险的资产，比如结构化金融证券的估值折减是如何快速上升的。

表 13.2　　主要经纪商在危机前后提供的估值折减对比

	2007 年 4 月	2008 年 8 月
美国国债	0.25	3
投资级公司债券	0~3	8~12
高收益公司债券	10~15	25~40
股票	15	20
投资级信用违约互换	1	5
高杠杆贷款	10~12	15~20
夹层杠杆贷款	18~25	35+

[1] 根本上说这类载体的做法是借短贷长。其失灵的主因在于短期资金无法"滚动"起来。

续表

	2007年4月	2008年8月
担保贷款合约（AAA）	4	10~20
优质抵押贷款支持证券	2~4	10~20
消费资产支持证券	3~5	50~60
债务担保凭证（AAA）	2~4	n/a
债务担保凭证（AA）	4~7	n/a
债务担保凭证（A）	8~15	n/a
债务担保凭证（BBB）	10~20	n/a
债务担保凭证（权益类）	50	n/a

注：经 Milne（2009）调整，原始来源为国际货币基金组织《金融稳定报告》。

真正能够降低交易对手信用风险的，是高质量流动性资产，这类资产是昂贵的；而便宜些的资产降低风险的作用被夸大了，因为在危机期间这些资产流动性很低，甚至丝毫不起作用。就中央对手方和强制保证金要求（见第 6.5.2 节）所要求的保证金的质量而言，保证金不像惰性资产，其的确非常昂贵。

13.3.3 变动保证金

清算的一个核心风险在于保证金要求不断提高，为缴纳保证金而进行的活动产生多种不稳定的影响，尤其在市场承压的时候。表面看来初始保证金问题最大，因为变动保证金并不导致额外的保证金缴纳。然而，尽管上一节引用的一些表述认为变动保证金成本很低，但实际上，必须了解变动保证金也存在成本且可能导致严重的流动性风险。以下是个很好的讨论起点（关于 1987 年股灾）：

以下对芝加哥商品交易所的现金流的讨论重点在于变动保证金的支付。正如下文将要探讨的，变动保证金的支付对 10 月 19 日那一周的金融系统造成的压力最大。

Brady（1988）

Heller 和 Vause（2012）刻画了市场承压情况下变动保证金要求的可能影响。他们的其中一个结论是："中央对手方对 14 国集团（G14）的交易者的利率互换和信用违约互换交易的变动保证金要求会在几周之内耗尽这些国家现金储备中的很大一部分，尤其是在市场波动性很强的情况下。"

Pirrong（2013）提出：变动保证金有可能加剧金融压力。盯市制度以及（某些情况下可能非常巨量的）每日（甚至日内）变动保证金交收将中央对手方、清算会员及其客户紧密地联结在一起。在市场承压时，严格的保证金要求可能产生一个短期流动性需求尖峰。满足这种需求需要在数个小时内筹集数十亿美元。这种流动性需求是由变动保证金在金融系统中不完美的转移速度导致的。而且，保证金转移速度在危机期间会更为缓慢，因为机构出于流动性需求和信用质量考虑会倾向于将保证金保留在自己手中。同时，危机期间获得短期授信也是非常困难的（在正常情况下，银行通常愿意为缴纳保证金提供贷款；但在异常情况下，银行很可能提供贷款的意愿更低）。1987 年危机（见第 14.2.5 节）中芝加哥商品交易所（CME）、美国期权清算公司（OCC）和芝加哥期货交易所（CBOT）的接近崩溃就是上述机制酿出的苦果。

变动保证金要求还可能导致正反馈效应。剧烈的价格变动以及由此引发的变动保证金要求可能导致减价甩卖，然后又会进一步导致其他市场的价格变动。这种效应在双边场外衍生品市场中也存在，但是这种效应在双边市场中实际上不那么严重和集中。因此，变动保证金制度旨在降低交易对手信用风险，却可能制造了新的系统性风险。

当一个清算会员违约时，中央对手方会面临非常严峻的短期流动性压力，因为中央对手方需要动用变动保证金偿付违约者造成的损失。Heller 和 Vause（2012）提出，为应对这种流动性压力，中央对手方应当具有提供十亿美元级别可随时支取的流动性支持信贷安排。如果没有这种信贷安排，中央对手方在相应的时限（数小时）内应对变动保证金要求是极其困难的。这也与第 14.2.5 节讨论的 1987 年危机的经验相符。

另一个更深一层的话题是中央对手方只接受现金作为保证金使得变动保证金制度代价更为高昂。市场价格大幅变动引起的变动保证金要求大幅变化可能会导致严重的流动性短缺。当回购市场等资产变现的一般渠道资金紧张时，这种困难就会更为严重。事实上，历史经验表明回购市场在危机期间可能很脆弱。

变动保证金的一个重要特点是它使市场参与者暴露在盯市波动风险中。这会增加市场参与者违约的可能性（如单一风险保险公司和美国国际集团 AIG 的案例所示，见第 2.3.4 节）。Kenyon 和 Green（2013）也证明了这一点：他们证明保证金的市值计价效应将造成偿付能力丧失，并将其定义为"虚拟违约"（虽然现实中这是可以通过其他方式避免的）。虚拟违约的概念正确与否我们不在此讨论。但是，类似变动保证金这样将市场参与者与合约市场价值紧密联系在一起的制度很可能会制造更多的违约①，而非相反。

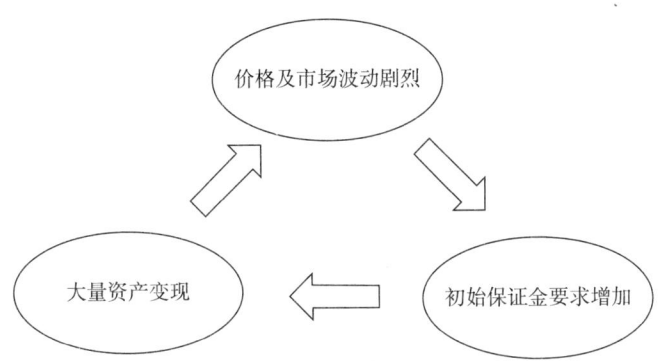

图 13.2　初始保证金可能正反馈循环的示意图

13.3.4　初始保证金

与变动保证金一样，初始保证金也可能在剧烈波动的市场环境中导致如图 13.2 所示的危险正反馈效应。这种正反馈效应是由初始保证金的风险敏感性（以及强烈的顺周期性）导致的。在剧烈波动的市场环境中，这种特性会导致初始保证金要求大幅增加，进而引发资产变现和价格大幅变动。这个问题会外溢至其他市场，因为如果清算会员必须在一个市场中追加预期外的保证金，则他们可能在另一个市场中抛售资产拉低价格。当然，能够生成稳定保证金要求的初始保证金计算方法可以消除这个问题。

不同于变动保证金，至少部分非现金证券可以充抵初始保证金。但是，权衡确定允许充抵保证金的证券品种是一件棘手的事。一方面，如果中央对手方允许使用许多种类的证券充抵保证金，确实会减轻缴纳保证金的流动性压力。但另一方面，要求保证金流动性强、信用质量好，甚至在危机时期仍能保持价值不下降意味着只有少数证券品种是合乎要求的。［中央对手方之间的竞争也可能导致保证金充抵规则的放宽，这最后会增加倒闭的风险。］

尽管不允许初始保证金再抵押带来了很高的安全性，但这也很可能加剧了

---

① 其中一个例子见"这就是关于德银交易的一切"（"Here's What That Deutsche Bank Trade Was Really All About"），CNBC，2012 年 12 月 7 日，http://www.cnbc.com/id/100290894。这个例子中上文所指的市值计价损失得以避免，否则将导致违约或政府救助。

流动性问题，因为保证金事实上被束缚在中央对手方体系中。并且初始保证金要求的增加会同时影响到所有市场参与者。

与上述效应相关的是中央对手方设定初始保证金要求时对审慎性和竞争力的权衡困难。此外 Knott 和 Milne（2002）讨论了过低保证金要求带来的风险。

13.3.5 将交易对手信用风险转化为流动性风险

许多缴纳保证金和清算过程中出现的问题与交易对手信用风险转化为了流动性风险相关。一个有趣的例子是考虑一个豁免了双边保证金和强制清算要求的机构正在选择最佳的交易方式。在保证金缴纳方面，会存在以下几个问题：

- 该机构可能难以找到合适的高流动性保证金，而且保证金要求可能是顺周期性的。
- 如果该机构依靠提供流动性的第三方提供的保证金或保证金升级服务，那么危机时期因为机构信用降级相关服务费用会上升。这个机制会将机构直接暴露在其自身的信用风险变动中。而非银机构可能无法有效处理这类问题。
- 机构可以通过约定降低保证金要求来降低上述问题的影响。这可以通过双边信用支持附加协议或清算会员的保证金升级服务实现。但这种操作再次转化了流动性风险，并将转化后的风险集中到具有系统重要性的机构，如大型清算会员的身上。
- 假设银行为（提交至另一家银行的）保证金提供临时信用贷款，那么这就是一种监管套利。因为这样银行的资本要求就降低了，尽管他们总的信用风险敞口没有变化。①
- 保证金制度或清算协议对机构的场外交易对手来说确实降低了信用风险，但对其他债权人来说信用风险却升高了（见第 6.4.1 节）。

看待这个问题的另一个途径是考虑银行面对的（同时计入交易价格的）价值调整成分，参见 7.3 节的讨论。需要考虑的相关成本包括代表交易对手信用风险的信用价值调整以及资金价值调整及其相关资本要求。表 13.3 比较了不同保证金要求的成本，反映了降低交易对手信用风险会带来保证金要求（包括集

---

① 例如，该笔（该银行或其他银行提供的）贷款对银行可能不产生等同于相应信用价值调整的资本要求。

中清算的违约基金）增加的效应。考虑资金成本，没有保证金协议时的成本定义为没有任何保证金交收情况下的成本。双边保证金（全额变动保证金）在资金成本方面是最优的，因为这种情况下没有任何资金价值调整成本（根据第13.1.2节提到的 Hull 和 White 的研究）。由于额外的初始保证金和违约基金缴纳要求，双边初始保证金和清算增加了资金成本。① 资本要求大致是随着保证金缴纳额的增加而降低的，但是由于违约基金带来的额外的资本要求，清算交易可能并不会在资本要求上产生这么大的收益。

表13.3 不同保证金制度下交易对手信用风险、资金成本与资本成本的比较

	双边（无保证金）	双边（变动保证金）	双边（初始保证金）	集中清算
交易对手信用风险（信用价值调整）	高	中	低	低
资金成本（资金价值调整）	中	低	非常高	非常高
资本成本	高	中	低	中

上述定性的评估表明需要在交易对手信用风险和资金成本上作出权衡。事实上，Gregory（2012）将信用价值调整和资金价值调整描述为保证金的函数，显示（无初始保证金的）双边保证金协议从价格角度来看是最优选择。底线是保证金重新分配了交易对手信用风险并将其转换为其他类型的金融风险。这样的风险重分配和风险转换是否对整个金融市场有益仍不完全明确。下面的描述也强调了这一点②：

提供现金抵押品（保证金）要求的经济效应是将公司的主要风险由交易对手信用风险转换为流动性风险。非金融机构在管理对金融机构的交易对手信用风险方面经验非常丰富；而管理抵押品要求相关的流动性风险与对企业来说更为困难和低效。

另一个可以说明保证金成本的例子是多边开发银行（Multilateral Develop-

---

① 这两者都被列为成本极高。清算交易会产生额外的违约基金缴纳成本，而双边初始保证金要求可能更为保守（例如，中央对手方初始保证金计算可能使用10天的时间范围而非一般的5天）。

② 欧洲企业财务主管协会（European Association of Corporate Treasurers），致欧盟委员会委员的公开信，2011年11月7日，http：//www.eactnew.org.uk/docs/EACT-letter-to-EU-Commissioners_07-11-11.pdf。

ment Banks，MDBs），如世界银行或欧洲复兴开发银行（European Bank for Reconstruction and Development，EBRD）的行为。由于具有极高的信用度，这些银行在与投资银行交易时通常受益于单向信用支持附加协议（见第6.3.2节）。但是，近年来收紧的资金和监管环境提高了投资银行的信用价值调整、资金价值调整和资本要求[①]。多边开发银行减轻这些资本要求负担一个显见的办法就是签署双向信用支持附加协议。现实情况是多边开发银行只考虑缴纳保证金，这还是因为投资银行有可能会大幅提高收费或直接终止交易。多边开发银行不愿签署双向信用支持附加协议是因为他们评估出来总的交易对手信用风险、资金和资本要求超过了他们缴纳保证金时面临的内在流动性风险。

13.3.6　资金流动性风险的表现形式

了解现实中增加的保证金要求引发的资金流动性风险的表现形式是很重要的。这里，我们分开考虑下列几个保证金组成部分的影响：

- 变动保证金：从某种意义上说，变动保证金是自然形成的，因为其实际代表了交易一方对另一方的欠款。但是，如上文所述，变动保证金会引发流动性问题，尤其是对于场外衍生品市场的一些特定客户。这方面一个特别的问题是在不稳定的市场环境下或产品价格大幅变动时变动保证金要求会大幅上升。
- 初始保证金：除了资产隔离和不允许再抵押产生了额外的"死重"成本以外，初始保证金还可能造成顺周期性问题，因为保证金要求会在存在金融压力时增加。
- 违约基金：缴纳违约基金和随后的评估权可能产生错向风险，因为违约基金损失和追加会造成资金压力，并且最可能发生在市场极度紧绷（在至少一个清算会员违约之后）而融资困难时。

13.4　影响

保证金降低了交易对手信用风险并且保证了"违约者买单"。在雷曼兄弟违约后，中央对手方（例如芝加哥商品交易所和伦敦清算所）有理由宣扬他们避

---

① 包括多边开发银行还需要持有所有初始保证金。

免了损失，因为雷曼兄弟缴纳了足够的初始保证金。集中清算和初始保证金因此被视为能够让场外衍生品市场更安全并降低未来金融危机发生可能性的明智做法。但是通过上述例子的讨论可知，保证金制度降低交易对手信用风险的有效性是存疑的。

集中清算和初始保证金的影响会在下个章节详细讨论。但是此处我们还是罗列了一些对增加保证金要求的缺点的观察要点，例如：

- 在金融危机中，巨大的负资产冲击会引发变动保证金的大幅上调，筹资缴纳可能很困难。①
- 初始保证金要求和保证金垫头的顺周期性会在危机中加剧流动性问题，例如在欧洲主权债务危机中保证金垫头的增加。②
- （初始或变动）保证金要求可能是通过增加借贷或出售资产来满足的，这导致了流动性紧张和资产价格下降的压力。

有些写作者强烈反对场外市场集中清算，理由包括流动性要求的正反馈效应（保证金价值波动增加导致更高的保证金要求，进而导致流动性紧张以及其他问题）。例子参见 Pirrong（2013）。

---

① 例如，回购市场就是一个显见的筹资渠道，但回购市场在危机中是一个典型的系统性失效节点。
② 例如，参见"伦敦清算所增加交易西班牙国债的保证金要求"（"LCH Raises Margin Costs for Trading Spanish Government Bonds"），http：//www.bloomberg.com/news/2012－06－19/lch－lifts－margin－costs－for－trading－most－spanish－government－bonds.html。

第14章 中央对手方导致的风险

我会在"黑色星期五"拿到所有我应得的东西,在我的朋友们发现前,逃之夭夭。

——史提利丹乐团《黑色星期五》

14.1 综述

本章讨论实施场外衍生品强制清算制度所造成的风险。本章讨论包括中央对手方自身面临的风险,以及清算会员(及其客户)随之承担的风险。务必记住的是,我们需要在集中清算的风险和非集中清算的风险之间作出权衡;毕竟,事实已证明双边场外衍生品市场的交易造成了金融市场的剧烈动荡。虽然,集中清算并不是解决场外衍生品市场问题的"万灵药",但是却比之前的双边清算更安全。

14.1.1 中央对手方清算引发的总体风险

通过征收初始保证金,中央对手方将对手方风险转换为其他类型的风险。正如曾在第13章中详细讨论过的,最为明显的就是因保证金的收取而出现资金流动性风险。此外,操作及法律风险也存在,这些将在本章的后半部分讨论。

谈到中央对手方引发的总体风险时(特别是那些场外衍生品清算量极大的机构),有两个明显的关注点:

- 中心节点失效:强制清算提升了作为金融市场中心节点的中央对手方的重要性。因此,这些机构的破产或仅仅是其财务困境就可能引发剧烈的市场波动。这也就造成一个"大而不能倒"的两难困境:如果中央对手方在濒临破产时获得救助，那么该救助成本很可能将由纳税人支付，并由此产生道德风险。
- 市场冲击的放大与扩散：考虑到中央对手方的规模以及其与市场的密切联系，中央对手方可能会因为其市场干预行为（例如，与保证金要求相关的市场干预行为）放大金融市场的系统性冲击并致使金融动荡扩散。

虽然通常认为中央对手方违约的概率极小，因此几乎总是能够偿付初始保证金（这一般并不是损失分摊过程的一部分），但是大型清算会员机构需支付给中央对手方的巨额初始保证金的安全问题依然值得关注。鉴于中央对手方存在破产的可能性，清算会员应当评估他们的风险敞口，以避免出现威胁到其偿付能力的巨额损失。关于银行巨额风险敞口的监管要求（BCBS 2013a）能否以及如何覆盖这些风险敞口的问题，答案目前尚不明确。由于一些中央对手方可能被认为"大而不能倒"，所以实施风险敞口限制也将降低伴随而生的道德风险，并且促使清算会员尝试在不同的中央对手方间分散风险。

14.1.2 清算会员面临的风险

清算会员由于向中央对手方缴纳初始保证金而直接面临中央对手方的破产风险。但是清算会员面临的更为严峻的风险是由中央对手方财务困境造成的违约基金损失，以及由评估权和其他例如变动保证金收益折减（VMGH）和冲销等损失分摊方法造成的潜在额外风险敞口。正如以下章节所述（见第14.3.4节），这一风险敞口非常复杂，并且与担保债务凭证的第二损失类似。中央对手方的违约不是一个容易描述的事件，因为这是伴随着市场大部分机构的违约而产生的。总的来说，清算会员可能由于一系列机制蒙受与中央对手方相关的损失：

- 拍卖成本（例如，接手了较难对冲的资产组合，并最终因为市场波动发生了损失）
- 动用违约基金
- 评估权
- 变动保证金收益折扣
- 冲销
- 强制损失分摊
- 其他损失分摊方法

- 中央对手方破产

为了评估中央对手方会员面临的风险,清算会员自然会尝试对中央对手方的风险管理框架进行细致的评估,具体包括:

- 会员标准
- 其他清算会员的数量及其资信状况
- 初始保证金和违约基金要求,以及其预期覆盖率
- 资本要求(取决于监管机构对中央对手方的认可程度)
- 外部流动性安排
- 投资策略
- 中央对手方对于清算会员关于政策修订建议的接纳程度
- 运营能力(特别是在违约情况下)
- 违约处理程序
- 损失瀑布、恢复能力和决议机制

14.1.3 非清算会员面临的风险

非清算会员,即通过清算会员间接参与清算的"客户",面临着不同的风险,但也享受额外的保护措施。当中央对手方破产时,只要为其代理的清算会员具备偿付能力,客户就可获得保障。反过来,当清算会员违约时,中央对手方可通过保证金隔离及"可转移性"向客户提供保障并保证交易连续性。最后,因为客户并不支付违约基金,所以客户并不像清算会员一样存在直接面向中央对手方的风险敞口。

但是,以上所述须建立在一些重要的操作规程及法律安排上。保护非清算会员免受清算会员或中央对手方倒闭的影响,有赖于对初始保证金的隔离及保护。正如第 11.1.5 节所述,客户对中央对手方和清算会员,甚至对清算会员的其他客户都存在潜在的风险敞口。同时,在清算会员违约的情况下,客户也面临交易组合无法转移至另一清算会员的风险,并可能导致其头寸以不利的价格被平仓。

中央对手方规则对客户产生的风险敞口也非常重要。如果清算会员让客户承担如变动保证金收益折扣等损失分摊方法带来的不利后果,客户可能将面对不公且难以预测的收益贬损。相较于因缴纳违约基金、评估权或强制损失分摊而直接承受损失,清算会员可能更偏向于例如变动保证金收益折扣和冲销等损

失分摊方法（如果清算会员可让客户直接承担损失）。但是，如果约定客户承担以上损失分摊方法带来的风险敞口，则客户可能面临变动保证金收益折扣和冲销带来的风险。

14.2 历史上的中央对手方违约及虚惊事件

接下来，我们将讨论历史上的中央对手方违约事件（及虚惊事件）。这些事件向我们展示了中央对手清算机制存在一些潜在弱点的明确证据。但是，这些案例应当在其所发生的情境下分析；并且应当强调的是：相较于银行，历史上中央对手方的财务困境和破产更少见，且不那么严重。

14.2.1 纽约黄金交易银行（1869 年）

我们举出的第一个违约案例是发生在 1869 年纽约黄金交易银行的"黑色星期五"事件。这起违约案件并不涉及中央对手方，但是银行的确拥有一个清算部门并扮演了防止违约损失发生的角色。"黑色星期五"事件是由两家投机商企图垄断黄金交易市场引起的[①]。银行承担着对金价持续暴跌中获利的市场参与者兑付义务，然而，银行并未收到损失一方的应付款项。这一情况导致银行出现严重困难，并且随后引发了市场恐慌。

14.2.2 法国现金清算所（1974 年）

法国现金清算所是一家法国中央对手方。在其破产前的一段时间内，巴黎白糖市场的价格因投机行为而波动剧烈。价格在上涨 300% 后，经历了一大波回调，使得投机商蒙受损失。很多市场参与者因无力追加保证金而违约（特别是其中的纳塔夫商行，持有了大额头寸），并因此造成了中央对手方的损失。

由于纳塔夫商行的损失，法国商务部叫停了白糖交易并实行一项监管措施：重新开市时，协议以过去 20 天的平均价结算（这一价格远高于叫停交易前的市场价格）。这可被视为一种变向的变动保证金折扣或者部分冲销（见第 10.3.1 节及第 10.3.2 节）。但是，该项监管措施被法院驳回，并且纳塔夫商行的两名保证人也拒绝承担全部损失，导致 Caisee de Liquidation 失去偿付能力。因此，

---

① 更多信息请见 Craig Pirrong 的博客：http://streetwiseprofessor.com/?p=4023。

白糖交易市场的交易继续暂停了 18 个月。Hills 等（1999）概括了一些 Caisee de Liquidation 破产的原因：

- 初始保证金：Caisee de Liquidation 在金价上涨并伴有剧烈波动的情况下，并没有提高初始保证金，即使清算会员主动提出了这一要求。按照绝对波动收取初始保证金（见第 9.3.4 节）在单边上涨行情中会产生问题。
- 大额头寸监控：Caisee de Liquidation 对于纳塔夫商行持有（相对于整个市场而言）大额白糖远期投机头寸没有采取应对措施。
- 透明度：清算会员违约的损失分摊过程并不透明（如上所述，在强制损失分摊上存在法律问题）。

14.2.3　纽约商品交易所（1980 年）

纽约商品交易所是行业领先的黄金及期权交易所，并且也提供白银合约交易。在问题发生前，由亨特兄弟①主导的财团试图垄断白银市场，造成了市场价格的大幅上涨。最终，为了应对市场头寸的大幅增长，纽约商品交易所更改了其关于杠杆的规则。这一名为"白银交易 7 号规定"的规则严格限制了买入大宗商品的行为，并且大幅减弱了大单持有人通过杠杆购买白银的能力。由于亨特兄弟已经使用了高杠杆进行交易，他们的处境非常困窘。

在"白银星期四"（1980 年 3 月 27 日）当天，白银价格猛跌了 50% 左右。作为这次暴跌和纽约商品交易所规则的更改的结果，亨特兄弟无力偿还其债务，并因此造成了市场恐慌。由于亨特兄弟的债务规模巨大，美国政府要求银行给予一系列总额达 10 亿美元的信贷额度以防止危机的发生。亨特兄弟的大部分资产用于了这些信贷额度的抵押。最终，亨特兄弟在受到民事指控后宣布破产。

虽然纽约商品交易所的这起事件与中央对手方违约无关，但这起事件体现出了任由大量头寸累积以及后续应对措施过迟实施的危险性。

14.2.4　吉隆坡商品清算所（1983 年）

马来西亚吉隆坡商品清算所在仅仅运行了 3 年后，就因为棕榈油期货市场崩盘而倒闭。当时六家清算会员发生了共计 7 000 万美元的违约，导致了交易中

---

① 尼尔森·邦克·亨特（Nelson Bunker Hunt）和威廉·赫伯特·亨特（William Herbert Hunt），二人为得克萨斯州一名石油亿万富翁之子。

断。一份来自马来西亚政府的报告将此次事件归咎于中央对手方在市场价格承受巨大压力到第一家清算会员违约期间，未采取积极应对措施。此外中央对手方的高层也被批评缺乏相关经验（Hills 等，1999）。有趣的是，近期通过场外中央对手方清算的棕榈油掉期进行的远期套保活动有所增加。由于远期的天然棕榈油场内衍生品流动性有限，市场参与者寻求使用集中清算的掉期合约进行交易。

14.2.5　香港期货交易所及 1987 年股灾

1987 年股票市场的暴跌又是一个史无前例的价格崩溃的例子，这次涉及股票市场。在这场暴跌中唯一实际破产的中央对手方就是香港期货交易所清算公司，但其他中央对手方也遇到了非常严重的问题。这两个问题都很值得探讨。

1987 年，共有 3 家相互独立的机构参与了香港期货市场的集中清算业务：

- 香港期货交易所（HKFE）：该交易所主要负责期货市场的运营。
- 国际商品清算所香港有限公司［ICCH（HK）］：该中央对手方提供清算服务。
- 香港期货交易担保公司（HKFGC）：主要负责担保交易的违约基金（担保基金）相关业务。

经过一段时间的大幅增长之后，在所谓的"黑色星期一"（1987 年 10 月 19 日），香港股票市场（恒生指数）跌去了近 50%。股票市场被迫在该周的剩余交易日内休市，并且市场参与者预期市场在开市后将再次下跌。这导致市场担心保证金追缴将出现问题，以及此次危机造成的损失将超出中央对手方的承受极限。这促使了由政府及市场机构共同发起的针对中央对手方的一揽子救助计划（Hills 等，1999）。香港期货交易担保公司的违约基金共包括 1 500 万港元资本金及 750 万港元准备金，但香港期货交易所仍需借入将近 20 亿港元来进行清算。除去香港期货交易所股东、大经纪商和清算会员的出资，这次救助共花费了政府（纳税人）大约 10 亿港元。

香港期货交易所破产的原因之一是没有严格执行保证金制度，并且在之前市场价格大幅上涨的情况下并没有增加初始保证金要求（这又是关于在第 9.3.4 节中讨论的关于绝对收益和相对收益的问题）。此外，不合理的交易所、中央对手方和违约基金的设置造成了道德风险，导致了错误的诱导机制，例如：

- 清算所会员无法参与清算基金的管理。

- 中央对手方负责监控头寸规模,但在违约发生时并不承担损失。
- 清算基金可能蒙受损失,但香港期货交易担保公司对于风险监控或设定清算会员标准(由中央对手方负责)没有话语权。

虽然1987年的股灾只造成了香港期货交易所一家中央对手方的破产,但同时期也有其他中央对手方陷入险境的例子,包括违约基金的损失,值得在此讨论一番。在美国,虽然没有破产事件发生,但对于中央对手方生存能力的不确定及担忧进一步加剧了本已非常严重的市场紊乱。客观地说,与芝加哥商品交易所、美国期权清算公司和芝加哥期货交易所相关的中央对手方非常接近于破产,仅仅由于美联储的快速反应才避免了灾难的发生(Pirrong,2013)。

由于"黑色星期一"前后剧烈的市场价格波动,保证金的追缴数额巨大。这造成了一系列互相关联的问题:

- 追缴损失方的变动保证金较为困难,即使有时进行了多次日内追缴。
- 中央对手方通过收缴变动保证金"吸纳"了巨额的流动性,但并不总是及时支付盈利方的收益。
- 交易量的大幅增加及前所未有的市场价格波动导致了操作上的问题,例如交易确认的错误及延迟,并且这类问题在一些情况下由于缺少自动支付系统的支持而加剧。由于一些交易只在日终进行核算,许多涉及杠杆头寸的实际亏损远大于其应缴保证金。
- 由于缺乏联动的清算安排(跨市场保证金,第9.5节),例如,市场参与者的期权合约(在期权清算公司处)与期货合约(在芝加哥商业交易所处)并不享受损益抵消,因此陷入了"变动保证金陷阱"。在1987年股灾前,期权清算公司就曾要求芝加哥商品交易所与其合作建立跨市场保证金制度(Norman,2011)。

以上原因造成的严重的流动性问题使得芝加哥商业交易所在10月20日由于缺乏足够保证金而几近无法开市。其支持银行在开市几分钟前出借4亿美元给芝加哥商品交易所的中央对手方,使得该中央对手方凑够资金支付总额达25亿美元的变动保证金,芝加哥商品交易所的破产才最终得以避免(IMF,2010)。

美国期权清算公司方面,一个大型清算会员保证金支付出现困难(并且仅在其获得了一笔银行紧急贷款后才得以支付),使得期权清算公司延迟向清算会员支付资金,并且由于一家清算会员的违约而蒙受了巨额损失。此次损失中的大约75%(在用完留存收益以后)由违约基金支付,并且中央对手方动用了评估权将违约基金规模提升至原来水平（尽管此次损失只消耗了违约基金总规模的一部分）。

如果没有美联储的有力支持（包括流动性注入和稳定市场情绪两方面显性及隐性的支持），大型中央对手方的破产将很可能在 1987 年发生。Bernanke (1990) 对于这一场危机也有过一番有趣的回顾。

14.2.6　巴西证券期货交易所（1999 年）

最近一次中央对手方危机中的主角是巴西证券期货交易所（BM&FBOVESPA）。1999 年，新任的巴西中央银行主席决定取消汇率限制，巴西雷亚尔对美元的汇率出现了近 50% 的波动，随后引发了一场货币大幅贬值。这致使两家清算会员银行违约，所造成的损失超过了巴西证券期货交易所所属中央对手方所持有的保证金及违约基金总和。最终，中央银行介入并救助上述两家银行，才避免了中央对手方的倒闭。

14.2.7　历次中央对手方危机的教训

在过去 40 年间，有三家中央对手方破产（包括法国现金清算所、吉隆坡商品清算所和香港期货交易所），并有其他三家接近破产（芝加哥商品交易所、美国期权清算公司和巴西证券期货交易所）。造成这些危机的共同诱因有：

- 巨大的市场价格波动（如大宗商品、股票和外汇市场）。
- 以上市场波动带来的损失所造成的违约。
- 初始保证金和违约基金不足以承受如此巨大的损失。
- 由中央对手方及/或清算会员（因操作方面的原因及偿付能力问题造成的）变动保证金收付延迟导致的流动性紧张。在 1987 年的危机中，缺乏对变动保证金支付的跨市场保证金安排，造成了进一步的流动性紧张。
- 初始保证金未根据市场形势的变化（例如，在资产价格及其波动率大幅上升后）重新计量。
- 因交易量放大及市场价格大幅波动造成的操作问题。

总而言之，中央对手方的破产是市场大幅波动、清算会员破产和伴随资产价格剧烈波动出现的保证金及违约基金不足等一系列事件的结果。从这些中央对手方破产及濒临破产的危机中，应当吸取如下几点教训：

- 应当尽最大可能控制操作风险（例如，在 1987 年暴跌之后，交易电子报单技术的引入使得市场不再受到前述操作问题的影响)。
- 应当定期重新计量并及时收缴计算变动保证金(在市场剧烈波动的情况下,日内执行)。自动化程度更高的支付系统可帮助防止流动性不足的发生;中央对手方间的跨市场保证金联动机制可缓解在不同中央对手方之间执行的对冲交易所导致的流动性问题。中央对手方不可干预保证金的周转,特别是在市场动荡时期。
- 初始保证金及违约基金的确定应当考虑资产价格波动或市场环境动荡,以及市场极端相关性(例如,在危机中,市场参与者可能认为不同市场间的相关性会升高)。
- 中央对手方应当谨慎地监控市场头寸,打击集中头寸行为,并迅速处理过大的头寸。
- 中央对手方应当具有获得流动性的外部渠道,否则中央对手方可能在具有偿付能力的情况下,因为流动性不足而违约。

14.3 重要考量

14.3.1 后视偏差

评价集中清算的安全性与必要性涉及的问题之一是后视偏差,即人们本能地倾向于在事情发生后高估其发生的可预见性。其中一个典型案例是将美国国际集团破产事件当做推行强制清算的理由(见第 12.1.3 节)。显然,强制清算本应迫使美国国际集团缴纳更多的保证金,从而防止美国国际集团产生如此巨大的敞口。但是,市场机构和监管部门在当时并没有要求美国国际集团披露其初始保证金,因为他们根据当时获得的信息认为美国国际集团违约的可能性微乎其微(评级机构也支持这一观点)。我们不能假定中央对手方在同样的情形下,会持不同观点。此外,类似美国国际集团体量的清算会员破产也可能造成巨大影响,并对已在双边市场存在风险敞口的清算会员们造成巨额损失。

由后视偏差造成的另一个问题体现在雷曼兄弟破产及伦敦清算所与芝加哥商品交易所应对风险的成功事件中。中央对手方起初并未将导致雷曼兄弟破产的交易类型纳入清算。如果(举例来说)信用衍生品市场有很大比例在 2008 年纳入集中清算,最终的结果实际上难以预料。中央对手方清算信用违约互换的业务框架从未受到过任何重大市场危机的检验。

以上论述的重点是：对于最近发生的这次危机，以及中央对手方在危机中的可能（或不存在）影响进行分析是徒劳的。监管机构应当防止下一次而非上一次危机的发生。而且，监管机构应避免为防止上一场危机再次发生而创造导致下一场危机发生的环境的行为。

14.3.2 底线竞争？

评级机构间的风险评级业务竞争带来了潜在的危机。2007年之前，一大批前所未有的复杂金融产品获得了较高评级。这是因为评级机构因给出高评级而获得了可观的收入，并且各家评级机构为此互相竞争。这些评级机构为美国国际集团和单一险种保险公司等保险机构提供极度乐观评级，以及为结构化产品提供更具欺骗性的评级，从而在全球金融危机中扮演了不光彩的角色。Kenyon 和 Green（2012）指出，中央对手方可能将会成为具有类似行为的"新的评级机构"。

Kenyon 和 Green 同时质疑了中央对手方在估值领域拥有的特殊地位。他们指出：因为中央对手方可自行决定定价模型及相应市场数据的使用，估值风险将集中于中央对手方。中央对手方因其特殊地位可能形成寡头垄断，并提高市场进入门槛。另一方面，中央对手方可能在产品种类和保证金两方面开展竞争，因此可能造成危险的底线竞争。

14.3.3 分配效应和整体影响

正如 Pirrong（2013）指出的，站在超越场外衍生品市场的角度来考察清算业务的影响是十分重要的，因为场外衍生品业务仅是市场机构资产负债表的一部分。关键在于，（清算业务致力于提高的）轧差清算和保证金交易并没有根除风险。清算业务实际达到的是通过调整债权人的优先顺序来重新分配风险：场外衍生品的债权更为优先，同时其他债权人的优先级实际上下调了。

清算业务的再分配效应看来并没有被正确地考量。例如，衍生品宏观经济影响评估组织（MAGD）在2013年考量了强制清算的经济影响、非集中清算衍生品的保证金要求和衍生品敞口的资本要求后指出：

衍生品宏观经济影响评估组织发现，在最优情境下清算业务避免金融危机的价值相当于一个国家国内生产总值的0.16%。衍生品宏观经济影响评估组织同时发现，市场机构持有更多资本和抵押品的成本对整个市场造成的成本增加相当于国内生产总值0.04%的。因此，清算业务的净收益相当于国内生产总值的0.12%。

可以看出，以上论点忽视了清算业务的整体影响——再分配效应，以及由于降低市场其他债权人的偿付优先级而对经济增长造成不利影响的可能①。

中央对手方通常被认为降低了系统性风险。诚然，由于场外衍生品的强制清算，中央对手方因此可以尽可能地降低场外衍生品市场的系统性风险。当然，根据以往的经验，降低衍生品（也可被称为金融大规模杀伤性武器）交易的系统性风险可以说非常接近于降低整个金融市场的系统性风险。但是，这一论断建立在市场不会对强制清算"上有政策，下有对策"的前提下。

提升场外衍生品的偿付优先级并下调其他产品的偿付优先级看似可行，这是因为其他产品债权人的系统重要性较低。但是，预测强制清算带来的可能变化更为重要。面对衍生品市场的去杠杆化，市场参与者将会寻找获得杠杆和信用额度的新途径，以应对上升的保证金要求（金融工程已被多次证明有效地实现了这些目标）。这些资本结构的变化反过来可能在曾经被视为相对健康发展的一些金融领域制造危机。监管规则可能过于关注场外衍生品市场而忽视了其他潜在风险。

14.3.4　损失共担以及作为担保债务凭证（CDO）的中央对手方

损失共担是一种能有效分散风险的保障机制。当风险相对分散且独立时（例如对于车辆保险），这一机制运转有效。但是，当风险的相关性及系统性增强时，如单一险种保险公司的案例（见第2.3.4节），这一机制的有效性将会降低。因此，如果一家清算会员的破产是一起孤立事件，那么通过中央对手方的违约基金实现损失共担可加强市场稳定。但是，如果更具系统性影响的破产事件发生，这一机制将难以发挥有效作用。

与以上所述相关的概念是中央对手方的损失瀑布制度。Murphy（2013）及Pirrong（2013）指出，这一制度的效果可能更类似担保债务凭证。如图14.1所示，与中央对手方瀑布不同，担保债务凭证的第一损失由违约方支付的初始保证金、违约基金和中央对手方的所有者权益覆盖。在这一虚拟的担保债务凭证中，清算会员通过他们贡献的违约基金和其他如评估权等损失分摊方法覆盖第

---

① Craig Pirrong 在其博客上阐述了这一观点：http://streetwiseprofessor.com/? p=7672.

二损失。当然，该虚拟担保债务凭证的准确条款尚不确定并且在不断变化，因为其条款取决于中央对手方会员机制、会员的资产组合和持有的初始保证金等种种因素。但是，有一点是明确的：第二损失敞口应当对应的是小概率事件，否则说明收取的初始保证金过少。

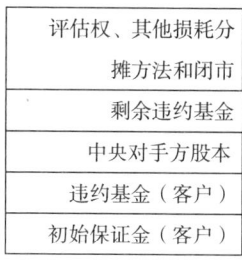
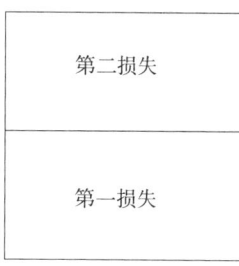

图14.1 （倒置的）中央对手方损失瀑布结构与担保债务凭证结构的比较

因此，中央对手方会员所承担的隐含的第二损失敞口相当于担保债务凭证中的优先级。该优先级以其过度聚集的系统性风险敞口而闻名［例如，Gibson（2004）、Coval等（2009）和Brennan等（2009）］，并且在剧烈的总体市场波动下的表现非常糟糕。而且，这类结构加剧了错向风险［见Gregory（2012），第15章］。

类比担保债务凭证，由中央对手方的优先级风险敞口导致的系统性风险及错向风险集聚的含义是：

- 聚集于中央对手方的风险将实质上具有系统性特征。
- 不同清算会员违约所造成损失的相关性较高。
- 当清算会员们处于财务困境（错向风险）时，共同出资的违约基金将蒙受损失。对于尚可继续经营的清算会员来说，其清算基金、评估权、变动保证金收益折扣和其他损失分摊方法受到的损失同样可能造成其破产。
- 损失分摊方法提高了中央对手方清算参与者在危机中的相互关联度。
- 违约基金及相应的资金要求因此会非常巨大且代价高昂。

当然，双边市场也同样存在以上所有的严重风险，并且可能会更为脆弱。但是必须注意，中央对手方不是解决问题的"万灵药"：中央对手方可能会引发与非集中清算一样的系统性风险和参与者间的关联。

14.3.5　保证金需求

强制清算及保证金制度将显著地增加担保场外衍生品头寸的保证金数量及

质量的要求。市场参与者为了取得可作为保证金的相应资产而将对金融系统造成压力。为投资人提供更好保护及可转移性的全额保证金制度和隔离制度将导致进一步的流动性紧张。

中央对手方很可能面临要求扩展初始保证金的可充抵证券品种的压力。接受风险更高和流动性更差的资产将导致风险增加，并使得计算垫头（如过计算结果低估也将增加风险）的重要性增强。中央对手方广泛接受各类债券的行为可能使其暴露在更大的错向风险中。因为清算会员（及客户）自然会选择使用风险最大的资产充抵保证金（与其垫头相关）并可能致使中央对手方承受极大的错向风险（例如，一家欧洲银行如果条件允许，最有可能选择使用欧洲主权国家债充抵保证金）。

金融工程已被证明在设计例如看似具有流动性及高信用等级的资产证券化产品方面非常有用。但是，这一类资产通常在危机中会变得难以变现，并且难以抵御极端尾部风险。因此，这一类资产在最需要保证金的情况下，例如一家或更多清算会员违约时，很可能无法发挥作用。

由于保证金转移可能造成操作风险，保证金转移的确切方式也很重要。保证金可通过所有权转移（常见于欧洲）也即接收人有权处置所接收证券的方式转移。清算会员及其他第三方可为市场机构提供"保证金转移"服务以获取供缴纳保证金使用的证券。这一机制因两个潜在原因而存在风险。第一，这些证券在困难时期（例如，上一场危机中的回购市场）将最有可能变得异常脆弱；第二，通过第三方渠道缴纳的保证金掩盖了一些证券的错向风险。

14.3.6 强制清算的影响

总体来说，中央对手清算和场外衍生品清算不存在重大问题。正如许多风险缓释措施一样，市场参与者可以权衡他们的利弊得失，并选择是否采用。而主要问题在于：是否应当推行强制清算；以及当前的监管要求是否是风险管理的最佳方案。

强制清算存在的问题之一是：由于大型商业银行只能选择清算特定的几类标准化交易，强制清算可能造成更多的系统性风险。由于标准化合约和非标合约之间的轧差"不兼容"，强制清算对于净风险敞口可能存在不利影响（见第5.2.6节）。强制清算对终端用户和外汇交易的豁免也可能造成非理想的结果和监管套利。不同地区之间的监管差异也可能被规避。由于保证金按总额交纳，在客户转移过程中或之前对于客户清算的可移植性要求，也会降低轧差效率（见第11.2.4节）。

14.3.7 透明度

中央对手方可以提升市场透明度（虽然通过例如交易信息库等手段也可达到此目的）。但是，由于所处理的头寸非常巨大，"交易所交易市场"的高透明度并没有防止它们成为金融市场问题发生的场所。1995年，巴林银行因"流氓交易员"尼克·李森的交易而破产。造成破产的头寸并不是非公开合约，这些头寸是新加坡国际金融交易所（SIMEX）的场内期货交易合约。根据李森应当执行的策略，在新加坡国际金融交易所交易的日经期货合约头寸将与在日本大阪证券交易所（OSE）执行的头寸进行对冲。

场内交易的衍生品应具有的透明度并没有阻止巴林银行的倒闭。同样，保证金制度也没能限制李森持有最终导致巴林银行倒闭的巨额投机头寸。近期发生在法国兴业银行（2008年）和瑞银集团（2011年）的"流氓交易事件"也有场内产品的踪迹。这些市场高透明度带来的好处不应被夸大。

14.3.8 相互关联性

中央对手清算将原有的场外衍生品网络变为了中心辐射状交易体系（见图3.2）。虽然这可以提高市场的稳定性和透明度，但也存在明显的缺陷。处于市场中心的中央对手方成为了单一故障点。这减少了错误分散的可能性，并使得中央对手机构的单一失误或故障可能造成灾难性的后果。

重要的是，我们不清楚强制清算将在何种程度上降低场外衍生品市场的相互关联性。由于大量双边交易将依然存在，金融拓扑网络将由相互关联性较弱的集中清算系统，以及重叠于其上的关联性较强的双边网络组成（见图3.5）。目前尚不清楚一些（标准化的）场外衍生品的强制清算能否创造出一个总体上相互关联性较低的系统。清算系统看似降低了大银行间的关联性，但是这些银行很可能是大部分甚至所有重要场外中央对手方的清算会员。这些银行也将是其客户、其他清算会员，甚至中央对手方的重要信贷资金来源。保证金划转通常也涉及银行存款的划转，因此，需要这些大银行清算和结算系统的稳定。

此外，市场关联性是否与系统性风险直接相关都尚不清楚。例如，Gai和Kapadia（2010）从理论上证明了：关联性的提升和风险分担实际上可以降低违约蔓延的可能性。

异质性也是集中清算市场中的一个重要概念。这是因为例如通过违约基金实现的损失共担等机制带来了市场的均一性。在双边市场中，对手方可互相收取所承担信用风险的费用（例如，通过信用价值调整，见第7.3.1节），并且这一费用对信用等级较低的机构较高。在集中清算市场中，由于初始保证金主要取决于被清算的产品组合而不是清算这些产品的清算会员（或客户）的信用等级，所以存在着同质性。这一同质性致使信用等级较低的对手方获益，而这是以信用等级较好的对手方的损失为代价的。

如果市场参与者的信用等级是相对统一的，并且对手方风险敞口是参与市场交易固有但不受欢迎的结果，那么集中清算将是有价值的。但是，严重的异质性可能造成问题。举例来说，集中清算可能将违约损失的负担从较小的对手方（例如，终端用户和小银行）转移至较大的对手方（例如，如大做市商等清算会员）。这将违约损失的负担转嫁给更具系统重要性的金融机构。

以上论断是建立在一些理论研究之上的。例如，Borovkova 和 El-Mouttalibi（2013）发现：在信用度相对一致的集中清算系统中，中央对手方增强了系统稳定性。但是，他们的研究也表明：在信用度差异较大的系统中，中央对手方会造成不稳定性增加和违约蔓延，并且因此中央对手方的破产概率大幅增加。

14.4 中央对手方面临的风险

14.4.1 违约风险

中央对手方面临的主要风险是清算会员违约，以及更严重的，由会员违约导致的伴随效应或连锁反应。尤其是违约事件后的恐惧因素，可能造成更大的麻烦，例如：

- 其他清算会员的违约或财务困难：由于场外衍生品市场参与者的特性，违约间的关联性将较高，所以违约很可能不是一个独立的事件。
- 拍卖失败：如果中央对手方在一场拍卖中没有收到合理的报价，那么中央对手方面临需要强制其会员通过评估权和/或其他损失分摊方法（例如，变动保证金收益折扣、冲销或强制损失分摊）承担巨额损失的状况。强制其他清算会员承担巨额损失将可能加剧这些会员的财务困境，甚至可能导致进一步的违约。
- 会员退出：在市场出现违约后，清算会员很可能会退出集中清算——虽然这不会马上发生（特别是当清算会员需要对其清算的资产组合平仓，并给出了事先确定的如1个月的公告期时）。但是，由于初始保值金和违约基金需要返还给申请退出的清算会员①，他们的损失和对于其他会员声誉可能造成的负面影响将是实实在在的。
- 声誉：处理一家清算会员的违约可能涉及相对苛刻的损失分摊方法。即使这确保了中央对手方的存续，一些清算会员及其客户可能会认为损失分摊的方法不公。拥有盈利头寸的清算会员及其客户会认为例如保证金收益折扣和冲销的方法是强迫他们承受了损失。这些头寸当然不可能全是盈利，因为这些头寸可能要与其他交易轧差计算（双边或在另一家中央对手方）。这些交易也可能是客户作为商业风险的对冲而进行的。对于这些损失分摊的负面看法可能造成问题，并可能导致清算会员的退出。

14.4.2 非违约损失事件

中央对手方可能因其他非违约事件承受损失。这点非常重要，因为中央对手方持有大量现金及其他证券。可能的巨额损失事件有：
- 欺诈：内部或外部欺诈。
- 操作方面：由于例如系统崩溃等因素引起的运营中断可能造成操作损失。
- 法律方面：由于诉讼或法定求偿权造成的损失，包括所在地法律不支持中央对手方有关规则的风险。例如，轧差和保证金条款不受当地法律保护。
- 投资：由于使用作为保证金的现金、证券和其他财务资源进行投资，而出现在投资策略内损失，以及偏离投资策略而造成的损失（例如，流氓交易员）。

非违约和违约事件的损失也可能是相关的，因此可能同时对中央对手方形成冲击。原因之一是违约事件可能导致市场的剧烈波动，并导致操作和投资问题发生概率升高。此外，在违约发生后市场赢家和输家境遇的巨大差异会导致

---

① 虽然清算会员在退出中央对手清算时账目已平，但中央对手方可能仍需归还清算会员存于其下的超额初始保证金。此外，可能并不完全取决于清算会员当时所持投资组合的风险，中央对手清算机构可能仍需返还其交纳的部分违约基金（例如，这可能与前一段时间的交易量有关）。

法律纠纷及欺诈行为高发。

14.4.3 模型风险

由于需要利用模型计算保证金，中央对手方面临很高的模型风险。与场内交易产品不同，场外衍生品的价格通常无法通过市场渠道直接获得。这意味着，按市值计价的产品必须使用估值模型计算变动保证金。按市值计价产品的估值方法必须合规且在所有可能的市场情境下稳健。如果估值方法达不到上述要求，那么追加变动保证金要求的及时性将无法保证。

中央对手方最大的模型风险敞口可能是由初始保证金计算造成的。对波动率、尾部风险、复杂依赖关系和错向风险相关参数的错误设定可能造成特定的建模问题。例如，市场与信用风险的负相关性意味着：中央对手方有可能必须在市场剧烈波动的情况下平仓。之前中央对手方破产（见第14.2.7节）的一个教训是，如果市场规则发生重大变化，那么初始保证金计算方法应当及时更新。另一方面，计算方法更新不应过分激进以避免如顺周期性（见第9.3.5节）等问题。

模型的另一个重要特性是：模型一般使用线性关系构建。例如，基于模型计算的初始保证金金额与头寸的大小成正比。这一情况下，使用如保证金乘数等额外参数（见第9.4.2节）来打击集中大额头寸的行为，并保证其风险敞口覆盖充足，是很重要的。这个例子说明了定性调整对于量化模型的重要性。

14.4.4 流动性风险

变动保证金交收和其他资金收付产生的大量现金流都要通过中央对手方处理，这给中央对手方带来了流动性风险。中央对手方必须设法优化其所持金融资产的投资结构，但同时又不承受过高的信用及流动性风险（例如，运用如存款、回购和逆回购等短期投资工具）。但是，当违约发生时，中央对手方必须持续及时地向非违约清算会员履行兑付义务。

虽然中央对手方显然会审慎地进行短期投资，并十分注意流动性及信用风险，但保证中央对手方持有的隐含的投资随时可调用并可变现是存在困难的。中央对手方初始保证金的庞大规模对保证资金安排预先确定和高度可靠性造成了困难。例如，一家典型信贷机构的规模至多数十亿美元，但是一些大型中央对手方的初始保证金数额会轻而易举地超过数百亿美元。如果一家中央对手方没有流动性支持（例如，来自央行），将可能造成问题。

监管者似乎已经考虑到这一类可能出现的流动性问题。支付结算体系委员会和国际证监会组织联合发布的《金融市场基础设施原则》（CPSS – IOSCO 2012）要求：在最大的一到两家清算会员破产的情况下，中央对手方仍应拥有足够的流动性用以履行兑付义务。在这一原则指引下，债券（包括政府债券）只有在附有承诺的融资安排的情况下才可被视为中央对手方的流动性资源，这样的债券才能立即被转换为现金。例如，美国商品期货交易委员会将此进一步定义为"通过具有高可靠性的融资安排易于获得或变现的投资（即使在极端但可能的市场条件下）"。① 这将要求中央对手方拥有承诺的融资安排而非盲目假定自己可随时回购证券，这同时暗示了另一些事实：例如，美国国库券并不能视为现金具有与等同的流动性。这些规则是存在争议的，尤其是因为这些规则并不一定被所有监管者采纳，进而可能导致竞争压力。②

中央对手方面临的另一种的流动性压力来自巴塞尔协议Ⅲ的杠杆率要求。杠杆率被定义为银行的核心资本除以其敞口（至少3%），其目的在于降低超额风险。敞口的定义包括集中清算的场外衍生品交易的名义总额。在买卖双方直接交易模式中，例如在欧洲（见第11.1.2节），客户的交易将被归为两类（清算会员与客户，以及清算会员与中央对手方）。两类交易均可能被计入杠杆率中并进一步推高资本要求（见第10.4.9节，关于此类交易的资本要求）。

虽然以上要求可被视为监管者非常重视中央对手方面临的流动性风险，但这也可能造成所提供的清算服务减少。③

14.4.5 操作及法律风险

将多种功能集中在一家中央对手方可提高效率，但也使得市场参与者承担集中于中央对手方的额外风险。同所有市场参与者一样，中央对手方承担着操作风险，例如系统崩溃及欺诈。中央对手方基础设施任何部分的故障都将是灾难性的，因为这将影响市场中的相当一部分大型对手方。此外还有资产隔离以

---

① 美国商品期货交易委员会（CFTC）规章39.33（c）（3）（i），http：//www.cftc.gov/LawRegulation/FederalRegister/ProposedRules/2013 – 19845.

② 例如，见"由于监管机构收缩美国国债抵押品流动性，芝加哥商品交易所扬言离开美国"，《风险》杂志，2013年11月5日，http：//www.risk.net/risk – magazine/news/2305083/cme – threatens – to – flee – us – as – regulators – challenge – liquidity – of – us – treasury – collateral.

③ 例如，见"纽约银行停止清算服务"，《国际财经评论》，2013年12月7日。

及通过中央对手方划转保证金及头寸，可能在不同的司法体系下面临各异的法律风险。

14.4.6 其他风险

中央对手方面临的其他风险包括：

- 结算及支付：如果一家向中央对手方及其会员提供现金结算账户的银行不愿或无法向中央对手方提供以上服务，中央对手方将面临结算风险。
- 外汇风险：由于不同币种的保证金支付和现金流的错配造成的风险（虽然中央对手方一般要求变动保证金以交易币种的形式支付）。
- 托管风险：当托管人破产时发生。
- 集中风险：由于清算会员及/或保证金来自单一地区的风险。
- 主权风险：因主权国家破产而受其连锁反应影响而产生的直接风险敞口，主要指会员因此破产及作为保证金的主权债券的贬值。
- 错向风险：不利的正相关性带来的风险，例如保证金价值及清算会员信用状况之间的正相关性。

14.5 保证中央对手方的安全

将市场交易集中由一家机构处理导致了风险的集聚。监管机构的一个关键任务是防止中央对手方竞争行为过于激进（尤其在市场上涨时）从而增加其在市场剧烈波动及大幅下挫时破产的可能性。但是，即使监管机构、中央对手方及其会员尽了最大努力，仍必须考虑中央对手方将破产的可能性。

14.5.1 中央对手方会被允许破产吗？

中央对手方的破产将可能造成在集中清算市场中的重大波动及暂时瘫痪。由于全球性的场外衍生品市场及跨国中央对手方会员的存在，单一市场问题的影响可能会扩散至全世界。考虑到监管机构要求中央对手方对更多场外衍生品实施清算，中央对手方的破产可能性会比大型银行的破产糟糕得多。尽管中央对手方破产的可能性比其他金融机构破产的可能性小（由于严格的监管和损失共担），但是中央对手方一旦破产将造成更严重的系统性问题。

Pirrong（2011）指出，中央对手方的一个关键问题是：一家机构（例如中央对手方）可能具备偿付能力，但可能由于金融市场上资金严重短缺而缺乏流动性。因此，尽管具备偿付能力，中央对手方可能依然难以满足保证金的即刻支付要求。在这种情况下，由于短期的流动性缺口，中央对手方会寻求外部流动性支持。理想情况下，这将由商业性机构提供，虽然这些融资安排由于巴塞尔协议Ⅲ对这些安排的资本拨备要求而较为昂贵。而且，依靠银行或其他市场参与者为受冲击的中央对手方提供流动性是不现实的，因为导致中央对手方违约的市场环境意味着这些机构的资金状况也极为紧张。这表示央行的流动性注入是避免中央对手方因缺乏流动性破产的唯一方法。监管机构顺理成章地将这一流动性支持视为最后手段①，并要求中央对手方准备承诺的信用额度和承诺的回购等工具以避免启用这一最后手段。一些中央对手方，如伦敦清算所和欧洲期货交易所，可以得到中央银行提供的隔夜流动性支持。这些机构（通过拥有全银行执照）从央行流动性支持中受益，尽管他们（作为银行）因此也必须遵守巴塞尔Ⅲ的规定。

在理想状态下，对中央对手方的流动性支持不会达到无限救助的程度（虽然两者的区别不明显）。但是，在全球金融危机中，监管机构认为贝尔斯登或美国国际集团这样牵扯广泛的金融机构违约可能拖垮整个经济体系。如果一个场外衍生品市场大型参与者的倒闭会威胁到整个金融系统的安全，那么承担场外衍生品市场清算职责的中央对手方的倒闭同样可以。那么，政府在是否支持一家濒临破产的场外中央对手方上的问题上看上去别无选择。这种想法是有问题的，因为用纳税人的钱拯救一家中央对手方并不比拯救例如银行的其他金融机构更好。事实上，拯救中央对手方与拯救银行效果差不多，因为这保护了作为中央对手方会员的银行（这也可被看作是银行对中央对手方存在极大的风险敞口）。

由于场外市场中央对手方是风险的聚集地，因此这些中央对手方变成了"大而不能倒"的机构。这里存在着明显的问题："中央对手方可能得到救助所以不会破产"的想法会导致系统性风险，因为这就相当于市场参与者将中央对手方当做是无风险的（可与在第2.3.4节中讨论的单一风险保险公司和银行相提并论）。如果一家中央对手方是"大而不能倒"的，那么清算会员就会有将风

---

① 例如，见《风险》杂志2013年11月号上刊登的文章《英格兰银行马克·卡尼：向中央对手清算机构提供流动性支持是"最后手段"》，http://www.risk.net/risk-magazine/news/2309908/boes-carney-liquidity-support-for-ccps-is-a-last-resort-option。

险转移到集中清算市场中的动机。央行支持国际性中央对手方的行为将使不属于此国管辖的清算会员获益,这一情况同样值得重视。

最终,公众可能面临对中央对手方代价高昂的救助,即使场外衍生品市场集中清算本就是为了防止此类事件发生的。如果金融危机造成的损失最终由纳税人承担,那么中央对手方可能实际上并没有使金融市场更安全。这一问题的解决之道是确保中央对手方的破产可能性极其微小。因此中央对手方必须和其他具有系统重要性的金融机构一样得到严密而谨慎的监管。此外,中央对手方也应当有非常清晰的损失分摊方法(见第10.3节)并采取其他措施来缓解其承受财务困难给市场造成的恐慌,例如撰写"生前遗嘱"[①]。这使得中央对手方的破产更加不易发生,但同时也承认了破产并非不可能。

14.5.2 治理

中央对手方的治理正变得越来越重要,因为更多的场外衍生品市场正被纳入强制清算。治理的概念源自例如国际证监会组织等国际监管机构,以及各地区的当地监管机构。因为清算会员在例如估值及保证金方法上的专业性,也应当成为主要利益相关方。一些重要的领域包括:

- 操作方面:中央对手方应对包括处理波动市场下海量交易和保证金隔离等所有操作层面问题的能力。
- 违约处置:违约情况处置,以最大可能性成功地将相关的投资组合平仓的能力。
- 损失吸收:在复杂的外部环境中,保证以初始保证金和违约基金足以覆盖损失的能力。保证金制度及压力测试对此是非常重要的。此外应当强制要求中央对手方在清算会员受到损失前,承担足够的资产损失,以保证其共担风险。
- 恢复及决议:应当有事先明确约定的损失分摊方法,以及应对中央对手方流动性困难或无法偿付的决议机制。
- 跨境合作:对于一家跨境运营的中央对手方,所在区域当局应当是中央对手方监管的主要利益相关方。此外,跨境监管规则应当协调一致以防

---

① 例如,见http://www.efinancialnews.com/story/2011-08-01/dealers-demand-clearers-living-wills?ca9c8a2de0ee111045601ab04d673622.

止套利。
- 协同性：协同性是有益的，它可以保证例如跨市场保证金等制度的实现。但是，这也使得中央对手方间的关联性增加，并致使跨境关联性升高。

14.5.3 披露

由于中央对手方作为金融市场中心节点，重要性不断提高，并且鉴于清算会员可能在一些中央对手方拥有巨额风险敞口，所以披露十分重要。一些值得注意的领域包括：

- 会员资质要求：机构申请成为清算会员、退出机制，以及现有清算会员参与中央对手方业务的条件。
- 保证金和违约基金制度：用于确定初始保证金和违约基金要求的模型、数据和压力测试。跨市场保证金的应用条件，包括多家中央对手方之间跨市场保证金的操作机制（如有）。
- 违约处置：处置违约清算会员资产组合的程序和方法。
- 损失瀑布及损失分摊方法：违约清算会员缴纳的初始保证金和违约基金不足以覆盖损失时的损失分摊机制。
- 隔离：不同的隔离方法，以及其操作和法律关系的实现，包括在不同国家法律框架下的法律效力。

14.5.4 保险计划

提高集中清算安全性的另一个想法是某种形式的系统性风险保险。例如，Keoppl 和 Monnet（2012）提出了包括系统风险保险项目在内的举措，作为中央对手方其他功能的补充。这可以通过向会员的衍生品净头寸收取额外费用实现。这些额外费用可形成一笔额外的基金。或者，如 Maegerle 和 Nellen（2011）的建议，这一基金可由不同中央对手方间的"后方中央对手方"管理。那么，危机前预备系统性风险金融保障资源可在其他资源不足时支援中央对手方。

当然，即使有一笔额外的系统性风险基金，也无法完全预防中央对手方的破产。一条与系统性风险保险思路一致的想法是：中央对手方需要的中央银行支持可通过一笔临时贷款实现。之后中央对手方可以收取额外费用来弥补这一笔贷款的利息。理论上，这为中央对手方估计危机前和危机后的救助成本提供了方法。

第15章 对金融市场未来的影响

永远不要预测，特别是关于未来。

——塞缪尔·戈德温（1879~1974）

15.1 监管改革

2007年爆发的全球金融危机对金融市场和全球经济造成了普遍的负面影响。全球金融危机可以在一定程度上归咎于场外衍生品，特别是其中的交易对手信用风险和不透明性。因为过去对场外衍生品市场过于宽松的监管，这两个风险因素都没有得到很好的控制。雷曼兄弟的破产和其被平仓的数百万份场外衍生品合约（其中很多合约，在几年之后仍然处于法律纠纷中）就是一个典型的例子。因此很多全球金融危机爆发后的监管改革都专注于衍生品，特别是对交易对手信用风险的缓释。

使场外衍生品市场更安全的方法中最显而易见的就是要求银行大幅提高对交易对手信用风险的资本准备。事实上，2009年首次出版的巴塞尔Ⅲ资本规定，通过对更改现有要求和提出一个新的针对信用价值调整的资本要求，已经实施了这样的措施。仅这一点措施就会让场外衍生品更安全，并且阻止银行承担那些导致全球金融危机的风险。在全球金融危机中，大量场外衍生品风险都只由极少的资本准备支持。如果不是注意到全球金融危机有另一个更有意思的特点，更高的资本要求则可能是对场外市场唯一重要的改变。

2008年雷曼兄弟破产后，中央对手方运作良好，尤其是与双边场外交易市场还在艰难地处置大量违约的情况相比。中央对手方处于交易方之间，并保证交易执行。它们有严格的规定，例如各会员都必须遵守的初始保证金规则；它们还有处置会员违约的集中拍卖机制。正是这种机制，加上初始保证金的保障，似乎在处理雷曼兄弟的违约中相对高效。这引出了一个显见的结论：通过降低交易对手信用风险和增加透明度，中央对手方能够驯服场外衍生品市场。

对于中央对手方能够降低场外衍生品市场风险的认识促成了强制清算。政策制定者和监管机构认为所有标准化场外衍生品应该逐步转入中央对手方实施清算。仅限于标准化产品是必要的，因为标准化是中央对手方模型对于产品清算的前提要求。强制清算意义重大，因为之前中央对手方主要对在规模较小且更为简单的交易所交易的衍生品市场进行清算。场外交易市场清算是迈向未知的一大步。

强制清算的一个主要影响是要求场外交易对手缴纳初始保证金。虽然在双边场外交易市场中，复杂的交易对手之间签订保证金合约的情况非常普遍，但是通常只要求可覆盖头寸现值的变动保证金。而初始保证金是用于覆盖在违约情况下可能造成的额外成本的。中央对手方的初始保证金要求对场外衍生品市场可能意味着一笔重大的支出。考虑到强制清算的门槛，尤其是初始保证金的成本，市场参与者可能会转向传统的双边市场。因为强制清算只适用于标准化场外金融产品，这可能导致一个明显的监管套利机会，即交易非标准化产品来避免强制清算。为了解决这个问题，监管机构推行了强制双边保证金要求。由于变动保证金在双边市场上相对常见，因此最大的影响来自初始保证金要求。这意味着强制清算或双边场外衍生品都将实施作为交易对手信用风险预防措施的初始保证金制度。

15.2 监管改革的影响

监管改革实施了减少场外衍生品市场交易对手信用风险三个主要的强制措施：更高的资本要求，标准化产品的强制清算和针对非标准化产品的双边保证金。改革发生得太快，以至于几乎没有时间来考虑这些措施是否真的让金融市场更安全，以及是否最大程度地降低未来金融危机发生的可能性。此外，监管成本对经济的总体影响也是一个需要考虑的问题。

强制清算和保证金产生的一个重大影响是成本。场外衍生品转入中央对手方清算后的初始保证金要求，充抵保证金的高流动性证券要求，隔离和再抵押的减少都导致了交易成本升高。双边保证金规则也产生了类似的影响。由于多重中央对手方的存在，强制清算可能导致轧差清算的收益减少，尽管当中央对手方市场达到了一定的规模和效率之后，这些损失可以被覆盖。对于标准和非标准化产品在集中和双边清算市场分别交易的割裂会进一步导致效率降低。这意味着协同合作等方面对降低成本来说将越来越重要。然而，协同合作在中央对手方之间创造的关联，就类似于那些在双边市场中通常被认为是危险的关联。另外一个重要的发展是双边和集中清算头寸的优化，例如已经在两个市场中分别应用的交易压缩等方法的推广。

全球监管对场外市场产品（集中清算和非集中清算）初始保证金资产质量的要求，增加了对高质量保证金资产的需求。为了更好地应对保证金要求，机构必须从企业整体角度管理保证金。场外衍生品投资组合的资产优化在减少风险和资本费用中起到了至关重要的作用。允许市场参与者将不符合保证金要求的证券转换为双边交易可用或中央对手方接受的资产的保证金转换机制也非常重要。但是这也会导致额外的风险，即保证金要求创造的需求可能导致过度和不稳定的价格变动。

另一个影响是对风险缓释方法的推广，比如在场外交易产品保证金计算中。由于场外交易产品期限长和相对复杂，这也是一个挑战。此外，成员们可能更倾向于通过中央对手方清算的产品恰恰也可能是更"有毒"的。例如，产品具有在双边市场中不能得到妥善管理的错向风险。中央对手方风险管理将成为一个关键的话题。

15.3 监管改革的利弊

长期实践证明中央对手方是有利于减少衍生品风险的。但中央对手方不是"万灵药"，而且他们是否真的能让场外市场更安全也尚未可知。至少要到市场中出现下一次大幅波动时我们才能得到答案。中央对手方同时也会制造道德风险等需要尽力控制的风险，以避免系统性风险的上升。

另一个重要的关注点是中央对手方在保证金计算和违约处置流程中的破产规定方面的特殊地位。这种特殊地位可能对市场价格和可供用作保证金的现金和资产量的不利影响仍有待观察。中央对手方有权设置和改变估值、保证金要求和违约处置的规则。在重大违约事件中，这些规定可能不会为清算会员、客户以及其他债权人提供最理想的处理方案。中央对手方能够处理重大违约事件，但是相应地也会对其他市场参与者产生一些负面的影响。

中央对手方是否对场外衍生品有好处这个问题也许忽略了最主要的问题。金融风险不会消失，它仅仅是转化成了其他不同的形式。通过轧差清算和保证金等机制，中央对手方可能会让场外市场变得更安全；但由于中央对手方的特殊地位和市场参与者对于比如更严格的保证金要求等措施的反应，也会增加市场上其他部分的风险。这又引出了另外一个问题：监管是否过度关注了场外衍生品市场。因为场外衍生品是之前金融动荡的源头，引起监管的关注也是不足为奇的。

归功于轧差清算和保证金规则，由场外衍生品引发金融危机的可能性有希望减小。但遗憾的是，与监管机构对全球金融危机作出反应之前的情形相比，由其他原因引发金融危机的可能性很可能大大增加了。

术语表

术语	翻译	释义
Backloading	事后纳入清算	将强制清算规定生效前达成的交易纳入清算的程序。参与者可能会采用该程序来保持新旧交易之间的轧差收益。
Basel III	巴塞尔协议Ⅲ	2013年生效的第三版银行资本要求监管标准。巴塞尔协议Ⅲ的很大一部分内容都是关于对场外衍生品交易对手信用风险的额外资本要求。
BCBS	巴塞尔银行监管委员会 (Basel Committee on Banking Supervision)	
Bilateral netting	双边轧差	两个交易对手间的轧差。
BIS	国际清算银行 (Bank for International Settlements)	
CBOT	芝加哥期货交易所 (Chicago Board of Trade)	
CCP	中央对手方 (Central Counterparty)	一个在金融合约交易中处于交易对手之间,作为所有买方的卖方及所有卖方的买方的实体。
CCP12	全球中央对手方协会	一个旨在促进清算和风险管理业务发展的国际性非营利组织。
CCR	交易对手信用风险	参见 Counterparty credit risk。
CDO	担保债务凭证 (Collateralized Debt Obligation)	
CDPC	信用衍生产品公司 (Credit Derivative Product Company)	
CDS	信用违约互换 (Credit default swap)	一种用以覆盖特定信用违约风险的信用衍生品合约。

术语表

续表

术语	翻译	释义
CEM	现期风险暴露法（Current exposure method）	
CFTC	美国商品期货委员会（Commodity and Futures Trading Commission）	
Clearing member	清算会员	中央对手方的会员，有时也简称为会员
Client clearing	客户清算	一个非中央对手方会员的交易者通过清算会员进行清算的过程。
Close out	平仓	终止与一违约交易对手的交易的过程。
Close out netting	轧差平仓	在违约发生后对多于一笔债务进行一次净额结算。
Clearinghouse	清算所	参见 CCP。
CLS	持续联结清算系统（Continuously Linked Settlement）	一个多币种现金结算系统。该系统消除了外汇交收的结算风险。
CME	芝加哥商品交易所（Chicago Mercantile Exchange）	
Collateral	质押品	参见 margin。
Counterparty credit risk（counterparty risk）	交易对手信用风险	交易对手不履行合约（通常指衍生品合约）的风险。
CPSS	支付结算体系委员会（Committee on Payment and Settlement Systems）	
CRD IV	资本要求指令 IV（Capital Requirements Directive IV）	巴塞尔协议 Ⅲ 在欧盟的执行法规。
Credit exposures	信用风险敞口	基于合约当前价值并考虑轧差和保证金安排后计算得出的某一交易对手对本方的欠款总额。
Cross-currency basis	交叉货币互换基差	交叉货币互换采用的基差，该基差代表不同币种资金成本等因素的影响。
Cross-currency swap	交叉货币互换（交叉货币基差互换、交叉货币掉期）	两个交易对手之间关于交换不同币种利率及本金支付的安排。

中央对手方:场外衍生品强制集中清算和双边保证金要求

续表

术语	翻译	释义
Cross-margining	跨市场保证金制度	一种通过抵消不同资产组合（例如在不同的中央对手方清算的资产组合）中的头寸来降低保证金要求的方法。
CSA	信用支持附件（Credit Support Annex）	国际掉期与衍生品协会信用支持附件确定了双边交易中保证金交收的规则。
Customerclearing	客户清算	参见 client clearing。
CVA	信用价值调整（Credit Valuation Adjustment）	
DCO	衍生品清算组织（Derivatives Clearing Organisation）	美国监管机构对中央对手方的另一种称呼。
Default fund	违约基金	中央对手方持有的一种共同基金，用于弥补无法被违约会员资金覆盖的损失。
Dependence	相依性	两个以上随机变量间的统计关系（注：金融界通常定义的相关性只是描述相依性的一种方式）。
Dodd-Frank	《多德—弗兰克法案》	
DPC	衍生产品公司（Derivative Product Company）	
DTCC	美国存管信托和结算公司（Depository Trust and Clearing Corporation）	
DVA	债务价值调整（Debt Valuation Adjustment）	
EC	欧盟委员会（European Commission）	
EMIR	欧洲市场基础设施监管规则（European Market Infrastructure Regulation）	
End user	终端客户（最终用户）	利用衍生品合约管理经济风险的非金融企业或养老金等实体。
EP	预期正暴露（Expected positive exposure）	

续表

术语	翻译	释义
EU	欧盟（European Union）	
Exchange	交易所	一个集中交易场所，参与者在该场所交易标准化合约。
Fair Value	公允价值	表示资产市场价值的无偏估计的会计术语。
FAS	美国财务会计准则（Financial Accounting Standards）	
Fat tails	肥尾	（相对于普通分布而言）肥尾概率分布中极端值具有更大的出现概率。
FCM	期货经纪商（Futures Commission Merchant）	美国监管机构对清算会员的称呼。
Forced allocation	强制损失分配	中央对手方强制清算会员以一确定价格接受交易的损失分配方法。
Forward	远期合约	与期货合约类似，但远期合约是非标准化的，并且在场外双边交易。
Funded default fund (or pre-funded default fund)	预缴违约基金	清算会员已缴纳的违约基金。
Funding liquidity risk	资金流动性风险	未来无法获得足够资金以履行合约义务的风险。
Future	期货合约	交易双方约定在未来特定时间以特定价格买卖特定资产的一种标准化合约。
FVA	资金价值调整（Funding Valuation Adjustmen）	
FX	外汇（Foreign exchange）	
GCM	综合清算会员（General clearing member）	
GFC	全球金融危机（Global Financial Crisis）	2007年爆发的信用危机及之后数年一系列金融问题的通称。
Guarantee Fund	保证基金	参见 default fund。
Haircut	折减	考虑充抵保证金的证券的价格波动而采用的折扣。

续表

术语	翻译	释义
IASB	国际会计准则委员会（International Accounting Standards Board）	
ICE	洲际交易所（Intercontinental Exchange）	一家清算包括信用违约互换在内产品的中央对手方。
ICM	普通清算会员（Individual clearing member）	
IDCG	国际衍生品结算所集团（International Derivatives Clearing Group）	
IFRS	国际财务报告准则（International Financial Reporting Standards）	一系列国际财务报告准则。
IFRS 13	《国际财务报告准则第13号——公允价值计量》	国际会计准则委员会对于如何应用公允价值计量的指引文件，于2013年1月1日生效。
IM	初始保证金	
IMM	内部模型法	银行用以确定资本要求的一种经监管机构认定的模型。
Interbank	（银行）同业	两个银行之间，通常指两个主要衍生品经纪商之间。
Interest rate swap	利率互换	两个交易者之间基于特定名义金额对未来利息支付现金流进行交换的安排。
Interoperability	互通安排（互操作性、互操作能力）	两个以上中央对手方之间的连接协议，可能产生例如跨市场抵消和跨市场保证金制度之类的好处。
IOSCO	国际证监会组织（International Organization of Securities Commissions）	一个全球证券和期货市场监管机构组成的联合会。
ISDA	国际掉期与衍生品协会（International Swap and Derivatives Association）	一个场外衍生品市场参与者组成的行业组织。
LIBOR	伦敦同业拆借利率（London Interbank Offered Rate）	

术语表

续表

术语	翻译	释义
LCH	伦敦清算所（London Clearing House）	
LCH. Clearnet	伦敦清算所集团	一家进行交易所交易和场外衍生品清算的中央对手方。该公司是由伦敦清算所和清算网合并形成的。
Margin	保证金	旨在保护信用风险暴露的现金或其他金融资产。
Mark-to-market	盯市价值	根据当前市场价格计算得出的合约价值。
MiFID	欧盟金融工具市场指令（Markets in Financial Instruments Directive）	欧盟制定的一部旨在鼓励竞争和消费者保护的投资服务统一监管法规。
MiFIR	欧盟金融工具市场监管规定（Markets in Financial Instruments Regulation）（金融工具市场法案）	
MPR	保证金风险期间（Margin Period of Risk）	
MTA	最小交收量（Minimum Transfer Amount）（最小转移量、最小转换量）	
Multilateral netting	多边轧差（多边净额清算）	利用中央对手清算或合约压缩服务对在两个以上交易对手中进行轧差。
Mutual offset	跨市场抵消（相互抵消）	不同中央对手方清算的交易之间的抵消，由中央对手方之间的互通性安排支持。
NCM	非清算会员（Non-clearing member）	
Netting	轧差	不同交易对手之间现金流或合约价值的抵消。
NIMM	非内部模型法	一种简单但风险敏感的资本要求计算方法。
OIS	隔夜指数利率（Overnight Index Spread）	
OIS discounting	隔夜指数利率贴现	采用隔夜指数利率（而非伦敦同业拆借利率）贴现的方法。
OTC	场外市场（Over-the-counter）（柜台市场）	

331

续表

术语	翻译	释义
OTC CPP	场外市场中央对手方	清算场外衍生品的中央对手方
Pari passu	按同等优先级	按同等优先级，通常用于破产债权排序。
PFE	潜在风险暴露（Potential Future Exposure）（未来潜在暴露、未来潜在敞口）	
Pledge	抵押（质押）	一种缴纳保证金的方法；在违约发生时，违约方缴纳的保证金的所有权转移至非违约方，参见 title transfer。
Porting	客户转移	客户将其头寸从一个清算会员转移至另一个清算会员的过程。
QIS	定量影响研究（Quantitative Impact Study.）	
Qualifying CCP or QCCP	合格中央对手方（合格的 CCP）	获得监管机构许可并被认为符合国际标准的中央对手方。
Rehypothecation	再抵押（再质押）	
Repo (repurchase agreement)	回购	卖出证券时预先约定在特定时间以特定价格购回。这是一种在预先确定的时间段内将证券转换为现金的途径。
Reserve fund	储备基金	
Rights of assessment	评估权	中央对手方违约基金的额外加征权。
SCSA	标准信用支持附件（Standard CSA）	一个具有更多标准条款旨在降低交易对手信用风险和资金成本的信用支持附件。
SEC	美国证券交易委员会（Securities and Exchange Commission）	
SIFI	系统重要性金融机构（Systemically Important Financial Institution）	
SIMM	标准化初始保证金模型（Standardized Initial Margin Model）	
SPAN	标准资产组合风险分析（Standard portfolio analysis of risk）（标准风险资产组合分析）	

续表

术语	翻译	释义
SPV	特殊目的载体（Special Purpose Vehicle）（特殊目的工具）	
Title Transfer	所有权转移	一种保证金的缴纳方法，保证金资产上的权利会完全转移（参见 pledge）。
Unfunded default fund	未缴纳的违约基金	清算会员尚未缴纳的，可能因动用评估权而产生的额外的清算基金金额。
VAR	风险价值（Value-at-Risk）	
VM	变动保证金（Variation margin）	
WWR	错向风险（Wrong-way risk）	

参考文献

Albanese, C., F. D'Ippoliti and G. Pietroniero, 2011, 'Margin lending and securitization: regulators, modelling and technology', working paper.

Artzner, P., F. Delbaen., J.-M. Eber., D. Heath, 1999, 'Coherent measures of risk', Mathematical Finance 9 (July), pp 203–228.

Bank for International Settlements (BIS), 2010, 'Standards for payment, clearing and settlement systems: review by CPSS-IOSCO.' Press Release, 2 February, http://www.bis.org/press/p100202.htm.

Bank for International Settlements (BIS), 2013a, Statistical release: OTC derivatives statistics at end-December 2012', May, http://www.bis.org/publ/otc_hy1305.pdf.

Bank for International Settlements (BIS), 2013b, 'Macroeconomic Impact Assessment of OTC derivatives regulatory reforms', August, http://www.bis.org/publ/othp20.htm.

Basel Committee on Banking Supervision (BCBS), 2004, 'Basel II: International Convergence of Capital Measurement and Capital Standards: a Revised Framework', June, http://www.bis.org/publ/bcbs107.htm.

Basel Committee on Banking Supervision (BCBS), 2009, 'Revisions to the Basel II market risk framework', July, http://www.bis.org/publ/bcbs158.pdf.

Basel Committee on Banking Supervision (BCBS), 2010, 'Capitalisation of bank exposures to central counterparties – initial consultative document', December, http://www.bis.org/publ/bcbs190.htm.

Basel Committee on Banking Supervision (BCBS), 2011a, 'Basel III: a global regulatory framework for more resilient banks and banking systems – revised version', June, http://www.bis.org/publ/bcbs189.htm.

Basel Committee on Banking Supervision (BCBS), 2011b, 'Capitalisation of bank exposures to central counterparties – second consultative document', November, http://www.bis.org/publ/bcbs206.htm.

Basel Committee on Banking Supervision (BCBS), 2012a, 'Fundamental review of the trading book', May, http://www.bis.org/publ/bcbs219.pdf.

Basel Committee on Banking Supervision (BCBS), 2012b, 'Capital requirements for bank exposures to central counterparties', July, http://www.bis.org/publ/bcbs227.pdf.

Basel Committee on Banking Supervision (BCBS), 2013a, 'Supervisory framework for measuring and controlling large exposures', June, http://www.bis.org/publ/bcbs246.pdf.

Basel Committee on Banking Supervision (BCBS), 2013b, 'The non-internal model method for capitalising counterparty credit risk exposures – consultative document', July, http://www.bis.org/publ/bcbs254.pdf.

Basel Committee on Banking Supervision (BCBS), 2013c, 'Capital treatment of bank exposures to central counterparties – consultative document', July, http://www.bis.org/publ/bcbs253.pdf.

Basel Committee on Banking Supervision and Board of the International Organization of Securities Commissions (BCBS-IOSCO), 2012, 'Margin requirements for non-centrally-cleared derivatives', Consultative Document, July, http://www.bis.org/publ/bcbs226.pdf.

参 考 文 献

Basel Committee on Banking Supervision and Board of the International Organization of Securities Commissions (BCBS-IOSCO), 2013a, 'Margin requirements for non-centrally cleared derivatives – second consultative document', February, http://www.bis.org/publ/bcbs242.pdf.

Basel Committee on Banking Supervision and Board of the International Organization of Securities Commissions (BCBS-IOSCO), 2013b, 'Margin requirements for non-centrally cleared derivatives – final report issued by the Basel Committee and IOSCO', September, http://www.bis.org/publ/bcbs261.htm.

Basel Committee on Banking Supervision (BCBS), 2014a, 'The standardised approach for measuring counterparty credit risk exposures', April, http://www.bis.org/publ/bcbs279.pdf.

Basel Committee on Banking Supervision (BCBS), 2014b, 'Capital treatment of bank exposures to central counterparties', April, http://www.bis.org/publ/bcbs282.pdf.

Bates, D. and R. Craine, 1999, 'Valuing the futures market clearinghouse's default exposure during the 1987 crash', Journal of Money, Credit & Banking, 31(2), (May), pp 248–272.

Bernanke, B., 1990, 'Clearing and settlement in the Crash', Review of Financial Studies, pp 133–151.

Bliss, R. and R.S. Steigerwald. 2006. 'Derivatives clearing and settlement: a comparison of central counterparties and alternative structures', Federal Reserve Bank of Chicago Economic Perspectives (Fourth Quarter), pp 22–29.

Borovkova, S. and H.-L. El-Mouttalibi, 2013, 'Systemic risk and centralized clearing of OTC derivatives: a network approach', http://ssrn.com/abstract=2334251 or http://dx.doi.org/10.2139/ssrn.2334251.

Brady, N., 1988, 'Report of the Presidential Task Force on Market Mechanisms', US Government Printing Office, Washington DC.

Brennan, M.J., J. Hein and S-H. Poon, 2009, 'Tranching and rating', European Financial Management, 15(5), pp 891–922.

Brouwer, D.P., 'System and method of implementing massive early terminations of long term financial contracts', 6 November 2012, US Patent 8,306,905 B2.

Burgard, C. and M. Kjaer, 2011, 'In the balance,' *Risk*, November, pp 72–75.

Committee on the Global Financial System (CGFS), 2010, 'The role of margin requirements and haircuts in procyclicality', CGFS Paper No. 36, http://www.bis.org/publ/cgfs36.pdf.

Committee on the Global Financial System (CGFS), 2013, 'Asset encumbrance, financial reform and the demand for collateral assets', May 2013, http://www.bis.org/publ/cgfs49.pdf.

Committee on Payment and Settlement Systems and the Technical Committee of the International Organization of Securities Commissions (CPSS-IOSCO), 2004, 'Recommendations for central counterparties', November, http://www.bis.org/publ/cpss64.pdf.

Committee on Payment and Settlement Systems and the Technical Committee of the International Organization of Securities Commissions (CPSS-IOSCO), 2010. 'Guidance on the Application of the 2004 CPSS-IOSCO Recommendations for Central Counterparties to OTC Derivatives CCPs: Consultative Report', May, http://www.bis.org/publ/cpss89.pdf.

Committee on Payment and Settlement Systems and the Technical Committee of the International Organization of Securities Commissions (CPSS-IOSCO), 2012, 'Principles for financial market infrastructures', April, http://www.bis.org/publ/cpss101.htm.

Cont, R., R.P. Mondescu and Y. Yuhua, 2011, 'Central clearing of interest rate swaps: a comparison of offerings', available at SSRN: http://ssrn.com/abstract=1783798.

Coval, J., J. Jurek and E. Stafford, 2009, 'Economic catastrophe bonds,' American Economic Review, 99(3), 628—66.

Cox, N., N. Garvin and G. Kelly, 2013, 'Central counterparty links and clearing system exposures', Research Discussion Paper, Reserve Bank of Australia, October, http://www.rba.gov.au/publications/rdp/2013/pdf/rdp2013-12.pdf.

Deloitte and Solum Financial LLP (Deloitte-Solum), 2013, 'Counterparty risk and CVA Survey', February, available at www.solum-financial.com.

335

Douady, R., 2013, 'The Volatility of Low Rates', Riskdata, https://www.riskdata.com/files/resources/white_papers/The%20Volatility%20of%20Low%20Rates3%20final.pdf.

Duffie, D., 2011, 'On the clearing of foreign exchange derivatives', Graduate School of Business, Stanford University, http://www.darrellduffie.com/uploads/policy/DuffieClearingFXDerivatives2011.pdf.

Duffie, D. and H. Zhu, 2011, 'Does a central clearing counterparty reduce counterparty risk?', Review of Asset Pricing Studies, 1(1), pp 74–95.

Duffie, D., Li., A. and T. Lubke, 2010, 'Policy perspectives on OTC derivatives market infrastructure' (March), FRB of New York Staff Report No. 424, http://ssrn.com/abstract=1534729.

Duffie, D., M. Scheicher and G. Vuillemey, 2014, 'Central clearing and collateral demand', ECB working paper no 1638.

Elliott, D., 2013, 'Central counterparty loss-allocation rules', Financial Stability Paper No. 20 – April, Bank of England, http://www.bankofengland.co.uk/research/Documents/fspapers/fs_paper20.pdf.

European Commission, 2010, 'Commission proposal for a regulation on OTC derivatives, central counterparties and trade repositories – 15.09.2010', http://ec.europa.eu/internal_market/financial-markets/docs/derivatives/20100915_impact_assessment_en.pdf

European Securities and Markets Authority (ESMA), 2012, 'Draft technical standards under the Regulation (EU) No 648/2012 of the European Parliament and of the Council of 4 July 2012 on OTC Derivatives, CCPs and Trade Repositories', September, http://www.esma.europa.eu/system/files/2012-600_0.pdf.

Financial Stability Board, 2013, 'OTC derivatives market reforms: fifth progress report on implementation', April.

Gai, P. and S. Kapadia, 2010, 'Contagion in financial networks', Bank of England working paper no. 383, http://www.bankofengland.co.uk/research/Documents/workingpapers/2010/wp383.pdf.

Gemmill, G., 1994, 'Margins and the safety of clearing houses', Journal of Banking and Finance, 18(5), pp 979–996.

Gibson, M., 2004, 'Understanding the risk of synthetic CDOs', Finance and Economics Discussion Paper, 2004-36, Federal Reserve Board, Washington DC.

Gregory, J., 2008, 'A free lunch and the credit crunch', August, pp 74–77.

Gregory, J., 2009, 'Being two-faced over counterparty credit risk', Risk 22(2), pp 86–90.

Gregory, J., 2012, 'Counterparty credit risk and CVA: a continuing challenge for global financial markets', John Wiley and Sons.

Group of 20 (G20), 2009, 'Leaders' Statement: The Pittsburgh Summit', http://www.g20ys.org/upload/files/Pittsburgh_0.pdf.

Group of 20 (G20), 2010, 'The G-20 Toronto Summit Declaration', http://www.g20.utoronto.ca/2010/to-communique.html.

Hardouvelis, G. and D. Kim, 1995, 'Margin requirements: price fluctuations, and market participation in metal futures', Journal of Money, Credit and Banking, 27(3), pp 659–671.

Hartzmark, M., 1986, 'The effects of changing margin levels on futures market activity, the composition of traders in the market, and price performance', Journal of Business, 59(2), pp S147–S180.

Heller D. and N. Vause, 2012, 'Collateral requirements for mandatory clearing of over-the-counter derivatives', BIS Working Paper No 373.

Hills, B., D. Rule and S. Parkinson 1999, 'Central counterparty clearing houses and financial stability', Bank of England Financial Stability Review, June, pp 122–34.

Hull, J., 'OTC derivatives and central clearing: can all transactions be cleared?', 2010, Banque de France Financial Stability Review No. 14 'Derivatives – Financial innovation and stability', July.

Hull, J. and A. White, 2012, 'The FVA Debate' Risk, 25th anniversary edition, July, pp 83–85.

International Monetary Fund (IMF), 2010, 'Making over-the-counter derivatives safer: the role of central counterparties', Chapter 3, Global Financial Stability Report (GFSR) April, http://www.imf.org/External/Pubs/FT/GFSR/2010/01/pdf/chap3.pdf.

ISDA, 2012, 'Initial margin for non-centrally cleared swaps: understanding the systemic implications', November, http://www2.isda.org/attachment/NTA5Nw==/Margin%20for%20Uncleared%20Presentation%20FINAL.pdf.

ISDA, 2013a, 'Risk sensitive capital treatment for clearing member exposure to central counterparty default funds', March, http://www2.isda.org/attachment/NTQ1Ng==/Capital%20Treatment%20for%20Exposure%20to%20CCP%20Default%20Funds.pdf.

ISDA, 2013b, 'CCP Loss Allocation at the End of the Waterfall', August, www.isda.org.

ISDA, 2013c, 'ISDA Margin Survey 2013', www2.isda.org.

ISDA, 2013d, 'Standardised initial margin model for uncleared derivatives', December, http://www2.isda.org/attachment/NjE2Ng==/SIMM%20for%20Non-cleared%2020131210.pdf.

ISDA, 2014, 'Interest rate derivatives: a progress report on clearing and compression', www2.isda.org.

Jorion, P., 2007 'Value-at-risk: the new benchmark for managing financial risk', 3rd edition, McGraw-Hill.

Kenyon, C. and A. Green, 2012, 'Will central counterparties become the new rating agencies', working paper, http://ssrn.com/abstract=2181291.

Kenyon, C. and A. Green, 2013, 'Collateral-enhanced default risk', working paper, http://www.defaultrisk.com/pp_model253.htm.

Knott, R., and A. Mills, 2002, 'Modelling risk in central counterparty clearing houses: a review', Financial Stability Review, December, pp 162–174.

Koeppl, T.V. and C. Monnet, 2012, 'Central counterparty clearing and systemic risk insurance in OTC derivatives markets', December, http://www.econ.queensu.ca/files/other/CCP_RF_final.pdf.

Kroszner, R., 1999, 'Can the financial markets privately regulate risk? The development of derivatives clearing houses and recent over-the-counter innovations', Journal of Money, Credit, and Banking, August, 569–618.

Macroeconomic Assessment Group on Derivatives (MAGD), Macroeconomic impact assessment of OTC derivatives regulatory reforms, August 2013, http://www.bis.org/publ/othp20.pdf.

Maegerle, J. and T. Nellen, 2011, 'Interoperability between central counterparties', Swiss National Bank Working Papers 2011–5.

Mello, A., and J. Parsons, 2012, 'Margins, liquidity, and the cost of hedging', Working Paper, MIT Center for Energy and Policy Research.

Merton, R.C., 1974, 'On the pricing of corporate debt: the risk structure of interest rates', Journal of Finance, 29(2), pp 449–470.

Murphy, D., 2013, 'OTC derivatives: bilateral trading and central clearing: an introduction to regulatory policy, market impact and systemic risk', Palgrave Macmillan.

Milne, A., 2009, 'The fall of the house of credit', Cambridge University Press.

Milne, A., 2011, 'The economics and public policy of clearing and settlement networks', working paper, Loughborough University School of Business and Economics.

Milne, A., 2012, 'Central counterparty clearing and the management of systemic default risk', working paper, Loughborough University School of Business and Economics.

Norman, P., 2011, 'The risk controllers: central counterparty clearing in globalised financial markets', John Wiley and Sons.

O'Kane, D., 2013, 'Optimizing the compression cycle: algorithms for multilateral netting in OTC derivatives markets', working paper, http://ssrn.com/abstract=2273802.

Pirrong, C., 1998, 'A positive theory of financial exchange organization with normative implications for financial market regulation' (May), http://ssrn.com/abstract=10598.

Pirrong, C., 2010a, 'The economics of clearing in derivatives markets: netting, asymmetric information, and the sharing of default risks through a central counterparty', University of Houston Working Paper.

Pirrong, C., 2010b, 'The inefficiency of clearing mandates', Cato Institute Policy Analysis.

Pirrong, C., 2011, 'The economics of central clearing: theory and practice', ISDA Discussion Paper Series Number One, May, http://www2.isda.org/attachment/MzE0NA==/ISDAdiscussion_CCP_Pirrong.pdf.

Pirrong, C., 2013, 'A bill of goods: CCPs and systemic risk', working paper, Bauer College of Business, University of Houston, http://www.bauer.uh.edu/spirrong/pirrong_bdf_boe_ecb_clearing_130506_pdf.pdf.

Piterbarg, V., 2010, 'Funding beyond discounting: collateral agreements and derivatives pricing', Risk, 2, pp 97–102.

Pykhtin, M. and S. Zhu, 2007, 'A guide to modelling counterparty credit risk', GARP Risk Review, July/August, pp 16–22.

Pykhtin, M. and A. Sokol, 2013, 'Exposure under systematic impact', Risk, September, pp 100–105.

Rennison, J., 2013, 'Into the unknown: Risk OTC client clearing survey', 31 May, http://www.risk.net/risk-magazine/feature/2270671/into-the-unknown-risk-otc-client-clearing-survey.

Segoviano M.A., and M. Singh, 2008, 'Counterparty risk in the over-the-counter derivatives market' (November). IMF Working Papers.

Sidanius, C. and F. Zikes, 2012, 'OTC derivatives reform and collateral demand impact', Bank of England Financial Stability Paper No. 18 (October), http://www.bankofengland.co.uk/research/Documents/fspapers/fs_paper18.pdf.

Singh, M., 2010, 'Collateral, netting and systemic risk in the OTC derivatives market', November, IMF Working Papers.

Singh, M. and J. Aitken, 2009a, 'Deleveraging after Lehman – evidence from reduced rehypothecation', March, IMF Working Papers 09/42, pp 1–11, available at SSRN: http://ssrn.com/abstract=1366171

Singh, M. and J. Aitken, 2009b, 'Counterparty risk, impact on collateral flows and role for central counterparties', IMF Working Paper 09/173, Washington: International Monetary Fund.